BASTEI
LÜBBE

Peter Mennigen

Unter der Sonne AFRIKAS

Roman

BASTEI
LÜBBE

BASTEI LÜBBE TASCHENBUCH
Band 12 867

1. Auflage: April 2000

Bastei Lübbe Taschenbücher ist ein Imprint der
Verlagsgruppe Lübbe

Originalausgabe

Eine Produktion von TPI für Mediaset und TaurusFilm
in Zusammenarbeit mit ARD

Lizenz durch Copyright Promotions GmbH
Titelillustration: Adriano Giordano
Umschlaggestaltung: QuadroGrafik, Bensberg
Satz: hanseatenSatz-bremen, Bremen
Druck und Verarbeitung: Ebner Ulm
Printed in Germany
ISBN 3-404-12867-2

1. KAPITEL

Ein Neuanfang

In der Kalahari brach ein neuer Morgen an. Glutrot stieg die Sonne hinter Dornenakazien empor, während sich die Tropennacht noch über der restlichen Savanne wölbte. Die Geräusche der Nacht, das Zirpen, Trillern und Keckern von Myriaden Insekten, verstummte allmählich, und die allerersten Sonnenstrahlen verbreiteten bereits eine lähmende Hitze.

Zwischen schwefelgelben Büffeldornbäumen ästen Zebras. Ab und an blinzelten sie träge zum Himmel. Ein dumpfes Dröhnen schwoll immer lauter werdend an. Plötzlich durchbrach eine zweimotorige Propellermaschine die Stille des Morgens. Einen Moment lang schien alles Leben der Savanne erschrocken innezuhalten. In einer Bodensenke kauerten zwei Einheimische vom Stamme der Basarwa um eine Feuerstelle. Gelangweilt verfolgten sie die Flugbahn der kleinen Maschine. In ihrer Welt bestimmte nicht die moderne Technik, sondern Sonne, Mond und das Wetter den Lauf der Dinge.

Das Flugzeug drehte eine Schleife und nahm dann Kurs auf einen kleinen Flughafen. Die Flugzeit betrug von Kapstadt aus knapp dreißig Minuten.

Monica Marini gehörte zu den sechzehn Passagieren an Bord. Sie war eine Italienerin mit strahlenden Augen, wunderschön geschwungenen Lippen und vollem kastanienbraunem Haar, das in schweren Locken über ihre Schultern fiel. Monica hatte das klassisch schöne Gesicht eines Mannequins. Niemand würde sie auf den ersten Blick für eine Ärztin halten. Sie trug ein kurzes, weißes Kostüm, das sich apart von ihrem dunkelbraunen Teint abhob.

Gedankenverloren schaute Monica aus dem Fenster des Flugzeuges und genoß die archaische Schönheit des Landes. Die Savanne glitt mit traumgleicher Lautlosigkeit unter der Maschine dahin. Monica erfreute sich an der scheinbar unberührten Wildnis eines fast intakten Paradieses. Das geriffelte Wasser des Sambesi glich einem gigantischen Waschbrett. Inmitten des hüfthohen Buschgrases ragten die breitkrempigen Wipfel der Akazien auf. Neben einer Wasserstelle graste ein Rudel Elefanten. Mit schwingenden Rüsseln und flappenden Ohren stampften die tonnenschweren Kolosse majestätisch und ohne jede Hast durch das Buschgras. In diesem Land hatte Monica ihre ersten Lebensjahre verbracht, bevor sie mit ihren Großeltern nach Italien gezogen war.

Monicas Gedanken wanderten zu der Zeit zurück, als sie in Italien mit ihrem Mann und ihrer kleinen Tochter Sara sehr glücklich gewesen war. Doch ein tragischer Unfall hatte sie zur Witwe und Sara zur Halbwaise gemacht.

Die Rückkehr ins normale Leben war für die Ärztin äußerst mühevoll. Zu vieles erinnerte sie an ihren verstorbenen Mann. Und mit der Erinnerung kamen immer wieder Tränen. Monica wollte nun nicht mehr länger in der Vergangenheit leben. Immerhin war sie erst Mitte Dreißig und eine sehr schöne Frau. Als ihr väterlicher Freund Professor Kohlemann ihr vor kurzem in einem Brief eine Stelle in seiner südafrikanischen Klinik angeboten hatte, wußte Monica, was sie zu tun hatte.

Sie kündigte ihre gutbezahlte Arbeitsstelle, brach alle Brücken hinter sich ab und buchte einen Flug nach Südafrika. Einen Flug in eine neue Zukunft für sich und Sara.

Sara war inzwischen acht Jahre alt und ähnelte ihrer Mutter sehr. Sie hatte das gleiche ovale, wie von Botticelli gemalte Gesicht, das gleiche lange, kastanienbraune Haar und die gleichen großen, rehbraunen Augen.

»Meine Damen und Herren«, meldete sich die Stimme des Piloten aus den Kabinenlautsprechern. »Wir werden in Kürze landen. Bitte legen Sie die Sicherheitsgurte an und bringen Sie Ihre Sitzlehne in eine aufrechte Position. Vielen Dank.«

Monica erwachte aus ihren Gedanken. Sie legte sanft ihre Hand auf Saras Schulter.

»Schnall dich an, Schatz«, sagte sie leise. »Du hast den Piloten gehört.«

Sara drückte sich an dem kleinen Kabinenfenster die Nase platt und verglich die freilaufenden Tiere mit den Bildern in ihrem Tierbuch.

»Wird es Elefanten geben, wo wir wohnen?« wollte Sara wissen.

»Also, ich habe für uns bisher noch keine Wohnung gefunden«, antwortete Monica. »Aber du kannst sicher sein, daß ...«

»Ich möchte die Zebras sehen«, unterbrach Sara sie aufgeregt und verzog das Gesicht. »Und die Antilopen, und ...«

»Ich weiß, ich weiß, all die Tiere im Buch.« Monica legte ihrer Tochter den Sicherheitsgurt um. »Jetzt schnall dich erst mal an!«

»Sie sind viel schöner im richtigen Leben.« Sara deutete aufgeregt Richtung Fenster und verrenkte sich fast den Hals, um noch einen letzten Blick auf die Elefanten zu erhaschen. »Und du nimmst mich mit, um sie anzusehen, nicht wahr?«

»Ich denke, du mußt lernen, etwas leiser zu reden, oder du wirst sie alle verscheuchen.« Monica bemerkte die Blicke der anderen Passagiere. Einige schauten neugierig, andere genervt oder gestreßt. Nur Alexander Brandt lächelte amüsiert. Er war ein hochgewachsener, gutaussehender Mann mit vollen, sorgfältig frisierten grauen Haaren. Ihn störte Saras Geplapper nicht. Im Gegenteil, er mochte lebhafte Kinder.

Der vierzigjährige Biologe hatte in München studiert und geheiratet. Im Lauf der Jahre war es mit seiner Karriere steil nach oben gegangen. Seit der kommerziellen Nutzung der Gentechnologie überflügelte die Biotechnik selbst die Kernkraft- und Computerwissenschaften. Momentan fand auf diesem Gebiet ein wahrer Goldrausch statt. Weltweit investierten Konzerne über fünf Milliarden Dollar pro Jahr in die Biotechnik. Seit die englischen Forscher James Watson und Francis Crick 1953 die Struktur der DNS, des Lebensbausteines, entziffert hatten, spielten Biologen auf dem Gebiet der Genmanipulation sogar ein bißchen Gott.

Doch all das interessierte Alexander Brandt im Moment herzlich wenig. Nach vielen Jahren kehrte er nun nach Hause zurück. Seine Eltern, deutsche Auswanderer, hatten vor vielen Jahren in Südafrika eine Farm aufgebaut und sich auf den Export von Edelhölzern spezialisiert. Nun kehrte er also heim ... allein, ohne seine Frau.

Saras Kichern und ihre Fröhlichkeit hatten Alexander aus seinen Gedanken gerissen. So wie die übrigen Passagiere auch, drehte er sich zu ihr um. Dabei trafen sich sein und Monicas Blick.

Alexander lächelte. Er starrte einen Moment zu lange in das faszinierende Gesicht der Italienerin.

Monica spürte, wie sie rot wurde, senkte rasch ihren Blick und wandte sich wieder Sara zu.

»Ist das ein Versprechen?« quengelte Sara, wobei ihr langer Pferdeschwanz neckisch wippte.

»Ich verspreche es, großes Indianerehrenwort.« Monica umarmte Sara und gab ihr einen Schmatz.

Das Flugzeug landete mit fünfminütiger Verspätung auf dem kleinen Zielflughafen. Zögernd trat Monica aus der Maschine in ihre neue Heimat und ihr neues Leben.

»Also, hier wären wir«, sagte sie und atmete tief durch.

»Wo gehen wir jetzt hin, Mami?« erkundigte sich Sara.

Monica antwortete mit einem Lächeln, als wüßte sie selbst keine Antwort auf diese Frage. In diesem Moment beschlich sie zum ersten Mal ein Zweifel, ob sie den richtigen Schritt getan hatte. Vielleicht wäre es doch besser gewesen, weiter in Italien und mit der Vergangenheit zu leben. Bei der Vergangenheit wußte sie zumindest immer, woran sie war. Dagegen war die Gegenwart oft unerträglich und die Zukunft ungewiß.

Monica wurde bewußt, daß sie ein neues Kapitel in ihrer Lebensgeschichte aufgeschlagen hatte, von dem sie nicht wußte, was es enthielt und wie es enden würde.

Auch Alexander Brandt steuerte sein Lebensschiff fern vom vorgeschriebenen Kurs in unbekannte Gewässer ab. Unmöglich zu sagen, was ihn dort erwartete.

Er holte sein Gepäck ab und steuerte auf einen Jeep zu, in dem bereits John Mowanda auf ihn wartete.

Der fünfundvierzigjährige, athletisch gebaute schwarze Lieutenant trug das Barett und die Uniform eines Wildhüters. Alexander und er hatten gemeinsam die Schule besucht. Sie kannten sich seit frühester Jugend und waren fast so unzertrennlich wie Brüder.

Mowanda umarmte Alexander zur Begrüßung und gab ihm einen markigen Schlag auf die Schulter.

»Du siehst großartig aus«, grüßte Alexander mit breitem Lächeln.

»Ich fühle mich großartig«, bestätigte Mowanda und lachte. »Ein Freund ist zurückgekehrt. Ein Freund, den ich vermißt habe.«

Mowanda verstaute das Gepäck im Jeep. Alexander ging zur Beifahrerseite. Bevor er einstieg, schaute er ein letztes Mal zu Monica zurück. Sie war zweifellos die bestaussehendste und aufregendste Frau, die er je gesehen hatte. Noch einmal kreuzten sich ihre Blicke. Dann widmete sich Monica wieder ihrer Tochter, während Alexander in den Jeep stieg und mit Mowanda wegfuhr.

Alexander Brandt war Realist. Diesem Traum von einer Frau würde er wohl nie mehr in seinem Leben begegnen.

Er sollte sich irren.

Für Walter Brandt zählte dieser Tag zu den schwärzesten in seinem Leben. Genau wie seine Frau Lisa hatte auch er in der Nacht zuvor kaum geschlafen. Walter war ein großer, stattlicher Mann Mitte Sechzig. Ein Stetson aus Wildleder schützte sein wettergegerbtes Gesicht vor der Tropensonne. Mit sorgenvoll gerunzelter Stirn schaute er zu dem Dutzend schwarzer und weißer Arbeiter, die sich im Hof versammelt hatten. Besorgt schauten sie ihn an.

Walter räusperte sich verlegen, bevor er sein vernichtendes Fazit zog: »Es tut mir leid. Ich habe wirklich alles versucht ..., damit es nicht so weit kommt. Ich kenne euch alle schon so lange ...«

Walter blickte Oghi, einen alten, dunkelhäutigen Mann mit fast weißem Haar und bedächtigen Gesichtszügen an. Er schluckte. Ihm versagte die Stimme.

Oghi trat vor seinen Boß. Das Gesicht des Schwarzen wirkte wie versteinert. Er legte seine Hand auf Walters Schulter und sagte: »Und deshalb gibt es keinen Grund, weshalb Sie sich schuldig fühlen müssen. Es war eine schöne Zusammenarbeit. Nun ist es vorbei. Kein Grund, sich für irgendwas selbst die Schuld zu geben.«

Walter warf einen kurzen, verzweifelten Blick in Oghis Gesicht und fuhr stockend fort: »Danke, Oghi. Danke euch allen für die vielen Jahre. George hat eure Schecks mit der Abfindung. Ich hoffe, ihr findet bald neue Jobs.«

George war ein korpulenter Eingeborener Mitte Vierzig. Ein kurzer, angegrauter Bart umrahmte das runde, gutmütige Gesicht. Genau wie sein Boß Walter trug er meistens einen Stetson. Über seinem mächtigen Bauch spannte die blaue Latzhose. George gehörte praktisch zur Familie. Seinerzeit hatte er Walter geholfen, die Farm aufzubauen. Er verdankte seiner Treue und seinem Fleiß, daß Walter ihn zu seinem Stellvertreter gemacht hatte.

»Es ist ein trauriger Tag«, murmelte Oghi. »Aber am traurigsten ist, daß wir Ihnen nicht helfen können.«

»Jetzt gib dir nicht die Schuld«, antwortete Walter mit bitterem Lächeln. »Nicht nach allem, was du für mich getan hast.«

Walter drückte dem deprimiert wirkenden Oghi mitfühlend die Hand.

»Besser, ihr geht jetzt«, murmelte er und schlurfte mühsam, mit schweren Schritten ins Haus zurück. Oghi schaute ihm hinterher. Die Sorge um seinen ehemaligen

Boß schien alle anderen Sorgen zu verdrängen. Walter wirkte zu Tode erschöpft. Im Alter von fünfundsechzig setzten sich die meisten seiner Altersgenossen bereits zur Ruhe. Daß er seine Belegschaft entlassen mußte, hatte ihm schwer zugesetzt.

Bevor Oghi zu seinen Ex-Kollegen auf den Laster stieg, verabschiedete er sich noch von Lisa Brandt. Sie war eine zierliche, aber ebenso resolute wie schöne Frau. Mit ihrem Mann hatte sie sich hier eine Existenz aufgebaut. Es waren harte, aber auch schöne Jahre gewesen.

»Auf Wiedersehen, Lisa«, sagte Oghi. »Ich werde es Sie wissen lassen, sobald wir uns niedergelassen haben. Viel Glück. Keine kleinen Plaudereien mehr. Ich werde Sie so sehr vermissen. Auf Wiedersehen, Lisa.«

»Auf Wiedersehen, Oghi«, meinte sie liebevoll und traurig zugleich.

»Bleib in der Nähe deines Mannes«, riet er mit besorgtem Blick. »Er ist sehr niedergeschlagen.«

»Sind wir das nicht alle, Oghi?« seufzte Lisa. »Sind wir das nicht alle?«

Oghi ging zu dem wartenden Transporter und stieg ein. Ohne sich noch einmal umzuschauen, fuhr er mit den entlassenen Arbeitern davon.

Das Motorengeräusch des Lasters verhallte in der Ferne und über die Brandt-Farm senkte sich eine unheilvolle Stille. Nur der Wind wehte. Zweige raschelten leise, als sie das Dach des Wohnhauses streiften.

Walter und George standen regungslos im Hof und schauten Richtung Ausfahrt. Obwohl der Lastwagen mit den entlassenen Arbeitern längst verschwunden war, rührten sich die beiden nicht. Walter wirkte in diesem Augenblick so unnahbar, daß Lisa vergeblich nach Worten suchte. Was gäbe es auch schon Tröstliches zu sagen? Nichts.

»Komm schon, Frühstückszeit!« rief sie schließlich.

Walter drehte sich langsam zu seiner Frau um und bedachte sie mit einem Blick, der ihr in der Seele weh tat.

»Bitte, ich habe jetzt keinen Hunger«, murmelte er tonlos. »Ich glaube, ich werde einen Spaziergang machen.«

»Walter, wir werden einen Weg finden, du wirst sehen«, versprach sie wenig überzeugend.

Walter zog die Luft durch die Nase ein, reckte das Kinn hoch und erwiderte mit sarkastischem Unterton: »Sicherlich werden wir einen Weg finden.«

»Sag das nicht so, bitte«, flehte sie ihn an.

»Nun, wie sollte ich es sagen?« fragte er verbittert. »Vor Freude in die Luft springend?«

Walter wandte sich zum Gehen, doch Lisa faßte ihn am Arm und hielt ihn fest. Walters Schultern zitterten. Er war innerhalb der letzten Minuten um Jahre gealtert. In den vergangenen Tagen und Wochen hatte er viel Schlimmes erlebt und schwere Entscheidungen treffen müssen.

»Geh nicht zu weit«, bat Lisa besorgt. »Hetz dich nicht ab.«

»Was bin ich?« Walter spürte, wie der Ärger in ihm wuchs. »Bereit für den Friedhof?«

»Ich kenne dich. In diesem Zustand neigst du dazu, kilometerweit zu laufen«, sagte seine Frau streng.

»Lisa, dies sind meine letzten Tagen in diesen Hügeln«, sprudelte es aus ihm heraus. »Ich beabsichtige mich an jeder Minute zu erfreuen ... und zwar für mich alleine, so wie ich es immer getan habe.«

»Vergiß nicht, daß Alex heute ankommt«, erinnerte sie ihn.

»Alex ...!« Walter schnaubte verächtlich. »Wozu kommt er überhaupt zurück? Es hat ihm hier nie gefallen.«

»Das ist nicht wahr, und das weißt du«, widersprach Lisa energisch. »Wo sollte er hier hingehen, um zu studieren und einen Job zu finden?«

»Richtig«, bestätigte Walter verbittert. »Und was hat Deutschland aus ihm gemacht? Er konnte nicht mal seine Frau halten.«

Walter löste sich aus Lisas Griff und stapfte ziellos davon. Seine Gedanken kreisten nur darum, daß er vor den Trümmern seines Lebens stand. Nicht genug damit, daß er alles verloren hatte, womit sollte er nun seine restlichen Tage verbringen? Als Sozialhilfeempfänger wollte er auf gar keinen Fall seinen Lebensabend verbringen.

Monica und Sara fuhren in einem Taxi durch die Savanne. Das klapprige Fahrzeug holperte über die zerfurchte, schlaglochübersäte Straße und zog eine mächtige Staubwolke hinter sich her.

Hoch vom Himmel verbreitete die Sonne eine lähmende Hitze. Neben der Straße standen verstaubte Bäume. Sie säumten ein halb ausgetrocknetes Bachbett aus rotbraunem Urgestein. Saras Blick schweifte über das endlose, gelbe Grasland. Doch nirgends erspähte sie einen Elefanten oder zumindest eine Giraffe.

»Weißt du, wir werden uns köstlich amüsieren, wenn wir hier in Afrika leben«, versprach Monica. »Als Oma und Opa mich nach Italien mitnahmen, da war ich ungefähr in deinem Alter. Junge, was hab ich da geweint.«

»Warst du nicht froh, in Italien zu leben?« wollte Sara wissen.

»Na ja, ich bedauerte es nur, von Zuhause wegzugehen«, antwortete Monica.

»Ich bin froh, daß wir gekommen sind, um in Afrika zu leben«, meinte Sara. »Werden wir in einer Hütte leben?«

»Einer Hütte?« wiederholte Monica amüsiert. »Komm schon, ich kann mir ein Haus leisten.«

»Es wäre lustig, in einer Hütte zu wohnen«, erklärte Sara entschieden und starrte weiter aus dem Seitenfenster auf das unbekannte Land.

Monica schmunzelte und versprach: »Ich werde darüber nachdenken.«

Wie jeden Mittag, so auch heute versorgte Lisa Brandt das Elefantenbaby Dumbo. Wilderer hatten Dumbos Mutter erschossen. Die Brandts hatten das Elefantenbaby erfolgreich mit der Flasche aufgezogen.

Aber heute war Lisa nicht mit dem Herzen bei der Arbeit. Sie war noch zu aufgewühlt. Ihre Gedanken kreisten weiter um ihre Zukunft. Der Bankrott der Farm war schon seit längerer Zeit abzusehen. Seither hatte es ihr vor dem Tag X gegraut. Die Gewißheit, daß dieser Tag kommen würde, hatte bereits das ganze vergangene Jahr überschattet. Lisa wünschte, sie würde Alexander unter erfreulicheren Umständen wiedersehen.

Dumbo hob seinen Kopf, rollte den Rüssel empor und trompetete. Lisa schreckte aus ihren Gedanken. Sie blickte auf, wischte sich mit dem Handrücken den Schweiß von der Stirn und beobachtete das näherkommende Auto. Der klapprige rote Pick-up hielt neben dem Pferch. Ein junges Paar, offenbar Touristen, stieg aus und blickte sich um.

Der junge Mann war schlaksig und hatte ein freundliches Gesicht. In seinem offenen Tropenhemd, dem blauen Shirt und der Baseballkappe wirkte er auf den ersten Blick wie ein etwas zu groß geratener Collegeboy. Die Frau an seiner Seite war höchstens zwanzig Jahre alt, schlank mit glattem pechschwarzem Haar, das ihr über die Schultern fiel. Sie trug einen schwarzen Stretchrock und ein dazu passendes, bauchfreies Top.

»Hi, ich bin Henry Murch«, grüßte der Mann. »Und das ist meine Frau Angela.«

»Guten Morgen«, grüßte Lisa zurück.

»Schatz, schau dir den niedlichen Elefanten an«, trällerte Angela überschwenglich.

»Wir sahen dieses wunderschöne Haus dort drüben.« Henry deutete Richtung Farmhaus. »Ich nehme an, daß Sie dort wohnen.«

»Ja«, erwiderte Lisa ein wenig irritiert. »Richtig.«

»Ähm.« Henry räusperte sich verlegen. »Wir haben uns gefragt ..., sie vermieten nicht zufällig Zimmer?«

»O nein, tut mir leid«, bedauerte Lisa. »Das ist ein privates Zuhause.«

»Das dachte ich mir schon«, seufzte Angela. »Na ja, es war einen Versuch wert. Alles, um ...«

»... zu verhindern, eine weitere Nacht in einem Zelt zu verbringen«, fiel Henry ihr ins Wort. »Schatz, es ist ein phantastisches Zelt, auf dem neuesten Stand der Technik.«

»Kennen Sie die Gegend?« erkundigte sich Lisa.

»O ja, ich bin vorher schon einmal hier gewesen«, antwortete Henry stolz.

»Genau, vor zehn Jahren«, ergänzte Angela und rollte genervt mit den Augen.

»Sie sollten nicht ohne einen Führer herumwandern«, riet Lisa. »Das kann gefährlich sein.«

»Was habe ich gesagt?« ereiferte sich Angela. »Er denkt, er ist in Disneyland oder so etwas.«

»Wir sind in den Flitterwochen«, Henry nahm Angela in den Arm und gab ihr einen Kuß. Dann strahlte er Lisa überglücklich an. »Sagen Sie mir, was während einer Hochzeitsreise passieren könnte?«

»Seien Sie einfach nur vorsichtig«, gab Lisa den beiden mit auf den Weg.

Walter wanderte ein letztes Mal durch die Savanne. Unter der riesigen, blauen Himmelskuppel erstreckte sich gelbbraunes Gras meilenweit in jede Richtung. Es gab kaum einen Baum, kaum einen Busch. Nichts als Buschgras, das in der Hitze flirrte, unter einer sengenden Sonne.

Walter drehte sich um, weil er noch einen letzten Blick auf sein Land werfen wollte, da stutzte er verblüfft. Ein paar Meter weiter lag ein junges Zebra regungslos im hohen Gras. Es blutete stark aus einer tiefen Bißwunde am Hinterlauf.

»Du hast ja eine schlimme Verletzung.« Walter pirschte vorsichtig zu dem verletzten Tier. »Hat dich wer gebissen?«

Das Zebra rührte sich nicht. Mit angstvoll aufgerissenen Augen verfolgte es jede Bewegung von Walter. Durch den Anblick eines Menschen war es völlig verstört. Wie ein Kaninchen eine Schlange, so stierte es Walter an. Das Zebra war sehr jung, es hatte noch nie einen Menschen gesehen. Alles Neue beäugten die Bewohner der Savanne mit Mißtrauen. Sie waren Wesen, die auf Unbekanntes mit Skepsis oder gleich mit Flucht reagierten.

»Wir können es nicht so lassen, oder?« Walter ging vor dem Zebra in die Hocke und untersuchte die Wunde.

Die Augen des Tieres blinzelten nervös und sein Schwanz peitschte unruhig. Während Walters Hand vorsichtig das verletzte Bein nach möglichen Brüchen abtastete, sprach er sanft auf das Zebra ein. Das monotone Murmeln beruhigte das Tier ein wenig.

»Vielleicht gibt es etwas, was ich für dich tun kann.«

Walter nestelte eine Bandage und Desinfektionsmittel aus der Erste-Hilfe-Kassette in seiner Umhängetasche. Vorsichtig desinfizierte er die Wunde. Das Zebra schrie laut auf und wand sich in Todesangst am Boden. Seine Hufe schossen durch die Luft und verfehlten Walter nur knapp.

Monica und Lisa erreichten die ersten Vorortsiedlungen. Die Schlaglochstraße wich einer asphaltierten Fahrbahn. Schmucke, weiße Häuser im kap-holländischen Stil säumten die Bürgersteige.

»Zu welchem Hotel soll ich Sie bringen, Ma'am?« erkundigte sich der Taxifahrer.

»Wie bitte?« Monica schreckte aus ihren Gedanken. »O nein, kein Hotel. Wir möchten zur Kohlemann-Klinik. Kennen Sie sie?«

»In Nwanga kennt jeder den Professor«, antwortete der Fahrer. »Er ist ein Denkmal für uns. Die Klinik liegt etwas außerhalb. Die Menschen kommen aus ganz Südafrika her, um sich behandeln zu lassen. Oh, wir sind sehr stolz auf Professor Kohlemann.«

Walter bändigte das Zebra mit einem Trick. Er band die drei gesunden Beine des Tieres mit seinem Gürtel zusammen. Das Tier zappelte zwar immer noch wild, aber zumindest konnten ihm die Hufe jetzt nicht mehr gefährlich werden. Vorsichtig wickelte Walter die Bandage um die offene Wunde. Verbluten würde das Tier jetzt nicht mehr. Doch wenn er es hier liegen ließ, war es spätestens bis heute abend ein Opfer von Löwen oder Schakalen.

»Das hätten wir.« Walter richtete sich auf und überlegte, was er als nächstes tun sollte.

Als erstes versuchte er, das Zebra auf die Beine zu heben. Behutsam schob er seine Arme unter den zitternden Körper und hob ihn langsam hoch. Erschrokken keilte das Zebra aus und taumelte aus eigener Kraft auf die Beine. Walter löste den Gürtel von den Beinen des Tiers und trat einen Schritt zurück.

»Das ist alles, was ich tun kann«, keuchte Walter. »Ich bin kein Tierarzt.«

Ein, zwei Schritte lang sah es so aus, als würde das verletzte Bein wegknicken, doch es hielt. Der Gang des Zebras stabilisierte sich. Erst zögernd, dann immer sicherer, trabte es davon.

»Auf Wiedersehen, mein kleines Mädchen!« rief Walter ihm hinterher. »Du hast mir mit Sicherheit ein gutes Training verschafft.«

Walter trat plötzlich erschöpft den Heimweg an. Seine Beine fingen an zu zittern und rote Schleier flogen aus dem Nichts auf ihn zu und verflüchtigten sich wieder. Mit einem Mal fiel ihm das Atmen schwerer. Sein Herz klopfte wie rasend. Ein Schweißfilm bedeckte schlagartig den ganzen Körper, und seine Muskeln verkrampften sich. Ein unerträglicher Stich schoß plötzlich durch Walters Brust. Dann spürte und sah er nichts mehr. Abgrundtiefe Schwärze hüllte ihn ein.

Die Sorge um Walter ließ Lisa keine Ruhe. Schließlich setzte sie sich in den Wagen und machte sich auf die Suche nach ihm. Mit jeder Sekunde, die verstrich, wurde aus scheinbar unbegründeter Sorge dumpfe Angst und schließlich eine riesige, alles verschlingende Furcht.

Als sie die Hügelkuppe erreichte, sah sie Walter leblos im Gras liegen. Der Schock war so groß, daß ihr augenblicklich Tränen aus den Augen schossen.

»Walter!« schrie sie, stoppte und sprang aus dem Wagen. »Walter!«

»Lisa!« Walter versuchte die Augen zu öffnen. Seine Lider flatterten. »Lisa!«

»Walter!« Lisa schluchzte und fiel neben ihrem Mann auf die Knie.

2. KAPITEL
Von neuen Freunden ... und Feinden

Die Kohlemann-Klinik lag inmitten eines gepflegten Parks. Auf den ersten Blick glich der ebenerdige Flachbau einem kleinen Schloß. Die Zufahrt wurde von weißgetünchten Rundbögen gesäumt. Weiß war überhaupt die vorherrschende Farbe. Sowohl außen als auch in der Klinik erstrahlte alles in makellosem Weiß. Das Foyer war mit weißem Marmor ausgekleidet, zu dem die modernen Möbel im Wartebereich und der Rezeption farblich abgestimmt waren.

Mit Sara im Schlepptau wuchtete Monica ihre Koffer, Taschen und sonstigen Gepäckstücke in das Foyer und stellte sie neben einer Sitzgruppe ab. Der Taxifahrer trug noch zwei große Koffer herein. Monica bezahlte den Mann und atmete erst einmal tief durch. Hier war also ihre neue Arbeitsstätte.

In den Gängen herrschte rege Betriebsamkeit. Krankenschwestern mit Medikamentenwagen und Ärzte in grünen OP-Kitteln eilten geschäftig vorbei. Einige dunkelhäutige Lernschwestern sammelten sich zum Unterricht und verschwanden in einem der Räume. Niemand nahm Notiz von Monica, Sara oder dem Gepäckberg, der sich am Eingang türmte.

Monica trat an die Rezeption. Dort erkundigte sie sich bei Miss Carson, einer freundlichen, dunkelhäutigen Krankenschwester, nach Professor Kohlemann.

»Tut mir leid«, antwortete Miss Carson. »Aber Doktor Kohlemann ist noch nicht angekommen.«

»Ich sollte ihn hier treffen«, erklärte Monica und deutete mit dem Kinn Richtung Gepäck. »Wie Sie sehen, sind wir ein wenig überladen.«

»Ich weiß nicht, was ich Ihnen sagen soll«, entgegnete Miss Carson. »Würden Sie gerne im Wartezimmer warten? Oh, hier ist unser Personalchef. Guten Morgen, Doktor Thompson ...«

»Miss Carson, könnten Sie mir die Bedeutung dieses Berges dort erklären?« fiel Dr. Thompson ihr schroff ins Wort, musterte mißmutig die Koffer neben dem Eingang und ignorierte Monica.

Dr. Henry Thompson war Mitte Vierzig, mit einer grobschlächtigen Figur, die auch durch den eleganten Anzug nicht verfeinert wurde. Er hatte ein breites, flaches Gesicht mit stumpfer Nase, einen stiernackigen Hals und eine Körperhaltung, die gebieterisch – um nicht zu sagen: steif – war. Offensichtlich hatte er Probleme mit dem Haarwuchs. Die spärlichen Haare klebten auf seiner Kopfhaut.

Dr. Thompson hielt sich selbst für eine imposante Erscheinung und trat stets autoritär auf. Als Personalchef und stellvertretender Leiter der Klinik legte er ebenfalls Wert darauf, daß im Krankenhaus alles seine Ordnung hatte. Ordnung und Disziplin waren die Stützpfeiler einer funktionierenden Gemeinschaft. Seine Augen hatten etwas Kaltes, Stechendes und verrieten seinen brennenden Ehrgeiz.

»Das sind meine Taschen«, erklärte Monica.

»Diese Dame hat einen Termin bei Doktor Kohlemann«, ergänzte Miss Carson rasch. »Sie ist gerade mit dem Flugzeug aus Johannesburg gekommen und ...«

»Also genaugenommen aus Italien«, verbesserte Monica.

»Dies ist eine private Klinik, keine Herberge.«

Dr. Thompson musterte Monica mit versteinerter Miene. Eine Stirnader quoll bedrohlich an. »Bitte räumen Sie jetzt den Eingang!«

»Ich wollte das gerade tun«, erwiderte sie.

»Gut, danke«, erwiderte er kurz angebunden und verabschiedete sich. »Madam.«

Nelson Baker, ein dunkelhäutiger Arzt Anfang Fünfzig und Kate, eine weiße Krankenschwester Mitte Zwanzig, kamen ihm an der Tür zur Ambulanz entgegen.

Dr. Thompson nahm Kates Begleitung mißbilligend zur Kenntnis. Kate war eine verwirrende Mischung aus Verführung und Unnahbarkeit. Sie hatte einen großen, sinnlichen Mund, schräge Augenbrauen und lange, hellblonde Haare.

»Guten Morgen, Nelson«, grüßte Dr. Thompson gekünstelt überschwenglich. »Hallo, Kate.«

»Guten Morgen, Henry«, grüßte Dr. Baker zurück. Ihm war Dr. Thompsons Faible für Kate nicht entgangen.

»Dr. Thompson«, erwiderte Kate reserviert.

»Hattet ihr beiden eine aufregende Nacht?« erkundigte er sich, wobei er die attraktive Kate wie hypnotisiert anstierte.

»Sticht dich heute morgen der Hafer, Henry?« erkundigte sich Dr. Baker trocken.

»Ich habe nie herausgefunden, wie du es schaffst, die Nachtschicht zusammen mit Kate zu bekommen«, meinte Dr. Thompson, wobei es ihm gelang, die Atmosphäre mit einem Hauch von Feindseligkeit zu vergiften. »Reines Glück?«

»Einen schönen Tag noch, Henry«, entgegnete Dr. Baker kühl und ging mit Kate Richtung Ausgang weiter.

Als Kate an der Rezeption vorbeiging, bemerkte sie, daß etwas nicht stimmte. Sie sah, wie Monica und Sara sich mit ihrem Gepäck abmühten. Kate verabschiedete sich von Dr. Baker und trat zu Monica.

»Dieser Mann hat recht«, erklärte Monica gerade ihrer maulenden Tochter. »Wir sollten die Tür nicht blockieren.«

»Brauchen Sie Hilfe?« erkundigte sich Kate.

»Ja, danke.« Erleichtert registrierte Monica, daß es in dieser Klinik wohl auch noch freundliche Angestellte gab. »Es scheint, als sei Ihr Personalchef heute mit dem falschen Bein zuerst aufgestanden.«

»Dr. Thompson?« Kate hob überrascht ihre Brauen. »Er ist immer so.«

»Oh, also ein Morgenmuffel«, meinte Monica.

»Woher wissen Sie das?« flachste Kate und lachte.

Lisa raste mit dem Auto, wie sie noch nie zuvor in ihrem Leben gefahren war. In der Vorstadt war der Verkehr lebhaft. Autos, Fahrräder und Fußgänger – alle fuhren anscheinend durcheinander. Immer wieder trat Lisa hart auf die Bremse und hupte, um Zusammenstöße zu vermeiden. Radfahrer machten ihretwegen unfreiwillige Schlenker. Hupend erstritt sie sich an roten Ampeln das Vorfahrtsrecht. In Panik sprangen Menschen an Fußgängerüberwegen zur Seite. Einige riefen Lisa Verwünschungen hinterher, andere zeigten ihr einen Vogel.

Walter saß zusammengesackt auf dem Beifahrersitz.

In seiner Brust dröhnte jeder Herzschlag. Der Schmerz schwoll an und ab. Seine Muskeln krampften sich zusammen. Lisas Wangen waren tränennaß.

Endlich erreichte sie die Klinik. Mit kreischenden Bremsen hielt sie vor dem Haupteingang.

Im Foyer traten Frank Morrison, ein etwas unscheinbarer, schüchtern wirkender Klinikangestellter mit tiefen Furchen im Gesicht und fingerdicker Brille und Cindy, eine junge, dunkelhäutige Krankenschwester, die Frühschicht an. Wie jeden Morgen nahmen sie sich die Zeit und plauderten ein wenig mit Miss Carson. Miss Carson erzählte ihnen brühwarm, wie Dr. Thompson Monica abgekanzelt hatte.

»Ich denke, Durcheinander bringt Dr. Thompson durcheinander«, dozierte Morrison. »Wenn alles tadellos in Ordnung ist, geht es ihm gut. Ordnung ist für ihn fundamental wichtig.«

»Ich weiß, aber es gibt Wege, und es gibt Wege«, meinte Miss Carson zu dem Thema.

»Wenn es nur eine Frage der Art und Weise ist ...«, hob Cindy gerade an, als die Eingangstür aufgestoßen wurde.

»Helfen Sie mir! Helfen Sie mir bitte!« keuchte Lisa. »Mein Mann ist sehr krank.«

Die Panik in Lisas Stimme traf Morrison, Cindy und Miss Carson wie ein Schlag. Walter wankte an Lisas Seite zur Tür herein. Sie stützte ihn, so gut es eben ging. Walters Gesicht war aschgrau.

Morrison und Cindy eilten zur Hilfe herbei.

»Kommen Sie.« Morrison griff Walter unter die Arme und half ihm auf einen Stuhl neben der Rezeption. »Setzen Sie sich hier hin. Was ist mit ihm los?«

»Ich weiß es nicht«, stotterte Lisa. »Ich fand ihn auf dem Feld. Sein Magen ...«

»Wir holen besser Dr. Baker«, meinte Cindy.

»Oh Gott, er ist bereits gegangen«, sagte Miss Carson, während sie zum Telefon griff und Dr. Bakers Handy anwählte. »Ich werde versuchen ihn zu erreichen.«

»Wahrscheinlich eine Magenverstimmung«, diagnostizierte Morrison. »Wie fühlen Sie sich?«

»Furchtbar«, stöhnte Walter.

»Ich denke nicht, daß ihm etwas Ernsthaftes fehlt«, beruhigte Morrison Lisa. »Aber wir werden Dr. Baker einen Blick auf ihn werfen lassen.«

»Oh Gott«, jammerte Cindy. »Und wann wird das sein?«

»Dr. Baker ist auf dem Weg«, meldete Miss Carson und legte den Hörer auf. »Ich habe ihn gerade noch rechtzeitig erwischt.«

Morrison lächelte Lisa mitfühlend an.

»Warum kommen Sie nicht mit mir, Madam?« bat er sie. »Ich werde Ihnen helfen, die Aufnahmeformulare auszufüllen.«

»Können wir das nicht später tun?« Lisa blickte besorgt auf Walter. Seine Augenlider flatterten, und er starrte ins Leere, als nähme er nichts mehr wahr. »Ich will ihn nicht allein lassen.«

»Ich bin kein Doktor, Madam«, erwiderte Morrison. »Aber ich kann Ihnen versichern, daß es nichts Dringendes ist.«

»Walter«, schluchzte Lisa.

Walter öffnete den Mund. Aus seiner Kehle drang ein gequälter Laut. Er versuchte zu sprechen. Lisa vernahm einige Silben, aber die Worte waren zu undeutlich.

Zwei Pfleger schoben eine Rolltrage herbei und betteten Walter darauf.

»Tu, was er sagt«, stieß er endlich hervor.

Lisa zögerte einen Moment. Walter blickte wieder ins

Leere. Lisa hoffte, er würde noch einmal zu ihr sprechen. Als er aber nichts sagte, drückte sie ein letztes Mal seine Hand und folgte Morrison in ein Büro.

Kate und Monica verstauten alle Gepäckstücke in einer Ecke, wo sie niemanden störten. Dann gingen sie mit Sara zur Rezeption zurück. Schon von weitem vernahmen sie dort aufgeregtes Stimmengewirr.

»Wo liegt das Problem?« erkundigte sich Kate.

»Seine Frau hat ihn gerade hereingebracht«, berichtete Cindy. »Sie ist mit Frank losgegangen, um die Aufnahmeformulare auszufüllen.«

»Haben Sie jemanden gefunden?« hakte Kate nach.

»Dr. Baker«, antwortete Cindy. »Er ist auf dem Weg hierher und wird gleich da sein.«

Monica trat an die Trage, schob ein Augenlid von Walter hoch und blickte auf die weit geöffnete Pupille. Mit der anderen Hand kontrollierte sie seinen Puls.

»Dieser Mann hatte einen Herzinfarkt«, stellte sie fest.

»Was?« Kates verwirrter Blick wanderte zu Monica.

»Ich sagte, er hatte einen Herzinfarkt.« Monicas Stimme klang sachlich und gefaßt. »Bereiten Sie ein EKG vor! Rufen Sie jemanden, sofort!«

»Also ..., ich habe ...«, stammelte Kate völlig desorientiert.

»Ich bin Kardiologin«, erklärte Monica ruhig, aber bestimmt. »Bitte tun Sie, was ich sage!«

Lisa und Morrison verließen das kleine Büro und traten auf den Krankenhausflur hinaus. Vergeblich versuchte Lisa das Gefühl von Betäubung abzuschütteln, das sie gefangen hielt.

»Sie werden sehen, Ihrem Mann wird es in ein paar Stunden wieder gutgehen«, versprach Morrison, während er Lisas ausgefüllten Anmeldebogen überflog. »Brandt? Sind Sie deutscher Herkunft?«

»Was?« Lisa schrak aus ihren Gedanken und starrte auf zwei Frauen, die *keine* Ärztekittel trugen. Sie schoben die Trage, auf der Walter lag. In einer Hand hielt Kate eine Infusionsflasche für eine Tropfinfusion, an die Walter angeschlossen war.

»Wir müssen ihn an einen Monitor anschließen und die erforderlichen Injektionen vorbereiten und zwar schnell«, forderte Monica. »Wo ist die Kardiologische Station?«

»Im zweiten Stock«, erwiderte Kate bestürzt.

Lisa starrte ebenso verwirrt auf Monica wie Morrison.

»Wer ... wer ist diese Frau?« fragte sie besorgt.

»Niemand von unserem Personal, das ist sicher«, erwiderte Morrison perplex.

Morrison öffnete den Mund, um noch etwas zu sagen, aber da stellte sich Lisa bereits Monica in den Weg.

»Was machen Sie?« fuhr Lisa sie an. »Wer sind Sie?«

»Ich bin Kardiologin«, erwiderte Monica so ruhig wie möglich. »Bitte, lassen Sie uns durch.«

»Niemand hier kennt Sie!« schrillte Lisa hysterisch. »Woher weiß ich, ob Sie überhaupt Ärztin sind? Ich bewege mich nicht, bis ein Doktor aus der Klinik kommt.«

Dann rüttelte sie Walter an einem Arm und schrie mit vor Qual und Schmerz brüchiger Stimme: »Walter ..., Walter, antworte mir!«

»Würden Sie uns bitte helfen, ihm zu helfen«, drängte Monica. »Jetzt bewegen Sie sich und lassen uns durch!«

»Nein!« Lisa war einer Panikattacke nahe. »Ich verlange einen Arzt!«

»Ich bin Ärztin, und ich sage Ihnen, daß Sie sein Leben riskieren«, beteuerte Monica.

»Ich verlange einen echten Arzt.« Lisas Halsmuskeln spannten sich.

Monica atmete tief durch. Der Patient brauchte unbedingt eine Behandlung mit Gerinnungshemmer, am besten Heparin. Monica mußte eine Entscheidung treffen, um das Leben des Patienten zu retten. Mit Mitgefühl kam sie bei Lisa nicht weiter, deshalb wählte sie den anderen Weg.

»Es tut mir leid, Sie werden einfach beiseite gehen müssen«, sagte sie leise mit gepreßter Stimme. »Kommen Sie! Los!«

Monica versetzte Lisa einen Stoß, so daß sie gegen die Wand zurücktaumelte.

Dr. Baker und Morrison trafen fast gleichzeitig an der Rezeption ein.

»Frank«, keuchte Dr. Baker. »Wo ist der Mann, den Sie hier hereingebracht haben?«

»Auf dem Weg zur Intensivstation«, erwiderte Morrison.

»Wer ist bei ihm?« hakte Dr. Baker nach.

»Ich weiß es nicht«, antwortete er konsterniert. »Irgendeine Frau.«

»Oh mein Gott!« schrie Lisa, als sie das hörte. Eine Welle der Hilflosigkeit und des Entsetzens überrollte sie. »Sie ist keine Ärztin? Oder? Oh mein Gott!«

Mowanda hielt vor dem Anwesen der Brandts. Es war ein sehr schönes, großes Holzhaus mit überdachter Veranda und gußeisernen Säulen im Kolonialstil. Der Hof lag ruhig und verlassen da. Nirgendwo war eine Menschenseele zu sehen.

Alexander und Mowanda stiegen aus dem Jeep und gingen zu dem Gebäude.

»Ma!« rief Alexander. »Papa! Ist jemand zu Hause?«

Keine Antwort. Die Begrüßung des »verlorenen Sohnes« hatte sich Alexander ein wenig euphorischer vorgestellt.

Als Alexander Brandt sein Elternhaus betrat, erwachten viele der in all den Jahren verdrängten Erinnerungen zu neuem Leben. Hier hatte er seine Kindheit voller Freiheit und Abenteuer verlebt. Zurückblickend war es wohl die glücklichste Zeit seines Lebens gewesen.

»Wow!« meinte Alexander sarkastisch. »Welch ein Willkommen.«

Die tiefe Stille im Haus war deprimierend. Aus der Küche trat George.

»Alex?« grüßte George mit breitem Sonntagsgrinsen.

»George!« lachte Alex erleichtert, klopfte ihm auf die Schulter und umarmte seinen alten Freund.

»Wie geht es dir?« fragte George. »Erfindest du immer noch Medizin in München?«

»Nein, das ist Geschichte.« Alexander ließ George los und wurde schlagartig ernst. »Wo sind meine Eltern? Es ist alles für das Frühstück vorbereitet, aber sie scheinen verschwunden zu sein.«

»Dein Vater ging heute morgen spazieren und kam nicht zurück«, erzählte George. »Also suchte Lisa nach ihm. Aber das war vor einer Weile, und ich weiß nicht, wie das ...«

»Sie werden sich nie ändern«, seufzte Alexander. »Sie wußten, daß ich komme.«

Die Enttäuschung in Alexanders Gesicht war nicht zu übersehen. Offensichtlich stimmte der alte Spruch wirklich. Man konnte nicht mehr in sein Elternhaus zurückkommen, wenn man es einmal verlassen hatte.

»Sie werden früher oder später zurück sein«, munterte George seinen Freund auf. »Sie kennen sie.«

Ein ohrenbetäubendes Trompetengeräusch fuhr Alexander durch Mark und Bein.

»Was ist das?« fragte er erschrocken.

»Ein neues Mitglied der Familie.« George lotste Alexander zur Terrassentür hinaus und deutete auf ein nahes Gehege. Dort stand Dumbo neben einem kleinen Teich und winkte mit dem Rüssel. »Hey, Dumbo! Das ist Alex!«

»Ein Elefant?« Alexander blinzelte ungläubig.

»Er denkt, er ist ein Mensch«, verriet George hinter vorgehaltener Hand. »Lisa fand ihn verletzt, und wir haben ihn wieder hochgepäppelt. Wir bauten ihm sogar einen Pferch neben der Garage.«

»Gut, gut.« Alexander schlenderte mit George zu dem Elefantenbaby. »Ma hätte wirklich Tierärztin werden sollen. Sie konnte noch nie nein zu einem Tier sagen.«

Ohne Vorwarnung tauchte Dumbo seinen Rüssel in das Wasser, sog ihn bis zum Rand voll, prustete eine kräftige Wasserfontäne Richtung Alexander und bescherte ihm ein unfreiwilliges Brausebad.

»Hey!« schimpfte Alexander lachend. »Das war keine Kritik!«

Dumbo trompetete. Es klang wie: »Das rate ich dir auch nicht!«

»Was sagst du dazu?« Alexander schüttelte ungläubig den Kopf. »Ein Elefant! Du hast Ma sofort eingewickelt, nicht wahr?«

Dumbo nickte zustimmend mit dem Kopf und trompetete erneut.

»Also dann, wir wär's, wenn du mir sagst, wo sie hingegangen sind?« schlug Alexander dem Elefantenbaby vor.

Walters Zustand stabilisierte sich. Er lag in der Kardiologie und war an die zentrale Überwachungsanlage angeschlossen. Ein Monitor zeigte die Herzstromkurve und würde Alarm geben bei einer gefährlichen Abweichung.

Walters Atem ging flach, die Augenlider zuckten ab und zu. Die Gerinnungsauflöser, die Monica ihm injiziert hatte, zeigten erste Wirkung. Ein Blutgerinnsel hatte ein Gefäß verschlossen und damit den Infarkt ausgelöst. Ob die Thrombose Auswirkung auf andere Kranzgefäße hatte, mußte sich noch zeigen. Dr. Thompson und Morrison standen neben dem Krankenbett und studierten die Blutgasanalyse. Die akute Todesgefahr war zumindest vorerst gebannt. Jetzt mußte sein Zustand nur noch medikamentös stabilisiert werden.

»Ich würde sagen, alles ist okay«, meinte Dr. Thompson schließlich. »Also, wer ist diese geheimnisvolle Frau, die den Herzinfarkt diagnostiziert hat?«

»Eine Kardiologin ...«, antwortete Morrison. »Dr. Marini. Offensichtlich wird sie hier arbeiten.«

»Überraschung, Überraschung«, bemerkte Dr. Thompson sarkastisch. »Prüfen Sie jede halbe Stunden den Druck. Wenn die Systole unter einhundertzehn fällt, lassen Sie es mich auf der Stelle wissen. Okay, lassen Sie uns gehen und uns der Frau stellen.«

Sara sah sich betrogen. Das Märchen, daß man Ende des Regenbogens einen Topf voller Gold fand, war genauso unwahr wie, daß es in Afrika vor Elefanten, Giraffen und sonstigen Tieren nur so wimmelte. Sara hatte von Abenteuern mit lustigen Affen geträumt, die sie aus ihren Bilderbüchern kannte. In Wirklichkeit aber schien Afrika bloß langweilig zu sein.

In der ganzen Hektik hatte niemand mehr an sie gedacht. Jetzt war es in der Klinik mucksmäuschenstill. Sara hatte ziemlich lange brav auf einem Stuhl gesessen und auf ihre Mutter gewartet. Aber nun verdüsterte sich ihre Miene von Minute zu Minute. Schließlich schlenderte sie zur Rezeption, wo Miss Carson in einem Register blätterte.

»Hi«, grüßte Sara.

»Hi«, grüßte Miss Carson zurück und lächelte.

»Ich bin auf eine englische Schule in Rom gegangen«, erzählte Sara. »Mein Daddy war ein Italiener mit englischem Akzent. Aber meine Mami andererseits ...«

Das Telefon klingelte.

»Entschuldige mich ...« Miss Carson nahm den Hörer ab. »Kohlemann-Klinik. Nein, der Doktor ist noch nicht hier. Aber ich werde ihn rufen lassen, sobald er ankommt. Ja, natürlich. Auf Wiederhören.«

Endlich öffnete sich eine Glastür. Monica und Kate kehrten zur Rezeption zurück.

»Mami!« Sara rannte wie erlöst zu ihrer Mutter und umarmte sie.

»Kleines«, seufzte Monica und hob ihre Tochter hoch. »Oh, meine Güte, du wirst langsam zu groß, um das zu machen. Tut mir leid, daß du so lange warten mußtest.«

»Wird es diesem Mann bessergehen?« wollte Sara wissen.

»Ja, ich denke, er wird bald okay sein«, erwiderte Monica.

»Dank deiner Mutter«, ergänzte Kate.

»Ich weiß«, meinte Sara stolz. »Meine Mami ist die beste Ärztin der Welt. Sie wird hier arbeiten.«

»Es tut mir leid, wir hatten keine Möglichkeit, uns vorzustellen«, sagte Monica. »Ich bin Monica Marini.«

»Hi.« Kate schüttelte ihr die Hand. »Ich bin Kate.«

»Und dies ist meine Tochter Sara.« Monica ließ Sara wieder zu Boden.

»Hallo«, grüßte Kate.

»Und ja, wir werden sehr bald anfangen, hier zu arbeiten«, fuhr Monica fort. »Obwohl es so aussieht, als hätte ich es bereits getan.«

»Monica«, sagte eine sonore Stimme hinter ihnen.

Professor Kohlemann betrat das Foyer. Er war ein gutaussehender Mann Ende Fünfzig und fiel besonders durch seine ausnehmend guten Manieren auf. Trotz seiner schlohweißen Haare sah er immer noch jung aus. Er war schlank, hatte wache, intelligente Augen und ein ruhiges, freundliches Gesicht. Er trug einen perfekt sitzenden, dunklen Anzug und durchschritt mit beinahe jugendlichem Elan die Halle.

Professor Kohlemann genoß einen ausgezeichneten Ruf. Vor vielen Jahren hatte er sich als Arzt in Südafrika niedergelassen. Seine Tüchtigkeit und sein Können machten ihn bald berühmt. Er baute seine schlichte Praxis mehr und mehr aus, bis sie schließlich zu einer angesehenen Klinik wurde.

»Entschuldigen Sie, wenn ich ein wenig spät bin«, fuhr er fort.

Er reichte Miss Carson eine Akte für Dr. Thompson und wandte sich dann Monica und Kate zu. Ein Blick in die beiden hübschen Gesichter genügte, und er wußte, daß etwas nicht stimmte.

»Was ist passiert?« seufzte er Unheil ahnend.

Professor Kohlemann bat Monica in sein Büro. Sie nahmen am Schreibtisch Platz. Professor Kohlemann legte die Fingerspitzen gegeneinander und sah Monica neugierig an.

Zunächst schilderte sie ihm detailliert ihre turbulente Ankunft.

»Es hört sich so an, als hätten Sie Ihre Ankunft nicht besser timen können.« Professor Kohlemann schmunzelte.

»Sie kennen mich, ich konnte nicht anders«, fuhr Monica fort. »Aber natürlich hat Dr. Baker übernommen, als wir erst mal auf der Intensivstation waren. Das gesamte Personal hat seine Arbeit perfekt ausgeführt. Diese Kate ist ein richtiges As.«

»Ich habe die besten hier, Monica«, meinte er stolz. »Und darum wollte ich auch Sie. Sie wissen, Ihr Können wird ein unschätzbares Element bei unseren Plänen sein, diese Einrichtung zu verbessern und mit der neuen kardiologischen Station voranzukommen.«

»Sie wissen gar nicht, wie geehrt ich mich fühle, daß Sie mich gebeten haben, hier herunter zu kommen und mit Ihnen zu arbeiten«, gestand sie. »Ich kann es nicht erwarten, anzufangen.«

»Oh, sieht so aus, als hätten Sie bereits angefangen«, lachte er und erhob sich.

»Ja, ich schätze, das habe ich«, bestätigte Monica und stand ebenfalls auf.

»Wie auch immer, das erste, was Sie tun müssen, ist etwas Ruhe zu bekommen«, meinte Professor Kohlemann. »Ich habe es arrangiert, daß mein Fahrer Sie zu meinem Haus fährt.«

»Oh, das ist sehr nett von Ihnen«, antwortete Monica, von dem Entgegenkommen sichtlich überwältigt.

»Aber wir hatten vor, in einem Hotel zu bleiben.«

»Nein, nein, auf keinen Fall«, widersprach er. »Ich habe ein sehr schönes Zimmer für Sie und Sara vorbereiten lassen. Wo ist sie denn eigentlich?«

»Ich bin sicher, sie ist immer noch unten am Empfang«, entgegnete sie.

»Sie müssen gehen und das arme, kleine Ding finden«, riet er und begleitete Monica zur Tür. »Sonst denkt sie womöglich noch, Sie hätten sie im Stich gelassen.«

»Keine Sorge«, erwiderte Monica. »Sie ist ein sehr selbständiges Kind. Sie kennen Sara nicht.«

Unterdessen schlenderte Sara neugierig über die Korridore der Klinik. Als plötzlich Stimmen lauter wurden und Schritte näher kamen, versteckte sie sich rasch hinter einer Tür.

Kurz darauf bogen Lisa und Dr. Thompson um die Flurecke.

»Aber wie geht es ihm?« bedrängte Lisa den Arzt. »Kann ich ihn nicht besuchen?«

»Ihr Mann ist außer Gefahr, Mrs. Brandt«, beteuerte er. »Wir werden ihn ein paar Tage hier behalten müssen, aber glücklicherweise haben wir uns rechtzeitig um ihn gekümmert.«

»Ja, natürlich«, seufzte Lisa. »Zu schade, daß wir nicht wissen, wer diese ›wir‹ ist, die sich um ihn gekümmert hat.«

»Ach, Sie meinen Dr. Marini?« vermutete Dr. Thompson.

»Sie ist also eine Ärztin?« wunderte sich Lisa. »Es wäre schön, wenn ich das vorher gewußt hätte. Niemand wußte es, und daher habe ich ihr nicht vertraut. Aber das ist keine Entschuldigung dafür, wie sie mich behandelt hat.«

»Das tut mir leid, Mrs. Brandt«, warb Dr. Thompson um Verständnis. »Dr. Marini ist neu hier. Sie hat sich offensichtlich noch nicht an die Art gewöhnt, wie wir hier vorgehen. Aber ich versichere Ihnen, sie wird es sehr schnell lernen. Die Hauptsache ist, Ihrem Mann wurde geholfen. Dr. Marini betreffend versichere ich Ihnen, daß ich eine Erklärung erwarte.«

Sara wartete atemlos, bis die beiden Erwachsenen verschwunden waren, ehe sie sich aus ihrem Versteck wagte.

Walter öffnete unsicher seine Augen. Die Lider waren bleischwer. Unter der Wirkung starker Beruhigungsmittel wuselten merkwürdige weiße Nebelschleier vor seinen Augen. Ein leichter Schweißfilm bedeckte sein bleiches Gesicht. Walter versuchte sich an das zu erinnern, was passiert war. Was war mit dem Zebra? Wo war er überhaupt?

Walter erinnerte sich wieder an die Schmerzen, die ihn gepeinigt hatten. Im Augenblick spürte er nichts. Sein Herz schlug ruhig.

Mühsam drehte er den Kopf. Neben dem Bett stand ein kleines Mädchen und schaute ihn andächtig an. Es erschien ihm so unwirklich, daß er im ersten Moment glaubte, es sei ein Engel. Oder vielleicht träumte er ja nur.

»Wie geht es Ihnen?« fragte Sara mit zarter, hoher Kinderstimme.

Walter öffnete den Mund, um etwas zu erwidern, schloß ihn aber sofort.

»Es wird Ihnen bald bessergehen«, versprach Sara und drückte sanft Walters Hand. »Sie werden sehen. Meine Mami ist eine sehr gute Ärztin. Sie ist diejenige, die sich um Sie gekümmert hat.«

Sara hauchte Walter einen Kuß auf die Stirn, bevor sie auf Zehenspitzen genauso leise aus dem Krankenzimmer schlich, wie sie hereingekommen war.

Im Flur wäre Sara beinahe mit ihrer Mutter zusammengestoßen.

»Wo warst du?« fragte Monica streng. »Ich habe dich eine halbe Stunde lang gesucht. Ich dachte, ich hätte dir gesagt, du sollst dich nicht vom Fleck rühren?«

»Ich wollte nur sehen, wie es ihm geht«, antwortete Sara.

»Du weißt, daß für das Herumlaufen auf den Stationen ein striktes ›Nein-Nein‹ gilt«, fuhr Monica fort.

»Aber wenn ich die kranken Leute nicht sehen darf, wie soll ich dann jemals eine gute Ärztin werden?« wollte Sara wissen.

»Komm schon, laß uns gehen.« Monica nahm ihre Tochter bei der Hand. »Du hast noch ausreichend Zeit, um eine gute Ärztin zu werden.«

»Es ist mir egal, ob es eine Menge Zeit braucht«, erzählte Sara auf dem Weg zur Anmeldung. »Ich werde eine wundervolle Ärztin werden, genau wie du und Daddy. Tatsächlich werde ich sogar besser sein. Darum muß ich sofort damit anfangen, verstehst du das nicht?«

3. KAPITEL
Mr. Dickerby

Alexander und George standen hinter dem Farmhaus, als sie ein Auto näherkommen hörten.

»Na also!« lachte Alexander und lief Richtung Eingang. »Endlich!«

Doch es waren nicht seine Eltern, die ihn vor dem Eingang erwarteten, sondern ein fremder Mann. Während Alexander auf ihn zuging, versuchte er, aus dem

Äußeren des untersetzten Fremden so viel herauszulesen wie nur möglich.

Er hatte ein dickes, gerötetes Gesicht. Unter einem weißen Borsalino lugten strähnig braune Haare hervor. Die Sonnenbrille mit den kleinen, runden Gläsern harmonierte überhaupt nicht mit dem feisten Gesicht. Die billige Imitation eines weißen Designeranzugs und das entsprechende Seidenhalstuch paßten eher in eine Fernsehshow als in die Savanne. Unter dem Jackett wölbte sich ein Bauch, wie ein Medizinball. Und die goldene Rolex war genauso billig und falsch wie das freundliche Grinsen des Fremden.

George öffnete ihm gerade die Haustür.

»Guten Morgen«, grüßte der Fremde eine Spur zu schroff. »Ich möchte Mr. Walter Brandt sprechen.«

»Ich bin sein Sohn.« Alexander trat zu dem Fremden. »Worum geht es denn?«

»Mein Name ist Dickerby«, antwortete der Mann und reichte Alexander die Hand. »Ich bin hier, um mit ihrem Vater über den Verkauf der Farm zu sprechen.«

»Welcher Farm?« Alexander runzelte verwundert die Stirn.

»Nun ...!« Dickerby vollführte eine ausladende Armbewegung. »Dieser. Besitzt Ihr Vater noch andere?«

»Es tut mir leid, mein Vater ist nicht zu Hause«, erwiderte Alexander mit versteinerter Miene.

»Ich bin sehr überrascht.« Dickerby schielte zur Haustür rüber. »Wir hatten einen festen Termin für heute morgen, um die Details zu komplettieren. Ich bin den ganzen Weg hierher gekommen und nun ... Ich verstehe das nicht.«

»Und ich weiß nicht, was ich sagen soll«, entgegnete Alexander. »Ich bin selbst gerade erst angekommen, wissen Sie. Aber lassen Sie mich Ihnen eine Sache sagen: Es wird keinen Verkauf geben!«

»Was meinen Sie, keinen Verkauf?« Dickerby wurde ärgerlich. »Ihr Vater hat eine feste Zusage gemacht. Wir haben bereits die Anzahlung geleistet. Es ist ein ...«

Dickerby und Alexander unterbrachen ihren Disput. Sie drehten sich zu dem blauen Landrover um, mit dem Lisa vorfuhr. Sie parkte hinter Dickerbys Auto und stieg aus. Lisa sah sehr blaß und mitgenommen aus.

»Alex!« Lisa stutzte, als sie ihren Sohn sah. In der ganzen Aufregung hatte sie ihn völlig vergessen.

»Ma.« Alexander lächelt etwas unsicher. Beim Anblick seiner Mutter brach wieder eine Woge aus Kindheitserinnerungen über ihn herein.

»Alex!« Lisa umarmte ihren Sohn und drückte ihn an sich. »Du meine Güte. Alex, du bist hier!«

»Ma, was geht hier vor sich?« Alexander löste sich sanft aus der Umarmung und blickte verärgert Richtung Dikkerby. »Dieser Geier dort sagt, ihr wollt die Farm verkaufen.«

»Ja ..., natürlich.« Lisa zuckte hilflos mit den Schultern und bedachte Dickerby mit einem frostigen Lächeln.

»Was?« entfuhr es Alexander empört.

»Es tut mir leid, Mr. Dickerby«, wandte sich Lisa an ihren unwillkommenen Gast. »Mein Mann fühlte sich krank heute morgen und ...«

»Was stimmt nicht mit ihm?« fiel ihr Alexander besorgt ins Wort.

»Was ist passiert?« wollte auch Mowanda wissen.

»Er ist jetzt soweit in Ordnung, macht euch keine Sorgen«, erwiderte Lisa leise und sprach dann zu Dickerby. »Sie werden uns entschuldigen müssen. Komm, laß uns reingehen.«

»Ja«, stimmte Alex ihr mit einem Seitenblick auf Dikkerby zu.

Dickerby faßte es nicht. Er hatte den Deal so gut wie in der Tasche gehabt, und plötzlich sah er seine Felle davonschwimmen. Er war bemüht, sich seine Enttäuschung darüber nicht anmerken zu lassen.

»Es tut mir leid, das zu hören, Mrs. Brandt.« Dickerbys freundliche Stimme klang angespannt. »Denken Sie, wir könnten vielleicht morgen ...«

»Mr. Dickerby, ich denke, daß Sie vielleicht warten müssen, bis wir Sie anrufen, in Ordnung?« erwiderte Lisa kühl und ließ ihn stehen.

Mowanda verabschiedete sich bald darauf ebenfalls von den Brandts und fuhr wieder los.

Im Wohnzimmer löste sich Lisas Anspannung der letzten Stunden. Ihre Tränen strömten über ihr Gesicht. Wieder tauchten die Bilder, wie sie Walter gefunden hatte oder wie er in der Klinik auf der Trage lag, vor ihr auf. Es war grauenvoll.

Schluchzend lehnte Lisa ihren Kopf an Alexanders Schulter.

»Aber wie konnte das passieren?« wollte Alexander wissen. »Papa war immer wie der Felsen von Gibraltar ...«

»Das ist er.« Allmählich ließ Lisas Schluchzen nach. Die Tränen versiegten, doch der Druck in ihrer Brust war immer noch unerträglich. »Aber der Ärger mit dem Holzgeschäft, der Bankrott, all diese Schulden und all diese Leute entlassen zu müssen, das war einfach zuviel für ihn. Und das war es für mich auch, als er so da lag. Und dann rollten sie ihn weg und behandelten mich wie einen ... wie einen ... Eindringling. Sie wollten mich nicht einmal mit ihm sprechen lassen.«

»Was meinst du mit ›wie einen Eindringling‹?« wunderte sich Alexander. In seinem Magen begann etwas zu kribbeln. »Wer hat das getan?«

»Oh, irgendeine Frau, Dr. Marini ..., oder Marini.« Lisa tupfte ihre Augen trocken. Für einen kurzen Augenblick stiegen Wut und Verbitterung in ihr auf und erstickten sogar die Sorge um ihren Mann. »Zuerst wußten sie nicht einmal, wer sie war. Dann sagten sie, sie wäre gerade eingestellt worden. Sie platzte mit einer anderen Frau aus dem Nichts hervor. Sie hatte nicht einmal eine Uniform an ..., nichts. Sie hat mich tatsächlich umgestoßen.«

Wieder stiegen Lisa Tränen in die Augen. Alexander nahm seine Mutter tröstend in die Arme. Gleichzeitig spürte er, wie Ärger in ihm aufstieg.

»Wurdest du verletzt?« fragte er besorgt und ergriff ihre Hände. Sie waren eisig.

»Nein«, antwortete Lisa. »Wie auch immer, sie sagten mir, jetzt ist er außer Gefahr.«

»Gott sei Dank«, seufzte Alexander. »Ma, mach dir keine Sorgen. Ich werde mich darum kümmern.«

Zuerst würde er sich mit seinem Vater und dann mit der impertinenten Person befassen, die seine Mutter in der Klinik so schikaniert hatte.

Dickerby fuhr unverrichteter Dinge davon. Ein schmaler Schotterweg schlängelte sich durch das unwirtliche Gelände. Zwischen Sand und Felsen wuchsen ein paar vertrocknete Büsche. Am Ende des Weges ragten schmutzige, abstoßend häßliche Betonlagerhäuser auf. Sie gehörten zur Tabakfarm von Dickerby und Jimmy. Auf dem Hof wuselten viele Eingeborene und sortierten Unmengen getrockneter Tabakblätter.

Dickerby stieg aus seinem Auto und ging in eine Halle.

Dabei kreisten seine Gedanken nur um das Erlebte. Wollten diese Brandts tatsächlich noch von dem Deal abspringen? Nein, das war Quatsch! Die Farm war hoffnungslos verschuldet. Vielleicht wußte das dieser Alexander bloß noch nicht. Und wenn doch? Was, wenn die Brandts einen Weg gefunden hatten, ihre Schulden zu bezahlen? Dickerby spürte, wie sich ihm bei diesem Gedanken der Magen zusammenzog.

Nervös durchschritt er die riesige Halle. An endlos langen Tischen standen Mulattinnen und sortierten die getrockneten Tabakblätter nach Deck-, Füll- oder Umblatt. Geschickt bündelten sie die sortierten Blätter und legten sie mit ihren zerbrechlichen Spitzen nach unten.

An einem Bürotisch stand Groovy. Der bullige, glatzköpfige Schwarze ignorierte Dickerby und widmete sich seiner Lieblingsbeschäftigung: Mit einem Schleifstein schärfte er sein Messer. Ein kurzer Kinnbart verdeckte teilweise die häßliche Narbe, die Groovys Gesicht verunstaltete. Seine ärmellose Jacke zeigte viel von seinen festen Bizeps und den mächtigen Halsmuskeln. Unter einem tief ausgeschnittenen, schwarzen Shirt wölbten sich ungeheure Brustmuskeln.

Neben Groovy hockte Jimmy am Tisch und kontrollierte einige Papiere.

Auf den ersten Blick war Jimmy ein Leichtgewicht. Doch seine ersten zwanzig Jahre hatte der nun dreißigjährige Mulatte mit dem Bürstenhaarschnitt und dem dunklen Kinnbart als Anführer einer der berüchtigten Soweto-Straßengangs zugebracht. Jimmy hatte ein dunkles, fast mediterranes Gesicht und trug mit Vorliebe dunkle Hawaiihemden.

Ein Chaos aus Papieren, Plastikbechern, Büchern, Zeitschriften, leeren Doughnut-Kartons, angebissenen

Käsebroten und überquellenden Aschenbechern bedeckte Jimmys Schreibtisch.

Regungslos musterte er, wie Dickerby seinem Ärger freien Lauf ließ. Wütend schmetterte der dicke Mann seine Aktentasche auf den Tisch.

»Nichts! Nichts!« Dickerby schwitzte stark und tupfte sich die Stirn mit einem Taschentuch trocken. »Brandt ist krank, sie brachten ihn zum Krankenhaus. Alles, was ich mitgebracht habe, ist ein leerer Benzintank. Verdammt zur Hölle!«

»Und?« meinte Jimmy gelassen. »Wir haben ein paar Tage mehr ..., eine Woche um genau zu sein.«

»Das Problem ist, ich bin nicht mehr sicher, ob er überhaupt noch unterzeichnen wird«, brachte Dickerby seine Befürchtungen auf den Punkt.

»Was?« Jimmy stieß ein heiseres Lachen aus. »Bei all diesen Schulden?«

»Sein Sohn sagte mir, sie werden nicht verkaufen.« Dickerby schüttelte fassungslos den Kopf.

»Wo ist der denn so plötzlich hergekommen?« fragte Jimmy und richtete sich gerade auf.

»Ich weiß nicht«, antwortete Dickerby aggressiv. »Alles, was ich weiß, ist, wir stecken tief in der Scheiße.«

»Laß mich das anders ausdrücken«, schlug Jimmy vor. »Wenn du die Unterschrift der Brandts nicht bis nächste Woche Dienstag bekommst, wie du es geschworen hast, werden wir der Safari Bond Company eine Million Dollar Strafe zahlen müssen.«

»Erinnere mich nicht daran.« Dickerby bemerkte die Panik in seiner Stimme.

»Es sei denn«, fuhr Jimmy im Plauderton fort, »du kannst diese Bond Company dazu bringen, die Konzession zu vergessen, die wir bereits verkauft haben. Und wenn du das nicht kannst, stecken wir tief in der Scheiße, und du bist tot.«

»Hör mal, Brandt sagte, er wäre dazu bereit!« Dickerby fühlte sich mit einem Schlag hundsmiserabel. Die Angst schnürte ihm die Kehle zu. »Wir hatten es in der Tasche.«

Jimmy atmete kräftig durch und musterte Dickerby aufmerksam.

»Was ist mit dem Deutschen passiert?« mischte sich Groovy in das Gespräch.

»Ein Herzinfarkt vielleicht«, vermutete Dickerby.

»Entzückend«, meinte Groovy, schleuderte sein Messer Richtung Wandkarte und lächelte diabolisch. Die Klinge des Messers bohrte sich tief dort in die Karte, wo sich die Brandt-Farm befand.

Professor Kohlemann bat Monica zu einer Unterredung in sein Büro. Zu ihrer Überraschung war auch Dr. Thompson bei dem Gespräch anwesend. Sie setzte sich auf den freien Platz neben ihm. Professor Kohlemann ergriff das Wort und bat Thompson um eine Stellungnahme, weshalb er dieses »klärende Gespräch« gefordert hatte. Monica wäre es nicht im Traum eingefallen, daß es sich hierbei um eine gegen sie vorgebrachte Beschwerde handeln könnte.

Dr. Thompson rutschte nervös auf seinem Stuhl und senkte seine Stimme. Er beugte sich verschwörerisch zu Professor Kohlemann vor und beschrieb detailliert Monicas Vorgehensweise im Falle Brandt. Fast eine halbe Stunde lang hörte Professor Kohlemann mit unendlicher Geduld Dr. Thompson zu.

Monica verbarg ihre Überraschung kaum. Sie wußte nicht, wie sie auf die völlig aus der Luft gegriffenen Vorwürfe reagieren sollte.

Während Dr. Thompson sprach, ruhte Professor Kohlemanns Blick unverwandt auf ihr. Nachdem Dr. Thompson geendet hatte, runzelte er die Stirn und lehnte sich auf seinem Stuhl zurück.

Monica hatte sich noch nie direkt oder indirekt kritisch über Kollegen geäußert. Und jetzt das!

Professor Kohlemann war ein erfahrener und erfolgreicher Klinikleiter. Ein Mann der Praxis. Als solcher wußte er um die Sinnlosigkeit von Streitereien unter Kollegen.

»Mir ist klar, daß es nicht direkt ein Standard-Eingriff war, Henry«, sagte Professor Kohlemann schließlich und nickte besänftigend. »Aber Dr. Marini hat Mr. Brandts Leben gerettet.«

Dr. Thompson traute seinen Ohren nicht. Professor Kohlemann nahm diese Dame auch noch in Schutz? Am liebsten wäre Thompson dem Professor über den Mund gefahren, doch er nahm sich zusammen und erwiderte so diplomatisch wie möglich: »Vielleicht, aber Fakt ist, daß die Klinik nicht gerade gut dastand. Ganz abgesehen von der Mißhandlung einer Klientin. Sie kennen meine Ansicht zur Klinik, Professor Kohlemann.«

Monica verstand die ganze Aufregung um ihre Person nicht.

»Professor Kohlemann, ich habe das Ganze bereits erklärt«, meinte sie. »Gibt es ein Problem?«

»Mrs. Brandt«, antwortete Thompson mit drohendem Unterton in der Stimme. »Sie beschwerte sich bei mir lang und breit über die Grobheit, mit welcher sie behandelt wurde. Das ist nicht unser Stil, Dr. Marini.«

»Ich mag vielleicht ein wenig schroff gewesen sein, und das tut mir sehr leid, aber Mr. Brandt brauchte eine sofortige Behandlung«, verteidigte Monica sich. »Es war eine Angelegenheit von Minuten ..., Sekunden sogar. Und es gab keine Zeit für Erklärungen. Es tut mir sehr leid wegen Mrs. Brandt, Dr. Thompson. Aber vielleicht hätten Sie ihr einfach erklären können, daß es in Fällen wie diesem ...«

»Ich weiß mich jederzeit zu benehmen«, fiel er ihr ins Wort. »Selbst unter stressigsten Umständen.«

»In Ordnung.« Professor Kohlemann lächelte besänftigend. »Ich muß zugeben, daß Monica vielleicht ein wenig zu energisch vorgegangen ist. Aber das ist wahrscheinlich einer der Gründe, warum Mr. Brandt noch lebt. Baker erzählte mir, sie habe sich gerade noch rechtzeitig um ihn gekümmert.«

Dr. Thompson sah das zwar völlig anders, aber er beherrschte sich. Jedes weitere Wort gegen Monica wäre Zeitverschwendung. Professor Kohlemann hatte sein »Urteil« gesprochen. Und die Entschiedenheit in der Stimme seines Chefs riet Dr. Thompson zur Vorsicht.

»Aber ich werde den Vorgehensweisen in Zukunft definitiv mehr Aufmerksamkeit schenken, Dr. Thompson«, versprach Monica mit kühlem Unterton. »Darauf können Sie sich verlassen. Und was Ihre Ansichten betrifft, muß ich zugeben, daß es die erste Sache war, von der ich heute morgen hörte.«

»Das ist es dann, Henry«, beendete Professor Kohlemann das Gespräch. »Ich bin sicher, du wirst feststellen, daß Doktor Marini eine äußerst wertvolle Kollegin und eine Bereicherung für die Klinik ist.«

Dr. Thompson verließ schmollend das Büro. Monica und Professor Kohlemann traten auf den Balkon hinaus. Der Professor schmunzelte über Monicas wohlformulierte Verbalattacke, mit der sie Dr. Thompson den Wind aus den Segeln genommen hatte. Andererseits konnte sich dieser kleine Konflikt unter Kollegen zu einem großen Problem auswachsen, wenn er nicht gegensteuerte. Der Erfolg einer Klinik beruhte auf reibungsloser Teamarbeit.

»Ich weiß, daß Henry nicht gerade ein Sympathieträger ist«, warb er um Verständnis. »Aber er ist ein hervorragender Chirurg, und ich bin sicher, daß Sie gut zusammenarbeiten werden.«

»Ja, solange ich seine edlen Ansichten teile«, meinte sie spitz.

»Oh, kommen Sie schon, Monica!« appellierte er an ihr Verständnis. »Sie wissen, ein Mann wie Thompson ist ein wesentlicher Bestandteil für das gute Funktionieren einer erstklassigen Klinik wie dieser.«

»Ich weiß, Helmut«, lenkte sie ein. »Es tut mir leid. Ich habe es nicht so gemeint.«

»Okay, jetzt schnapp dir Sara und nichts wie nach Hause«, schlug er vor. »Ihr müßt beide völlig erschöpft sein.«

»Helmut, ich weiß nicht, wie ich dir für alles danken soll, was du für uns getan hast«, antwortete Monica.

»Keine Formalitäten zwischen uns«, meinte er halb scherzhaft, halb tadelnd. »Dein Vater war einer meiner engsten Freunde, und das ist das allerwenigste, was ich tun kann. Du und Sara seid meine Gäste, so lange es erforderlich ist.«

»Danke«, sagte sie sichtlich erleichtert. Ihre Zuversicht, daß ihr neues Leben nicht so katastrophal weitergehen würde, wie es begonnen hatte, wuchs.

Am späten Nachmittag bauten Henry und Angela ihr Zelt in der Nähe einer Wasserstelle auf. Das von Henry angepriesene Luxuszelt entpuppte sich als ein winziges Etwas, in dem Moskitos aus Platzangst Selbstmord begehen würden.

Angela saß am Ufer des kleinen Sees. Einige Mahagonibäume spendeten Schatten. Im Schilf herrschte ein aufgeregtes Zwitschern und Zirpen. Hunderte Webervögel flochten dort trockene Grashalme zu Nestern. Schnaubend suhlte sich ein Nilpferd am gegenüberliegenden Ufer. Henry wußte, daß man Flußpferden am besten nicht zu nahe kam. Anders als in den meisten Filmen oder auf Fotos dargestellt, waren diese übergroßen Tiere nämlich nicht plump und langsam. Sowohl an Land als auch im Wasser zeigten sie beinahe Anmut in ihren Bewegungen. Außerdem waren sie ziemlich schnell.

Voller Ehrfurcht beobachteten Angela und Henry die wilde Schönheit der Savanne. Unweit entfernt staksten mehrere Flamingos durch das seichte Uferwasser. Das dumpfe Geräusch von Hufschlag schwoll an. Eine Herde Zebras galoppierte im gestreckten Galopp.

Angela war überwältigt von der Größe und Weite der unberührten Natur. Im Süden erblickte sie einige kahle Baumstämme, die weit über die Büsche ragten und sich bewegten. Beim zweiten Hinsehen erkannte sie, daß es die Hälse zweier Giraffen waren. Die Tiere ästen die saftigen Keimlinge von den Baumwipfeln.

Ein Trompeten schreckte Angela aus ihren Gedanken. Aus dem Busch jenseits der Tränke stapfte ein Elefant. Ihm folgte ein zweiter und ein dritter. Angela war wie versteinert. Natürlich hatte sie vor ihrer Anreise gewußt, was sie hier erwartete, aber sie hätte nie geglaubt, daß es in Wirklichkeit so unglaublich sein würde. Sie hätte es auch nicht für möglich gehalten, daß Elefanten so furchteinflößend groß waren. Deshalb hoffte sie inständig, daß diese Kolosse nicht noch näher kamen.

Nachdem die Elefanten ihren Durst gelöscht hatten, stapften sie ohne Eile in den Busch zurück.

»Das ist Afrika, meine Liebe«, schwärmte Henry und nahm Angela in die Arme. »Das ist, was immer bei dir bleibt. Und das ist es, was ich mit dir teilen wollte.«

»Es ist alles so ..., ich weiß nicht«, erwiderte sie leise. »Worte können es nicht beschreiben. Es ist ... es ist ... unglaublich. Es ist phantastisch. Ich fühle mich, als hätte ich Schmetterlinge im Bauch. Als würde ich in der Luft schweben.«

»Ich weiß genau, wie du dich fühlst«, meinte er und küßte sie zärtlich. »Es ist ... es ist Liebe ... Liebe für ewig und immer.«

»Für ewig und immer?« hauchte sie.

»Für ewig«, versprach Henry, zog Angela an sich und küßte sie erneut. »Für ewig, für ewig ... für ewig!«

Unterdessen bereute es Sara zutiefst, daß ihre Mutter eine derart gigantische Menge an Koffern, Taschen und Beuteln mitgenommen hatte.

Mit zittrigen Knien wankte sie rückwärts aus der Klinik und zog zwei schwere Koffer hinter sich her.

Alexander war mit dem Landrover zur Kohlemann-Klinik gefahren. Er parkte vor dem Haupteingang und marschierte entschlossen Richtung Portal. Er war so in Eile, daß er Sara am Klinikeingang übersah. Alexander stolperte erst über sie, dann über die Koffer und verlor das Gleichgewicht. Beinahe hätte er Sara umgerissen.

Alexanders erste Reaktion war Verärgerung.

»Oh ...!« schimpfte er, ehe er Sara bemerkte.

Das Mädchen war völlig verdattert. Mit Tränen in den Augen stand sie neben einem umgekippten Koffer.

»Bist du nicht ein bißchen klein für so einen großen Koffer?« erkundigte er sich und stellte den Koffer wieder auf.

»Es ging ganz gut, bis Sie hier vorbeikamen«, erwiderte sie trotzig.

Monica durchquerte das Foyer und sah erschrocken das Malheur.

»Sara, habe ich dir nicht gesagt, daß ich dir mit den großen Koffern helfen würde?« schimpfte sie. »Bist du auch in Ordnung?«

»Er ist mit mir zusammengestoßen«, verteidigte sie sich.

»Sag, daß es dir leid tut«, forderte Monica von ihrer Tochter und wandte sich dann Alexander zu. »Sie sind verletzt?«

»Nein, überhaupt nicht«, antwortete er, stutzte und hob seine Augenbrauen.

Alexanders und Monicas Blicke trafen sich. Schlagartig verschwammen für beide Zeit und Raum, ihre Herzen schlugen synchron.

»Sie sollte nicht ... äh, es war meine Schuld«, murmelte er wie in Trance. »Ich hatte es eilig, und ich konnte nicht mehr stoppen.«

»Siehst du«, trällerte Sara erleichtert.

»Die Hauptsache ist, daß niemand verletzt wurde, richtig?« meinte Alexander, während sein Herz wie ein eingesperrter Kanarienvogel in seinem Brustkorb flatterte.

Monica bekam keine Antwort über ihre Lippen. Sie starrte wie hypnotisiert in Alexanders Augen.

»Richtig«, hörte sich Monica dann immer noch wie betäubt sagen.

»Ich wurde ganz und gar nicht verletzt«, beteuerte Sara

lautstark und brachte ihre Mutter und Alexander auf den Boden der Realität zurück. Der süße Traum verflog. Sie waren wieder ein fremder Mann und eine fremde Frau, die sich im Eingang eines Krankenhauses gegenüberstanden und sonst nichts.

»Das ist gut.« Alexanders Stimme klang heiser und holprig. »Ich muß jetzt gehen. Wenn Sie mich entschuldigen würden.«

»Ja, natürlich.« Monica versuchte ebenfalls, ihre zittrige Stimme wieder unter Kontrolle zu bringen.

Alexander lächelte ein letztes Mal. Wie er es nach dieser Begegnung ohne Zwischenfall bis in das Krankenzimmer seines Vaters schaffte, blieb ihm ein Rätsel.

4. KAPITEL

Mißverständnisse und andere Zusammenstöße

In Walter Brandts Krankenzimmer herrschte tiefe Stille. Nur das leise Summen der Apparate, an die Walter angeschlossen war, ließ sich vernehmen. Ein leichter Geruch nach Desinfektionsmitteln hing in der Luft.

Alexander saß neben dem Krankenbett seines Vaters und hielt dessen Hand. Es war schlimm für ihn, seinen Vater so hilflos zu sehen. Er konnte nichts für Walter tun.

Morrison schaute nach dem Patienten. Er sorgte sich um Walter. Offensichtlich phantasierte er bereits. Und das, obwohl er kein Fieber hatte. Walter Brandt glaubte tatsächlich, ein kleiner Engel hätte ihn an diesem Morgen hier besucht.

»Ich sage dir, es war kein Traum«, beteuerte Walter mit schwacher Stimme. »Dieses Kind kam hier herein und sagte mir, ich würde mich erholen. Und das kleine Mädchen war real. So real wie du und ich. Es hat mich sogar auf die Stirn geküßt.«

»Wenn sie real war, ist da noch etwas anderes, was sie uns erklären müßte«, meinte Alexander. »Wie kam sie hier rein? Ich mußte eine Stunde diskutieren, um bis hier in dein Zimmer zu kommen. Unglaublich!«

»Es ist kein Problem, Alex«, widersprach Walter. »Es machte mich sehr glücklich.«

»Hör mal, Papa, ein Mann namens Dickerby kam heute morgen zum Haus«, wechselte Alexander das Thema. »Mir war nicht bewußt, daß die Dinge so schlecht stehen.«

»Das tun sie nicht«, erwiderte Walter. »Sie stehen sogar schlimmer.«

»Papa, du solltest nicht verkaufen«, redete Alexander ihm ins Gewissen. »Die Farm ist dein ganzes Leben. Überlaß sie mir. Dieser Dickerby wird seinen Deal aufgeben müssen.«

»Oh, Sohnemann«, stöhnte Walter.

Morrison trat zögernd zu Alexander und bat ihn nun zu gehen. Die Unterhaltung strengte den Patienten mehr an, als ihm guttat.

Alexanders Abfuhr an Dickerby hatte Konsequenzen. Groovy nahm sich der Sache an. In seinen Augen machte sich Alexander nur wichtig. Oft genügte ein kleines Telefonat, um verkorkste Dinge wieder zurechtzubiegen.

Groovy wählte die Nummer der Brandt-Farm.

»Hallo?« meldete sich Lisa am Apparat.

»Ist dort Mrs. Brandt?« erkundigte sich Groovy mit sanfter Stimme. »Lisa Brandt?«

»Ja, wer spricht da?« antwortete sie.

»Das ist nicht wichtig«, meinte Groovy im freundlichen Plauderton. »Ich wollte nur wissen, wie es Ihrem Mann geht.«

»Sind Sie ein Freund von Walter?« fragte Lisa skeptisch.

»Ja, das ist richtig.« Groovys Stimme klang gleichzeitig sanft und drohend. »Ein Freund. Und ich mache mir solche Sorgen um sein armes Herz. Denken Sie, er würde einen Schreck überleben, Lisa?«

»Was soll das?« fragte sie erschrocken. »Wer sind Sie? Was wollen Sie?«

»Ich will sein Land«, fuhr Groovy ruhig fort. »Sonst werde ich ihm die kaputte Pumpe eigenhändig aus der Brust reißen. Es liegt an Ihnen, Lisa. Bringen Sie ihn zum Verkaufen, oder es ist Walters Beerdigung. Ich glaube, er ist in der Kohlemann-Klinik, Zimmer einhundertdrei. Richtig?«

»Hallo?« Lisas Stimme war ganz zittrig. Ihre anfängliche Wut über den anonymen Anrufer verflog rasch und verwandelte sich in Panik. »Hallo?«

Aber da war die Leitung bereits tot.

Wieder daheim prüfte Alexander die Bilanzen und Ertragsbücher seines Vaters. Stundenlang saß er im Büro und addierte, subtrahierte, multiplizierte und dividierte Zahlen. Aber soviel er auch rechnete, das Ergebnis war ein Minus. In regelmäßigen Abständen schüttelte Alexander vor Ratlosigkeit seinen Kopf.

Durch das offene Fenster drang irgendwo in der Ferne das Gebrüll eines Löwen. Hoch über der Savanne wölbte sich der sternenübersäte Himmel. Im Dämmerlicht hoben sich deutlich die schwarzen Konturen pilzartig aufragender Feigenbäume ab.

Lisa brachte ihrem Sohn etwas zu essen.

»Oh, Ma, warum hast du mir nicht gesagt, daß die Dinge so schlecht stehen?« fragte er vorwurfsvoll.

»Alex, du kennst deinen Vater«, seufzte sie und stellte ihm einen Teller mit belegten Broten hin. »Unsere Wurst mag nicht an den Münchner Standard heranreichen, aber sie wird dich nicht töten. Iß!«

»Sieht toll aus.« Alexander nahm ein Butterbrot und biß hinein. »Weißt du, ich bin ein echter Sandwich-Freak geworden.«

»Ja, ich kann mir vorstellen, daß deine Frau nicht viel Zeit zum Kochen hatte«, meinte Lisa spitz und setzte sich zu ihm.

»Ma, bitte ...« Alexander runzelte genervt die Stirn.

Dumbo meldete sich. Witterte er vielleicht das Butterbrot und beschwerte sich mit einem lauten Trompetenstoß über die lasche Bedienung hier?

»Was hat er nur?« wollte Alexander wissen und schaute in Richtung Fenster.

»Frag mich nicht!« Lisa konnte sich Dumbos Verhalten auch nicht erklären. Normalerweise schlief der kleine Elefant um diese Zeit schon.

»Vielleicht ist jemand da draußen«, meinte Alexander skeptisch.

»Alex, Dumbo ist kein Wachhund«, tadelte Lisa ihren Sohn und lächelte nachsichtig.

Jimmy und Groovy parkten ihren Jeep einige hundert Meter vom Farmhaus entfernt. Niemand hörte sie. Jimmy blieb bei Lisas Rover stehen und schraubte einen Benzinkanister auf.

Groovy schlich weiter zum Farmhaus, um zu sehen, ob dort alles ruhig war. Er spähte nervös über den Zaun von Dumbos Pferch. Pechschwarz schälten sich der Giebel und das Verandadach aus dem dunklen Blau des Nachthimmels. Einige Fenster im Erdgeschoß waren noch erleuchtet. Durch den Wind knarrte es leise im Geäst, ansonsten war es totenstill. Abgesehen von Dumbos entnervenden Trompetenstößen.

Groovy verfluchte Dumbo innerlich. Die Trompeterei des Elefanten würde noch die ganze Farm wecken und ihren Plan durchkreuzen.

»Pst«, zischte Groovy das Elefantenbaby an, als er von Schatten zu Schatten schleichend am Pferch vorbeipirschte. »Geh schlafen, du großer Lümmel, oder ich werde ...«

Dumbo stampfte verärgert auf und reckte seinen Rüssel nach dem fremden Menschen mit dem unangenehmen Körpergeruch.

»Sei brav! Verschwinde hier!« flüsterte Groovy.

Aber Dumbo dachte nicht daran und schlang ihm verspielt den Rüssel um den Hals. Groovy versetzte dem Elefanten einen Schlag. Erschrocken wich Dumbo beiseite.

»Du hast es so gewollt, dummes Tier!« Groovy grinste hämisch und widmete seine Aufmerksamkeit wieder dem Farmhaus.

Dumbo hatte diesen Fiesling dicke. Er tunkte seinen Rüssel in den kleinen Teich und spritzte Groovy von oben bis unten naß. Prustend ruderte Groovy wie ein Ertrinkender mit den Armen durch die Luft. Er warf einen erbitterten Blick auf Dumbo und hätte schwören mögen, daß der Elefant ihn angrinste.

Triefnaß marschierte Groovy zu Jimmy zurück.

»Warst du schwimmen, oder was?« wunderte der sich.

»Sehr witzig«, maulte Groovy. »Verdammter Elefant.«

»Und?« wollte Jimmy wissen.

»Die Luft ist rein«, antwortete Groovy.

»Das ist gut zu wissen!« Jimmy nickte zufrieden und kippte das Benzin aus dem Kanister über Lisas Auto aus. »Jetzt hinterlassen wir Mrs. Brandt unsere Visitenkarte. Das ist die richtige Vorgehensweise, nicht wahr?«

Alexander und Lisa saßen im Haus und dachten weiter über einen Ausweg aus dem Dilemma nach.

»Es ist egal, ob ihr ja gesagt habt«, meinte Alexander. »Es ist nichts unterschrieben, richtig?«

»Nein«, erwiderte Lisa. »Aber ...«

»Ich werde Dickerby besuchen, und wir werden einen Weg finden, da herauszukommen«, versprach Alexander. »Erst einmal: was hat die Farm zu bieten?«

»Sie ist ein Paradies«, antwortete Lisa.

»Ja, sie ist ein Paradies voll unbefleckter Schönheit«, bestätigte Alexander und wiegte sinnend den Kopf. »Und wer will das? Touristen! Sicher könnten wir die Farm zu dem machen, was sie bereits ist und wie sie jeder nennt: ›Paradies Tal‹. Der Park für Naturliebhaber. Wir tun uns mit einer Agentur zusammen und bieten Touren mit Führung an: ›Natur-Safaris‹. Wir zeigen ihnen, worum es in Afrika überhaupt geht.«

»Oh, Schatz, das hört sich alles so wundervoll an«, gab Lisa zu. »Aber du hast die mißliche Notlage gesehen, in der wir sind. Diese Schuldenberge müssen jetzt bezahlt werden. Verkaufen ist der einzige Ausweg.«

»Rate nochmal, Ma«, forderte Alexander seine Mutter auf. »Ich bin einer von Deutschlands gefragtesten Biologen. Und was sagt dir das?«

»Du bist sehr schlau?« Lisa sah ihn neugierig an.

»›Geld hält die Welt in Bewegung‹«, erwiderte er nüchtern. »Ich habe einen Haufen davon, Ma. Ich habe alles angelegt. Ich denke, es sollte reichen.«

»Nein, nein, nein, nein, Alex!« widersprach sie energisch. »Das ist für deine Zukunft.«

»Meine Zukunft, mein Leben ... ist das ›Paradies Tal‹«, erklärte er sanft aber nachdrücklich.

Eine infernalische Explosion unterbrach ihre Unterhaltung. Es folgte ein weiterer dumpfer Knall und das Splittern von Glas.

Alexander und Lisa liefen aus dem Haus. Vor der Farm loderten meterhohe Flammen. Sie hüllten Lisas brennendes Auto ein. Der Tank war bereits explodiert. Die Luft stank intensiv nach Benzin und verbranntem Gummi. Das Fahrzeug war nicht mehr zu retten. Nach etwa zwei Stunden war das Auto vollkommen ausgebrannt und das Feuer verloschen.

Morgens untersuchte Lieutenant Mowanda das Autowrack.

»Sind Sie sicher, daß Walter keinen Konflikt mit Wilderern oder Landstreichern hatte?« fragte Mowanda schließlich.

»Ich bin mir sicher!« Lisas Gesicht spiegelte Verblüffung und Bestürzung. »Jedenfalls, immer wenn wir ein Zeichen von Wilderei gesehen haben, haben wir Sie sofort gerufen, nicht wahr?«

»Dies sieht wie eine Art Warnung aus«, meinte Mowanda, während sein suchender Blick über die ausgebrannte Karosserie glitt.

»Ich weiß nicht, was ich dazu sagen soll.« Lisa hob ratlos die Hände

George entdeckte auf dem sandigen Zufahrtsweg interessante Reifenspuren und machte Alexander darauf aufmerksam.

»Hey, sieh dir diese Spuren an!« rief Alexander Richtung Mowanda. »Die stammen von einem Vierradantrieb.«

Mowanda trat zu Alexander und ging neben der Reifenspur in die Hocke.

»Sicher«, meinte er. »Weißt du, wie viele davon hier registriert sind?«

»Okay, aber sieh mal genauer hin.« Alexander deutete auf die Abdrücke. »Drei der Reifen sind gleich, aber der vierte ist komplett anders.«

»Du hast recht«, pflichtete Mowanda Alexander bei. »Es ist eine völlig andere Reifenart. Leider muß ich gehen. Aber haltet mich auf dem laufenden. Falls es eine Warnung ist, tauchen die Burschen wahrscheinlich wieder auf. Wenn ihr wollt, kann ich die Polizei über Funk rufen und melden, was passiert ist.«

»Oh, danke«, erwiderte Alexander.

»Grüß deinen Vater von mir«, bat Mowanda auf dem Weg zu seinem Fahrzeug. »Und sag ihm, er soll bald gesund werden, denn ich habe immer noch eine Menge von ihm zu lernen.«

»Seine Genesung macht langsam Fortschritte«, beruhigte ihn Alexander.

»Er hat mir alles beigebracht, was ich weiß, Alex«, fuhr Mowanda fort. »Er war wie ein Vater zu mir.«

»Weißt du, sie machen noch ein paar Tests, bevor sie entscheiden, ob sie operieren oder nicht«, erklärte Alexander.

»Bestell ihm meine besten Grüße.« Mowanda stieg ins Auto und steckte den Schlüssel ins Zündschloß.

»Danke.« Alexander hob die Hand zum Gruß. »Bye.«

Kurz vor Mittag fuhr Lisa mit ihrem Zweitwagen zur Klinik. Während der Fahrt klammerte sich Alexander auf dem Beifahrersitz fest und schwitzte Blut und Wasser.

»Wie wär's, wenn ich das nächste Mal fahre?« schlug er vor, als sie vor dem Krankenhaus aus dem Auto stiegen.

»Warum?« wunderte sich Lisa. »War ich zu langsam?«

»Ich wünschte, es wäre so gewesen«, stöhnte er und wankte mit Pudding in den Knien und schweißnasser Stirn zur Fahrerseite.

»Ich werde oben in Papas Zimmer sein«, sagte sie und ging Richtung Krankenhausportal davon.

Alexander klemmte sich hinter das Steuer und fuhr zu einer Telefonzelle in der Nähe.

Professor Kohlemann stand mit Dr. Thompson und Kate in einem Flur des Krankenhauses. Es galt, eine schwierige Entscheidung zu treffen. Eine Entscheidung, von der vielleicht das Leben eines ihrer Patienten abhing. Weder Dr. Thompson noch Kate hatten eine Ahnung, worauf Professor Kohlemann bei dem Gespräch zusteuerte. Aber sie brauchten nicht lange zu warten.

»Ich glaube, es ist zu riskant, bei einem Mann in seinem Alter eine Operation zu riskieren«, kam er schließlich zur Sache. »Dr. Marini denkt, sie kann ihn wiederherstellen, ohne auf die Chirurgie zurückzugreifen.«

Kate bemerkte, daß sich Dr. Thompsons Körperhaltung bei der Erwähnung von Monicas Namen automatisch versteifte.

»Dr. Marini ist Kardiologin, Professor«, protestierte er. »Und Sie wissen sehr gut ...«

»Ich weiß, daß sie Kardiologin ist.« Professor Kohlemann warf ihm einen verärgerten Blick zu. »Sie ist auch eine Spezialistin für Herzchirurgie. Also denke ich, wir können ihrer Einschätzung vertrauen.«

Dr. Thompson lief dunkelrot an. Einen Moment lang

preßte er die Lippen zusammen und beherrschte seine aufkeimende Wut. Ihm war klar, daß er mit Widerspruch im Fall von Dr. Marini bei Professor Kohlemann nicht weiterkam.

»Wenn Sie das sagen«, lenkte er mit bebender Stimme ein. Während er sprach, wich er Professor Kohlemanns Blick aus und starrte auf den Fußboden. Innerlich bebte er vor Zorn. Für die Diagnose seines langjährigen Mitarbeiters hatte der Professor taube Ohren, während Dr. Marini offensichtlich Narrenfreiheit genoß.

»Wissen Sie, Henry«, fuhr Professor Kohlemann im versöhnlichen Tonfall fort, »Sie müssen diese Feindseligkeit Dr. Marini gegenüber einstellen. Und das sage ich Ihnen als guter Freund.«

»Es liegt nicht in meiner Natur, feindselig zu sein«, sagte er kurz angebunden. »Aber ich muß zugeben, daß es mich nicht gerade besonders erfreut, wie sie sich benimmt und ...«

Dr. Thompson bemerkte Lisa, die auf sie zuging.

»Oh, Mrs. Brandt«, sagte er erleichtert, als habe die Vorsehung gerade ein Einsehen mit ihm gehabt und wandte sich wieder an den Professor: »Mrs. Brandt kann Ihnen etwas darüber erzählen.«

»Mrs. Brandt.« Professor Kohlemann schüttelte ihr die Hand. »Ich muß mich wirklich für den Empfang neulich entschuldigen.«

»Ja, man erwartet nicht, daß es in einer Klinik Rausschmeißer gibt«, erwiderte Lisa schnippisch.

»Ich weiß, ich weiß«, lenkte der Professor ein. »Aber andererseits muß ich Ihnen sagen, hätte Dr. Marini nicht so gehandelt, hätte es Ihr Mann niemals geschafft. Ich kann Ihnen jetzt versprechen, und das ist ihr zu verdanken, er wird wieder vollständig genesen.«

»Das sind gute Neuigkeiten.« Lisa fiel ein ganzer Steinbruch vom Herzen. Ihre verhärteten Gesichtszüge entspannten sich augenblicklich. Der Streß verflog, und sie konnte wieder klar denken. Damit einher ging die bittere Erkenntnis, daß sie mit ihrer Überreaktion nur ihren aufgestauten Frust, die Angst und die Sorge um Walter an der Ärztin entladen hatte. »Ich fühle mich wie ein Dummkopf, jetzt, da es mir klar wird ... Gott segne Dr. Marini. Sie hätte das Recht gehabt, mich grün und blau zu schlagen, wenn Walter damit gerettet worden wäre.«

»Ich denke, er ist über den Berg und wir können ihn von der Liste der kritischen Fälle streichen.«

Dr. Thompson trug die erneute Niederlage mit Fassung. Sein Gesicht zeigte wieder das alte verkniffene Grinsen. Doch er sah sehr müde aus – und irgendwie älter. »Wir werden die Therapie fortsetzen und ihn noch ein paar Tage lang beobachten. Dann werden wir weitersehen. Währenddessen können wir ihn in ein anderes Zimmer verlegen. Kate, würden Sie sich darum kümmern?«

»Natürlich.« Kate nickte brav und verkniff sich mühsam ein schadenfrohes Grinsen.

Alexander rief George an und erkundigte sich, ob die Polizei schon dagewesen war. Danach fuhr er mit dem Jeep zur Klinik zurück und suchte auf dem Vorplatz eine Parklücke.

Monica hatte einen Mietwagen organisiert und fuhr damit zur Arbeit. Sara saß auf dem Rücksitz und schmollte.

Ausgerechnet heute war Monica zu spät dran. Daran war bloß der unglaubliche Verkehr schuld. Außerdem hatte sie sich zweimal in dem Straßengewirr verfranst.

Daß sie Sara mit zur Arbeit nehmen mußte, machte es nicht einfacher. Aber sie wollte ihre Tochter nicht unbeaufsichtigt in Professor Kohlemanns Haus zurücklassen. Also mußte sie das Mädchen wohl oder übel mit zur Arbeit nehmen. Und dieser Zustand würde noch eine Zeitlang andauern. Zumindest so lange, bis Sara hier zur Schule ging. Sara hingegen fand die Aussicht, den ganzen Tag lang in dem doofen Krankenhaus rumzuhocken, alles andere als erstrebenswert.

Endlich erreichte Monica den Krankenhaus-Parkplatz und war in die Einfahrt eingebogen. Sie kurvte eine geraume Zeit zwischen parkenden Autos, fand aber einfach keinen Stellplatz. Während sie gestreßt nach allen Seiten spähte, quengelte Sara herum.

»Ich sagte, das reicht jetzt, Sara«, tadelte Monica ihre Tochter genervt. »Mein erster Arbeitstag, und ich bin schon zu spät.«

»Du bist die einzige Mutter auf der Welt, die nicht will, daß ich in die Schule gehe, sondern daß ich in den Ferien hier bleibe«, maulte Sara weiter.

»Und du bist das einzige Kind auf der Welt, das ich kenne, das zur Schule gehen will«, konterte sie und lächelte erleichtert. Einige Meter entfernt entdeckte sie endlich eine Parklücke. »Ich sagte, du wirst noch früh genug zur Schule gehen. Mach dir keine Sorgen.«

»Wann?« bohrte Sara weiter. »In einem Jahr?«

»Sara, wir haben darüber gesprochen.« Monica riß der Geduldsfaden. Sie drehte sich verärgert zu Sara um. »Wir sind erst seit ein paar Tagen hier. Bitte gib mir eine Chance, ich habe eine Million Dinge zu erledigen und ...«

Ein dumpfer Knall unterbrach Monicas Redefluß, gefolgt von einem beträchtlichen Rums und dem Klirren von Glas. Danach herrschte geisterhafte Stille.

Monica war mit einem entgegenkommenden Auto zusammengeprallt. Zum Glück hatte der Fahrer noch rechtzeitig gebremst. Dadurch hielt sich der Schaden in Grenzen.

»Was zum Teufel ...?« Alexander Brandt stieg aus dem gerammten Fahrzeug und begutachtete den Schaden. Die Stoßstange des Landrovers war etwas verbeult. Monicas Auto sah lädierter aus. Die Motorhaube war leicht eingedrückt, beide Scheinwerfer zertrümmert und beide Kotflügel zerbeult.

»Es tut mir so furchtbar leid ...«, stammelte Monica und stieg aus. »Ich ... ich ... es war meine Schuld.«

»Sie schon wieder?« entfuhr es Monica und Brandt wie aus einem Mund. Einen Augenblick lang starrten sie sich ungläubig an, bevor sie laut lachend losprusteten.

»Wissen Sie, ich bekomme schon Verfolgungswahn«, gluckste Alexander.

»Ich ... nein, ich ... es ... es war meine Schuld«, kicherte Monica. »Wirklich, ich habe wirklich ..., ich habe mit meiner Tochter diskutiert, und ich habe nicht darauf geachtet, wo ich war.«

»Ich werde etwas wegen Ihrer Tochter unternehmen müssen« meinte Alexander.

Sie lächelten sich an und wußten beide nicht, wie es nun weitergehen sollte. Alexander gefiel Monica. Er hatte so warme Augen und eine sehr spürbare erotische Ausstrahlung.

»Nun, ich nehme an, es muß Schicksal sein, wissen Sie«, meinte Monica schließlich. »Wir rennen einfach immer wieder ineinander. O nein, nicht, nein, ich meinte es nicht auf diese Art.«

Monica kicherte albern, und Alexander stimmte mit ein.

»Es muß Schicksal sein«, pflichtete er ihr bei. »Ich wäre froh, Ihre Reparaturen zu bezahlen, wenn Sie mir die Rechnung zukommen ließen. Übrigens ...«

»Nein, nein, nein, das war meine Schuld«, fiel ihm Monica ins Wort. »Wirklich ... auf ... auf jeden Fall ... äh, ... vielleicht sollten wir ..., sollten wir uns erst mal vorstellen. Mir ist es, als würde ich Sie bereits kennen.«

»Mein Name ist Alex«, sagte er. »Alexander Brandt.«

»Schön, Sie kennenzulernen«, erwiderte sie und schüttelte seine Hand. »Ich bin Monica Marini.«

Alexander erstarrte.

»M ... Marini?« wiederholte er perplex. »So wie Doktor Marini?«

»Ja«, bestätigte sie. »Warum?«

Alexander wurde schlagartig weiß und dann rot. Das konnte doch nicht wahr sein! Das war die Frau, die seine Mutter mißhandelt hatte? Ein Witz! Unglaublich! Alexander spürte, wie sein Herz hämmerte und sein Gesicht glühte.

»Also sind Sie diejenige, die so ›nett‹ zu meiner Mutter war«, zischte er gepreßt. »Ich hätte es mir denken müssen, bei all dem Schaden, den Sie anzurichten scheinen.«

»Sie sind Mr. Brandts Sohn?« Monica schaute Alexander überrascht an.

»Ja, das bin ich!« Alexander kochte. »Und ich würde Ihnen nur gerne sagen, Doktor, daß eine Person in Ihrer Position ein wenig *einfühlsamer* mit Menschen sein sollte, die leiden. Selbst ein LKW-Fahrer hätte mehr Anstand als Sie. Und ich wäre sehr überrascht, wenn irgendein Patient jemals ein zweites Mal zu Ihnen kommen würde!«

Monica war wie vor den Kopf geschlagen. Tränen traten ihr in die Augen. Aber weinen wollte sie nicht. Monica wandte das Gesicht von Alexander ab. Sie manövrierte ihr lädiertes Auto in die Parklücke, nahm ihre Handtasche und stieg mit Sara aus.

»Komm, Sara«, sagte sie leise und ließ Alexander stehen.

5. KAPITEL
Kleine Siege

Dr. Thompson bat Kate zu einer Unterredung in sein Büro. Während sie ruhig dastand, ging er nervös vor dem Schreibtisch auf und ab. Seine Wut über das Gespräch mit Professor Kohlemann war noch nicht verraucht. Er war betroffen, verärgert und – eifersüchtig. Der Feind belagerte die Burg. Er hatte bereits die ersten Mauern erstürmt und befand sich im Innern der Festung.

»Jetzt hören Sie gut zu, Kate«, begann er mit drohendem Unterton. »Sie wollen doch den Posten der Oberschwester?«

»Ja, ich habe die Bewerbung abgegeben«, bestätigte sie.

»Und diese Entscheidung hängt ganz alleine von mir ab!« Dr. Thompson runzelte die Stirn, schaute Kate bedeutungsvoll an und legte eine kleine Kunstpause ein, ehe er fortfuhr: »Ich muß volles Vertrauen zu den Menschen haben, die mit mir arbeiten.«

»Und mir vertrauen Sie nicht?« folgerte Kate daraus.

»Ich kann keine Oberschwester gebrauchen, die sich

so bereitwillig mit jedem Neuankömmling zusammentut, der hereinmarschiert kommt ... und links, rechts und in der Mitte diagnostiziert, als ob er Gott wäre oder so etwas.« Dr. Thompson blieb kurz stehen und bedachte Kate mit einem vorwurfsvollen Blick. »Sie hätten Dr. Marini davon abhalten müssen, sich einzumischen. Statt dessen haben Sie sie mit offenen Armen willkommen geheißen.«

»Ich?« Kate starrte Dr. Thompson ungläubig an. »Ich kann niemanden aufhalten. Und ich gebe es zu: Ich vertraute Dr. Marini von der ersten Minute, als ich sie sah. Ich kenne meine Ärzte.«

Dr. Thompsons Atem ging plötzlich stoßweise. Er holte tief Luft und schrie dann: »Ich habe eine Diagnose gestellt, und sie ... sie hat die Frechheit, sie zu beanstanden ... vor Kohlemann und den ganzen Leuten ...!«

Dr. Thompson spürte, wie seine Wut und sein verletzter Stolz unkontrolliert ausbrachen. Verdammt, was war bloß los mit ihm? War er ein Verlierer? Dr. Thompson brach der Schweiß aus. Mühsam beruhigte er sich wieder. Nein, zum Teufel, er war kein Verlierer. Verlierer waren keine stellvertretenden Leiter einer Klinik. Aber Klinikleiter ließen sich auch nicht von einer Kollegin zu cholerischen Wutanfällen verleiten! Deshalb unterdrückte er auch den in ihm aufwallenden Zorn.

Nachdem er sich wieder unter Kontrolle hatte, änderte er seine Taktik. Wenn er Dr. Marini in der Klinik isolieren wollte, brauchte er viele Freunde – Gefolgsleute. Kleine Gefälligkeiten halfen da mehr als Drohungen.

»Sehen Sie, Kate.« Dr. Thompson lächelte sanft, tätschelte ihre Hand und säuselte: »Es gibt bestimmte Dinge, mit denen Professor Kohlemann sich selbst nicht belastet. Dinge, die er unmöglich verstehen kann. Wenn es um praktische Angelegenheiten geht, treffe ich die Entscheidungen in dieser Klinik. Und das gilt ebenfalls für Ihre Beförderung.«

Kate verließ Dr. Thompsons Büro mit gemischten Gefühlen. Eigentlich nahm sie um diese Zeit ihr Frühstück in der Kantine ein. Doch Kate spürte, daß sie nach diesem Gespräch keinen Bissen essen würde.

Als Lisa ihren Mann an diesem Morgen besuchte, saß der aufrecht im Bett. Walter fühlte sich immer noch schwach, doch er konnte inzwischen bereits einigermaßen beschwerdefrei sprechen.

Lisa erzählte ihm, wie Dr. Marini ihm durch ihr beherztes Eingreifen das Leben gerettet hatte. Hätte das Personal auf die Pfleger gehört, wäre Walter jetzt längst tot.

»Es ist wahr, ich sage es dir«, bekräftigte Lisa. »Ich habe es vom Professor selbst gehört. Diese Frau hat dein Leben gerettet. Oh, Walter, wenn ich daran denke, was ich zu ihr gesagt habe!«

»Mach dir keine Vorwürfe«, meine Walter begütigend. »Du warst unheimlich verängstigt. Ärzte sind es gewohnt, mit überängstigten Verwandten umzugehen.«

»Ja, aber ... ich muß sie finden und etwas sagen«, beharrte Lisa.

»Wir werden einen Weg finden, uns zu bedanken«, versprach er. »Sobald ich hier rauskomme. Übrigens, haben sie irgendwas gesagt? Wann kann ich gehen?«

»Du mußt noch ein paar Tage bleiben«, antwortete sie. »Aber sie sagen, du machst echte Fortschritte.«

»Oh, großartig«, seufzte er.

Minutenlang schwiegen beide bedrückt vor sich hin.

»Walter ..., gestern morgen ...«, hob sie zögernd an. Sollte sie ihm wirklich von dem Drohanruf und dem explodierten Auto erzählen? Im letzten Moment beschloß sie, es doch nicht zu tun. Die Aufregung wäre vermutlich zu groß für Walters angegriffenes Herz.

»Was war gestern morgen?« wollte Walter wissen.

»Ich ... ich habe all deine Zigarren weggeworfen«, log sie und lächelte schuldbewußt.

»Was hast du getan?« Walter richtete sich kerzengerade auf. »Du hast mir nicht einmal eine gelassen? Das ist alles, woran ich gedacht habe. Eine Zigarre auf der Veranda zu rauchen, wenn ich wieder zu Hause bin.«

»Welche anderen widerlichen Gedanken hattest du noch, Walter Brandt?« lachte sie.

Alexander betrat mit gemischten Gefühlen das Krankenzimmer. Zu seiner Erleichterung flachsten seine Eltern ausgelassen miteinander.

»Oh, ich sehe, du erholst dich sehr sprunghaft«, meinte er und grüßte seinen Vater.

Lisa musterte ihren Sohn aufmerksam. Obwohl er gutgelaunt schien, wirkte er so nervös, so verkniffen, wie sie ihn selten gesehen hatte.

»Was hast du getan?« fragte sie schließlich. »Eine Maus verschluckt?«

»Besser noch«, meinte Alexander mit gezwungenem Lächeln. »Ich habe ihr gründlich die Meinung gesagt. Ich habe endlich die berüchtigte Dr. Marini getroffen und hatte die Möglichkeit, ihr zu sagen, was ich von ihr halte. Ich denke, sie wird sich eine ganze Weile an mich erinnern.«

»Das hast du getan?« Alexanders Worte ließen Lisa innerlich zusammenzucken. »Oh, mein Gott!«

Unterdessen begleitete Sara ihre Mutter in die Personalräume und löcherte sie mit Fragen.

Der Umkleideraum war ziemlich groß mit weißgetünchten Wänden. An einer Wand befanden sich mehrere Waschbecken. Ansonsten gab es noch eine Reihe mit Schränken.

»Würdest du mir sagen, warum dieser Mann sich so aufgeregt hat?« fragte sie zum x-ten Mal.

»Ich weiß es nicht«, log sie. »Jetzt hör bitte auf. Und sei heute ein gutes Mädchen. Vergiß das nicht! Du gehst direkt hoch zu Professor Kohlemanns Büro. Er geht heute früh nach Hause. Für dich gibt es hier sowieso nichts zu tun.«

»Und dann?« wollte sie wissen.

»Du hast deine Bücher, du hast den Fernseher und ich verspreche, ich werde direkt nach meiner Schicht zu dir kommen«, gelobte sie. »Okay?«

»Okay, Mami«, seufzte Sara schicksalsergeben und trottete los.

Kate betrat den Umkleideraum. Sie bemühte sich sehr, gefaßt zu sein. Auch wenn sie die Unterredung mit Dr. Thompson sehr verletzt hatte.

»Guten Morgen, Doktor«, grüßte sie. »Ich habe nur eine Pause gemacht ...!«

Aber Kate konnte Monica nichts vormachen. Ihre Augen waren gerötet und Tränen hatten das Make-up verschmiert.

»Also, was ist denn, Kate?« wollte Monica wissen.

»Nichts Wichtiges«, antwortete sie ausweichend.

»Das ist irgendwie eine sehr heftige Reaktion für nichts Wichtiges«, meinte Monica und setzte sich neben sie. »Möchten Sie darüber sprechen?«

Kate brach erneut in Tränen aus.

Monica sagte nichts und legte tröstend den Arm um Kate. Sie sah zu, wie die Tränen in kleinen Tropfen auf Kates Schwesternkittel fielen und darauf kleine, dunkle Punkte hinterließen. Gleichzeitig hörte sie aufmerksam zu, was Kate ihr von dem Gespräch mit Dr. Thompson erzählte.

Alexander Brandts Gefühle fuhren Achterbahn. Zunächst war da seine Bewunderung, seine Sympathie für Monica, dann der Wutausbruch und jetzt Schuldgefühle. Lisa erzählte ihm von dem entsetzlichen Mißverständnis. Alexander konnte sich nicht daran erinnern, sich je dümmer angestellt zu haben. Unruhig ging er in dem Krankenzimmer auf und ab. Wenn das Schicksal etwas für ihn und Monica vorherbestimmt hatte, war es nun wohl endgültig vorbei. Die Karten waren neu gemischt. Jetzt hatte nicht Monica, sondern er den »schwarzen Peter«. Auf dem Parkplatz hatte er sie für eine von diesen kaltschnäuzigen, rücksichtslosen, geldgierigen »Göttern in Weiß« gehalten. Und jetzt erfuhr er, daß sein Vater ihr sein Leben verdankte.

»Was habe ich getan?« murmelte Alexander immerfort. »Ich war so gemein zu ihr ...«

»Warum setzt du dich nicht da drüben hin?« schlug sein Vater vor, dem das Hin- und Hergerenne seines Sohnes auf die Nerven ging. »Es ist schön, dich nach so langer Zeit wiederzusehen ... und es ist auch schön, den Eindruck zu sehen, den diese Frau auf dich gemacht hat.«

»Ich bin nur froh, daß du nicht den Eindruck sehen kannst, den ich auf sie gemacht habe«, stöhnte Alexander und fuhr sich mit den Händen durch die Haare.

»Sie wird es verstehen«, versprach Walter. »Von dem, was ich hörte, ist sie eine ganze Lady.«

»Ich hoffe, daß sie mich auch versteht«, wünschte sich Lisa inständig.

Es klopfte. Morrison trat ein.

»Entschuldigung, Mr. Brandt«, sagte er zögernd.

»Ja?« wunderte sich Alexander.

»Da ist ein Mann unten, der verlangt Ihren Vater zu sehen«, erwiderte Frank. »Ich sagte ihm, nur Verwandte dürfen zu Ihnen. Aber er läßt nicht locker. Er wartet draußen am Eingang.«

»Ich komme«, versprach Alexander und fragte sich, wer der geheimnisvolle Besucher sein könnte.

Alexander begab sich ins Foyer, wo Dickerby an der Rezeption wartete.

»Guten Morgen«, grüßte er in seiner schleimigen Art.

»Guten Morgen«, grüßte Alexander unterkühlt zurück. Der Körpergeruch des Mannes war kaum zu ertragen.

»Ich hatte gehofft, Ihren Vater zu sehen«, meinte Dikkerby und deutete mit dem Kinn verärgert Richtung Ms. Carson. »Aber diese Schwester, verdammte Schwester ...«

»Mein Vater hatte vor drei Tagen einen Herzinfarkt«, fuhr ihm Alexander unwirsch ins Wort. »Wir sagten, wir würden Sie anrufen.«

»Ich weiß.« Dickerby lächelte gequält. »Aber Ihr Vater und ich haben bereits eine Vereinbarung getroffen und ich wollte sichergehen, daß alles ...«

»Das einzige, dessen Sie sich sicher sein können, Mr. Dickerby, ist, daß die Brandt-Farm in Brandt-Händen bleiben wird«, sagte Alexander knapp, während er sein Gegenüber scheinbar emotionslos musterte.

»Sind Sie sicher, daß Ihre Eltern genauso denken wie Sie?« Dickerby wurde ein wenig lauter. In seinem Tonfall schwang etwas Drohendes mit.

»Todsicher«, erwiderte Alexander.

»Das wäre ich nicht«, widersprach Dickerby mit verkniffenem Lächeln. Seine Augen funkelten Alexander böse an. »Überprüfen Sie das Angebot, Mr. Brandt. Und sagen Sie Ihrem Vater, er soll sich mit mir in Verbindung setzen. Ich habe erfahren, daß es ihm schon viel besser geht ..., Gott sei Dank. Es fehlt noch seine Unterschrift. Der ganze Rest ist bereits beschlossen.«

»Mein Vater hat noch keine Unterschrift geleistet, nicht wahr?« erinnerte Alexander.

»Er wird es!« Dickerby schnitt eine Grimasse.

»Wollen Sie wetten?« knurrte Alexander mit unheilvollem Bariton.

Einen Moment lang herrschte im Foyer ein gespanntes, lauerndes Schweigen. Dann setzte Dickerby ein freundlich verzerrtes Lächeln auf und säuselte: »Auf Wiedersehen, Mr. Brandt. Bis bald.«

Er machte auf dem Absatz kehrt und verließ die Klinik.

Gedankenversunken schlenderte Alexander durch den Korridor zurück. Seine Heimkehr hatte er sich weniger turbulent vorgestellt. Zu allem Unglück trat jetzt auch noch Monica direkt vor ihm aus dem Umkleideraum.

Nachdem seine Mutter ihm den wahren Sachverhalt erklärt hatte, hatte Alexander die feste Absicht, sich bei der erstbesten Gelegenheit bei Monica zu entschuldigen. Aber in dem Augenblick, als er ihr Auge in Auge gegenüberstand, wußte er nicht, wie er das Gespräch beginnen sollte.

Monica blickte ihn schweigend an. Auf eine Konversation mit Alexander legte sie keinen Wert mehr und wollte sich an ihm vorbeimogeln. Verzweifelt stöberte

Alexander in seinen Gedanken nach etwas herum, was er sagen könnte. Er wußte, wenn er Monica jetzt gehen ließ, bliebe er in ihren Augen immer der hassenswerte Grobian, den er ihr auf dem Parkplatz präsentiert hatte.

»Genau die Person, nach der ich gesucht habe«, ging Alexander in die Offensive. »Doktor Marini, ich würde Sie gerne für einen Moment sprechen.«

»Ich würde sagen, das haben Sie bereits, Mr. Brandt.« Monicas Körperhaltung drückte deutlich aus, wie peinlich ihr dieses Zusammentreffen war. »Und es war wirklich keine angenehme Erfahrung. Also, wenn es Ihnen nichts ausmacht, würde ich es lieber nicht wiederholen.«

Das saß! Alexander war sprachlos. Er kam sich noch gemeiner und rücksichtsloser vor, als er sich ohnehin schon fühlte.

»Ich denke, es gab ein schreckliches Mißverständnis, und ich weiß jetzt, daß ich im Irrtum war.«

Alexander studierte Monicas Gesicht, um zu sehen, ob sie ihm Glauben schenkte. Doch alles, was er sah, war Gleichgültigkeit.

»Ja, da bin ich mir sicher«, erwiderte sie kühl und abweisend. »Wissen Sie, es ist mir völlig egal. Denn wie Sie so schön angemerkt haben, bin ich ›einfühlsam‹.«

Monica setzte ein leichtes, unverbindliches Lächeln auf, das Alexander noch mehr verunsicherte.

»Doktor Marini!«, sagte Alexander. Er war wild entschlossen, vollkommen ehrlich zu sein. »Ich ... ich habe erfahren, daß meine Anschuldigungen völlig ungerechtfertigt waren. Und ich weiß jetzt, daß, wenn Sie nicht gewesen wären, mein Vater jetzt tot wäre. Die Art, wie ich mich verhalten habe, ist unverzeihlich und ich ... ich könnte mich selbst treten, oder besser sogar, mir selbst in mein großes Mundwerk schlagen ...«

»Soll ich Ihnen helfen?« schlug sie vor.

»Wie meinen Sie das?« fragte er irritiert. Versuchte sie witzig zu sein, oder meinte sie es ernst?

»Es würde mir nichts ausmachen, Ihnen aufs Mundwerk zu schlagen«, erwiderte sie sachlich.

»In Ordnung ...!« Alexander preßte die Augen zusammen, reckte das Kinn vor und erwartete den angekündigten Kinnhaken.

Monica hätte ihm am liebsten wirklich eine verpaßt. Aber sie verzichtete darauf und konnte sich ein Lächeln nicht verkneifen.

Alexander glaubte zu träumen. Statt Monicas Faust spürte er ihre Hand, die zärtlich sein Kinn streichelte. Vorsichtig öffnete er die Augen. Monica lächelte ihn zauberhaft an.

»Womit kann ich es wieder gut machen?« fragte er verlegen.

»Mit einer Menge«, antwortete sie sanft. »Zuerst einmal hat mein Auto kein Licht ... und heute abend, wenn ich von der Arbeit komme ...«

»Ja!« Alexander räusperte sich verlegen, dann erstrahlte sein Gesicht in einem breiten, erleichterten Lächeln. »Wann?«

Alexander holte Monica und Sara abends mit dem Landrover von der Klinik ab. Sie fuhren durch die Stadt, zu dem Vorort, in dem Professor Kohlemanns Villa stand. Die Sonne versank bereits hinter den Häusern.

Monica fühlte sich nach dem harten Arbeitstag wie zerschlagen. Sara saß wie festgeschraubt auf dem Rücksitz und sagte während der Fahrt kein einziges Wort. Also war es an Alexander, ein Gespräch in Gang zu setzen. Er stellte die üblichen Fragen, wie sich Monica eingelebt habe, wo sie wohne usw..

»Sara und ich sind nur Gäste, bis wir unser eigenes Zuhause gefunden haben«, erklärte Monica.

»Das ist einer der Vorteile von Afrika«, scherzte Alexander. »Es mangelt nicht an Platz. Nicht so wie in Italien.«

»Nein, hier ist es nicht wie in Italien«, erwiderte Monica ein wenig melancholisch.

»Sie scheinen müde zu sein«, meinte Alexander.

»Zehn Stunden in einer Klinik können einem das antun«, erwiderte sie und gähnte hinter vorgehaltener Hand.

»Nein, das meine ich nicht.« Alexander bog von der Hauptstraße in einen Seitenweg ab.

»Was meinten Sie?« wunderte sie sich.

»Sie kommen mir wie eine Frau vor, die eine Art Krieg führt ...«, antwortete er. »Und sie ist es leid zu kämpfen.«

»Könnte sein«, seufzte sie.

»Ich habe eine Art Intuition für bestimmte Dinge.« Alexander hielt es an der Zeit, seinen Charme in die Waagschale zu werfen und prahlte eine Spur zu heftig. Zum Glück bemerkte er seinen Fehler noch und schaute Monica besorgt in die Augen. »War ich zu neugierig?«

»Ja, ein wenig.« Monicas Stimme wurde ganz leise.

»Heute ist nicht mein Tag.« Alexanders gute Laune verflog schlagartig und wich dem Ärger über sein Ungestüm. Er hatte sie verärgert. Das war immer das Risiko, wenn man zuviel redete.

»Ja, an manchen Tagen scheint es, als richteten sich all unsere Probleme gegen uns, nicht wahr?« pflichtete Monica ihm bei.

»Mein Wochenplaner ist voll mit ihnen«, lächelte Alexander breit.

Als die Sonne untergegangen war, senkte sich die Nacht mit der für die Tropen typischen Schnelligkeit über die Savanne. Mit dem Schwinden des Sonnenlichts verblaßte auch die Skala leuchtender Farben am Himmel. Glühendes Rot war in mattes Violett übergegangen und war dann von tiefblauer Dunkelheit verschluckt worden. Damit einher erhoben sich allmählich die geisterhaften Stimmen aus dem Buschland und dem nahen Urwald.

Henry und Angela kämpften wieder einmal mit ihrem Zelt. Es war wie verhext. Zogen sie das eine Halteseil fest, kippte das Zelt auf der anderen Seite um, und umgekehrt.

Während Angela die Seilenden an den Heringen festknotete, lauschte sie besorgt in die Dunkelheit hinein. Tagsüber war die Wildnis ein vollkommener Traum. Doch mit Einbruch der Dunkelheit verwandelte sich der Traum für sie in einen Alptraum. In der Finsternis konnten tausend Gefahren lauern. Vielleicht pirschte gerade ein Löwe oder ein Leopard auf sie zu, um ein wenig Abwechslung in seinen Speiseplan zu bringen. Überall raschelte und scharrte es im Gras von vielen kleinen, verstohlen umherhuschenden Tieren. Irgendwo in der Ferne verhallte das dumpfe Grollen eines Raubtieres. Henry war es auch nicht besonders geheuer.

»Heute ist die letzte Nacht im Zelt, okay?« versprach er Angela.«

»Okay«, erwiderte sie erleichtert.

Endlich stand das Zelt, und sie huschten rasch hinein. Doch erholsame Ruhe fanden sie in dieser Nacht genausowenig wie in der vergangenen. Denn die dünnen Zeltwände boten wenig Schutz vor Raubtierkrallen oder einer alles niederwalzenden Elefantenherde, falls sie unwissentlich ihr Domizil auf einem Elefantenpfad gebaut hatten.

Alexander hielt vor Professor Kohlemanns imposanter Villa und stellte den Motor ab.

»Danke für die Fahrt«, sagte Monica, als sie mit Sara ausstieg.

»Dann bis morgen«, verabschiedete sich Alexander.

»Bis morgen?« wiederholte Monica überrascht.

»Ja«, bestätigte er und räusperte sich verlegen. »Ich meine, in der Klinik ... bei meinem Vater.«

»Ja, genau«, erwiderte Monica, lächelte und warf mit einer Kopfbewegung die Haare zurück. Ein Ohr kam zum Vorschein. Alexander starrte wie hypnotisiert darauf. Er hatte noch nie so ein sexy Ohr gesehen. Kein Wunder, in seinen Augen sah alles an Monica sexy aus.

»Genau«, wiederholte Alexander wie in Trance und merkte, daß er grinste, als ob seine Mundwinkel unterhalb der Ohrläppchen festgeschraubt wären.

»Bis morgen dann!« Monica nahm Sara bei der Hand und ging mit ihr durch das Gartentor.

Alexander schaute ihnen hinterher, bis sie im Haus verschwunden waren. Dann startete er sein Auto und fuhr los. Er wünschte, er hätte Monica eine Rose zur Erinnerung mitgeben können, oder zumindest sein Herz. Dessen ungeachtet entfaltete sich für Alexander plötzlich seine Zukunft wie ein buntes Bilderbuch in den leuchtendsten Farben.

Nachdem Monica ihre Tochter zu Bett gebracht hatte, bat sie Professor Kohlemann zu einem Gespräch.

Professor Kohlemanns Villa war ein prächtiges Gebäude im Kolonialstil. Doch wirkte die äußere Fassade des Gebäudes geradezu bescheiden zu dem Luxus, den sein Inneres bot. Die Wände waren mit englischen Holztäfelungen aus dem 18. Jahrhundert überzogen. Das Licht von Messingwandlampen brachte die Goldleisten unterhalb der Zimmerdecke zum Glühen. Der Fußboden bestand teils aus weißem Marmor, teils aus Mahagoni.

Professor Kohlemann empfing Monica vor dem holzgeschnitzten Kaminsims. Sie nahmen in den englischen Chippendale-Ohrsesseln Platz.

Wie immer, so redete Monica auch diesmal nicht lange um den heißen Brei herum und kam gleich zur Sache. Sie erzählte, wie Dr. Thompson heute Kate fertiggemacht hatte.

»Monica«, hob Professor Kohlemann schließlich an. »Du weißt, du bist wie eine Tochter für mich. Aber ich kann diesen dummen Krieg zwischen dir und Henry nicht gutheißen.«

»Es gibt keinen Krieg«, widersprach Monica energisch. »Was ich sagte, war schlicht und einfach die Wahrheit. Die Art, wie Thompson das arme Mädchen unter Druck setzte, ist absolut verwerflich. Das paßt nicht zum Ruf des Hauses.«

Professor Kohlemann bemerkte Monicas Gereiztheit. Er schaute sie forschend an und fragte reserviert: »Und was erwartest du jetzt von mir?«

Monica verstummte. Mit dieser Reaktion hatte sie nicht gerechnet. Vielmehr hatte sie gehofft, er würde Dr. Thompson in die Schranken weisen.

»Du möchtest, daß ich eine innerbetriebliche Untersuchung einleite?« fuhr er fort.

Monica zuckte ratlos mit den Schultern.

»Ich weiß nicht, Helmut«, erwiderte sie. »Kate fürchtet, daß es dem Ruf der Klinik schaden könnte.«

»Das wird es mit Sicherheit«, bestätigte er.

»Ich denke, es geht ihr mehr um ihre Beförderung als darum, daß Thompson an den Pranger gestellt wird«, argumentierte sie.

»Falls das der Fall ist, glaube ich, finden wir eine Lösung«, meinte er und schenkte Monica ein beruhigendes Lächeln.

Professor Kohlemann blickte an Monica vorbei zur Tür. Monica drehte sich automatisch um und sah Sara. Sie stand im Nachthemd da und hielt ein Buch unter dem Arm.

»Mami!« In Saras Stimme schwang ein kleiner Vorwurf mit. »Zeit für meine Gutenachtgeschichte.«

Monica seufzte leise, stand auf und nahm Sara bei der Hand.

»Gute Nacht, Professor Kohlemann«, sagte sie, als sie mit ihrer Mutter das Zimmer verließ.

Professor Kohlemann lächelte Sara sanft an. Gleichzeitig fragte er sich, ob er ihrer Mutter wirklich einen Gefallen getan hatte, als er ihr die Stelle in seiner Klinik anbot.

6. KAPITEL
Neue Wege

Kurz nach Sonnenaufgang bauten Angela und Henry ihr Zelt ab und verstauten es im Jeep. Sie fuhren über eine holprige Buckelpiste Richtung Zivilisation. Angela sehnte sich nach einer Badewanne und einer elefantensicheren Unterkunft.

Urplötzlich ging Henry voll in die Eisen. Abrupt kam das Auto zum Halten. Ein durchdringendes Knurren weckte Henrys Aufmerksamkeit. Knapp dreißig Meter entfernt tummelte sich ein Löwenrudel. Niedliche Löwenbabys neckten sich und purzelten verspielt durcheinander. Daneben lagen einige imposante Löwinnen und Löwen träge im Buschgras.

Angela schluckte.

Henry wollte sich diese einmalige Gelegenheit auf keinen Fall entgehen lassen. Er würde seinen Freunden zu Hause erzählen, daß er sich wie ein Dschungelkönig den Weg durch die gefährliche Wildnis freigekämpft hatte. Und alle würden sagen: Henry, das war toll! Du warst phantastisch! Unglaublich, daß du wirklich Auge in Auge diesen Bestien gegenüberstandest! Du bist ein wahrer Teufelskerl!

Jetzt mußte Henry nur noch diesen Moment auf Video festhalten. Als Beweis für seine Tollkühnheit.

Henry kramte die Kamera aus dem Gepäck.

»Henry, laß uns weiterfahren«, drängte Angela.

»Warte!« Henry kletterte aus dem Fahrzeug, brachte die Kamera in Anschlag und schritt vorsichtig auf die Löwen zu.

»Bleib stehen! Bitte!« Angela schaute Henry nach wie einem entlaufenen Irren.

Plötzlich hielten die Löwenbabys in ihrem Spiel inne. Sie spitzten ihre Ohren und blickten auf den Zweibeiner, der da auf sie zukam.

Den erwachsenen Löwen entging Henry ebenfalls nicht. Immer nervöser peitschten die Schweife der großen Tiere umher. Henry zoomte unerschrocken mit der Kamera auf die bernsteingelb schillernden Raubtieraugen, die ihn drohend anfunkelten. Die gewaltigen Löwenrachen öffneten sich zu einem grimmigen Fauchen. Wenn Henry den Tieren durch sein resolutes Auftreten Respekt einflößte – wie er glaubte – so war davon nichts zu sehen.

Plötzlich stieß ein mächtiger Löwe ein drohendes Brüllen aus. Sein muskulöser Körper preßte sich dicht an den Boden.

Henry schwenkte die Videokamera von der Löwenmutter hin zu den putzigen Löwenbabys und dann zum stolzen Löwenpapa. In diesem Augenblick stürmte ein gewaltiger Löwe, den Sucher der Videokamera ausfüllend, auf Henry zu.

Mit einem rekordverdächtigen Sprung hechtete Henry zu Angela in den Jeep. Angela schrie sich die Seele aus dem Leib. Der Löwe brüllte und kam immer näher. Henry kämpfte mit dem Zündschlüssel. Spring an! Der Motor heulte auf. Henry knallte einen Gang rein und trat das Gas durch bis zum Anschlag. Der Jeep schoß los. Angela klammerte sich verzweifelt am Armaturenbrett fest, als ginge es um ihr Leben.

Eine mächtige Staubwolke hinter sich herziehend, bretterte der Jeep durch die Savanne. Nach zwei Kilometern wagte Henry einen Blick in den Rückspiegel. Von dem Löwen war weit und breit nichts mehr zu sehen.

Henry nahm das halsbrecherische Tempo zurück und atmete tief durch.

Weit hinter ihnen kehrte der Löwe majestätisch zu seinem Rudel zurück.

Zur gleichen Zeit wurde Walter Brandt aus der Kohlemann-Klinik entlassen. Lisa half ihrem Mann beim Pakken. Monica stand neben dem leeren Krankenbett und machte einige Notizen.

»Sie werden zu gelegentlichen Überprüfungen zurückkommen müssen«, ordnete Monica an. »Aber davon abgesehen, würde ich sagen, Sie sind vollkommen erholt.«

»Ja«, meinte Walter. »Übrigens, wie geht es Ihrem kleinen Engel?«

»Sie wandert hoffentlich nicht wieder auf der Station rum«, seufzte Monica. »Ihre Frau hat mir von Saras Besuch erzählt. Es tut mir leid.«

»Das sollte es nicht«, widersprach Walter. »Ich mag dieses kleine Mädchen. Sie ist sehr entschlossen.«

»Lassen Sie uns sagen ›sehr lebendig‹«, verbesserte Monica. »Und ich habe es schwer, mit ihr mitzuhalten.«

»Ich bin diejenige, die sagen sollte, daß es ihr leid tut, Doktor«, meinte Lisa. »Wenn Sie etwas Zeit haben, würden Sie uns zu einem Essen auf der Farm besuchen?«

»Was für eine großartige Idee«, pflichtete Walter seiner Frau bei. »Wir können einen Tag daraus machen, eine Wandertour unternehmen und Ihnen die Gegend zeigen. Es ist wirklich ein wunderschöner Ort, wissen Sie. Und ich würde Sie und Ihr kleines Mädchen gerne mal außerhalb der Klinik sehen.«

»Ich weiß nicht ..., vielleicht«, antwortete Monica ein wenig unschlüssig. »Auf jeden Fall nicht für eine Wanderung, denn Sie brauchen Ruhe!«

»Alex wird Sie gerne abholen«, versprach Lisa.

»Wo ist er überhaupt?« wunderte sich Walter und schaute sich suchend um. »Ich meine, dieses Stinktier hätte gerade heute kommen können. Sein Vater liegt hier halbtot, und er kann nicht an zwei Tagen hintereinander kommen. Immer beschäftigt, immer auf dem Sprung. Was hat er zu tun, was so wichtig ist?«

Das Telefon klingelte. Lisa vermutete, daß Alex anrief und nahm den Hörer ab. »Hallo?«

»Hallo, Lisa«, meldete sich Groovy am anderen Ende der Leitung.

Lisa erbleichte schlagartig. Sie klappte den Mund auf und zu, als bekäme sie keine Luft.

»Lisa, fragen Sie die Ärztin, ob Walter einen furchtbaren Schreck überstehen könnte!« Groovy schnaubte verächtlich. »Ob er dem Streß gewachsen ist? Fragen Sie, Lisa! Machen Sie schon!«

Lieutenant Mowanda fuhr an diesem Morgen zur Tabakplantage. Mürrisch beobachtete Jimmy den Wildhüter vom Vorplatz aus.

»Hallo, Jimmy«, grüßte Mowanda und stieg aus dem Geländewagen.

»Hi.« Jimmy bedachte den Wildhüter mit einem künstlichen Lächeln.

»Weißt du irgendwas über eine kleine Elefantenherde?« Mowanda holte tief Luft und ließ seinen Blick über das Gelände schweifen. »Ungefähr zehn, die in diesem Gebiet waren? Wir haben ihre Spur verloren.«

»Hier sind sie nicht langgekommen«, log Jimmy. »Ich hätte sie mit Sicherheit gesehen. Tut mir leid.«

Mowanda sah Jimmy prüfend an. »Ich möchte hier auch nicht zwanzig nette Elfenbein-Stoßzähne im Lagerraum vorfinden.«

»Auf keinen Fall«, beteuerte Jimmy mit Unschuldsmiene. »Ich liebe Elefanten. Ich arbeite mit Elefanten.«

»Das will ich im Interesse dieses wundervollen Ortes und der Touristen auch hoffen. Wilderer können wir nicht gebrauchen.« Mowanda bemerkte im Augenwinkel Dickerby.

Dickerby und Groovy eilten im Laufschritt zu einem Geländewagen.

»Ganz meine Meinung«, antwortete Jimmy. »Was haben Sie denn? Haben Sie die Elefanten gesehen?«

»Nein, einen Pinguin«, erwiderte Mowanda in Anspielung auf Dickerbys weißen Anzug. »Komisch, man sieht nicht viele hier in der Gegend. Man findet sie normalerweise am Südpol.«

Jimmy starrte den Wildhüter einen Moment lang verständnislos an. Dann schaute er zurück und sah Dickerby und Groovy wegfahren. Mowanda bemerkte einen gehetzten Ausdruck in Jimmys Augen. Der Wildhüter tippte sich an das Barett, stieg wieder in seinen Jeep und fuhr davon.

Jimmys Gesicht verdüsterte sich. Mowandas Interesse an Groovy und Dickerby gefiel ihm überhaupt nicht.

Den Vormittag verbrachte Alexander auf der Veranda seines Elternhauses und brütete über den Bilanzen der Farm. Vor ihm lagen unzählige aufgeschlagene Aktenordner und lose Papiere auf dem Tisch verstreut. Ihm gegenüber saß Walter in seinem Lehnstuhl. Er sah seinen Sohn forschend an.

»Wir müssen nicht alles gleich abbezahlen«, berichtete Alexander seinem Vater. »Ich habe mit dem Bankdirektor über eine Art Tilgungsplan gesprochen. So können wir einen Teil des Geldes in die Umstrukturierung der Farmgebäude investieren.«

»Das hört sich alles wundervoll an«, knurrte Walter unwirsch. »Aber das Geld gehört dir. Deine Mutter und ich haben beschlossen, daß wir es nicht annehmen können.«

»Papa, bitte!« Alexander rollte genervt die Augen. »Ich möchte nicht darüber diskutieren! Das Geld gehört mir, und ich tue damit das Beste. In Ordnung?«

»Ja, aber ich soll es annehmen.« Walter musterte seinen Sohn kühl. »Ich kann es nicht nehmen, weil ich weiß, daß es deine gesamten Rücklagen sind«, beharrte Walter.

»Aber das ist lächerlich.« Alexander schüttelte verständnislos den Kopf. »Ich meine, es ist dumm!«

»Dann hast du also einen dummen Vater«, stellte Walter lakonisch fest.

Alexander sah Walter betroffen an und schwieg einen kurzen Moment. Er preßte die Lippen aufeinander und sagte leise: »Es tut mir leid.«

»Ich muß verkaufen, Alex!« Walter lehnte sich im Stuhl zurück. »Ich habe Dickerby bereits angerufen.«

»Hat Ma dir nicht von der Natur-Safari-Idee erzählt?« Alexander sah seinen Vater prüfend an. »Davon, die Farm in einen Erlebnispark zu verwandeln. Das würde ich unheimlich gerne tun. Ich habe bereits einige Kontakte hergestellt, und sie sind alle sehr, sehr ermutigend.«

Walter antwortete nichts. Nach dem Desaster mit der Farm verspürte er wenig Lust, sich auf ein neues Abenteuer einzulassen, das ihm über kurz oder lang erneut über den Kopf wuchs.

»Alex, quäle deinen Vater nicht!« Lisa trat mit drei dampfenden Teetassen auf einem Tablett auf die Veranda. »Denk daran, daß er gerade erst aus dem Krankenhaus entlassen wurde. Möchtet ihr Tee?«

»Ja, ich schon.« Alexander nahm sich gewaltig zusammen, um über die sture Haltung seines Vaters nicht wütend zu werden und ergriff eine Tasse. »Danke.«

Während er am Tee nippte, erwog er sorgfältig die verschiedensten Möglichkeiten und Gesichtspunkte, die ihm nützen könnten, seinen Vater von dem drohenden Abgrund zurückzureißen. Im Lauf der Jahre hatte er gelernt, es gab immer einen Weg, wenn man nur wollte.

»Walter?« Lisa reichte ihm das Tablett.

»Da ich nichts anderes bekomme ...!« Ein Hauch von Ironie klang in Walters Stimme.

»Also, du willst mir diese Chance wirklich nicht geben?« Alexander holte tief Luft.

»Das ist nicht der springende Punkt«, widersprach Walter. »Die Idee ist gut, Alex. Aber deine Mutter und ich wollen einfach nicht diese Verantwortung auf uns nehmen. Du hast deine Karriere ...«

»Ich habe alles aufgegeben, inklusive den Job«, teilte Alexander nüchtern mit.

»Du hast was getan?« Walter klappte die Kinnlade in Zeitlupe runter.

»Ich habe mich entschlossen, nach Paradies Tal zurückzukehren und zu bleiben«, verkündete Alexander seinen Eltern. »Das ist mein Zuhause! Hier gehöre ich hin.«

»Und was ist mit ... deiner Frau?« fragte Lisa perplex.

»Alice ist nicht mehr meine Frau, das wißt ihr«, erklärte er. »Außerdem warst du es, Papa, der mir beigebracht hat, wann man beharrlich weitermachen soll und wann man den Schneid haben sollte zu sagen: ›Das war es!‹ Alice ist ein abgeschlossenes Kapitel.«

Walter und Lisa sahen ihren Sohn sprachlos an. Die Diskussion mit Alexander hatte für beide eine völlig unerwartete Wendung genommen.

In diesem Augenblick hielt ein Jeep vor dem Farmhaus. Dickerby stieg aus und schlenderte mit einer Aktenmappe zur Veranda.

»Oh verdammt, da kommt er«, zischte Walter mißmutig.

»Also, das ist schön, die ganze Familie zusammen ...«, trällerte Dickerby und betrat die Veranda.

»Setzen Sie sich, Mr. Dickerby.« Walter deutete auf einen freien Stuhl.

»Ist alles in Ordnung?« George blieb stehen und beäugte Dickerby mißtrauisch, wie ein häßliches Insekt. »Wenn Sie mich brauchen, ich werde drinnen sein.«

»Alles ist in Ordnung,« antwortete Dickerby und setzte sich. »Danke.«

George schnitt eine Grimasse hinter Dickerbys Rükken und verschwand im Haus.

»Ich denke, Sie haben die richtige Entscheidung getroffen«, meinte Dickerby zuversichtlich und griff in seine Aktentasche. »Ich bin froh, Ihnen bei der Lösung Ihrer Probleme behilflich sein zu dürfen.«

»Mr. Dickerby«, hob Walter an.

»Wenn Sie bitte zuerst den Vertrag durchlesen wollen.« Dickerby nahm die Papiere aus der Tasche und reichte sie Walter.

»Das wird für den Moment nicht nötig sein«, antwortete Walter höflich, aber entschlossen. »Ich möchte es noch ein wenig überdenken. Geben Sie mir ein paar Tage.«

Wutentbrannt starrte Dickerby Walter an. Verbissen preßte er den Mund zusammen, um nichts zu sagen, was er im nachhinein bereute.

Alexander hob die Brauen. Er war nicht minder über den Gesinnungswandel seines Vaters überrascht.

Konsterniert stopfte Dickerby den Vertrag in die Aktentasche und stand auf.

»Auf Wiedersehen, Mrs. Brandt«, verabschiedete er sich mit schneidender Stimme, machte kehrt und stapfte von der Veranda.

»Es wird dir nicht leid tun, Papa«, versprach Alexander zufrieden.

Der erste Schritt zum Ausmisten des Augiasstalles war getan.

Die Sonne war untergegangen. Nur noch ein heller Streifen am westlichen Horizont war vom Tag übriggeblieben. Im Park rings um die Kohlemann-Villa zirpten unzählige Zikaden.

Monica saß auf der Terrasse und blätterte geistesabwesend in einem Buch, das ihr verstorbener Mann geschrieben hatte. Zärtlich streichelten ihre Finger die Seite mit der Widmung:

»Für meine Frau Monica. Ein Buch, das erst zwei sich teilten und dann für unendlich viele multipliziert wurde. Giorgo.«

Eine tiefe Melancholie umkrampfte Monicas Herz. Ihr tränenverschleierter Blick wanderte von dem Buch Richtung Himmel.

»Mami?« Sara trat barfuß und im Nachthemdchen aus dem Haus.

»Sara?« Monica schloß das Buch, stand auf und ging zu ihrer Tochter. »Was ist, Liebling? Kannst du nicht einschlafen?«

»Ich hatte einen bösen Traum«, quengelte sie.

»Aber Liebling!« Monica umarmte ihre Tochter und drückte sie sanft an sich. »Wir sorgen dafür, daß er nicht wiederkommt, hm?«

»Ich habe geträumt, daß ein Mann gestorben ist«, erzählte sie.

»Was für ein Mann?« wollte Monica wissen.

»Der aus dem Krankenhaus«, meinte Sara. »Ich habe geträumt, er läge im Sterben, aber dann war er es plötzlich nicht mehr, sondern Opa.«

»Dem Mann geht es gut«, beruhigte Monica sie. »Er

wurde heute entlassen. Und weißt du, was er mir gesagt hat? Er möchte, daß wir ihn besuchen. Er wohnt auf einer wunderschönen Farm, wo es alle Arten von Tieren gibt. Zebras, Löwen, Antilopen ...«

»Mami?« Sara drückte ihre Wange gegen die ihrer Mutter.

»Ja, Liebling?« fragte sie.

»Glaubst du, daß Oma, Opa und Vati uns immer noch vom Himmel aus sehen können, obwohl wir jetzt in Afrika sind?« wollte sie wissen.

Monica schluckte. Sie drückte Sara fest an sich und schaute zum Himmel hinauf, wo zahllose Sterne wie Diamanten auf dunkelblauem Samt funkelten.

Am nächsten Tag fuhren Monica und Sara mit Alexander zur Farm hinaus. Alexander erzählte Sara unterwegs die Geschichte, wie die Elefanten zu ihrem Rüssel gekommen waren.

»Also, das Krokodil wollte nicht loslassen«, schilderte er weiter. »Und der kleine Elefant versuchte weiterhin, sich freizuziehen. Und so wurde die Nase des kleinen Elefanten mit jedem Zug länger und länger, bis sie zu dem Rüssel wurde, den heute alle Elefanten haben.«

»Und was haben die anderen Elefanten gesagt?« bohrte Sara weiter.

»Zuerst lachten sie«, antwortete Alexander. »Aber als sie sahen, daß der kleine Elefant mit seiner langen Nase die Kronen der Bäume erreichte, wo die Blätter saftiger waren, wollten sie auch alle so lange Nasen haben. Von diesem Tag an haben alle Elefanten Rüssel.«

»Es ist nur ein Märchen, aber es ist okay«, meinte Sara altklug.

»Wie meinst du das?« wunderte sich Alexander.

»Sara, es ist eine wunderschöne Geschichte«, meinte auch Monica.

»Woher kennen Sie all diese Geschichten über Afrika?« wollte Sara wissen.

»Weil ich hier geboren wurde«, erwiderte er.

»Das wurde Mami auch, aber sie kennt keine von den Geschichten«, meinte sie vorwurfsvoll.

»Ich wuchs auf einer Farm voller Tiere auf und nicht in der Stadt«, erklärte er. »Ich wußte beinahe alles, was man über die Tiere nur wissen kann. Frag mich nur einfach was. Das sind alles Freunde von mir.«

»Sogar er?« Sara deutete auf ein imposantes Nashorn, das in der Savanne äste. Wegen seiner Kurzsichtigkeit konnte das Rhinozeros den Jeep nicht sehen. Dafür hörte es ihn umso besser und witterte die Insassen. Abrupt hob es seinen Kopf und schnaufte drohend.

»Er?« Alexander schaute nach links und nach rechts, sah aber nichts außer Buschgras. »Wer?«

»Ich glaube, einer Ihrer Freunde rennt uns hinterher.« Sara deutet auf das Nashorn, das mit gesenktem Horn hinter ihnen hergaloppierte. »Seht!«

Alexander drehte sich vorsichtig um und sah das gewaltige Nashorn, das wutschnaubend hinter ihnen herstürmte.

»Oh mein Gott!« erschrak Alexander und gab Vollgas.

Nach einer Jagd von etwa einem halben Kilometer gab das Nashorn die Verfolgung endlich auf und blieb stehen.

Als Alexander und seine Gäste die Farm erreichten, hatten sie den Schreck über das Nashorn überwunden.

»Wow, Mami!« Sara deutete begeistert auf die Farm. »Ist das nicht wunderschön?«

»Ja, das ist es wirklich«, gab Monica zu.

»Aber das ist nicht alles«, meinte Alexander und hielt vor dem Farmhaus. »Wenn ihr möchtet, nehme ich euch im Jeep auf eine Tour mit.«

»Vielleicht später, Alex«, sagte Walter und half Sara und Monica aus dem Jeep. »Gib unseren Gästen eine Chance, Luft zu holen. Willkommen, Dr. Marini.«

»Hallo«, grüßte Monica.

»Nun, was sagen Sie?« fragte er stolz. »War es die Reise wert?«

»Es ist wirklich etwas Besonderes, Mr. Brandt«, gab sie zu.

»Walter, wenn es dir nichts ausmacht«, schlug er vor. »Mit dem Krankenhaus sind wir fertig. Ich betrachte jeden Gast als guten Freund.«

»Okay, also dann Walter«, lächelte sie.

Walter und Alexander führten ihre Gäste ins Wohnzimmer, wo Lisa gerade den Kaffeetisch deckte.

»Setzt euch bitte«, forderte sie ihre Gäste auf.

»Hi da, kleiner Engel«, feixte Walter mit Sara. »Wie geht es dir?«

»Gut, und Ihnen?« fragte sie zurück.

»Phantastisch, dank deiner Mama«, antwortete er.

»Ist es wahr, daß hier auch Löwen leben?« hakte Sara nach.

»Ja, aber sie sind jetzt gerade nicht da ..., glücklicherweise nicht«, erwiderte Walter und schmunzelte.

»Aber du kannst Dumbo kennenlernen«, schlug Lisa vor.

»Dumbo?« wiederholte Sara verwundert.

Lisa und Alexander führten Sara und Monica zu Dumbos Gehege. Dumbo beäugte Sara neugierig. Offensichtlich gehörte die kleine Zweibeinerin zu seiner Altersstufe. Aus Freude über seine neue Spielgefährtin trompetete Dumbo schrill. Sara zuckte zusammen und wich erschrocken zurück.

»Hab keine Angst, er ist nur ein Baby«, beruhigte Lisa sie und reichte Dumbo eine Karotte. Vorsichtig nahm der kleine Elefant den Leckerbissen mit dem Rüssel und schob ihn ins Maul.

Sara streckte die Hand aus und streichelte Dumbo über den Rüssel. Dumbo wedelte mit seinem kleinen Schwänzchen und rollte den Rüssel verspielt um Saras Arm. Sara gluckste vor Lachen.

»Na bitte«, meinte Alexander. »Sie haben sofort Freundschaft geschlossen.«

»Ich habe sie seit einer ganzen Weile nicht mehr so glücklich gesehen«, meinte Monica.

»Es ist ein wahres Paradies für Kinder«, schwärmte Alexander. »Es gibt eine Legende, daß der holländische Forscher, der seinen Fuß als erster auf dieses Land gesetzt hat, es wegen seiner großartigen Schönheit ›Paradise Valley‹, das ›Paradies Tal‹, genannt hat. Man sagt, er blieb hier und ging nie wieder fort, da er ja gefunden hatte, was er suchte.«

»Ich verstehe, wie er sich gefühlt hat«, sagte Monica leise und ließ ihren Blick schweifen. »Es ist wirklich wunderschön hier.«

»Haben Sie den Baum dort drüben gesehen?« Alexander deutete zu einem Hügel. Auf der Kuppe ragte majestätisch ein uralter Baum mit riesiger, verästelter Krone auf.

»Wow!« staunte Monica. »Wie konnte ich den übersehen? Er ist riesig!«

»Das ist er«, bestätigte Alexander. »Er muß mehrere hundert Jahre alt sein, und irgendwie ist er das Symbol dieser Farm. Wenn Sie möchten, würde ich Sie nach dem Mittagessen dorthin führen.«

»Das würde ich gerne«, antwortete sie.

Nach dem Essen räumte Alexander das Geschirr ab, und Monica erzählte den Brandts von ihren ersten Arbeitstagen.

»Alex erzählte mir, du wohnst nur vorübergehend bei Professor Kohlemann, bis du eine eigene Wohnung gefunden hast«, sagte Walter.

»Ja«, bestätigte Monica. »Ich suche nach einem kleinen Apartment. Alles ist hier so ... so groß.«

»Ja, man braucht eine Menge Leute, um es aufzufüllen«, meinte Walter. »Lisa und ich sind alleine wie zwei Erbsen in einer Dose. Es ist ausreichend Platz hier, und wir wären wirklich froh, dich und Sara als Nachbarn hier zu haben.«

»Das ist sehr nett von dir, Walter, aber dies ist euer Zuhause«, antwortete Monica verlegen. »Ich könnte nicht ...«

»Für mich hört sich das nach einer großartigen Idee an«, meinte Alexander, der einige Bruchstücke der Unterhaltung in der Küche mitbekommen hatte.

»Ich weiß nicht«, seufzte sie. »Ihr seid alle so nett, und es ist wirklich sagenhaft hier, aber ...«

»Aber was?« wollte Alexander wissen. »Es ist die perfekte Lösung. Wir könnten eines der alten Farmhäuser renovieren.«

»Eigentlich haben Ma und ich gedacht, da wir hier so viel Platz haben ...«, warf Walter ein.

»Oh, komm schon, Papa.«

Alexander sah seinen Vater vorwurfsvoll an. »Sie brauchen ein wenig Intimsphäre. Das Farmhaus wäre genau richtig.«

»Alex, du warst eine lange Zeit weg.« Walter lächelte etwas gequält. »Diese Häuser fallen auseinander.«

»Nein«, widersprach Alexander energisch. »Das ist nicht wahr! Ich habe sie mir neulich angesehen. Natürlich werden wir ein paar Büsche herunterschneiden und etwas Gips auflegen müssen, aber Fundament und Fachwerk sind in Ordnung. Und wenn unsere Idee mit dem Park je wahr wird, werden wir sie sowieso renovieren müssen.«

»Darf ich auch was dazu sagen?« meldete sich Monica zu Wort. »Es ist wirklich ein freundliches Angebot, aber ich kann es nicht annehmen.«

»Ich mache folgenden Vorschlag«, verkündete Alexander. »Wir gehen erst zu dem großen Baum, und dann kommen wir hierher zurück und sehen uns die Farmhäuser an.«

Jimmy und Groovy überwachten die Brandt-Farm aus sicherer Entfernung durch ihre Ferngläser. Ihre Geduld wurde belohnt. Kurz nach Mittag beobachteten sie, wie Alexander mit Monica und Sara in die Savanne hinaus spazierten.

»Sie verschwinden«, meinte Jimmy. »Die alten Leute gehören uns.«

»Los geht's«, befahl Groovy und pirschte lautlos Richtung Farm.

7. *KAPITEL*

Verhängnisvoller Leichtsinn

Monica und Alexander standen auf der grasbewachsenen Anhöhe und blickten zu den Verästelungen des uralten Baumes hinauf. Die mächtigen Äste waren wie Krakententakel ineinander verschlungenen. Der Anblick verschlug Monica schier den Atem.

»Ich habe ganze Nachmittage damit verbracht, hier herumzuklettern«, erzählte Alexander.

Monica nickte und schaute gedankenverloren ins Tal.

»Was ist?« fragte er.

»Wissen Sie ..., worüber wir sprachen?« erkundigte sie sich. »Sie wollen aus der Farm einen Erlebnispark machen. Ihr Vater erzählte mir, daß Sie ein in Fachkreisen bekannter erstklassiger Biologe sind. Warum wenden Sie Ihre Erfahrungen nicht hier an? Ich weiß nicht, warum Sie es nicht schon vorher getan haben, da Sie diesen Ort so sehr lieben.«

»Es ist eine lange Geschichte«, seufzte Alexander. »Ich ging nach Deutschland, um zu promovieren. Sie wissen, wie das ist. Mir wurde ein guter Job angeboten und ..., das Leben hatte noch andere Dinge für mich auf Lager.«

»Manchmal scheint es, als würde das Leben einen an der Nase herumführen, nicht wahr?« meinte sie und lächelte bittersüß.

»Nein, nicht immer«, widersprach er und nahm sanft ihre Hand. »Kommen Sie, ich zeige Ihnen die Bungalows.«

Einige hundert Meter von der eigentlichen Farm entfernt standen die halbzerfallenen Bungalows. Die Gärten waren von verdorrtem Unkraut überwuchert. Von den Fassaden blätterte die Farbe. Die Strohdächer lösten sich in ihre Bestandteile auf.

»Möchten Sie sie mal von innen sehen?« erkundigte sich Alexander.

»Sicher«, antwortete Monica.

»Augenblick!« Alexander hielt sie am Arm zurück. »Dann muß ich uns erst bei ihnen anmelden.«

»Anmelden?« wiederholte Monica perplex. »Bei wem?«

»AAAOOOoooOOOAAAaaa!« Alexander stieß einen schrillen Tarzanschrei aus.

Monica zuckte zusammen, dann brach sie in Lachen aus.

Im nächsten Augenblick verstummte sie vor Schreck. Aus sämtlichen Fensteröffnungen sprangen Affen heraus und wuselten in alle Richtungen davon.

»Erschrocken?« wunderte sich Alexander.

»Ein bißchen«, antwortete sie.

»Keine Sorge!« Alexander ging zur Tür und öffnete sie auf. »Wo Menschen sind, sind auch Affen. Und wo Affen sind, sind keine Schlangen. Nach Ihnen, Madam!«

Alexander verbeugte sich höflich und ließ Monica den Vortritt ins Haus.

Monica stellte erstaunt fest, wie geräumig die Zimmer waren. Die Wände waren weiß getüncht. Überall stand staubüberzogenes Gerümpel herum. Obwohl viel Sonnenlicht durch die großen Fenster flutete, war es hier drinnen angenehm kühl.

»Ist das keine herrliche Aussicht?« schwärmte Alexander und trat an ein Fenster. »Man sieht von hier aus die prächtigen Sonnenuntergänge. Es ist noch ein bißchen früh, aber in einer Stunde leuchtet draußen alles pink.«

Monica folgte Alexander schweigend durch die einzelnen Räume.

»Dort könnte das Schlafzimmer sein«, plauderte er wie ein Immobilienmakler. »Und hier das Wohnzimmer. Da vorne vielleicht ein Schreibtisch zum Arbeiten. Kommen Sie, ich möchte Ihnen noch etwas anderes zeigen. Schauen Sie mal aus diesem Fenster.«

Äußerlich wirkte Monica kühl und gelassen, doch innerlich war sie ziemlich aufgeregt. Sollte das wirklich ihr neues Zuhause sein?

»Sie reden so, als ob Sie hier einziehen und leben würden«, meinte sie schließlich.

»Ups!« tat Alexander erschrocken. »Tut mir leid. So bin ich nun mal. Ich mache immer Pläne für andere Leute, als ob es meine eigenen wären. Das war nicht beabsichtigt.«

»Wäre doch nett«, flachste sie.

»Ihrer Verlegenheit nach zu urteilen wohl eher nicht«, widersprach er. »Für mich ist dies mehr als nur ein Ort. Für mich hat das alles hier eine Seele.«

Alexanders Stimme wurde sanft und melancholisch. Doch dann wurde ihm wieder bewußt, daß sie beide kaum mehr als flüchtige Bekannte waren. »Tut mir leid. Eigentlich wollte ich Ihnen das Haus zeigen, und jetzt langweile ich Sie mit meinen Gedanken.«

»Nein, Alexander«, bestritt sie. »Sie langweilen mich nicht.«

Während Alexander dicht vor Monica stand, wurde ihm klar, daß er sie jetzt küssen sollte, oder er würde es nie tun. Monica schien nicht abgeneigt zu sein. Ihre Beziehung – falls man es so nennen konnte – würde bestenfalls in einer platonischen Freundschaft enden. Monica schaute ihm direkt ihn die Augen, ihre Lippen waren leicht geöffnet, und ... wandte sich ab.

»Ich denke, wir sollten gehen«, schlug sie vor.

»Ja, denke ich auch«, pflichtete er ihr bei.

Die Magie des Augenblicks war verflogen. Alexander hatte die Gelegenheit verpaßt. Als ihm das bewußt wurde, versuchte er Versäumtes nachzuholen und faßte Monica am Arm. Er zog sie näher an sich heran.

»Alex ... es tut mir leid!« Monica wandte den Kopf ab. »Ich ... ich kann nicht. Verzeih mir!«

»Nein, verzeih mir!« Alexander ließ sie los. »Ich bin zu impulsiv. Aber als ich dich im Flugzeug sah, und auch jedesmal danach, packte es mich stärker. Ich weiß jetzt, was für ein Gefühl das war. Letzte Nacht traf es mich wie ein Schlag mit den Hammer. Ich lie...«

Monica legte einen Finger auf seine Lippen. »Scht! Bring mich zurück. Bitte.«

»Okay«, sagte er und verließ mit ihr das Haus.

Sara verbrachte den Nachmittag bei Walter im Haus. Er zeigte ihr eine Reihe Eingeborenenmasken aus Holz mit Dämonenfratzen. Während sie die Masken anprobierten, mußte Walter alles über die Eingeborenen berichten, von denen er die Masken bekommen hatte.

»Sie sind wilde, tapfere Krieger, still wie die Leoparden und schnell wie Gazellen«, erzählte Walter.

»Und ... und wo leben sie?« wollte Sara wissen.

»Im Wald«, antwortete er. »Aber ohne Erlaubnis des großen Zulu-Häuptlings darf sich niemand ihren Dörfern nähern.«

»Und kommen sie zu den Farmen?« fragte sie.

»Ja, während der Nacht«, bestätigte Walter. »Aber nur zu den Farmen ihrer Feinde. Ich bin ihr Freund, mach dir keine Sorgen. Wir sind hier sicher.«

Sara schaute von Walter auf und erschrak. Vor ihr stand Jimmy. Er war zur offenen Terrassentür reingeschlichen und hatte eine Strumpfmaske über sein Gesicht gezogen.

»Was für ein netter Opa«, spöttelte Jimmy. »Er erzählt eine Geschichte ..., ha!«

»Wer sind Sie?« fragte Walter heiser. »Was wollen Sie?«

In Walters Kopf überschlugen sich die Gedanken. Instinktiv zog er Sara schützend an sich heran.

»Wir wollen uns mit dir und Oma unterhalten.« Jimmy grinste.

»Oma ist direkt hier.« Lisa stand in der Tür und hielt ein Jagdmesser in der Hand. »Bewegt euch keinen Zentimeter weiter.«

Lautlos trat Groovy hinter Lisa heran. Er war ebenfalls maskiert.

»Hallo, Lisa ...«, grunzte er. Mit einem Arm hielt er Lisa Arm fest, mit der anderen Hand preßte er ihr ein Messer an die Kehle.

»Jetzt hört mal, ihr beiden«, sagte Jimmy scharf. »Heute abend spielen wir nur Zirkus hier. Aber ihr wißt ja, ein Scherz ist nur beim ersten Mal lustig. Also schlage ich vor, ihr macht uns nicht nochmal wütend.«

Alexander schlenderte mit Monica einen abschüssigen Savannenpfad hinab. Ein Anfall von Schuldgefühl quälte ihn. Durch sein forsches Verhalten hatte er Monicas Gefühle verletzt.

»Bitte, nimm's dir nicht so zu Herzen«, meinte Monica. »Ich mag dich sehr, aber ...«

»... nicht genug«, beendete Alexander verbittert den Satz. »Ich hab' den Kopf verloren. Das hätte nicht passieren dürfen. Aber mir fehlte die Selbstkontrolle. Darin bist du ziemlich gut, nicht wahr?« fragte er sie. »Na ja, vielleicht hast du recht. Versteh doch, es gibt keinen

Weg, wie das funktionieren könnte. Egal, was wir anstellen, es endet im Streit, seit wir uns zum erstenmal getroffen haben.«

»Nein, nur beim dritten Mal. Das erste Mal stolperte ich über Saras Koffer, beim zweiten Mal versuchten wir gleichzeitig in dieselbe Parklücke zu kommen, aber ich meine, das haben wir ganz gut geklärt.«

Plötzlich stutzte Alexander. Sie sahen zwei Personen aus dem Farmhaus stürzen und in einem Geländewagen davonrasen.

Als Alexander und Monica das Haus betraten, standen Lisa und Walter immer noch wie versteinert da. Walter hielt seine Arme schützend um Sara. Lisa schien wie gelähmt vor Angst.

In diesem Augenblick begriff Alexander alles. Die ganze Zeit hatte er geglaubt, seine Eltern wollten die Farm freiwillig an Dickerby verkaufen. Aber sie wurden dazu gezwungen.

»Mein Fehler«, murmelte Lisa leise zu ihrem Sohn. »Ich hätte es dir sagen sollen, aber ich hatte solche Angst ...«

Alexander alarmierte Mowanda. Kurz darauf untersuchte er die Reifenabdrücke, die die Unbekannten hinterlassen hatten.

»Es sind dieselben Spuren«, stellte Mowanda fest. »Drei gleiche Räder, ein anderes.«

»Diese Leute sind gefährlich«, warnte Alexander. »Die Polizei meinte, diese Reifen zu finden wäre wie das Suchen nach einer Nadel im Heuhaufen.«

»Vielleicht weiß ich, wo der Heuhaufen ist«, erwiderte Mowanda. »Willst du mitkommen?«

»Sicher!« Alexander starrte seinen Freund überrascht an.

Mit mehreren Polizisten als Verstärkung fuhren sie zu Jimmys Tabakplantage. Als erstes fiel ihnen dort die Stille auf. Nur die Vögel zwitscherten in den Bäumen, in dessen Schatten Jimmys Geländewagen parkte.

»Siehst du«, flüsterte Mowanda. »Ich sagte es ja. Dort ist es.«

»Wenn sie den Reifen gewechselt haben ...«, fürchtete Alexander und stieg aus dem Wagen.

Ein leiser Windhauch bewegte die Luft. Das Laub der Bäume warf unruhige Schattenmuster auf Alexander und Mowanda. Sie kauerten neben dem Geländewagen und verglichen die Reifen miteinander.

»Es ist immer ein guter Geist in der Nähe, um zu helfen.« Mowanda deutete auf den bewußten Reifen, den sie gesucht hatten, und grinste. »Gott sei Dank.«

Das Rascheln des Laubs und die leisen Schritte der Polizisten auf dem Sand waren die einzigen Geräusche. Sie umstellten eine Halle. Auf Mowandas Zeichen hin stürmten die Polizisten hinein.

Dickerby, Groovy und Jimmy saßen um einen Tisch. Sie wurden total überrumpelt. Nach einem kurzen Handgemenge wurden die drei Ganoven in Handschellen abgeführt.

»Bei der ersten Chance, die ich bekomme, werde ich euch beiden die Kehlen durchschneiden«, drohte Groovy Alexander und Mowanda, als man ihn aus dem Haus zerrte.

»Süß«, schmunzelte Alexander über die Drohung.

»Daran zweifle ich«, meinte ein Polizist zu Groovy. »Nach all den Leuten, die du auf dem Gewissen hast, kommst du nicht vor dem Jahr 3000 aus dem Knast.«

»Morgen, Dickerby«, grüßte Alexander süffisant, als ein Polizist ihn abführte. »Hatten Sie einen guten Schlaf?«

Einige Tage später zeigten Alexander, Walter und Lisa zwei Mitarbeitern eines großen, internationalen Reiseveranstalters, Miss Jones und Mr. Chen, die Landschaft rund um ihre Farm. Mit dem Jeep fuhren sie durch ihren kleinen Garten Eden. Miss Jones und Mr. Chen kamen aus dem Staunen nicht mehr heraus. Hier fanden sie alle Landschaftskontraste, die Afrika zu bieten hatte, auf wenigen Quadratmeilen vereint: Es war flach und trocken wie in der Kalahari, gebirgig wie in Lesotho und mediterran wie am Kap. Von einem Hochsitz aus überblickten sie die Savanne, an die der tropische Urwald grenzte. Nirgendwo hatten die beiden Reise-Agenten in Afrika ein Fleckchen Land gesehen, in dem das Wild so artenreich vorkam wie hier.

»Es gibt zwei weitere Aussichtstürme wie diesen, entlang des Gebirgskammes hier.« Alexander deutete auf eine Landkarte. »Und einen dritten in der Mitte der Ebene. Der muß aber repariert werden.«

»Kinderspiel«, meinte Walter. »George und ich können das in einem halben Tag machen.«

»Das ist so ziemlich alles, würde ich sagen«, verkündete Alexander am Ende der Tour. »Ich würde Sie gerne zu den Wasserfällen bringen, aber ich fürchte ...«

»Keine Sorge, Mr. Brandt«, erwiderte Mr. Chen. »Ich war so heiß darauf, die Fälle zu sehen, daß ich hingegangen bin, ohne um Erlaubnis zu fragen.«

»Mr. Chen sagte mir, daß es wirklich atemberaubend schön dort ist«, antwortete Miss Jones. »Es ist mit Sicherheit unglaublich, wie Sie es geschafft haben, ein so großes Gebiet so unverdorben zu erhalten.«

»Ich liebe dieses Land«, erwiderte Walter stolz. »Und ich möchte, daß es für immer so bleibt. Ich habe nie

Spekulationen zugelassen. Und Junge, ich hatte eine Menge davon, ha!«

»Verstehen Sie nun, warum die Farm so unverdorben ist?« ergänzte Lisa.

»Die Starrköpfigkeit Ihres Mannes hat sich bewährt«, stellte Mr. Chen fest. »Alles, was Sie nun tun müssen ist, diesen Ort so zu erhalten, wie er ist. Wunderschön.«

»Das werden wir tun«, versprach Walter. »Mein Sohn hat bereits eine Staatsfinanzierung beantragt. Und Sie finden die nötigen Natur-Liebhaber.«

»Wenn die Broschüre auf dem Markt ist, liegt das Problem wohl darin, sie von hier fernzuhalten«, flachste Miss Jones. »Glauben Sie mir.«

Unterdessen kreuzten Henry und Angela immer noch ziellos kreuz und quer durch die Savanne. Angela zog ein bedenkliches Gesicht. Mit der Übernachtung in einem Hotel war es gestern abend wieder nichts geworden. Da Henry sich verfahren hatte, mußten sie wieder eine unbequeme und schlaflose Nacht im Zelt verbringen.

Seit Stunden fuhren sie durch unberührte Wildnis. Immer wieder preschten wilde Tiere aus dem hohen Buschgras über die Savannenstraße, was sowohl Henrys Bremsbeläge als auch seine Nervenstränge einem erheblichen Verschleiß aussetzte.

Plötzlich trat Henry auf die Bremse, und der Wagen blieb stehen.

»Ich werde einen Schnappschuß von dort oben machen«, verkündete er feierlich und deutete auf einen hohen, knorrigen Baum.

»Du willst auf diesen Baum klettern?« erschrak Angela. »Du bist verrückt!«

»Schau mir nur zu!« Alexander kramte seine Videokamera aus dem Gepäck und stieg aus. »Ich bin auf Bäume geklettert, seit ich zwei Jahre alt war. Es ist einfach.«

Nach anstrengender Kletterpartie erreichte Henry einen Ast, von dem aus er einen herrlichen Blick über das Buschland hatte.

Im Baum wimmelte es vor kleinen Affen. Henry versuchte einige Schnappschüsse von ihnen zu machen.

Angela stand unter dem Baum, und ihre Sorgenfalten wurden immer tiefer. Plötzlich sah sie, wie Henry wild mit den Armen ruderte. Es folgte ein langgezogener Schrei. Henry stürzte zwischen Ästen und Laub und landete mit dumpfem Knall im Gras.

»Henry!« schrie Angela entsetzt und rannte zu ihm. »Neiiiiiiiin!«

Henry lag am Fuß des Baumes und rührte sich nicht mehr.

Abends saß Alexander mit seinen Eltern auf der Veranda. Sie feierten bei einem Glas Wein den Vertragsabschluß mit dem Reiseveranstalter.

»Auf die Farm!« Walter hob sein Glas. »Und auf meinen Sohn Alex Brandt. Unseren Retter.«

»Papa und ich sind stolz auf dich, Alex«, stimmte Lisa ihrem Mann zu. »Wir wären niemals ohne deine Hilfe da rausgekommen.«

»Aber nun läuft alles wie zuvor«, fuhr Walter fort. »Mit dem Geld von der Agentur und dem Regierungsfond können wir die Jungs wieder einstellen, und du kannst hier dein Labor aufbauen.«

»Was für ein Labor?« fragte Alexander perplex.

»Nun, du sagtest, die Farm wäre ein guter Ort, um

neue Arten biologischer Bebauung zu entwickeln«, erinnerte Lisa. »Das Klima ist richtig, der Boden ist gut ...«

»Ja«, stotterte Alexander. »Aber Papa hat immer gesagt, daß ...«

»Ich habe keine Einwände, solange es ›ökologisch‹ ist, wie ihr sagt«, schnitt ihm Walter das Wort ab. »Nimm einen der Bungalows und soviel Land, wie du brauchst.«

»Hört mal, ich habe nur um des Redens willen geredet.« Alexander fühlte sich völlig überrumpelt. »Es ist nicht etwas, das man einfach so aufbauen kann.«

»Also, wo liegt das Problem?« wollte Walter wissen.

»Ich habe überlegt, ob es vielleicht besser ist, wenn ich nach Deutschland zurückgehe«, verkündete Alexander.

»Was?« entfuhr es Walter.

»Hier ist alles unter Kontrolle«, fuhr Alexander fort. »Ihr braucht mich nicht mehr.«

»Was zum Teufel ist hier los?« protestierte Walter. »Was soll diese plötzliche Kehrtwende? Ich werde dich nie verstehen!«

»Ich weiß, ihr habt recht«, antwortete Alexander bedrückt. »Aber ich habe es überdacht, vielleicht hatte ich unrecht. Mein Leben ist in Deutschland, nicht hier.«

»Ich kann nicht glauben, daß du verrückt bist.« Walters Faust donnerte auf den Tisch. »Zuerst scheuchst du uns auf, weil deine Ehe den Bach runtergeht. Du sagst uns, du hast deinen Pharmazie-Job gekündigt, und jetzt kommst du mit diesen Neuigkeiten, nach Deutschland zurückzugehen. Sag mir den wahren Grund. Bitte!«

»Es gibt keinen«, log er. »Einen Moment lang dachte ich wirklich daran hierzubleiben, ein Labor aufzubauen, mit den Touristen und all dem Rest zu leben. Aber letzte Nacht habe ich wirklich lange nachgedacht. Ich war die ganze Nacht wach.«

»Es ist ... es ist Monica, nicht wahr?« brachte es Lisa auf den Punkt.

»Nein, komm schon«, sagte er leise. »Ich bin kein Kind mehr. Ich bin erwachsen, Ma. Vielleicht hast du das noch nicht bemerkt.«

»Wenn du das sagst«, erwiderte sie. »Aber dann verstehe ich dich auch nicht mehr.«

»Das wirst du wieder«, versprach er. »Wie auch immer. Ich habe meine Entscheidung gefällt, und ich fühle, daß es besser so ist.«

»›Ich fühle‹ ...«, wiederholte Walter verbittert. »Ich nenne das ›ich zuerst‹. Wegrennen, wann immer du dich danach fühlst. Nach Impuls handeln ..., zum Teufel mit allen anderen. Deinen Gefühlen folgen ..., so kannst du nicht leben!«

Für John Mowanda war es immer das gleiche Spiel. Stets warnten die Wildhüter die Touristen, nicht unvorbereitet durch die Savanne zu reisen und vorsichtig zu sein. Doch jedesmal brachte der Leichtsinn die Leute in Lebensgefahr.

Seine tägliche Routinepatrouille führte ihn auch an Henrys Unglücksstelle vorbei. Mowanda parkte den Geländewagen im Schatten des Baumes und stieg aus. Es war sehr still. Nur Angelas leises Schluchzen war zu hören. Sie hatte kaum noch Kraft zu weinen. Sie kniete im Gras und fühlte sich stumpf und tot. So tot, wie Henry vor ihr lag.

Mowanda rief über Funk einen Krankenwagen zu Hilfe. Mehr konnte er für Henry auch nicht tun.

Vor der Kohlemann-Klinik erwartete Alexander Monica mit einem großen Blumenstrauß. Als sie ihn so dastehen sah, war sie überrascht, ärgerlich und betroffen zugleich. Er hatte kein Recht, ihr weiter den Hof zu machen. Sie war noch nicht bereit, einem anderen Mann ihr Herz zu öffnen. Sie hatte in dem alten Bungalow darunter gelitten, Alexander abzuweisen. Sie hoffte, er würde diese Entscheidung akzeptieren und es ihr nicht noch schwerer machen.

»Alex, was soll das alles?« fragte sie gereizt und blieb vor ihm stehen. »Was hat das zu bedeuten?«

»Oh, ich habe sie letzte Nacht selbst gepflückt«, antwortete er und reichte ihr den Strauß. »Das sind die Blumen, die an der Mauer deines Hauses wachsen.«

»Sie sind wunderschön.« Monica nahm den Strauß und roch an den Blüten. »Danke, das hättest du nicht tun brauchen.«

»Vielleicht sollten wir hier rübergehen und sprechen, okay?« Alexander deutete in den menschenleeren Park.

Sie schlenderten unter schattigen Bäumen entlang und setzten sich auf eine Bank. Währenddessen erzählte Alexander von seiner bevorstehenden Abreise.

»Was ist mit ... was ist mit all deinen Projekten hier?« fragte sie verstört, nachdem er geendet hatte.

»Eine Agentur wird sich darum kümmern«, antwortete er.

»Oh, aber warum?« wollte sie wissen.

»Weil, wenn ich hierbleibe, werde ich immer mit dir zusammen sein wollen«, erwiderte er leise. »Um dich nahe bei mir zu halten. Ich ... ich würde ... ach, vergiß es einfach. Ich sagte dir, es tut mir leid.«

»Du weißt nicht, wie leid es mir tut«, erwiderte sie. »Ich kann mich einfach nicht selbst dazu bringen ..., ich bin so verwirrt. Da sind so viele verwirrende Dinge in meinem Kopf. Ich kann einfach ...«

»Sprich nicht weiter«, bat er sie und stand auf. »Wenn du mich nicht liebst, mußt du dich nicht rechtfertigen.«

Alexander drehte sich um und ging davon. Er verließ den Park, ohne noch einmal zurückzuschauen.

In Monicas Augen glänzten Tränen. Gedankenversunken streichelte sie sanft die Blumen. Nichts war von Dauer. Jeder war ersetzbar und alles im Fluß. So war es eben im Leben.

Nach einer Weile erhob sie sich und ging zur Klinik zurück.

Im Foyer traf sie Kate. Monica lächelte, obwohl ihre Hand mit den Blumen immer noch zitterte.

»Kate«, lachte Monica überschwenglich. »Hey, herzlichen Glückwunsch zu deiner Beförderung. Professor Kohlemann hat es mir erzählt.«

»Danke, danke«, erwiderte Kate und lächelte stolz. »Ich kann dir nicht sagen, wie glücklich ich bin.«

»Ich wette, daß du das bist«, meinte Monica.

»Wie auch immer, ich sehe, du hast Mr. Brandt gefunden.« Kate schaute vielsagend auf die Blumen.

»Ja, das habe ich.« Monicas Lächeln erstarb schlagartig.

»Was stimmt nicht?« fragte Kate besorgt.

»Nichts«, log sie. »Weißt du, es ist ...«

Cindy stürmte atemlos in die Halle und stieß hervor: »Doktor, schnell! Ein Notfall! Du auch, Kate!«

»Wir sind schon unterwegs«, antwortete Monica.

Sie folgten Cindy durch den Korridor.

»Sie haben ihn gerade reingebracht«, berichtete Cindy unterwegs. »Er hat eine sehr ernsthafte Gehirnerschütterung und wahrscheinlich innere Blutungen. Doktor Van der Heever wartet im Operationssaal auf Sie.«

»Was ist passiert?« hakte Monica nach.

»Er fiel von einem großen Baum und landete auf seinem Kopf«, antwortete sie.

Monica und Kate tauschten ihre Kleidung gegen antiseptische grüne OP-Kittel. Im OP ließen sie sich von zwei Assistentinnen in die sterilen OP-Mäntel helfen. Eine Schwester schloß die Vorbereitung des Patienten ab.

Henry lag mit geschlossenen Augen auf dem OP-Tisch. Sein Zustand war kritisch.

Van der Heever trat an das Kopfende des OP-Tisches und leitete die Narkose ein. Während der Operation sprach er kaum noch. Monica und Kate assistierten ihm. Sie legten die verletzten Stellen frei. Blutende Gefäße wurden abgeklemmt. Wie ein gut eingespieltes Orchester ergänzten sich Monica, Kate und der Chirurg während des Eingriffs.

Angela wartete währenddessen im Foyer. Regungslos starrte sie auf die große Uhr, die über der Rezeption hing. Sie wußte nicht, was sie sonst hätte tun können, außer dasitzen und beten. Sie hatte eine grauenhafte Leere in ihrem Kopf.

Endlich kam Cindy vorbei. Angela sprang auf und eilte ihr entgegen.

»Sie sind jetzt schon seit drei Stunden da drin«, sagte sie gequält.

»Dr. Van der Heever sagte, Sie sollten die Hoffnung nicht aufgeben, Mrs. Murch«, antwortete Cindy ausweichend.

»Oh, können wir nicht fragen, wie es ihm geht?« bettelte Angela.

»Wir müssen geduldig sein«, erwiderte Cindy beruhigend. »Jetzt wird es sicher nicht mehr lange dauern.«

Endlich kamen Monica und Kate aus dem OP. Beide wirkten völlig ausgepowert.

»Ich bin Henrys Frau«, stellte sich Angela beiden vor. »Wie geht es ihm?«

»Die Operation verlief gut«, antwortete Monica. »Van der Heever ist der beste Spezialist, den wir hier haben. Wenn der Schädel-Innendruck nicht zunimmt, sehe ich keinen Grund zur Sorge. Wir werden Ihren Mann die Nacht ständig beobachten.«

»Was meinen Sie?« Angela ahnte nichts Gutes.

»Werden Sie ihn nochmal operieren müssen?«

»Nein, das meinte ich nicht«, antwortete Monica. »Ich meinte, wir brauchen nur etwas Zeit, um zu sehen, wie er sich entwickelt.«

»Bitte, kann ich ihn sehen?« fragte Angela.

»Es tut mir leid, das ist nicht möglich.« Monica wählte sorgfältig ihre Worte, um Angela nicht noch mehr zu verletzen. »Wir verlegen ihn jetzt gerade auf die Intensivstation. Ich werde die ganze Nacht bei ihm sein.«

Monica wußte, alle tröstlichen Worte hatten für die arme Angela keinerlei Bedeutung. Aber wenn sie Henry jetzt, so kurz nach der Operation, gesehen hätte, wäre sie noch besorgter als ohnehin schon.

8. KAPITEL
Späte Erkenntnis

Monica verbrachte die Nacht auf der Intensivstation. Sie saß auf einem Stuhl neben Henrys Bett. Eine tiefe Stille lag über der Klinik. Nur das regelmäßige Geräusch der Infosomaten und Henrys flacher, unregelmäßiger Atem waren zu hören. Monica döste immer wieder ein.

Durch die Fenster leuchteten die Sterne.

»Angela …«, murmelte Henry plötzlich. »Angela …, Angela …«

Monica war schlagartig hellwach. Henrys Zustand verschlechterte sich rapide.

Monica riß die Tür auf und rief nach Kate.

Kurz darauf betrat die frischgebackene Oberschwester das Krankenzimmer und sah in Henrys blasses, gequältes Gesicht. Sie hatte gelernt, die Anzeichen des nahenden Todes zu erkennen.

»Kate, es geht ihm schlecht«, flüsterte Monica. »Bereite eine Injektion Tranexamic Acid vor.«

Henry schlug die Augen auf und sah Monica an, als sei er in einem Alptraum gefangen.

»Angela, wo warst du?« flüsterte er. »Ich habe Angst.«

»Ich bin nicht Angela, Mr. Murch«, antwortete Monica sanft und ergriff seine Hand. »Ich bin eine Ärztin.«

»Wo ist Angela?« Henry blinzelte verwirrt und schien bei klarem Verstand zu sein.

»Sie ruht sich aus«, antwortete Monica. »Sie war den ganzen Nachmittag vor dem Operationssaal. Sie sind in einem Krankenhaus.«

»Fertig.« Kate trat mit der Spritze ans Bett.

»Mach weiter«, forderte Monica sie auf.

Kate verabreichte die Injektion.

»Werde ich sterben?« fragte Henry gefaßt.

»Nein, Sie werden nicht sterben«, widersprach Monica energisch. »Jetzt liegen Sie bitte still.«

»Wenn ich sterbe, möchte ich meiner Frau noch etwas sagen«, bat Henry und versuchte sich aufzurichten.

»Es ist okay.« Monica drückte ihn mit sanfter Gewalt in die Kissen zurück. »Sie werden nicht sterben, Mr. Murch. Jetzt liegen Sie bitte still.«

»Sie müssen ihr sagen, daß ich sie immer geliebt habe und daß sie nicht um mich weinen soll.« In Henrys glasigen Augen lag ein flehender Ausdruck. »Ich möchte, daß sie weiterlebt.«

»Ich werde es ihr sagen«, versprach Monica und schluckte hörbar.

»Ich möchte, daß sie glücklich ist«, murmelte Henry schläfrig. Die Injektion tat ihre Wirkung. »Das ist alles, was ich von ihr will. Daß sie glücklich ist. Werden Sie es ihr sagen?«

»Ja, ich werde es ihr sagen«, beteuerte Monica erneut und streichelte ihm sanft über die Stirn.

Gegen Morgen verschlechterte sich Henrys Zustand derart, daß eine Notoperation angesetzt werden mußte. Henrys Kreislauf hatte völlig versagt.

Cindy weckte Angela und teilte ihr mit, was vorgefallen war. Wieder brachen endlose Stunden des Wartens vor dem Operationsaal an. Die quälende Ungewißheit brachte sie schier um den Verstand.

Monica trat totenbleich aus dem OP. Sie fühlte sich elend. Sie hatten um Henrys Leben gekämpft und am Ende war doch alles umsonst gewesen.

»Angela ...«, flüsterte sie tonlos. »Es tut mir leid.«

Für Monica war der jähe Schmerz in Angelas Gesicht am schlimmsten.

»Warum?« schluchzte Angela. »Warum mußte er es sein?«

»Es tut mir so leid.« Monicas Augen blickten leer. »Henry hat letzte Nacht mit mir gesprochen. Er hatte einen klaren Moment, und er sprach von Ihnen.«

Angela schüttelte unmerklich den Kopf. Ihre Gedanken waren wie eingefroren. Henry konnte nicht tot sein. Er durfte es einfach nicht. Gestern war er noch so lebendig gewesen und heute nur noch eine Erinnerung.

»Was hat er gesagt?« fragte sie schließlich, während die Tränen über ihr Gesicht liefen.

»Er ... er sagte, er liebe Sie sehr«, antwortete sie sanft. »Er bat mich, es Ihnen zu sagen. Er wollte, daß Sie glücklich sind und mit Ihrem Leben weitermachen. Ich habe die ganze letzte Nacht über diese Worte nachgedacht. Ich habe meinen Mann vor drei Monaten verloren ..., bei einem Autounfall. Und es war, als wären Henrys Worte auch für mich gewesen. Wir müssen glücklich sein ... und ... wir ... müssen unsere Leben leben. Okay? Kommen Sie her, es ist okay.«

Monica nahm Angela in den Arm, und sie weinten gemeinsam. Gleichzeitig dachten sie an Henrys letzte Worte, die über die Trauer und das deprimierende Gefühl hinweghalfen, daß im Leben alles sinnlos sein könnte.

Als die ersten matten Sonnenstrahlen durch die Fensterscheiben der Klinik fielen, ging Monica alleine durch den Korridor. Das Gefühl, das sie im Augenblick verspürte, war Erschöpfung und Leere.

»Niemand hatte schuld«, sagte Kate plötzlich hinter ihr. »Wir haben das beste getan, was wir konnten.«

»Ich weiß, Kate.« Monicas blasses Gesicht, die dunkel umschatteten, übernächtigten Augen blieben ausdruckslos. »Aber das wird der armen jungen Frau nicht helfen.«

»Ich ... ich wußte das von Ihrem Mann nicht«, fuhr Kate fort. »Es tut mir so leid.«

»Ich habe Giorgio während des Medizinstudiums kennengelernt«, erzählte sie. »Er starb bei einem Autounfall, zusammen mit Saras Großeltern. Darum bin ich nach Afrika gekommen. Ich habe es nicht ausgehalten, in dem großen, alten Haus für mich alleine zu sein. Weißt du, als der ... der Mann mich letzte Nacht weckte, war es, als rede er zu mir.«

»Es ist wegen diesem Mr. Brandt, nicht wahr?« vermutete Kate.

»Gestern morgen, als er mit diesen vielen Blumen auftauchte, dachte ich, es wäre wegen seiner Eltern«, antwortete Monica. »Aber dann wurde mir klar, daß er mich wirklich liebt.«

»Und du liebst ihn auch.« Kate las in Monicas Augen mehr, als ihr Mund verriet.

»Ich weiß es nicht.« Monica zuckte hilflos mit den Schultern. »Ich kann mich nicht gehenlassen. Es ist alles so ... so unwirklich.«

»Warum?« wunderte sich Kate.

»Warum?« wiederholte Monica und schloß die Augen. »Ich weiß nicht warum. Es ist ... es geht einfach so schnell, weißt du? So ... schnell ... Kate. Was mache ich hier?«

»Sei glücklich«, riet Kate ihr. »Henry hatte recht.«

Monica blickte Kate entschlossen an und ging mit ihr an die Rezeption. Von dort rief sie bei Alexander an.

»Es tut mir leid, Monica«, meldete sich Lisa am anderen Ende der Leitung. »Aber ich könnte schwören, er ist gestern in der Klinik vorbeigekommen, um dir auf Wiedersehen zu sagen. Um elf. Aber er sagte, er wollte ein wenig früher am Flughafen sein. Ich werde diesen Jungen nie verstehen. Noch bis vor drei Tagen war er entschlossen hier zu bleiben, und dann urplötzlich ...«

Walter saß auf der Veranda und spitzte seine Ohren, um zu hören, was Lisa und Monica miteinander besprachen. Walter wußte, wenn irgendwas seinen Sohn zum Verbleiben bewegen konnte, dann war das nur noch ein Wunder. Ein Wunder namens Monica.

»In Ordnung«, beendete Lisa das Gespräch. »Und vergiß nicht, wann immer du und Sara euch danach fühlt vorbeizukommen, ihr seid mehr als willkommen ... Bye.«

Lisa legte den Hörer auf und trat zu Walter auf die Veranda hinaus.

»Sie hat nach Alex gesucht«, sagte sie.

Und obwohl Walter das geahnt und inständig gehofft hatte, blickte er seine Frau überrascht an, als wäre das das letzte auf der Welt, womit er gerechnet hatte.

Mit Leichenbittermiene legte Monica den Hörer auf.

»Nun?« drängte Kate.

»Er ist vor einer Stunde zum Flughafen gefahren«, antwortete sie verzweifelt.

»Dann hast du immer noch Zeit«, meinte Kate nach einem prüfenden Blick auf die Uhr.

»Zeit für was?« fragte Monica, während ein trauriges Lächeln ihre Lippen umspielte. »Nein, ich glaube einfach nicht, daß es so vom Schicksal vorgesehen war.«

»Das wird nicht funktionieren?« wiederholte Kate verärgert. »Schicksal, Bestimmung, das sind nur eine Menge Klischees, die dich nicht über die Nacht bringen werden.«

»Kate!« stieß Monica hervor.

»Es tut mir leid«, antwortete Kate energisch und war nahe dran, vor Wut zu platzen. »Hör mal, hier spricht nicht die Oberschwester zu dir, ›Doktor‹! Dies ist deine Freundin! Ich weiß, was du zu tun hast, und du weißt das auch!«

Monica wurde schlagartig bewußt, daß sie Alex liebte. Und in einer Stunde flog er womöglich für immer aus ihrem Leben.

»Tust du mir einen Gefallen?« fragte sie aufgeregt, als ginge es um ihre Existenz.

Und in gewissem Sinn tat es das auch.

»Komm schon!« Kate packte Monica bei der Hand und lief mit ihr zur Auffahrt, wo Peter in seinem Krankenwagen saß und auf den nächsten Notruf wartete. Es bedurfte nur weniger Sekunden, bis Kate den jungen Fahrer davon überzeugt hatte, daß es sich bei der Fahrt zum Flughafen um einen äußerst wichtigen Notfall handelte.

Kurz darauf rasten Monica und Kate mit dem Rettungswagen durch die Stadt. Peter kitzelte aus dem Fahrzeug heraus, was der Motor hergab.

»Ist dir klar, wenn Thompson etwas davon erfährt, werden wir alle gefeuert?« fragte er unterwegs.

»Beruhige dich. Thompson wird nichts herausfinden«, versprach Kate. »Gib Gas, das ist ein Notfall!«

Monica klammerte sich am Sitz fest. Sie hatte das Gefühl, sie sitze in einem Formel-1-Boliden, der aus Versehen auf einer normalen Straße fuhr.

Aber Kate ging es immer noch nicht schnell genug. Dauernd versperrten andere Autos oder rote Ampeln ihren Weg.

»Wo ist die Sirene in diesem Ding?« Kate tastete unschlüssig über eine Unzahl von Knöpfchen am Armaturenbrett. Endlich fand sie den richtigen Schalter und drückte ihn. Im nächsten Moment erwachten das Blaulicht auf dem Dach des Rettungswagens und die ohrenbetäubende Sirene zum Leben.

Peter konnte jetzt Vollgas geben. Bereitwillig machten die Autos vor ihnen Platz, und rote Ampeln stellten auch kein Hindernis mehr dar.

Alexander betrat die Gangway seines Flugzeuges. Eine Flugbegleiterin stand neben dem Eingang und begrüßte die einsteigenden Passagiere. Gerade als Alexander ihr seine Bordkarte zeigte, zerriß eine Sirene die Stille. Verwundert schauten alle zu dem heranrasenden Krankenwagen.

Monica sprang aus dem Rettungswagen, bevor der neben dem Flugzeug zum Stehen kam.

»Oh, Alex!« rief sie und rannte zu ihm die Gangway hoch. »Wir sind dabei, einen riesigen Fehler zu machen, aber ich verstehe endlich.«

Die Passagiere stierten verdattert auf Monica. Alexander war völlig verwirrt, als Monica seine Hand nahm, mit ihm die Treppe runterlief und ihm dann um den Hals fiel.

»Monica, bist du verrückt geworden?« stotterte er. Mehr fiel ihm im Augenblick wirklich nicht ein.

»Nein ..., ja«, antwortete sie glückstrahlend. »Vielleicht. Ich weiß es nicht. Verrückt vor Liebe. Ich will dich nicht gehen lassen. Wir werden deine Farm bauen, du und ich, hier in unserem ›Paradise Valley‹, in unserem Paradies Tal.«

9. KAPITEL

Der Schicksalsschlag

Der Kleinbus fuhr durch einen grünen Tunnel aus überhängenden Ästen. Unter den zwölfjährigen Schülern im Bus herrschte eine ausgelassene Stimmung. Miss MacPherson ließ sich ebenfalls von der Fröhlichkeit der Kinder anstecken. Die zweiundfünfzigjährige Lehrerin hatte diesen Klassenausflug organisiert. Sie freute sich, wenn sie sah, welchen Spaß die Kinder bei den Zwischenstops hatten. Dann strömten sie in alle Richtungen aus und fotografierten Elefanten, Giraffen und Zebras, die friedlich in der unberührten Natur lebten.

Aber auch wenn sie durch die Busfenster nach draußen blickten, sahen sie viel Sehenswertes. Im gesprenkelten Schatten der Bäume grasten Antilopen. Flamingos standen in einem Wasserloch auf einem Bein und dösten vor sich hin.

»Hey, das ist der letzte Halt für heute«, verkündete der dunkelhäutige Fahrer schließlich und hielt auf einer Lichtung. »Wir müssen nach Hause, bevor es dunkel ist. Es ist ein langer Weg zurück.«

Wieder liefen die Kids los und machten Jagd auf ausgefallene Fotoobjekte. Einige ganz kühne wagten sich sogar an ein Elefantenrudel heran, das sich gerade um eine Tränke versammelte. Sie fotografierten aus allen möglichen und unmöglichen Perspektiven und genossen den angenehmen Nervenkitzel.

Nur Mary teilte die Begeisterung ihrer Mitschüler nicht. Während der ganzen Fahrt war sie in Gedanken versunken. Traurig stand sie abseits und nahm die Schönheiten der Natur überhaupt nicht wahr. Ihre Gedanken weilten bei ihrem Vater, der kürzlich gestorben war.

»Kommt schon, Jungs!« rief Miss MacPherson schließlich. »Es wird Zeit zu gehen. Ihr hattet euren Spaß!«

Unter lautem Jauchzen und Lachen schubsten und drängten sich die Kids in den Bus zurück. Kristle, ein dunkelhäutiges Mädchen mit kurzen Haaren und hübschem Gesicht, setzte sich neben Mary. Mary saß am Fenster und schaute melancholisch hinaus.

»Mary«, meinte Kristle schließlich und stupste ihre Nachbarin aufmunternd an. »Bitte, quäle dich nicht so.

Ich will meine verrückte Freundin zurück. Ich will die Mary, die ich mal kannte.«

»Ich werde es versuchen, aber es ist wirklich schwer«, antwortete Mary und zwang sich ein Lächeln auf.

Ein Junge auf der Rückbank zog eine Klampfe hervor und spielte einige Akkorde. Die Kids stimmten sofort in den Country-Song ein.

Der Übermut der Kids steckte auch den dunkelhäutigen Fahrer an. Er trat auf das Gaspedal und raste mit einem Affenzahn über die bucklige Savannenstraße. Mit quietschenden Stoßdämpfern hüpfte der Kleinbus durch tiefe Schlaglöcher. Je stärker der Aufprall war, desto lauter kreischten die Kids vor Vergnügen.

In einer scharfen Kurve verlor das Fahrzeug die Bodenhaftung. Der Fahrer trat wild auf die Bremse und kurbelte am Lenkrad. Einen schreckstarrenden Augenblick lang fuhr der Bus nur auf den beiden Außenrädern, bevor er umkippte und sich im Straßengraben überschlug.

Von einer Anhöhe aus wurden zwei Wildhüter zufällig Zeugen des Unfalls. Per Funk alarmierten sie die Zentrale und forderten einen Rettungshubschrauber an. Der Unfall sah böse aus. Vermutlich gab es viele Verletzte, wenn nicht gar Tote.

Monica fuhr nach Dienstschluß mit Alexander zur Farm hinaus, wo sie Mowanda trafen. Inzwischen hatten George und einige Helfer die verfallenen Bungalows so weit renoviert, daß sie beinahe bezugsfertig waren. Monica erkannte die fast fertigen Unterkünfte für Touristen kaum wieder. Die Strohdächer waren völlig neu gedeckt und die Fensterrahmen ausgewechselt.

»Ich brauche dich, weil es hier eine Menge zu organisieren gibt.« Mit diesen Worten bot Alexander Mowanda eine Stellung als Fremdenführer an. »Und niemand kennt sich hier besser aus als du. Schließlich sind wir Brüder, nicht wahr?«

»Das könnte man sagen«, antwortete Mowanda. »Schließlich ist Walter wie ein Vater zu mir.«

»Also, wirst du mir helfen?« wollte Alexander wissen.

»Weißt du, was mich an der Sache am meisten überrascht? Daß du fragst«, lachte Mowanda.

»Komm mit rein!« Alexander betrat einen Bungalow. Innen strich George gerade die Wände neu an.

»Hi, George«, grüßte Alexander.

»Hallo, Alex«, grüßte George zurück und nickte Monica und Mowanda zu.

»Ich dachte, die Besucher könnten hier drinnen frühstücken«, meinte Alexander. »Was denkt ihr?«

»Oh, George, wie lange dauert es, bis das fertig ist?« fragte Monica begeistert.

»Nicht lange«, versprach er. »Schätze, wir sind heute abend raus. Das einzige Problem ist die Verkabelung im Stall.«

»Ach was, das ist einfach«, widersprach Alexander. »Wie auch immer, John, dies ist der letzte Bungalow. Wenn der erst mal möbliert und tapeziert ist, sind wir fertig. Der alte Stall ist auch fast fertig. Großartig, nicht wahr?«

»Ich bin wirklich beeindruckt«, gab Mowanda zu. »Ihr habt gute Arbeit geleistet, ehrlich. Du sagtest, die ersten Gäste kommen morgen früh an?«

»Ja«, erwiderte Alexander. »Nur eine kleine Gruppe für den Anfang. Jetzt laßt uns einen Blick in den Stall werfen.«

»Ich muß zur Arbeit«, verabschiedete sich Monica und gab Alexander ein Küßchen. »Tschüs, Jungs, oder sollte ich sagen ›Brüder‹?«

Alexander wartete, bis Monica fort war. Dann zeigte er Mowanda den geräumigen Stall, wo sich Kisten mit Laborinstrumenten stapelten.

»Erkennst du es wieder?« Alexander deutete auf die Kisten. »Ich habe etwas ganz Besonderes damit vor. Und das hat nichts mit den Touristen zu tun. Aber eins nach dem anderen. Zuerst möchte ich die Reiseroute für die Fotosafari überprüfen. Wenn du Zeit hast, könnten wir die Punkte abfahren.«

»Meine Zeit gehört dir, wenn ich nicht im Dienst bin«, antwortete Mowanda.

»Ich werde vorschlagen, daß du heiliggesprochen wirst«, lachte Alexander und klopfte seinem Freund auf die Schulter.

»Jetzt komm schon«, meinte Mowanda auf dem Weg zum Jeep. »Wie wär's mit morgen in der Frühe?«

»Perfekt«, antwortete Alexander. »Morgen früh ist großartig.«

»Bis dann.« Mowanda stieg in seinen Jeep, tippte grüßend an sein Barrett und setzte seine Patrouille fort.

Miss McPherson war aus dem umgekippten Bus herausgeschleudert worden. Wie durch ein Wunder blieb sie unverletzt. Sie kletterte die Böschung zu dem Unglücks-Bus hinunter. Entsetzt ließ sie den Blick über die Unfallstelle schweifen. Was sie sah, jagte ihr einen Schauder über den Rücken. Der Bus lag auf der Seite und war völlig zerbeult. Die meisten Kinder hatten sich allein aus dem Fahrzeug befreit. Während Miss McPherson das Ausmaß des Schadens begutachtete, wurde ihr klar, wieviel Glück sie und die Kinder gehabt hatten. Die meisten waren mit Prellungen und leichten Schnittwunden von den herumfliegenden Splittern davongekommen. Die Kinder standen ausnahmslos unter Schock. Mit kalkbleichen Gesichtern saßen sie im Gras. Viele weinten.

Nur Mary war nirgends zu finden. Mit wild pochendem Herzen suchte Miss McPherson nach dem Mädchen. Mary lag noch im Innern des Busses. An Nase, Mund und Ohren klebte Blut, was ein sicheres Indiz dafür war, daß das Mädchen innere Blutungen hatte. Vorsichtig zog die Lehrerin das Kind ins Freie.

Inzwischen erreichten die beiden Wildhüter den Unfallort. Sie nahmen ihre Erste-Hilfe-Kästen und verarzteten die Kinder, so gut es ging.

Miss McPherson kniete neben Mary und kämpfte mit den Tränen.

»Ich kann sie nicht bewegen«, schluchzte Mary. »Ich spüre überhaupt nichts. Etwas stimmt mit meinen Beinen nicht?«

»Immer mit der Ruhe«, meinte einer der Wildhüter und lächelte. »Es ist nicht so ernst, wirklich. Versuche dich nicht zu sehr aufzuregen. Wir werden uns um dich kümmern. Mary, das ist doch dein Name, nicht wahr?«

»Ja«, bestätigte sie. »Mary Hamilton. Oh, mein Rücken tut so weh.«

»Sieh mal, du wirst bald in einer Klinik sein«, versprach er. »Mary, wie alt, sagtest du, bist du?«

»Ich habe es nicht gesagt«, erwiderte sie. »Zwölf.«

»Oh, ich habe eine Schwester in deinem Alter«, erzählte der Ranger. »Mach dir keine Sorgen, es wird alles gut. Der Hubschrauber ist hier.«

Kurz darauf landete der Rettungshubschrauber. Eine Ärztin und zwei Sanitäter stiegen aus. Vorsichtig legten sie Mary einen Halsschutz an, betteten sie auf eine Trage und trugen sie zum Hubschrauber.

»Mary!« Kristle hatte sich von dem Schock erholt und lief neben der Trage her. »Mary ..., Mary!«

»Kristle, ich kann meine Beine nicht fühlen«, flüsterte Mary. »Sie sind taub.«

»Du kannst sie nicht fühlen?« wiederholte Kristle aufgeregt. »Oh, das ist mir auch einmal passiert. Ich fiel von meinem Fahrrad und mein Gesicht war stundenlang taub. Aber das ließ wieder nach. Ich vermute, das ist es auch, was mit deinen Beinen los ist. Du wirst sehen.«

»Du mußt tapfer sein«, meinte einer der Wildhüter und zog Kristle von Mary und dem Hubschrauber weg. »Sie heben jetzt ab.«

Sara war froh, daß sie endlich die Schule von Nyanga besuchen durfte. Das war viel besser, als den ganzen Tag im langweiligen Krankenhaus rumzuhocken.

Nach Schulschluß herrschte auf dem Pausenhof dichtes Gedränge. Sara wartete hier auf den Schulbus, der sie nach Hause bringen sollte. Ein kleiner Hund, eine hellbraune Promenadenmischung, wartete bereits seit Unterrichtsbeginn auf sie. Das Wollknäuel wedelte mit dem Schwanz, als es Sara sah und sprang an ihr hoch.

»Ich hab dir schon mal gesagt, nein«, sagte Sara und wich dem Hund aus. »Lauf mir nicht ständig hinterher. Meine Mami erlaubt mir nicht ..., ich darf nicht. Weißt du, was sie sagen würde? Bring ihn bitte wieder zurück.«

Der Hund setzte sich vor Sara hin und blickte sie mit unwiderstehlichem Hundeblick an. Sein buschiger Schwanz bewegte sich langsam hin und her.

»Du weißt wohl nicht, wo du hingehen sollst?« vermutete Sara. »Ich weiß auch nicht,wie ich dir helfen kann. Tut mir leid. Laß mich allein.«

Sara drehte sich um und ging zu dem wartenden Bus.

Aber der kleine Hund wich ihr nicht von den Füßen und brachte sie beinahe zum Stolpern. Als sie in den Bus steigen wollte, schaute er sie herzzerreißend enttäuscht an. Dem Blick konnte niemand widerstehen, schon gar kein kleines Mädchen. Sara seufzte tief, drehte sich zu dem Hund um und hob ihn hoch.

»Na schön«, sagte sie und trug das strampelnde Wollknäuel zum Bus. »Ich werde Mami sagen, ich hätte versucht, dich zu verscheuchen, aber du wärst so hartnäckig gewesen. Was sollte ich also tun? Jetzt fahren wir Bus. Benimm dich also. Besser, es sieht dich erstmal keiner.«

Sara schob den kleinen Hund unter ihre Jacke und schmuggelte ihn so an dem Fahrer vorbei in den Bus. Der Hund winselte leise. Sara hätte schwören können, daß es wie vergnügtes Kichern klang.

Sara fuhr zur Farm der Brandts, wo Monica sie abends abholen wollte.

Dort präsentierte Sara erst mal Dumbo ihr neues Familienmitglied. Sie trug den Hund zum Gehege und ließ ihn dort zu Boden.

»Hi, Dumbo, was hältst du von ihm?« fragte sie. »Ist er nicht toll?«

Der Hund beäugte das große Tier mit der langen Nase äußerst skeptisch. Dumbo guckte nicht weniger skeptisch zurück. Dann schlürfte er den Rüssel voll Wasser und begrüßte den kleinen Vierbeiner mit einem Brausebad.

»Nicht!« schrie Sara und hob das triefend nasse Fellbündel auf. »Böser Dumbo. Sieh nur, was du gemacht hast. Mein armes Baby. Böser, böser Dumbo!«

Dumbo schaute sich die Bescherung an, war sich aber offensichtlich keiner Schuld bewußt.

Monica kam nach Feierabend vorbei. Kaum stieg sie aus dem Wagen, da sprang Saras neuer Hund an ihr hoch und wich nicht mehr von ihrer Seite.

Vor dem Abendessen setzten sich die Brandts mit Monica ins Wohnzimmer. Sara erzählte, wie sie zu dem Hund gekommen war. Kaum hatte Monica auf dem Sofa Platz genommen, sprang ihr der Vierbeiner auf den Schoß.

»Ohhh, sieh nur, was für ein süßer kleiner Hund«, lachte Lisa. »Wer könnte dem widerstehen? Ich weiß, wie du dich fühlst, Sara. Du nicht auch, Monica?«

»Ja, das tue ich«, antwortete Monica. »Das Problem ist, daß er ein Halsband trägt. Also könnte er jemandem gehören. Vielleicht hat er sich verlaufen.«

»Er könnte aus einem Auto gesprungen sein«, vermutete Lisa. »Viele Touristen fahren hier entlang. Vielleicht sind sie bereits wieder weg. Wie auch immer, du wirst ihm einen Namen geben müssen, Sara. Hast du irgendeine Idee?«

»Ich denke, er sollte musikalisch sein, aber ich weiß nicht was«, entgegnete Sara.

»Musikalisch? Wie was?« wollte Monica wissen, während sich der Hund wie ein lebendiger Teddybär in ihren Armen kuschelte. »Was meinst du?«

»Du weißt schon, wie ›Rock‹«, erklärte sie. »Aber das würde nicht zu ihm passen. Er ist zu beschwingt. Der Name muß passen.«

»Wie wär's mit Pop?« schlug Monica vor. »Techno? Rap?«

»Wie wär's mit Folk?« meinte Alexander. »Country? Gospel?«

»Ich mag Rumba, Samba, Conga«, meldete sich Walter zu Wort.

»Wie wäre es mit ..., mal sehen, was es sonst noch

gibt.« Monica runzelte die Stirn. »Da ist Swing, und da ist Blues ..., Jazz ... Ich weiß nicht, was noch.«

»Das ist es!« rief Sara begeistert. »Jazz! Den Namen mag ich. Er heißt Jazzy.«

»Jazz, okay.« Monica hob Jazz hoch und schaute ihm tief in die Augen. »Sieht so aus, als hätten wir einen Hund.«

Alexander ging an die Hausbar und füllte einige Gläser.

»Sherry vom Kap. Ich habe heute morgen eine Kiste reinbekommen. Laßt uns probieren, wie der ist.«

Alexander ging zu Monica und reichte ihr ein Glas. Als sie danach griff, zog er es rasch zurück und lächelte herausfordernd.

»Dafür möchte eine Gegenleistung«, verlangte er.

Monica spitzte ihre Lippen und gab ihm ein Küßchen.

»Und einen Orangensaft für Papa.« Alexander trat vor seinen Vater und grinste breit. »Fang bitte nicht an, dich zu beschweren. Deine Ärztin ist hier, und du würdest doch ihre Anordnungen nicht vor ihr mißachten wollen, oder?«

»Bitte nicht um irgendeine Gegenleistung«, murmelte Walter und warf Monica einen bösen Blick zu. »Denn was ich dir geben würde, würde dir nicht gefallen.«

»Nein, nein, keine Sorge«, erwiderte Monica amüsiert. »An dein Getränk sind keine Bedingungen geknüpft.«

»Und auch ein köstliches Glas Orangensaft für Sara.« Alexander macht eine Verbeugung und reichte ihr das Glas.

»Das Abendessen ist fast fertig«, meldete Lisa.

Sie standen auf und gingen nach nebenan ins Eßzimmer.

»Die Zimmer sind bereit«, berichtete Lisa. »Die ersten Gäste werden am Morgen hier sein. George holt sie am

Flughafen ab. Ein Freund von Alex, Sam Russel aus Minnesota, kommt auch. Ich dachte, ich bringe sie alle in diesem Flügel des Hauses unter. Das wird leichter für alle sein.«

Das Telefon klingelte. Es war für Monica. Sie wurde in der Klinik gebraucht. Ein Notfall.

»Susan, was ist denn?« sprach Monica in den Hörer. »Also hat Dr. Baker heute nacht keinen Bereitschaftsdienst? Ich verstehe. Nein, okay, ich bin auf dem Weg.«

Monica legte auf und atmete tief durch.

»Entschuldigt, Leute«, sagte sie. »Ich kann nicht zum Abendessen bleiben. Es gab einen Unfall auf der anderen Seite des Flachlands, und es wurden eine Menge Menschen verletzt. Komm, Sara, wir müssen los!«

»Aber Mami, müssen wir wirklich gehen?« maulte Sara. »Ich dachte, wir würden den Abend zusammen verbringen.«

»Du weißt, wenn die Klinik anruft, müssen wir gehen«, bedauerte sie. »Jetzt pflück deinen Jazz auf, und setz dich in Bewegung.«

»Warum?« fragte Lisa. »Sara kann bei uns bleiben. Das ist für uns kein Problem. Ehrlich! Ich verspreche es dir. Sie kann auch hier schlafen. Sally kommt herüber. Erinnerst du dich? Von der Lady habe ich dir doch erzählt. Sie kann auch auf Sara aufpassen. Wenn du sie mitnimmst ...«

»Ich weiß, dann muß sie die Nacht in der Klinik verbringen«, seufzte Monica. »Aber vielleicht will Sara gar nicht ...«

»Doch«, antwortete sie entschieden. »Ich will lieber bei Lisa bleiben.«

»In Ordnung«, lenkte Monica ein und gab ihrer Tochter einen Kuß. »Also dann, sei ein liebes Mädchen. Lisa, vielen Dank. Ich weiß das wirklich zu schätzen.«

»Es ist aber wirklich schade.« Lisa brachte Monica bis zur Tür. »Das Essen ist fast fertig. Du läßt zu viele Mahlzeiten aus, meine Liebe.«

»Das ist im Moment das kleinste meiner Probleme.« Monica lächelte und zog die Brauen hoch.

»Wir sehen uns morgen.« Alexander begleitete sie bis zum Auto.

Ein Schauder durchfuhr Monica, als Alexander ihre Hand ergriff. Er schaute ihr tief in die Augen, drückte sie sanft an sich und küßte sie. Monica wünschte, die Zeit würde stillstehen und dieser Augenblick währte ewig. Doch sie mußte ihre Pflicht erfüllen. Also hörte sie auf, ihn zu küssen, streichelte noch einmal sein Haar, setzte sich ins Auto und fuhr los.

Alexander schaute ihr betrübt hinterher. Auf diesen Abend mit ihr hatte er sich gefreut. Jetzt war er enttäuscht. Aber mit dieser und wahrscheinlich vielen anderen Enttäuschungen würde er wohl in Zukunft leben müssen. Das brachte Monicas Beruf als Ärztin halt mit sich.

Der Rettungshubschrauber hatte die verunglückte Mary zunächst zu einem Hospital in der Nähe von Kapstadt geflogen. Doch nach eingehender Untersuchung hielten es die Ärzte dort für ratsam, das Mädchen den Spezialisten der Kohlemann-Klinik zu überlassen.

Als Monica die Klinik betrat, kümmerte sich Kate bereits um Mary.

Mary lag in einem Krankenzimmer und wurde von Danny, einem jungen Pfleger, an die bereitstehenden Instrumente angeschlossen.

Miss Carson schritt mit Peter durch einen Korridor. Dabei notierte sie auf dem Anmeldeformular die Daten, die der junge Sanitäter ihr diktierte: »Weißes Mädchen,

Alter: zwölf, Name: Mary Hamilton. Ich kann Ihnen jetzt nicht mehr sagen. Die Polizei wird ihre Familie benachrichtigen.«

Als Monica Marys Zimmer betrat, stülpte eine Schwester der jungen Patientin gerade eine Sauerstoffmaske über.

Kate bereitete eine Blutabnahme fürs Labor vor. Peter trat ein und berichtete: »Sie war in einen Autounfall draußen im Reservat verwickelt. Der Bus, in dem sie saß, kippte um.«

»Ich hörte davon«, antwortete Monica und zog sich Gummihandschuhe über. »Schlimm. Was hat sie für Symptome?«

»Sie beschwert sich über schlimme Rückenschmerzen«, antwortete Peter. »Die Vitalzeichen sind auf dem Diagramm verzeichnet.«

»Blutdruck hundertsiebzig zu achtzig«, meldete Danny. »Puls einhundert. Atmung fünfzehn ...«

»Möglicherweise eine Sehnenverletzung«, meinte Monica. »Können Sie nachschauen, ob der Röntgenraum frei ist, Danny?«

Danny verließ im Laufschritt das Zimmer. Monica wandte sich zu der kleinen Patientin und sagte sanft: »Ich taste dich jetzt ab, Mary. Sag mir, was du fühlst, in Ordnung? Spürst du das hier?«

Mary nickte schwach.

»Gut.« Monica tastete über Marys Hüfte und Oberschenkel. »Hier drüben? Nichts?«

Monicas Gesichtsausdruck verdüsterte sich. Das sah nicht gut aus.

Alexander erhob sich nach dem Essen vom Tisch.

»Ich denke, ich werde spazierengehen und mich mal mit George unterhalten«, verkündete er.

»Keine Probleme, hoffe ich«, entgegnete Walter.

»Nein«, antwortete Alexander. »Es geht um die Arbeit am Stall.«

Sara verschwand im Badezimmer. Kurz darauf kehrte sie im Pyjama und mit Jazz im Arm zurück.

»Bist du schon fertig für's Bett?« wunderte sich Lisa. »Hättest du gerne noch ein Glas Milch? Ich hole dir eins.«

»Vielleicht würde Jazz gerne einen Spaziergang machen, bevor er sich hinlegt«, bot Alexander an. »Was denkst du? Soll ich ihn mit mir nehmen? Ich wollte gerade nach draußen gehen.«

»Nein, ich komme mit ihm zurecht«, antwortete Sara. »Er braucht dich nicht. Ich lasse das Fenster offen, dann kann er rausspringen. Er weiß wie, ich habe ihn dabei beobachtet.«

Alexander registrierte Saras offene Ablehnung.

»Er ist ein gut trainierter junger Hund«, sagte Alexander verstört über Saras Abfuhr. Er blickte in ihre klaren Augen, die ihn kühl beobachteten. »Er ist auch ein freundlicher kleiner Kerl. Aber paß trotzdem auf, daß er sich nicht zu weit von der Farm entfernt. Es könnte ihm was passieren. Hast du darüber schon mal nachgedacht? Wenn du mir nicht glaubst, frag George. Er kennt eine Menge Geschichten.«

»Dein Zimmer ist jetzt fertig, Sara«, meldete Lisa. »Möchtest du mit mir kommen?«

»Ja, gerne.« Sara rannte zu Lisa. An der Tür schaute sie noch einmal wütend zu Alexander zurück. »Aber nicht mit ihm!«

Alexander wußte nicht, was er darauf sagen sollte. Den Schlag mußte er erst mal verdauen.

»Aber warum denn nicht?« wollte Lisa wissen. »Alex ist nett und sehr freundlich.«

»Ja«, schnaubte sie. »Sehr nett und sehr freundlich ..., wie ein Moskito. Ein riesengroßer Moskito. Das Problem ist bloß, es gibt keine Moskitonetze, die groß genug sind, um ihn draußen zu halten.«

Sara verschwand mit Jazz im kleinen Gästezimmer. Sie nahm den kleinen Hund auf den Schoß, setzte sich auf das Fensterbrett und schaute zum Nachthimmel hinauf. Überall glitzerten die Sternenlichter. Alles war still und dunkel.

Sara fühlte ich plötzlich sehr einsam. Bis vor kurzem noch hatte sie wenigstens eine Mutti gehabt. Aber dann war Alexander gekommen und hatte sie ihr weggenommen. Jetzt war ein kleiner Hund alles, was sie noch besaß.

»Bist du müde?« fragte sie Jazz leise. »Ich bin es nicht. Schau dir den Himmel an. Hier ist er auch hübsch, aber die Sterne sind anders. Diese da kenne ich nicht. Zu Hause kannte ich die Vega und den Polarstern ... und Orion ..., und sogar Cassiopeia. Vati zeigte sie mir. Er kannte sie alle. Ist dir kalt, Jazz? Ich friere ein bißchen. Laß uns aneinander wärmen. Das ist Mamis Himmel. Sie ist hier glücklich. Ich bin es auch, aber ... pst ..., Mami ist so beschäftigt und dann ist da Alex. Was will der von uns? Es geht uns gut, so wie wir sind. Wir brauchen ihn nicht. Ich frage mich, was Mami mit ihm will.«

Alexander und Mowanda fuhren am nächsten Tag die Strecke für die geplanten Touristen-Rundreisen ab. Eine der Attraktionen waren zweifellos die Wasserfälle. Über die Klippe eines fast hundert Meter hohen Felsens ergossen sich die Fluten wie ein blaugrün schillernder Vorhang. Alle Farben des Regenbogens schillerten in dem Netz aus sprühenden Tropfen, das ständig in der Luft hing. Dort, wo das Wasser im Flußbett aufprallte, kochte ein ständig brodelnder Schaumbrei. Das Donnern des Wassers verschluckte jedes andere Geräusch.

»Es ist wirklich aufregend hier.« Alexander kannte den Wasserfall seit seiner frühesten Jugend, doch immer noch beeindruckte ihn dieses Naturschauspiel.

»Dieses Land ist der Himmel auf Erden«, schwärmte Mowanda. »Die wunderschönsten Dinge, die Gott je erschuf, sind alle hier.«

»Ich weiß nicht, wie ich so lange wegbleiben konnte«, meinte Alexander schwermütig.

»Vielleicht war das vorherbestimmt«, tröstete Mowanda ihn und machte einen Eintrag auf ihrer Landkarte.

Schließlich stiegen sie in den Jeep und fuhren weiter. Sie mußten noch eine Reihe weiterer lohnender Sehenswürdigkeiten für Touristen auskundschaften.

10. KAPITEL
Eine schwere Entscheidung

Monica hatte heute freigenommen und fuhr zur Farm hinaus. Als sie ankam, war Sara mit ihrem Hund spazieren, und Alexander fuhr mit Mowanda immer noch die geplante Touristenroute ab.

Während Monica alleine über den Hof schlenderte, lernte sie eine Menge dazu. Zum Beispiel, daß man niemals mit einer Tüte Erdnüsse an einem Babyelefanten vorbeigehen sollte. Kaum witterte Dumbo die leckeren Nüsse, reckte er seinen Rüssel nach Monica und hielt sie am Arm fest. Das zweite, was Monica an diesem Tag lernte, war: Niemals – wirklich niemals – einem Babyelefanten eine Erdnuß abgeben!

Kaum hatte Dumbo eine gefressen, ließ er nicht locker, bis Monica nach und nach alle Nüsse an ihn verfütterte.

Vor dem Farmhaus hielt ein schwerer Möbeltransporter. Der Fahrer stieg aus und winkte Richtung Monica.

»Hallo!« rief Sam.

»Kann ich Ihnen helfen?« rief Monica zurück.

»Wo soll ich sie abladen?« fragte der Fahrer.

»Was abladen?« wollte Monica wissen, während sie Dumbo fütterte.

»Ein paar Kisten«, antwortete der Fahrer. »Das ist doch das Brandt-Anwesen, oder?«

»Ja, das ist es«, bestätigte Monica. »Warum stellen Sie sie nicht auf die Veranda?«

»Alle?« fragte der Fahrer verdutzt.

»Wieso?« wunderte sie sich. »Was ist es denn?«

»Fragen Sie mich nicht!« stöhnte der Fahrer auf.

»Dann stellen Sie sie auf die Veranda«, meinte Monica. »Das geht in Ordnung.«

»Okay.« Der Fahrer stöhnte, ging zum Heck des Transporters und öffnete die Ladeklappe.

»Hallo«, grüßte eine unbekannte Stimme hinter Monica. »Schöner Tag, nicht?«

Monica drehte sich überrascht um und schaute einem fremden Mann ins Gesicht. Er war Anfang, höchstens Mitte Dreißig, hatte blaue Augen und schulterlange dunkelbraune Haare, die er zu einem Zopf zusammengebunden hatte. Er sah wirklich gut aus. Der Mann trug ein kariertes Hemd und dazu einen breitkrempigen Hut.

»Ich bin Samuel T. Russel«, stellte er sich mit charmantem Lächeln vor. »Ich bin gerade aus Minnesota angekommen. Waren Sie schon mal dort?«

»Nein«, stotterte Monica und schüttelte ihm die Hand. »Tut mir leid.«

»Sie können mich Sam nennen«, meinte er in kumpelhaftem Tonfall.

»Sam.« Monica atmete tief durch und lächelte. »Okay, Sam. Ich bin Monica Marini. Sie sind also Alex' Zimmergenosse vom College? Und auch Biologe, hab' ich gehört.«

»Ja«, bestätigte er und zog die Augenbrauen hoch.

»Entschuldigung«, meinte Monica ein wenig verlegen. »Aber ich habe das Gefühl, als würde ich Sie kennen. Er hat so viel von Ihnen gesprochen.«

»Von Ihnen habe ich auch eine Menge gehört«, erwiderte Sam.

»Wirklich?« wunderte sich Monica. »Hatten Sie eine angenehme Reise?«

»Ja, großartig«, bestätigte er und schaute zu dem Transporter.

»Gut, gut«, murmelte Monica geistesabwesend und schaute in die gleiche Richtung.

Der Fahrer und sein Helfer hatten bereits die gesamte Veranda voller Kartons gestapelt und luden immer noch welche aus.

»Haben Sie hier ein Problem?« fragte Sam, als er die vielen Kartons bemerkte.

»Oh, das«, stotterte Monica etwas ratlos. »Nein, das ist nur eine Lieferung.«

Außer dem Lastwagen mit der merkwürdigen Lieferung bemerkte Monica noch etwas Ungewöhnliches. Über den Hof schlenderten zwei junge, weiße Frauen, die sie noch nie im Leben gesehen hatte. Scheinbar suchten sie etwas. Während sie langsam über den Hof schlenderten, blieben sie immer wieder stehen und blickten sich suchend um.

»Das ist wundervoll«, sprach eine der Frauen mit spanischem Akzent George an. »Aber wo ist Señor Alexander?«

»Er wird bald zurück sein«, versprach George.

»Schön«, antwortete sie. »Wir warten weiter.«

Sam ging zu den beiden Frauen rüber und unterhielt sich mit ihnen. Der Fahrer bat Monica um eine Unterschrift. Kaum hatte sie die Lieferung quittiert, sah sie Alexander. Erst grüßte er die beiden Spanierinnen mit Handschlag. Nachdem er auch Sam gebührend willkommen geheißen hatte, ging er mit seinem Freund zu Monica rüber.

»Endlich bist du da«, meinte er zu Sam. »Ich hab' soviel mit dir zu bereden. Ich bereite einige wirklich wichtige Projekte vor, und ich suche verzweifelt Rat.«

Alexander blieb stehen, legte seinen Arm um Monica und sagte: »Wie ich sehe, hast du Doktor Monica Marini bereits kennengelernt.«

»Klar«, antwortete Sam. »Und zwei echt süße spanische Mädels, die hier gleichzeitig mit mir eintrafen. Das sind zweifellos einige deiner Touristen.«

»Stimmt«, bestätigte Alexander. »Die ersten. Ich führe sie später rund. Also, wie geht's dir?«

»Großartig«, erwiderte Sam. »Ich mach' mit, was immer du vorhast. Womit fangen wir an?«

»Zunächst müssen wir den Boden hier analysieren. Ich hab' dir ja erzählt, daß ich einige Proben gesammelt habe. Ich bin auf deine Meinung gespannt.«

»Alex!« unterbrach Monica ihn und deutete auf die Unmengen Kartons. »Weißt du irgendwas davon?«

»Ah, sie sind angekommen«, antwortete er zufrieden. »Genau rechtzeitig. Würdest du George bitten, sie in den Stall zu bringen? Äh, ich meine natürlich, ins Labor.

Entschuldige Monica, aber ich kann's nicht erwarten, es ihm zu zeigen. Komm, Sam!«

»Aber du hast mir noch nicht verraten, was da drin ist!« rief Monica ihm hinterher.

»Das ist das ganze Equipment, das ich für das Labor brauche!« rief Alexander zurück. »Hab' ich dir das nicht gesagt?«

Kate klopfte an Marys Zimmertür und trat ein. Mary lag regungslos im Bett und hielt einen großen Teddybären an sich gedrückt. Neben dem Krankenbett saß ihre Mutter, Mrs. Hamilton, auf einem Stuhl. Sie war groß, schlank, schätzungsweise Mitte Dreißig und hatte ein hübsches, intelligentes Gesicht. Das schwarze dichte, lange Haar fiel ihr glatt über die Schultern. Ihre großen Augen waren vom vielen Weinen gerötet.

»Guten Morgen«, grüßte Kate die kleine Patientin. »Jetzt, wo deine Mutter hier ist, fühlst du dich bestimmt wohler, Mary. Was machen die Schmerzen? Etwas besser?«

Mary drückte den Teddy fester an sich und antwortete nicht.

»Ich bin sicher, es geht ihr besser«, versicherte Kate Mrs. Hamilton. »Ich wechsle jetzt die Infusionsflasche und messe ihre Temperatur.«

»Wissen Sie, niemand hat mir etwas erzählt«, beklagte sich Mrs. Hamilton. »Was ist mit den Ergebnissen? Ich warte schon seit Stunden darauf. Oh, und da ist noch etwas anderes. Ich möchte Mary von hier in ein Krankenhaus bei uns in der Nähe verlegen lassen.«

»Ich weiß nicht, was ich Ihnen sagen soll, Mrs. Hamilton«, bedauerte Kate. »Sie werden mit Dr. Thompson darüber sprechen müssen.«

»Wo ist er?« Mrs. Hamilton erhob sich energisch. »Er

wollte mir Bescheid sagen, aber er scheint verschwunden zu sein. Ich kann ihn nirgendwo finden. Schließlich kann ich hier nicht ewig rumsitzen.«

Nach der Unterredung mit Mrs. Hamilton ging Doktor Thompson zur Rezeption. Hier ließ er sich von Miss Carson Marys Krankenakte aushändigen und überflog sie.

»Ja, also, es scheint alles in Ordnung zu sein.« Dr. Thompsons Stimme schnitt kühl durch den Raum. »Lassen Sie es von den Verwaltungsleuten überprüfen. Hat Professor Kohlemann heute morgen angerufen?«

»Ja, aus Wien, während Sie im Operationssaal waren«, antwortete Miss Carson. »Ich sagte ihm, daß alles in Ordnung sei.«

»Gut.« Dr. Thompson nickte und wandte sich an Cindy. »Sind die Testergebnisse inzwischen da?«

»Nein, Doktor«, bedauerte sie. »Aber sie sollten jeden Moment hier sein. Ich bringe sie Ihnen, sobald sie hereinkommen.«

»Gut, und schicken Sie mir Doktor Marini, sobald sie herkommt«, befahl Dr. Thompson mit einem Ton, der keinen Widerspruch duldete.

»Das werde ich machen«, versprach Cindy und griff nach dem klingelnden Telefon.

Auf dem Weg zu seinem Büro begegnete Dr. Thompson Monica und Dr. Baker.

»Doktor Marini!« Die Schärfe in Dr. Thompsons Tonfall war nicht zu überhören. »Ich wollte Sie etwas fragen. Haben Sie einen Moment Zeit?«

»Sicher«, antwortete Monica. »Entschuldigen Sie mich, Dr. Baker. Ich werde in einer Minute bei Ihnen sein.«

Monica fürchtete, daß mal wieder eine Schikane von

Dr. Thompson folgte. Solange Professor Kohlemann in Österreich war, hatte Dr. Thompson das Sagen in der Klinik. Aber Monica hatte nicht die Absicht, sich einschüchtern zu lassen. Und wenn Dr. Thompson eine Auseinandersetzung wünschte, war sie durchaus bereit dazu.

Dr. Thompson wartete, bis Dr. Baker außer Hörweite war. Dann fuhr er unerwartet freundlich fort: »Kennen Sie dieses Hamilton-Mädchen? Das Kind, das in den Verkehrsunfall verwickelt war? Mit der Rückenverletzung?«

»Ja, natürlich«, entgegnete Monica. »Ich war ja hier, als sie eingeliefert wurde. Verdacht auf Wirbelsäulentrauma. Ich habe gerade meinen Dienst angetreten und bin auf dem Weg zur Röntgenstation, um die Befunde zu überprüfen.«

»Gut, gut«, meinte er. »Ich habe mich gefragt, ob Sie sich um die Mutter kümmern würden. Ich habe einfach nicht die Zeit, die ganze Sache zu verfolgen. Da Professor Kohlemann weg ist ..., also sprechen Sie mit ihr. Sie ist sehr beharrlich. Aber vielleicht, da Sie eine Frau sind, können Sie das möglicherweise mit ihr klären. Sie will ihre Tochter nach Kapstadt verlegen lassen. Es sollte eigentlich keinen Grund geben, der dagegen spräche. Also tun Sie, was Sie für das Beste halten. Ich überlasse es Ihnen. In Ordnung?«

»Ja, sicherlich«, bestätigte Monica. »Ich kümmere mich sofort darum. Entschuldigen Sie mich.«

Alexander und Sam schlenderten über unbebautes Akkerland. Außer verdorrtem Unkraut wuchs weit und breit nichts.

»Sammy, du weißt, wie unterschiedlich widerstandsfähig Saatgut gegenüber Krankheiten und Parasiten je nach Anbaugebiet ist«, dozierte Alexander. »Wir können mit Sicherheit davon ausgehen, daß auf dem europäischen und amerikanischen Markt kaum hochgradig keimende Samen angeboten werden.«

»Ohne das biologische Gleichgewicht zu beeinflussen«, warf Sam ein.

»Wir müssen eine sorgfältige Studie der optimalen Kultivierungstechniken vornehmen, und dabei die Verwendung natürlicher Düngemittel und den Ozongehalt der örtlichen Atmosphäre in Betracht ziehen«, fuhr Alexander fort. »Das Labor ist beinahe fertig. Die Ausrüstung, die wir benötigen, wurde heute geliefert.«

»Ach, du meinst die ganzen Kisten?« meinte Sam.

»Ja, Sir«, bestätigte Alexander.

»Nun hör mal zu, Alex!« Sam betrachtete nachdenklich den Boden. »Das erste, was wir machen müssen, ist eine detaillierte Analyse des Bodens. Ich würde vorschlagen, die beste Anfangsproduktion wären Tomaten, Karotten, Zuckerrüben ...«

»Ja, aber nicht nur Bodenernte«, schlug Alexander vor. »Ich möchte Fruchtbäume pflanzen. Pfirsiche, Aprikosen, Pflaumen und Zitrusfrüchte. Sie stünden dem internationalen Markt in Zeiten zur Verfügung, in denen sie in anderen Ländern saisonbedingt nicht zu haben sind. Was denkst du?«

»Großartige Idee«, stimmte ihm Sam zu.

»Du hast die richtigen Kontakte in Europa«, kam Alexander zum Punkt. Er musterte Sam und hielt ihm die Hand hin. »Also, wie steht es damit? Kann ich auf deine Hilfe zählen?«

»Ja.« Sam lächelte herzlich und schlug ein.

Monica begrüßte Mrs. Hamilton in ihrem Büro. Allmählich wurde ihr bewußt, weshalb Dr. Thompson so erpicht darauf war, ihr diese Aufgabe zu übertragen. Der Umgang mit Mrs. Hamilton erforderte Fein- und Fingerspitzengefühl. Zwei Eigenschaften, über die Dr. Thompson nur sehr begrenzt verfügte.

Monica bot Mrs. Hamilton einen Platz vor ihrem Schreibtisch an und stellte sich vor: »Mrs. Hamilton? Ich bin Dr. Marini. Doktor Thompson bat mich, mit Ihnen zu sprechen. Wir müssen einige sehr ernste Entscheidungen treffen. Also hören Sie mir bitte aufmerksam zu. Wie Sie wissen, hat Mary ein Wirbelsäulentrauma erlitten.«

»Man sagte mir, sie müsse flach auf dem Rücken liegen«, erwiderte Mrs. Hamilton.

»Wir haben eine Serie diagnostischer Tests an ihr vorgenommen«, fuhr Monica fort und nahm ein Röntgenbild in die Hand. »Dadurch habe ich jetzt ein paar präzisere Antworten für Sie. Wir haben ein Blutgerinnsel lokalisiert, das auf Höhe des ersten Lendenwirbels gegen die Wirbelsäule drückt. Genau hier.« Monica hielt das Röntgenbild hoch und deutete auf einen Punkt, der sich neben der Wirbelsäule auf dem Bild hell absetzte. »Das ist die Ursache für die derzeitige muskuläre Lähmung.«

»Wollen Sie mir sagen, daß Mary niemals wieder gesund wird?« Mrs. Hamilton schnürte es die Kehle zusammen. Tränen stiegen ihr in die Augen. Trotzdem versuchte sie ruhig zu bleiben.

»Nein, das meinte ich nicht«, widersprach Monica. »Ich glaube, sie hat sehr gute Genesungschancen, wenn sie operiert wird.«

»Könnten Sie das bitte näher erklären?« Mrs. Hamilton war sehr bleich geworden.

»Das Rückenmark wurde nicht beschädigt«, erläuterte Monica. »Das ist sehr wichtig, so können wir den Druck operativ lösen. In Fällen wie diesem können wir keine hundertprozentige Genesung garantieren. Aber Mary ist jung, und ich glaube, daß es mit einer vernünftigen Physiotherapie nach der Operation keinen Grund geben sollte, warum sie nicht weiterhin ein normales, aktives Leben führen kann. Natürlich wird dabei eine Menge von Mary selbst abhängen.«

»Was meinen Sie?« Mrs. Hamilton richtete sich kerzengerade auf.

»Ihren Willen gesund zu werden«, meinte Monica. »Er kann Wunder bewirken.«

»Wollen Sie damit sagen, daß Mary für immer eine Invalidin bleiben könnte«, erschrak sie.

»Die Operation wird viel dazu beitragen, dieses Risiko zu mindern«, versprach Monica. »Aber es kommt wirklich auf Mary an ..., und auch auf Sie, Mrs. Hamilton.«

»Da ist ein Problem«, seufzte sie. »Ich habe nicht viel freie Zeit. Ich arbeite, wissen Sie. Darum muß ich sie zu mir nach Hause nehmen.«

»Das wäre ein großer Fehler«, warf Monica ein. »Es könnte sehr gefährlich sein, Mary gerade jetzt zu bewegen. Wir müssen sofort operieren.«

»Frau Doktor, ich bin alleinstehend«, betonte Mrs. Hamilton nachdrücklich. »Vor ein paar Monaten wurde ich Witwe. Mary stand ihrem Vater sehr nahe. Manchmal denke ich, sie wünscht, ich wäre an seiner Stelle gewesen. Sie ist mein einziges Kind. Es gibt niemand sonst, der sich um sie kümmert. Darum muß ich arbeiten, und darum muß ich sie auch mit zu mir nach Hause nehmen.«

»Ich verstehe Sie, glauben Sie mir«, beteuerte Monica.

»Ich verstehe Sie wirklich! Aber Mary jetzt zu transportieren wäre äußerst gefährlich. Professor Van der Heever ist unser Spezialist für diesen Fall. Er ist ein angesehener Neuro-Chirurg. Ich habe bereits mit ihm gesprochen. Er ist bereit zu operieren. Die Entscheidung liegt allerdings bei Ihnen.«

Monica hoffte, daß die junge Mutter die richtige Entscheidung traf. Sie hoffte auch, daß die Operation Mary wirklich half. Hoffen gehörte zu Monicas Beruf.

Pünktlich um zwei Uhr hielt der Schulbus bei der Brandt-Farm und Sara stieg aus. Eigentlich sollte Sara zur Klinik kommen, aber sie wollte Jazz sehen. Der kleine Hund wartete bereits brav auf sie. Kaum sah er Sara, wuselte er zu ihr hin und sprang übermütig um sie herum.

Es war wieder einer dieser unglaublich schönen Tage. Eine kühle Brise wehte über das Land. Der Himmel war strahlend blau. Im nahen Teich plätscherte eine Entenfamilie. Es war viel zu schön, um in der Klinik rumzuhocken.

Sara setzte sich auf die Wiese neben dem Teich, zog die Schuhe aus, kramte einen Apfel aus ihrer Schultasche und biß herzhaft hinein.

Jazz langweilte sich. Er wollte mit Sara herumtollen. Da sie keinerlei Anstalten dazu machte, spielte der kleine Hund mit einem ihrer Schuhe.

»Hey!« rief Sara erschrocken, als sie Jazz mit ihrem Schuh im Maul wegrennen sah. »Jazz! Bring ihn zurück! Jetzt komm schon. Böser Hund! Bring meinen Schuh zurück!«

Aber Jazz dachte nicht daran. In sicherer Entfernung setzte er sich ins Gras und knabberte hingebungsvoll an dem Schuh.

»Du willst spielen, nicht wahr?« Sara griff in ihre Schultasche und holte einen Tennisball heraus. »In Ordnung, dann ..., schnapp den Ball! Fang, Jazz! Fang den Ball!«

Sara schleuderte den Ball im hohen Bogen mitten in den Teich. Jazz spitzte die Ohren, verfolgte kurz die Flugbahn des Balles und widmete sich dann wieder dem Schuh.

»Was denn jetzt?« wunderte sich Sara und stand auf. »Du willst wohl, daß ich ihn hole? In Ordnung. Aber wenn ich falle, bist du dran!«

Sara hob ihr rotes Kleidchen etwas an und watete vorsichtig in das knietiefe Wasser. Einen Schritt und noch einen Schritt und ... tauchte plötzlich bis zu den Hüften ein. Im ersten Augenblick blieb ihr vor Schreck die Luft weg. Sie ruderte wild mit den Armen und bekam endlich wieder Grund unter die Füße.

Auf der anderen Uferseite fuhr Alexander mit den beiden Spanierinnen im Jeep vorbei. Alexander zeigten ihnen die Sehenswürdigkeiten des Paradies Tales. Besonders überrascht waren sie aber von dem triefend nassen, Mädchen, das da mitten im Teich stand. Als Alexander Sara sah, wäre er vor Schreck beinahe in ein Gebüsch gefahren. Er trat hart in die Eisen, stieg langsam aus dem Jeep und starrte Sara wie eine Fata Morgana an.

»Sara, was machst du da?« fragte er perplex. »Da könnten Wasserschlangen drin sein.«

Sara watete und stolperte ans Ufer. Auf der Wiese sammelte sie erst mal ihre Schuhe ein, wobei sie eine nasse Spur wie eine Schnecke hinterließ. Dann lief sie mit Jazz zu Alexander.

»Ich habe nur gespielt«, verteidigte sie sich.

»Weiß irgend jemand, daß du hier bist?« fragte er streng. »Du bist ja ganz naß. Wer sagte, du dürftest hier herkommen? Setz dich in den Jeep, mach schon! Ich bringe dich nach Hause.«

»Ich kann schwimmen, und ich kann den Weg nach Hause allein finden«, antwortete sie trotzig.

»Ich kann dich nicht hierlassen«, widersprach er. »Sie würden sich Sorgen um dich machen. Weißt du, es gibt Löwen in dieser Gegend. Also steig in den Jeep, und vergiß deine Tasche nicht.«

Sara holte ihre Schultasche und kletterte in den Jeep.

»Hi, mein Name ist Isabella«, stellte sich eine der Touristinnen vor.

Gereizt stieg Alexander in den Jeep und knallte die Tür hinter sich zu.

»Du hast deinen Vati sehr böse gemacht«, meinte die zweite Touristin.

»Dieser Mann ist nicht mein Vati!« Sara schaltete auf stur.

»Entschuldige, Kind.« Isabella lächelte. »Wie wär's, wenn du uns deinen Namen sagst?«

Aber Sara schmollte und schwieg. Während der Fahrt zurück zur Farm schauten die Touristinnen verwirrt von Sara zu Alexander hin und her.

»Alex, ist es wahr, daß es hier Schlangen gibt?« erkundigte sich Isabella besorgt.

»Ja«, grummelte Alexander und hielt vor dem Farmhaus. »Und sie sind sehr gefährlich.«

Sara entdeckte Lisa vorm Eingang und sprang aus dem Jeep.

»Lisa!« rief sie aufgeregt und nahm Lisa bei der Hand. »Ich möchte zur Mami. Bitte, bring mich zur Mami.«

»In Ordnung, meine Süße«, versprach Lisa. »Ich bringe dich hin. Aber du mußt aus diesen nassen Kleidern. Komm!«

»Nein! Nein! Nein!« quengelte Sara. »Bitte nicht!«

Sara war aufsässig. Ihre Wut über Alexander war kaum mehr zu bremsen. Alexander konnte Saras Widerspenstigkeit und Dickköpfigkeit nicht verstehen. Ihre Abneigung gegen ihn war offensichtlich viel größer, als er sich eingestehen wollte.

In der Kohlemann-Klinik stand Mrs. Hamilton verzweifelt neben dem Bett ihrer Tochter. Mary lag mit geschlossenen Augen da und sprach kein Wort mehr. Sie würde für immer gelähmt bleiben.

Mrs. Hamilton konnte die aufsteigenden Tränen nicht mehr zurückhalten.

Monica kam herein und spürte sofort, daß etwas nicht stimmte. Mary war so still, und Mrs. Hamilton schluchzte leise.

»Mary, was ist denn los?« fragte Monica besorgt.

Mary ließ keinen Ton verlauten. Ihre Augen blieben geschlossen.

»Frau Doktor, ich weiß nicht, was ich sonst tun soll.«

»Mary ...!« Mrs. Hamilton atmete tief durch. »Kate sagte mir, daß du die Operation nicht möchtest. Daß du schrecklich Theater machst. Sag mir, daß das nicht wahr ist.«

Für einen Moment war Monica sprachlos. Dann beugte sie sich über das Bett und sagte sanft: »Wir haben über die Operation gesprochen, Mary. Ich habe dir alles erklärt. Du sagtest, du bist damit einverstanden.«

Keine Reaktion.

»Ich weiß, dies ist ein sehr schwieriger Moment für dich«, fuhr Monica behutsam fort. »Aber es gibt Zeiten in deinem Leben, in denen du einfach tapfer sein mußt.«

»Ich möchte die Operation nicht haben«, antwortete Mary trotzig. »Es bringt nichts.«

»Wie meinst du das, es bringt nichts?« wunderte sich

Monica. »Der einzige Weg gesund zu werden, ist diese Operation.«

»Es ..., es geht mir gut so«, erwiderte Mary beinahe unwirsch.

»Das ist Unsinn«, widersprach Monica leise, aber bestimmt. Sie sah die Angst in den Augen des Mädchens. »Ich möchte dich nicht noch einmal so reden hören. Du bist ein sehr hübsches, kleines Mädchen, stark und glücklich. Nein, du bist sehr glücklich! Du hättest für den Rest deines Lebens gelähmt sein können, aber statt dessen wirst du wieder laufen. Stell dir jemanden vor, der wirklich gelähmt ist und der dich so reden hört!«

Mary schlug die Augen auf. Ihr Blick wanderte von Monica zu ihrer Mutter. Einen Moment lang schien sie noch ganz schüchtern. Dann faßte sie sich und rang sich zu einer Entscheidung durch: »In Ordnung, Doktor Monica. Ich werde tun, was Sie sagen.«

»Du bist ein gutes Mädchen«, meinte Monica erleichtert und gab ihr einen Kuß. »Ich verspreche, ich werde auf jedem Schritt des Weges bei dir sein und dir helfen, wo immer ich kann. Aber dann kommt es ganz auf dich an, gesund zu werden. Okay?«

Mrs. Hamiltons Augen wurden wieder feucht. Monicas Worte kamen mit so viel Wärme, daß sie ganz gerührt war.

»Okay!« Monica klatschte aufmunternd in die Hände. »Los geht's! Man wartet im Operationssaal auf uns. Sei stark, Mary! Ich weiß, du kannst es.«

Lisa hatte unterdessen Sara zur Klinik gefahren und betrat das Foyer. Miss Carson stand hinter dem Tresen und telefonierte. Schließlich legte sie den Hörer auf und wandte sich an Lisa: »Mrs. Brandt, Doktor Marini hat eine

Patientin runter zum Operationssaal gebracht. Doktor Van der Heever ist der Chirurg. Aber sie wird nicht lange weg sein. Möchten Sie auf Dr. Marini warten?«

»Ja, natürlich«, antwortete Lisa.

»Ich möchte nicht auf meine Mutter warten«, quengelte Sara. »Ich möchte jetzt nach Hause gehen.«

Während Lisa sich mit Miss Carson unterhielt, betrat Mrs. Hamilton das Foyer.

»Entschuldigung, warten Sie auf Dr. Marini?« fragte Mrs. Hamilton und trat vor Lisa. »Kennen Sie sie?«

»Ja, sehr gut«, antwortete Lisa. »Ich bin Lisa Brandt.«

»Clara Hamilton«, stellte sie sich vor und schaute zu Lisa. »Ist das Doktor Marinis Mädchen?«

»Ja, das bin ich«, erwiderte Sara stolz.

»Meine Tochter wurde gerade in den Operationssaal gebracht«, erzählte Mrs. Hamilton. »Darum bin ich in dieser Verfassung. Doktor Marini ist bei ihr.«

»Ich verstehe«, meinte Lisa und bemerkte den Ausdruck der quälenden Ungewißheit in Mrs. Hamiltons Augen. »Lassen Sie uns irgendwo hingehen, wo es ruhig ist. Sara, bleib bitte bei mir.«

Langsam schlenderten sie durch einen Korridor.

»Sie müssen mir alles von Ihrem kleinen Mädchen erzählen«, forderte Lisa. »Wissen Sie, ich habe Monica, das heißt Doktor Marini, unter ähnlichen Umständen kennengelernt. Mein Mann hatte ...«

Monica, Kate, Professor Van der Heever, Dr. Baker, Peter und zwei weitere Assistentinnen bildeten das OP-Team. Die Instrumente lagen auf den sterilen, grünen Abdecktüchern bereit. Der OP-Tisch, auf dem Mary lag, wurde hochgefahren. Mary war bereits in Narkose. Ihr Rücken lag frei.

»Druck?« fragte Monica.

»Hundert zu sechzig«, antwortete die Assistentin, »also etwas zu niedrig.«

»Puls?« wollte Dr. Baker wissen.

»Achtzig«, kam Peters Stimme.

»Der Druck steigt, er liegt jetzt bei hundertzehn systolisch«, gab die Narkoseschwester an.

»Hört sich gut für mich an«, meinte Professor Van der Heever.

»Baker?«

»Für mich auch.« Baker nahm ein Skalpell.

Das Ärzteteam arbeitete fast zwei Stunden. Sie operierten gefährlich nah am Rückenmark der Wirbelsäule. Ein winziger Fehlschnitt und Mary bliebe für immer gelähmt.

Nach der Operation suchte Monica Mrs. Hamilton. Sie fand sie mit Lisa und Sara auf der Terrasse der Klinik.

»Sara ist ein wundervolles Kind«, erzählte Lisa gerade. »Manchmal ein wenig zu energisch für mich, aber ...«

»Hier seid ihr, Leute.« Monica wirkte nach der komplizierten Operation etwas erschöpft.

Mrs. Hamilton hob den Kopf. Sie sah aus, als wäre sie in den letzten beiden Stunden sprichwörtlich durch die Hölle gegangen. Bleich und gefaßt saß sie da und schaute Monica erwartungsvoll an. Dieses Zerrissensein zwischen Bangen und Hoffen war unerträglich.

»Keine Sorge.« Monica lächelte dünn. »Es läuft alles gut. Aber wie ich schon sagte: Danach kommt es auf sie an.«

Mrs. Hamiltons Gesicht entspannte sich.

Nachdem das geklärt war, wandte sich Monica ihrer Tochter zu. Sara saß in sich gekehrt da, das Kinn auf beide Fäuste gestemmt und starrte ungnädig in die Welt hinaus.

»Und du, Sara?« fragte Monica. »Was ist los?«

Sara machte von ihrem im Gesetzbuch verbrieften Recht Gebrauch und verweigerte die Aussage.

»Ich habe sie gebracht«, erklärte Lisa. »Sie fragte mich immerzu, und sie war sehr aufgeregt.«

»War sie das?« Monica zog verwundert die Brauen hoch. »Danke, Lisa, das war sehr nett von dir. Also, ich muß wieder rein. Ich werde Ihnen Neuigkeiten bringen, sobald ich welche habe.«

Auf Lisas gutes Zureden hin fuhr Sara wieder mit zurück zur Farm. Auf der Wiese sonnte sich Sally im Liegestuhl. Sie war eine zierliche Frau von etwa siebzig Jahren und trug ein luftiges Kleid mit einem breitkrempigen Strohhut. Das Hutband zierten große, bunte Blumen. Jazz lag zusammengekuschelt auf ihrem Schoß. Dumbo hatte es sich in ein paar Metern Entfernung bequem gemacht. Er döste in der Sonne und fächelte sich mit dem Rüssel etwas Luft zu.

»Hi, Dumbo«, grüßte Sara und gab ihm ein Zuckerstückchen. »Das ist für dich, mein großes Baby. Sally?«

»Hm?« machte sie.

»Meinst du, ich könnte mir deinen Hut für Dumbo borgen?« fragte sie. »Bitteeeee!«

»In Ordnung.« Sally reichte ihr den Hut. »Aber daß er ihn mir nicht ruiniert.«

»Danke!« Sara setzte Dumbo den Hut auf und knotete das Hutband unter dem Elefantenkinn zusammen. »Keine Sorge, Dumbo. Ich bin sicher, daß er dir stehen wird. Oh, schau!«

»Davon muß ich ein Foto machen«, meinte Sally und erhob sich aus dem Liegestuhl.

»Sara!« rief Alexander von seinem Jeep aus. »Willst du

mit mir kommen? Ich treffe Mowanda. Er muß ein paar Tiere in der Wildnis aussetzen. Sie waren verletzt, aber jetzt geht es ihnen wieder gut. Du könntest uns helfen, wenn du möchtest.«

Sara zog lustlos die Schultern hoch, sagte aber nichts.

»In den Felsen oben an den Wasserfällen könnten wir uns ein paar Vogelnester ansehen«, warb Alexander weiter um Sympathie. Doch der Versöhnungsversuch verpuffte wirkungslos. Für so plumpe Anbiederung hatte Sara nur Verachtung übrig.

»Äh ..., ich kann nicht«, antwortete sie schnippisch. »Ich muß mein Zimmer aufräumen, nicht wahr, Sally?«

»Wenn du es bis jetzt noch nicht gemacht hast, glaube ich, kann es bis morgen warten«, meinte sie.

»Macht nichts.« Alexander fügte sich in seine Niederlage. »Vielleicht ein anderes Mal.«

»Ja, vielleicht ein anderes Mal«, erwiderte Sara desinteressiert.

»Aber heute abend werde ich dich zu einer Partie Schach herausfordern«, drohte Alexander neckisch. »Du kannst nicht ablehnen. Deine Mama hat mir erzählt, wie gut du bist.«

»Oh ... also, ich dachte, du wolltest Mami heute abend ausführen und ich bliebe allein zu Hause?« meinte sie spitz.

»O ja«. Alexander schlug sich die flache Hand vor die Stirn. »Schande über mich! Das habe ich vergessen. Aber morgen, okay?«

»Okay«, murmelte sie lustlos und wunderte sich, weil Alexander plötzlich losprustete und sich vor Lachen krümmte.

Der Grund für Alexanders Lachanfall war nicht Saras Einverständnis für das Schachspiel. Den Grund sah Sara, als sie sich zu Dumbo umdrehte.

Dumbo vertilgte mit sichtlichem Genuß Sallys Strohhut. Besonders die bunten Blümchen mundeten dem kleinen Elefanten.

11. KAPITEL

Allein auf der Flucht

Zwei Stunden nach der Operation durfte Mrs. Hamilton ins Krankenzimmer ihrer Tochter. Mary lag regungslos im Bett. Sie war noch nicht aus der Narkose erwacht.

»Wie geht es ihr?« fragte Mrs. Hamilton besorgt.

»Gut«, antwortete Monica. »Die Operation war ein voller Erfolg. Sie wird jetzt eine Weile schlafen.«

»Hören Sie, ich muß gleich morgen weg«, seufzte Mrs. Hamilton. »Wenn sie bis dahin nicht aufwacht, könnten Sie ihr dann sagen ...«

Mrs. Hamilton schwieg verlegen. Die Situation war ihr sichtlich peinlich.

»Was soll ich ihr sagen?« drängte Monica. »Na los, keine Sorge ...«

»Sagen Sie ihr nur, daß ich bald zurück sein werde«, erwiderte Mrs. Hamilton ausweichend.

»Okay«, versprach Monica und begleitete sie zur Tür hinaus.

Sara schlüpfte abends in ihren Pyjama und ging in ihr Zimmer. Jazz lag zusammengerollt neben ihrem Bett auf dem Stuhl.

»Du willst auf diesem Stuhl schlafen, Jazz?« Sara streichelte den Hund zärtlich. »Ich kann mir nicht vorstellen, daß er gemütlich ist. Ach, ich bin so froh, dich bei mir zu haben.«

Als hätte Jazz nur darauf gewartet, sprang er vom Stuhl auf Saras Bett und legte sich ans Fußende.

Monica betrat das Zimmer. In dem kurzen, schwarzen Abendkleid sah sie atemberaubend schön aus.

»Mami, du siehst toll aus«, schwärmte Sara.

»Ich danke dir, Baby«, gab sie zurück. »Du siehst selbst ziemlich gut aus. Jetzt geh ins Bett. Na los!«

Sara krabbelte ins Bett und zog die Decke bis zum Kinn hoch. Monica setzte sich aufs Bett und wollte ihr einen Gutenachtkuß geben. Aber Sara drehte rasch das Gesicht weg.

»Was soll das?« wunderte sich Monica. »Was ist los?«

»Ich möchte deine Küsse nicht«, erwiderte Sara eingeschnappt. »Du gibst sie zu vielen Leuten.«

»Oh, ich verstehe«, seufzte sie. »Spielst du auf Alex an?«

»Also, da war heute dieses kleine Mädchen«, brachte Sara hervor. »Du hast sie behandelt wie deine eigene Tochter.«

»Sara, dieses kleine Mädchen, Mary, kann vielleicht nie wieder laufen«, warb Monica um Verständnis. »Also mußte ich sie überzeugen. Sie wollte die Operation nicht vornehmen lassen.«

»Warum hat es ihre eigene Mutter nicht gemacht?« wollte Sara wissen.

»Weil ..., weil es etwas war, was ihr Doktor tun sollte und nicht ihre Mami«, erwiderte Monica ohne rechte Logik.

»Gute Entschuldigung«, trumpfte Sara auf. »Aber du kannst mich nicht täuschen.«

»Was ist los?« Monica beugte sich über ihre Tochter. »Gefällt es dir hier nicht?«

»Doch, das tut es«, gab sie zu. »Walter ist nett und Lisa auch. Aber ich mag Alex einfach nicht. Ich möchte keinen anderen Vati, verstehst du das nicht?«

Doch, das verstand sie. Aber es gab da noch einen anderen Aspekt.

»Sara ...«, hob Monica an, zögerte einen Moment, bevor sie flüsterte: »Ich liebe Alex.«

»Liebst du ihn mehr als mich?« fragte Sara bange.

»Nein, natürlich nicht«, versicherte sie und hauchte Sara einen Kuß auf die Wange.

»Also, wenn du mich mehr liebst, dann verlaß ihn, bitte«, beharrte Sara. »Ich will ihn einfach nicht.«

»Sara, wir haben darüber gesprochen«, erwiderte Monica streng. »Mit der Zeit wirst du Alex mögen. Er mag dich nämlich auch.«

»Gute Nacht, Mutter.« Sara drehte ihr demonstrativ den Rücken zu.

Monica seufzte leise und unternahm einen letzten Versöhnungsversuch. Sie griff nach dem Märchenbuch auf dem Nachttisch und schlug es auf.

»In Ordnung«, sagte sie. »Also, wo waren wir gestern abend?«

»Die Katze Dede war auf den Schrank geklettert«, antwortete Sara immer noch beleidigt.

»O ja, von dort konnte sie alles sehen«, erinnerte sich Monica.

Draußen wartete Alexander in seinem Auto. Schließlich drückte er die Hupe und rief: »Monica, bist du fertig?«

»Ja!« rief sie zurück. »Ich bin in einer Minute da!«

»Bring eine Taschenlampe mit«, bat Alexander. »Ich muß einen Reifen überprüfen.«

»Weißt du, wo die Taschenlampe ist?« erkundigte sich Monica bei Sara.

»Sie ist in der Küche«, entgegnete sie betrübt.

»Macht es dir etwas aus, wenn ich die Geschichte morgen abend beende?« fragte Monica und klappte das Märchenbuch zu.

»Es macht mir nichts aus«, log Sara, denn es machte ihr sehr viel aus. Wenn es eines Beweises bedurfte, daß Alexander ihrer Mutter viel wichtiger war als sie, dann war es für Sara diese Reaktion.

»Gute Nacht.« Monica nahm Saras Lieblings-Plüschtier von der Kommode und legte es zu Sara ins Bett. »Hier ist dein Teddybär.«

Monica huschte aus dem Zimmer und holte die Taschenlampe. Draußen kniete Alexander halb unter seinem Auto und nestelte im Dunkeln herum. Monica knipste die Taschenlampe an und leuchtet ihm.

»Ja, danke.« Alexander tauchte tief unter den Wagen ab. »Oh, schau mal. Da ist ein Ast darunter verklemmt. Wie ist der bloß dahingekommen?«

»Ich habe keine Ahnung«, antwortete Monica.

»Fertig, laß uns losfahren.«

Alexander schleuderte den Ast beiseite, drehte sich zu Monica um und starrte sie ungläubig an. »Wow!«

»Was?« Monica blinzelte verdutzt.

»Du siehst gut aus.« Alexander konnte kaum glauben, daß die gleiche Frau vor ihm stand, die meistens einen schlichten Arztkittel trug. Obwohl das Kleid bis zum Hals geschlossen war, ließ es doch ziemlich viel Haut frei. Unterstützt wurde dieser atemberaubende Anblick von dem kunstvollen Make-up, das sie aufgetragen hatte. Monica sah unglaublich sexy aus.

»Wirklich?« fragte sie.

»Ja!« Alexander nahm sie in die Arme. »Bist du für mich so schön? Nur für mich? Ist es das, was ich glauben soll?«

Alexander küßte sie.

»Nein, nein, stop!« protestierte Monica. »Du verwischst mein Make-up. Ich habe es gerade erst aufgetragen.«

»Du brauchst kein Make-up«, meinte er. »Du bist von Natur aus wunderschön.«

»Oh, bist du für mich so charmant?« äffte sie ihn neckisch nach. »Nur für mich? Ist es das, was ich glauben soll?«

»Ja!« antwortete er ernst.

»Ja«, wiederholte sie amüsiert. »Das gefällt mir irgendwie.«

»Bist du hungrig?« fragte er.

»Ich verhungere. Laß uns essen gehen«, sagte sie und stieg in das Auto. »Na los!«

Während Monica und Alexander draußen turtelten, lag Sara auf ihrem Bett und drückte ihren Teddy fest an sich. Durch das offene Fenster hörte sie jedes Wort, das draußen gesprochen wurde. Für Sara war klar, daß ihre Mutter zwischen ihr und Alexander entschieden hatte. Für sie hatte ihre Mutter keinen Platz mehr im Herzen.

Sara war so in ihr Elend verstrickt, daß sie einen folgenschweren Entschluß traf. Voller Selbstmitleid kroch sie zu Jazz rüber und flüsterte: »Ruhig, Jazz! Komm schon, wir gehen!«

Zur gleichen Zeit saß Mrs. Hamilton neben dem Krankenbett ihrer Tochter. Mary war immer noch nicht aus der Narkose erwacht. Sanft streichelte sie ihrer Tochter über die Stirn und flüsterte: »Ich liebe dich mehr als alles andere auf der Welt, meine Kleine. Vielleicht habe ich dir das nie gesagt. Ich bin nicht besonders gut darin, meine Gefühle auszudrücken. Dein Vater konnte das ziemlich gut. Er wußte immer, was zu tun oder zu sagen war. Ich weiß, daß er auf mich aufpassen wird, das kann ich fühlen. Und er wird auch auf dich aufpassen, mein Liebling. Zusammen werden wir es durchstehen.«

Monica und Alexander fuhren nach dem Essen zurück zur Farm. Auf der Veranda von Monicas Bungalow setzten sie sich auf die Bank, tranken noch etwas Wein und genossen die tropische Nacht.

»Ich werde versuchen müssen, dich besser im Auge zu behalten«, flachste Monica. »Mowanda hat mir von diesen beiden spanischen Touristinnen erzählt. Tu nicht so unschuldig. Du weißt genau, wovon ich rede! Ich habe sie heute gesehen. Die beiden, die du auf deine ›Extra-Tour‹ mitgenommen hast.«

»Ah, diese Mädchen ...!« Alexander tat so, als erinnere er sich schwach.

»Du gibst es also zu!« Monica versetzte Alexander einen Knuff, wobei Wein überschwappte und ihr Kleid bespritzte. »O nein! Mein Kleid! Sieh dir an, was ich deinetwegen gemacht habe. Was jetzt?«

»Zieh es aus«, schlug Alexander vor. »Du könntest dich erkälten, wenn du nasse Kleider trägst.«

»Ja?« Monica musterte ihn amüsiert und stupste und kniff ihn verspielt. »Denkst du das? Ha!«

»Hör auf«, lachte Alex. »Hör auf! Ich werde kein Wort mehr sagen.«

»Pst!« Monica warf einen sorgenvollen Blick zur nahen Farm. »Bleib ruhig! Ich will Sara nicht aufwecken. Sie war so launisch in letzter Zeit. Armes Ding ...«

»Sie kann mich nicht leiden«, seufzte Alexander. »Das ist inzwischen offensichtlich. Vielleicht gehe ich es falsch an. Ich kann mir nicht vorstellen wieso, aber alles, was ich mache, verschlimmert die Lage nur. Was kann ich tun?«

»Triff mich nicht mehr«, antwortete sie.

»Das ist es also?« Alexander rollte verzweifelt die Augen.

»So hätte sie es gern«, fuhr Monica fort. »Ich glaube, sie hat Angst, daß du mich ihr wegnimmst, Alex. Und das tust du!«

Monica nahm Alexander bei der Hand und führte ihn in ihren Bungalow.

»Aber sie ist ein starkes Kind«, fuhr sie fort. »Sie mußte in den letzten Monaten mit einer Menge Sachen zurechtkommen, und das hat sie ziemlich gut gemacht. Weißt du, sie liebte ihren Vater wirklich. Und wenn sie dich kennenlernt, wird sie lernen, dich zu akzeptieren. Es dauert einfach nur seine Zeit.«

Es war gar nicht so schwer, von zu Hause wegzulaufen. Nur einfach heimlich anziehen und genügend Vorräte mitnehmen.

Sara schlich in die Küche und plünderte den Kühlschrank. Sie stopfte Lebensmittel in ihren Rucksack. Natürlich durfte sie nicht ohne Vorbereitungen durch Afrika wandern. Die Sonne schien tagsüber sehr heiß. Deshalb zog Sara einen Strohhut an. Zum Schluß band sie noch ihren Teddybär an den Rucksack, nun konnte es losgehen.

Jazz saß neben ihr und schaute sie fragend an.

»Na komm, Jazz«, meinte sie. »Ich nehme dich mit nach Italien. Würde dir das gefallen? Aber du darfst keinen Ton von dir geben, sonst halten sie uns auf. Na los. Laß uns gehen.«

Lautlos verließ Sara mit Jazz das Haus und wanderte

hinaus in die Dunkelheit. Gewissensbisse wegen ihrer Mutter hatte sie keine. Monica hatte ja jetzt Alexander zum Liebhaben. Wozu brauchte sie dann noch eine Tochter?

Die Savanne lag dunkel, still und leer vor der kleinen Ausreißerin. Nur am Himmel glitzerten die Sterne. Angst hatte Sara keine. Jazz war ja bei ihr. Auch wenn der Weg von hier nach Italien vielleicht ein bißchen weit war, gemeinsam würden sie es schaffen.

Kurz nach Sonnenaufgang verließ Mrs. Hamilton das Krankenzimmer ihrer Tochter. Einige Stunden später erwachte Mary aus der Narkose. Kate stand an ihrem Bett und lächelte sie an.

»Ich habe gerade deine Kleidung gewechselt«, sagte Kate. »Wie wäre es, wenn du versuchst, deine Beine zu bewegen, Mary? Nimm dir Zeit, es wird dir helfen. Nur für ein paar Sekunden, erstmal ohne zu viel Anstrengung. Versuchen wir's!«

Mary richtete sich vorsichtig auf und setzte die Füße auf den Boden. Kate hielt sie bei den Armen.

»Das ist schön«, munterte sie das Mädchen auf »Gut. Rechts, links, perfekt. Beide!«

Doch Marys Beine knickten weg. Kate hielt Mary gerade noch fest und bettete sie vorsichtig nieder.

»Ich schaffe es nicht«, schluchzte Mary. »Bitte lassen Sie mich alleine. Ich schaffe das nicht.«

»Das muß dir keine Sorgen machen«, versicherte Kate. »Deine Beine können dich nach einer Vollnarkose nicht halten, Mary. Das ist normal. Es dauert seine Zeit, aber das Wichtige ist, daß du dich nicht unterkriegen läßt.«

Mary schloß die Augen und schottete sich wieder von der Außenwelt ab.

»Sehnst du dich nicht danach, aus diesem Zimmer zu kommen?« fuhr Kate fort. »Ich könnte dich mal an einem Tag im Park herumführen. Es ist wunderschön da draußen. Es gibt sogar einen See in der Nähe. Ich habe deine Fotos an der Wand gesehen. Du magst Filme über Tiere, Mary? Ich habe viele zu Hause. Wenn du möchtest, bringe ich dir ein paar mit. Welche Tiere hast du am liebsten? Giraffen? Ich mag Chamäleons.«

Mary schlug die Augen auf. Ihr Blick wanderte zum Rollstuhl, der für sie bereit stand. Bei diesem Anblick stiegen ihr Tränen in die Augen und rannen die Wangen hinunter. Sie wußte, sie würde nie wieder gehen können.

Es war kurz nach acht Uhr und bereits heller Tag, als das Telefon Monica aus dem Tiefschlaf riß. Sie hatte letzte Nacht nur wenig geschlafen und fühlte sich entsprechend zerschlagen. Der unerwartete Anruf kam – wie so oft – aus der Klinik.

»Ja, Susan«, murmelte Monica in den Hörer. »Nein, nein, ich bin es. Komisches Mädchen, schläfst du nie? Was hast du gesagt? Brustschmerzen? Niemand anderes ist verfügbar? Nein, nein, sag's mir nicht jetzt. Ich bin auf dem Weg.«

Zehn Minuten später saß Monica angezogen auf der Veranda der Farm. Sally hatte ihr in aller Eile ein Frühstück gezaubert: Spiegeleier, Buttertoast, ein Glas frisch gepreßten Orangensaft, dazu Flakes mit Milch.

»Oh, Sally, du bist ein Engel«, seufzte sie voller Heißhunger. »Es tut mir leid, daß ich dich so früh wecken mußte.«

»Das ist schon okay«, meinte sie mit nachsichtigem Lächeln.

»Würdest du mir bitte einen Gefallen tun?« bat sie. »Sorg dafür, daß Sara aufsteht und den Bus erwischt.«

»Natürlich mach' ich das«, versprach Sally. »Keine Sorge.«

»Und Frühstück!« Monica stand gehetzt auf und nippte noch einmal am Orangensaft. »Sie hat noch kein Frühstück gehabt. Ich möchte sichergehen, daß sie ihr Frühstück bekommt. Danke. Ich muß jetzt los. Einen schönen Tag noch.«

»Dir auch«, rief Sally ihr hinterher. »Bye!«

Sara erreichte die Savannenstraße, die nach Norden führte. Sie trampte und hatte Glück. Gleich das erste Auto, ein klappriger Lastwagen, hielt. Am Steuer saß ein massiger, grauhaariger Mann im zerknitterten Hemd. Er hatte blutunterlaufene Augen und war schmutzig und unrasiert.

Sara öffnete die Beifahrertür. Ein Dunstgemisch aus kaltem Zigarettenrauch und Schnaps schlug ihr entgegen. Sie setzte Jazz auf den Beifahrersitz und ließ sich daneben nieder. Der Mann gab Gas und fuhr los. Unterwegs versuchte er ein Gespräch mit der wortkargen Sara zu beginnen.

»Du willst mir also nicht sagen, wo du wohnst oder wo du hinwillst?« Der Mann bedachte sie mit einem strafenden Blick, der seine Enttäuschung über Saras Schweigen spiegelte. »Sehr mysteriös. Du rennst nicht von Zuhause weg, nehme ich an. Du kannst es deinem Freund Alfie ruhig erzählen. Na los!«

Saras Mißtrauen gegen den Mann wuchs. Beharrlich schwieg sie.

»So sollte man nicht zu seinen Freunden sein«, fuhr der Mann unfreundlicher fort und äugte neugierig auf

Saras prallen Rucksack. »Was ist in der Tasche? Hast du irgendwelches Geld?«

»Nein, nur Bücher«, log sie. »Schulbücher.«

»Du erwartest, ich kaufe dir ab, daß du auf dem Schulweg bist?« Der Mann umklammerte das Lenkrad, so daß die Knöchel weiß hervortraten. »Es ist nicht nett, Lügen zu erzählen, weißt du. Hat dir das niemand beigebracht?«

Der Fahrer sah Sara verärgert an. Sara sagte immer noch nichts. Sie saß da und stierte mit ausdruckslosen Augen aus dem Fenster.

»Hör auf, so hochnäsig zu sein«, blaffte er sie an. »Ich habe dich nur gefragt, wo du wohnst. Ich nehme an, dein Vater hat eine Farm hier in der Nähe, mit einer Menge Land. Stimmt's?«

»Nein, ich habe keinen Vater«, erwiderte Sara. Sie sprach langsam und überlegt. »Bitte, Mister, würden Sie mich jetzt rauslassen?«

»Bitte, Mister, würden Sie mich jetzt rauslassen?« äffte er gereizt nach. »Nein, das werde ich nicht! Ich nehme keine Befehle von einem verzogenen Balg an. Laß uns das klären! Was ist mit deiner Mutter und deinem Großvater? Was machen deine Großeltern, hä?«

Sara beschlich plötzlich ein unheimliches Gefühl, sie war mitten in einem Alptraum. Statt anzuhalten, gab der Mann noch mehr Gas und fluchte leise vor sich hin.

Als Monica die Klinik betrat, herrschte in den Korridoren bereits die alltägliche Hektik. Sie ging in das Zimmer, in dem der Notfallpatient lag. Sie nahm die Krankenakte und warf einen Blick hinein.

»Gehen Sie vielen physischen Aktivitäten nach?« erkundigte sie sich. »Treiben Sie Sport?«

»Ja, bin Profitennisspieler und nehme an Tennisturnieren teil«, antwortete der Mann.

»Turniere?« wiederholte Monica mit besorgtem Stirnrunzeln. »Also, in Ihrem Zustand, mit Ihrem Herzen, würde ich das wirklich nicht empfehlen.«

Der Mann starrte Monica wie betäubt an, als hätte sie ihm gerade eröffnet, daß er ein inoperables Karzinom habe.

»Monica!« eine kreidebleiche Kate riß die Tür auf.

»Oh, entschuldigen Sie mich eine Sekunde«, sagte Monica zu dem Patienten und trat zu Kate auf den Flur.

»Ich muß dir etwas sagen«, flüsterte Kate. »Es scheint, daß ... Sara verschwunden ist. Sally hat angerufen. Sie sagt, als sie heute morgen Sara wecken wollte, war sie nicht in ihrem Zimmer. Sie hat überall nachgeschaut. Es tut mir leid, Monica. Sally sagte, daß Alex dich abholen kommt.«

»Oh, mein Gott!« Monica spürte, wie ihr der Schweiß ausbrach. Ihr wurde schwindlig. Sie lehnte sich kurz gegen die Wand und wischte sich über die Stirn.

Monica fuhr mit Alexander zur Farm zurück. Sara irrte mutterseelenallein durch die Wildnis. Diese schreckliche Vorstellung lähmte Monica.

Als sie die Farm erreichte, standen die schwarzen Angestellten um Walter versammelt im Hof. Sämtliche Räume, die Bungalows und Stallungen, das ganze umliegende Gelände hatten sie bereits durchsucht. Nun mußten sie die Suche auf die Savanne ausdehnen.

»Irgendwelche Neuigkeiten?« erkundigte sich Alexander.

»Nichts«, bedauerte Mowanda. »Sie ist verschwunden. Ich habe meine Männer über das gesamte Anwesen geschickt, aber sie haben kein Lebenszeichen von ihr entdeckt. Vielleicht ist sie eine Straße entlang gegangen. Vielleicht hat sie jemand mitgenommen ...«

»Gut, hört zu«, wandte sich Alexander an die Umstehenden. »Wir kennen alle unsere Gebiete und werden sie systematisch durchkämmen. Meldet euch einmal in der Stunde. Los geht's!«

Alexander teilte die Suchtrupps ein, die in alle Himmelsrichtungen ausschweiften.

Sara hatte Angst. Ihr Atem ging rasselnd und schnell. Sie kauerte auf dem Beifahrersitz und hielt Jazz mit beiden Händen an sich gepreßt.

Aus Angst hatte sie dem Fahrer einiges über ihre Mutter und ihre Großeltern verraten.

»Also, diese Leute, diese Brandts, haben die überhaupt Geld?« bohrte der Fahrer weiter.

Sara schwieg. Der Fahrer griff nach Sara, um die Wahrheit aus ihr rauszuprügeln. Jazz fletschte die Zähne, schnappte nach dem Arm des Mannes und biß sich in seinem Hemd fest.

»Au!« schrie der Fahrer und riß seine Hand zurück. »Verdammtes Biest! Nimm das Mistding von mir weg!«

Doch Jazz ließ nicht los. Der Fahrer schrie. Ihm war, als bohrten sich Nägel in seinen Unterarm. Der Schmerz durchfuhr ihn bis zur Schulter.

Irgendwie schaffte er es, den Lastwagen an den Straßenrand zu bugsieren. Sara griff nach dem Türgriff. Sie wußte, dies war ihre einzige und letzte Chance, dem Kerl zu entkommen. Sie drückte mit aller Kraft gegen die Tür. Jazz ließ den Fahrer los und prallte auf den Boden vor dem Beifahrersitz.

Sara stieß die Tür auf und sprang hinaus. Jazz fegte hinter ihr her. Beide landeten weich im Buschgras und rannten so schnell und so weit, wie sie konnten. Hinter ihnen röhrte der Motor auf. Obwohl der Lastwagen davonfuhr, liefen Sara und Jazz weiter ziellos in die Wildnis.

Hätten sich beide fünf Minuten länger auf der Straße aufgehalten, hätte Mowanda sie entdeckt und in seinem Auto mitgenommen.

Sam begleitete Mowanda. Er stand hinten auf der Ladefläche, von wo aus er die Savanne einige hundert Meter weit überblicken konnte.

»Wir werden sie finden, das ist sicher!« rief Mowanda aus dem Führerhaus. »Und wenn wir jeden Zentimeter Boden absuchen müssen. Hauptsache, wir finden sie lebend.«

»Für ein kleines, ausländisches Mädchen ist das kein guter Ort für einen Spaziergang.« Sam entdeckte im hohen Gras ein Löwenrudel.

»Nein«, bestätigte Mowanda. »Wir müssen sie schnell finden.«

»Mit Gottes Hilfe«, seufzte Sam. »Du kennst dieses Land, John. Wie denkst du, stehen die Chancen?«

»Ich bin ziemlich optimistisch, daß wir sie lebend finden«, erwiderte Mowanda.

Stundenlang irrten Sara und Jazz durch die Savanne. Nirgendwo fanden sie ein Zeichen von Zivilisation. Es wurde sehr heiß. Sara bereute, daß sie nicht mehr Wasser mitgenommen hatte. Nur noch ein winziger Schluck war in der Flasche übrig geblieben. Und den wollte sie sich noch aufsparen.

Durch die Hitze schwollen Saras Lippen an. Nach Mittag brannte die Sonne besonders erbarmungslos. Sara leckte sich die aufgesprungenen Lippen. Schließlich blieb sie im Schatten eines verdorrten Baumes stehen.

»Heiß, nicht wahr, Jazz«, stöhnte sie, schnallte den Rucksack ab und glitt ins Gras. »Wir setzen uns ein bißchen hin. Bist du hungrig? Mal sehen, was wir haben.« Sara nahm einen Keks aus dem Rucksack und teilte ihn mit dem Hund. »Ich weiß nicht, wie lange wir bis zum Meer brauchen. Auf der Karte in der Schule sah es nicht weit aus. Aber dann müssen wir ein Schiff finden, das uns mitnimmt. Wenn wir so tun, als ob wir zu Erwachsenen gehören, wird sich bestimmt niemand um ein kleines Mädchen und einen Hund kümmern. Zumindest denke ich mir das so. Italien wird dir gefallen, Jazz. Dort wurde ich geboren. Vati kommt auch von dort. Ich bin Italienerin, wußtest du das? Vielleicht kann ich das Meer sehen, wenn ich in die Baumkrone steige.«

Sara gab Jazz noch den letzten Schluck Wasser aus der Flasche. Dann kletterte sie in den Baumwipfel und hielt Ausschau. Sie beobachtete einige Giraffen, die in majestätischen Zeitlupenbewegungen durch das Steppenland wanderten. Ansonsten gab es nur Wildnis, so weit das Auge reichte.

Sara kletterte zu Jazz hinab, zog den Rucksack über und setzte ihren Weg in den sicheren Tod fort.

12. KAPITEL
Auf Leben und Tod

Der Sonnenuntergang vollzog sich mit der für Afrika üblichen Pracht. Rubinrote Wolken hoben sich vom dunkelblauen Himmel ab und ließen den aufsteigenden Bodennebel leicht erglühen.

Für Monica war die Ungewißheit das Schlimmste. Jede

Minute dehnte sich ins Endlose. Wo steckte Sara? Weggelaufen! Mit Jazz und ihrem Teddy!

Monica saß neben Alexander im Jeep. Plötzlich machte ihr Herz einen Satz. Das Knurren eines Leoparden drang an ihr Ohr. Irgendwo im hohen Buschgras lauerte das Raubtier.

»Ruhig, Monica«, sagte Alexander sanft.

»Ja, richtig«, erwiderte sie scharf. »Aber ich werde es nicht ruhig hinnehmen.«

»Wir müssen sie finden«, meinte er. »Sie kann nicht weit gekommen sein.«

»Es tut mir leid«, flüsterte sie heiser. »Sie bedeutet mir alles.«

Sara irrte weiter durch die geheimnisvolle, fremde Welt. Plötzlich kläffte Jazz schrill. Sara blieb stehen und sah gerade noch den lauernden Leoparden vor sich im Baum. Ein schneller, lautloser Sprung, gefolgt vom Todesschrei einer Antilope, dann herrschte wieder Stille. Während sich eine der täglichen Tragödien unter dem Baum abspielte, rannte Sara, so schnell sie konnte, davon. Sie war so in Panik, daß sie ihren Strohhut verlor.

George und Walter durchsuchten das Gebiet von Süden her. Walter fuhr im Schrittempo durch das Gras, während George zu Fuß nebenher schritt. Immer wieder riefen sie: »Sara! Sara! Sara!«

Doch nur das Echo antwortete ihnen.

Plötzlich blieb Walter stehen und deutete zu einem Baum. »Hey, George. Schau mal, da drüben!«

Geier ließen sich dort bei einem Kadaver nieder. Aus der Ferne glich er einem zusammengekrümmten kleinen Menschen.

George stieg ins Auto. Walter gab Gas und raste auf die Geier zu. Die beiden Männer wußten nicht, was sie dort erwartete. Sie hatten Angst, daß es Sara sein könnte. Diese Angst schloß jeden klaren Gedanken aus.

Erschrocken flatterten die Geier hoch, als der Geländewagen neben ihnen hielt. Walter und George sprangen aus und ... atmeten durch. Von der toten Antilope vor ihnen waren nur noch Knochenreste übrig. Zweifellos war das Tier Opfer eines Leoparden. Wie zur Bestätigung zerriß in der Ferne ein wildes Brüllen die Stille.

»Sie sind immer noch da«, flüsterte Walter. »Gib mir das Gewehr.«

Georges gehetzter Blick schweifte besorgt über das Gras. Gleichzeitig nahm er sein Gewehr von der Schulter und gab es Walter. Die beiden Männer waren mit den Gewohnheiten der großen Raubkatzen vertraut. Sie zweifelten nicht im geringsten daran, daß ein oder mehrere Leoparden ringsum im Dickicht auf neue Beute lauerten.

»Es wird eine schrecklich lange Nacht werden, wenn wir sie nicht bald finden«, meinte George.

Er trottete mit Walter zum Auto zurück. Sie überließen die Knochen, die das Raubtier übriggelassen hatte, wieder den Geiern und Schakalen.

George holte einen Feldstecher aus dem Auto und suchte damit den Horizont ab. Das Gras flimmerte und tanzte noch von der Tageshitze. Walter griff zum Mikrophon und erstattete Lisa über CB-Funk Meldung über ihren Fund.

Lisa saß in der Farm am Funkgerät und stellte die Kontakte zu den einzelnen Suchtrupps her.

»Und niemand hat bisher eine Spur von ihr gesehen?« fragte sie ihren Mann. »Sie kann nicht weit gekommen sein. Sie ist so klein. Denkst du, jemand hat sie mitgenommen? Over!«

»Ich weiß es nicht«, antwortete Walter. »Es wird hier bald dunkel. Schwer, irgendwas zu sehen. Aber wir brechen die Suche auf gar keinen Fall ab. Over!«

»Walter, übertreib es nicht«, bat Lisa besorgt. »Denk an dein Herz, Liebling. Over.«

»Wenn wir sie nicht finden, dann kannst du anfangen, dir Sorgen um mein Herz zu machen«, gab er zurück. »Bleib jetzt ruhig. Over.«

»Funk mich wieder an, sobald ihr Neuigkeiten habt«, erwiderte sie. »Ich werde nicht schlafen gehen. Es ist schrecklich, hier zu warten. Ich kann ja überhaupt nichts tun. Schrecklich.«

Einige Meilen entfernt bereiteten sich Alexander und Monica auf eine Fahrt durch die Nacht vor.

»Zum Glück habe ich diese starken Taschenlampen mitgenommen«, meinte Alexander. »Aber ich hatte gehofft, wir würden sie nicht brauchen.«

Monica war vor Kummer wie betäubt. Sie hatte die vergangene Stunde kein Wort gesagt. Schweigend schaute sie aus dem Fenster.

Die Dunkelheit brach sehr schnell herein. Fahles, gespenstisches Licht ergoß sich über die Savanne. Am Himmel tauchte ein blutroter Vollmond auf.

»Ich will meine Sara«, sagte Monica mit leiser, erstickter Stimme. »Ich will sie jetzt! Ich kann nicht ohne sie leben, verstehst du das nicht? Ich kann nicht. Ich werde alles tun. Ich werde dich sogar verlassen, wenn es sein muß.«

Monica konnte ihre Tränen nicht länger zurückhalten. Sie hatte keine Kraft mehr und ließ sich einfach gegen Alexanders Schulter sacken. Warum? Warum mußte das geschehen? Wieso hatte sich ihr Schicksal so gegen sie verschworen?

Monicas heiße Tränen benetzten Alexanders Jacke.

»In Ordnung«, erwiderte Alexander tröstend und legte den Arm um sie. »Wir werden machen, was immer Sara möchte. Aber jetzt weine nicht mehr. Sei tapfer. Ich bin sicher, daß wir sie finden werden. Aber wir müssen weitersuchen.«

»Hier.« Alexander nestelte ein frisches Taschentuch aus der Jacke und reichte es ihr. »Meine Mama hat mir früher jeden Tag eins in meine Tasche gesteckt. Ich habe wirklich nie verstanden, warum. Jedenfalls habe ich diese Gewohnheit beibehalten. Jetzt weiß ich, warum.«

Monica richtete sich auf, trocknete ihre Tränen und brachte ein dünnes Lächeln zustande.

Knisternd erwachte der Funklautsprecher zum Leben.

»Alex, hier ist John«, meldete sich Mowanda. »Ich hatte nicht viel Glück. Was ist mit euch?«

»Wir auch nicht«, antwortete Alexander über Funk. »Wir decken den Nordwestpfad ab. Wir haben ihn beinahe vollständig abgesucht. Over.«

Mit der Finsternis wuchs auch Saras Furcht. Orientierungslos tapste sie durch das Buschland. Myriaden Insekten flogen um sie herum und erfüllten die Luft mit monotonem Summen.

Immer wieder blieb Sara erschrocken stehen. Da! Knackte da nicht ein trockner Zweig? Die Finsternis war erfüllt von unheimlichen Geräuschen. Manchmal strich auch nur der Wind durch das Gras, und es klang, als streifte ein Raubtier durch den Busch. Einmal spiegelten dicht beieinander zwei grünliche Lichter in der tiefen Dunkelheit. Das Mondlicht spiegelte in den Augen irgendeines Tieres, das gleich darauf wieder verschwand.

Schließlich rasteten Sara und Jazz zwischen Baumstämmen. Sie legten sich in das Gras und versuchten ein wenig zu schlafen. Doch immer wieder schreckten sie aus dem unruhigen Schlummer. Durch das Gewirr der Geräusche drang in regelmäßigen Abständen ein dumpfes Husten, gefolgt von einem kreischenden Röcheln. Das war der Jagdschrei des Leoparden.

An diesem Abend war Saras Verschwinden auch in der Klinik Gesprächsthema Nummer Eins. Da bei Cindy in der Rezeption alle Meldungen eingingen, versammelten sich dort die beunruhigten Patienten. Nur mit Bademänteln oder Nachthemden bekleidet umringten sie die Rezeption und bestürmten Cindy mit Fragen.

»Nein, es gibt noch nichts Neues«, bedauerte Cindy etwas genervt. »Sie suchen im Moment, soweit ich weiß. Jetzt gehen Sie zurück ins Bett, es ist spät. Kommen Sie schon, Mr. Rhodes. Gehen Sie mit gutem Beispiel voran. Sobald ich irgend etwas erfahre, werde ich es Sie alle wissen lassen.«

Doch keiner der Patienten rührte sich von der Stelle ..., bis sie Kate sahen. Vielleicht wußte die Oberschwester ja mehr. Ehe Kate sich versah, war sie umzingelt von aufgeregten Patienten.

»Bitte, Schwester Kate«, fragte einer. »Gibt es irgendwas Neues?«

»Ist es wahr, daß sie draußen im Busch nach ihr suchen?« wollte eine Frau wissen.

»Nein, es gibt im Moment nichts Neues zu berichten!« rief Kate gegen das Stimmengewirr an. »Sie werden weiter da draußen die ganze Nacht nach ihr suchen. Kommen Sie mit mir, Mr. Rhodes. Ich bringe Sie in ihr Zimmer zurück.«

Kate hakte sich bei Mr. Rhodes unter und brachte ihn ins Bett zurück.

Auch Mary dachte an Saras ungewisses Schicksal. Darüber vergaß das Mädchen sogar ihr eigenes Elend. Regungslos lag sie im Bett und stierte zur Decke. Dann hörte sie, wie Kate eintrat.

»Hi«, grüßte Kate. »Brauchst du etwas, bevor ich gehe?«

Mary antwortete nichts. Regungslos lag sie da.

»In Ordnung«, meinte Kate schließlich. »Ich sehe dich morgen für deine erste Therapiesitzung. Gute Nacht.«

»Kate«, rief Mary besorgt.

»Ja?« Kate drehte sich an der Tür um.

»Haben ..., haben sie sie gefunden?« wollte Mary wissen.

»Nein, noch nicht.« Kate setzte sich auf Marys Bettkante und lächelte. »Aber das werden sie. Du wirst sehen. Dessen bin ich mir sicher. Schlaf jetzt, und versuch nicht darüber nachzudenken.«

»Kate, Sie kennen sie gut, nicht wahr?« bohrte Mary weiter.

»Sara?« fragte Kate überrascht. »Ja, sicher. Sie ist nett, anhänglich und begeisterungsfähig.«

»Kennen Sie ihren Vater?« hakte Mary nach.

»Was?« Kate fragte sich, worauf Mary hinaus wollte. »Nein, ich habe ihn nie getroffen. Es ist schade, aber sie hat keinen Vater mehr.«

»Keinen Vater?« wiederholte Mary erschrocken. »Wie ich. Sie vermißt ihn wohl so wie ich. Sie ist jetzt bestimmt sehr traurig. Ich hoffe, sie finden sie bald.«

»Ja, laß uns hoffen«, seufzte Kate. »Dann kann sie eines Tages mit Doktor Monica herkommen, und ihr könnt euch kennenlernen.«

»Das würde ich gerne«, beteuerte Mary. »Können Sie

mir helfen? Wenn sie sie finden, können Sie Doktor Monica bitten, sie hier herzubringen?«

»Natürlich werde ich das tun«, versprach Kate. »Sie wird gerne kommen, das weiß ich. Ihr werdet sofort Freunde werden, das steht fest.«

»Sie kann mir womöglich sagen, warum sie weggelaufen ist«, meinte Mary. »Vielleicht hatte sie auch Angst.«

»Angst?« Kate hob überrascht die Brauen. »Was meinst du, Mary? Wovor Angst?«

»Allein zu sein«, antwortete Mary leise. »Nicht wichtig genug für irgend jemanden zu sein. Wen kümmert es, ob ich jemals wieder laufen kann? Wen kümmert es, wenn sie wegläuft?«

»Deine Mutter, Mary«, versicherte Kate.« Sie kümmert es sogar sehr. Sie saß die ganze Nacht hier, ohne dich für eine Sekunde allein zu lassen. Sie ist heute weg, weil sie arbeiten muß, um für dich sorgen zu können. Es tut mir leid, Mary, aber du bist nicht fair zu ihr. Es ist nicht ihre Schuld, daß dein Vati nicht mehr da ist. Ich bin sicher, daß dein Vater der erste wäre, der dem zustimmt.«

»Ja, er hat sie sehr geliebt«, gab Mary zu.

»Und was ist mir dir?« wollte Kate wissen. »Liebst du sie nicht?«

»Doch«, antwortete Mary. »Aber es ist der Schmerz im Innern. Er ist so stark, man kann nichts anderes mehr fühlen. Das ist der Grund. Aber ich liebe meine Mutter über alles.«

Die ganze Nacht fuhr Alexander durch die Savanne. Monica bediente den leistungsstarken Suchscheinwerfer an der Beifahrerseite. Ähnlich verfuhren Mowanda und Sam. Walter und George suchten getrennt. Während Walter mit dem Jeep im Schrittempo durch das Gras ruckelte, suchte George einige Meter weiter mit dem Handscheinwerfer zu Fuß. Doch bei allen blieb die Fahndung bis zum Morgengrauen erfolglos.

Lisa fühlte sich von allen Beteiligten am elendsten. Sie war zur völligen Untätigkeit verdammt. An Schlaf war nicht zu denken. Sobald sie die Augen schloß, hatte sie furchtbare Bilder vor Augen: Sara, die mit verrenkten Gliedern und blutgetränkt im Savannengras lag. Vielleicht war das arme Mädchen ja schon tot. Vielleicht schlich sich gerade in diesem Moment ein gefährliches Raubtier an sie heran.

Unruhig stand Lisa die halbe Nacht vor dem Farmhaus und stierte hilflos in die Finsternis.

Die Nacht verstrich nur langsam. Auf einer Anhöhe machten Monica und Alexander Rast. Sie stiegen aus dem Jeep und tranken Kaffee, den sie in der Thermosflasche dabei hatten.

Sie fühlten sich beide zerschlagen. Erschöpft setzten sie sich auf einen Felsen und schwiegen. Monica war in Gedanken bei Sara. Sie nahm nichts von dem herrlichen Sonnenaufgang wahr. Feine Nebel stiegen weiter unten auf und umflossen den Hügel.

Plötzlich vernahm Monica ein Geräusch, das sie aufmerksam werden ließ. Zuerst hatte sie geglaubt, es sei nur eine Einbildung gewesen. Es war ein heller Ton. Ein Hund vielleicht?

»Hörst du das?« fragte Monica und sprang auf. »Was ist das?«

»Ich weiß es nicht.« Alexander lauschte angestrengt. »Ich habe nichts ...«

Weiter kam er nicht. Monica war bereits im Auto. Alexander setzte sich neben sie und startete den Geländewagen. So schnell es die Ruckelpiste zuließ, fuhren sie in die Richtung, aus der Monica das Geräusch gehört hatte.

Sara lag leblos im Gras. Irgendwann war sie vor Erschöpfung eingeschlafen. Jazz war bereits wach. Selbst sein Bellen weckte Sara nicht. Jazz spitzte wachsam die Ohren. In der Nähe lungerten einige Hyänen herum, beäugten den kleinen Hund mißtrauisch und trotteten endlich weiter.

Ein Rascheln ließ Jazz plötzlich erstarren. In den Bäumen über ihnen zeterten kleine Affen. Sie warnten vor der Giftschlange, die sich lautlos heranschlängelte.

Die schwarze Mamba kroch auf Sara zu. Jazz bellte und schnappte nach dem Reptil. Drohend richtete sich die Schlange auf. Gift tropfte von ihren beiden Vorderzähnen. Die schwarze Mamba starrte den Hund hypnotisch, mit glasigen Augen, an. Mit unglaublicher Schnelligkeit schnellte sie vor und stieß nach Jazz. Todesmutig verbiß sich der kleine Hund im Hals der Schlange.

Sara schreckte aus dem Schlaf. Ihr Herz schlug dumpf, als sie Jazz leblos neben der getöteten Schlange liegen sah.

»Jazz?« Sara kniete nieder und hob Jazz sanft hoch. »Du bist bald wieder in Ordnung, Jazz. Keine Sorge. Bitte, sei nicht verletzt. Bitte, mach nicht dieses Geräusch. Es ist nichts.«

Jazz winselte leise. Er regte sich kaum noch und atmete nur noch schwach. Das Schlangengift wirkte in seinem zitternden Körper.

»Oh, Mami!« Sara sprang auf und rannte mit dem kleinen Hund im Arm ziellos drauflos. »Mami, wo bist du?«

Der Savannenpfad, den Alexander entlangfuhr, wurde

immer schmaler. Ab und an unterbrachen Bäume die monotone Graslandschaft. Manchmal standen sie so dicht, daß die überhängenden Äste sich berührten und ein Blätterdach bildeten. Plötzlich hörte Alexander Vögel kreischen. Er hielt an und stieg aus. Die Luft war heiß und schwer.

»Geier!« Monicas deutete zu einem einsam stehenden Baum. Ihr Gesicht verzerrte sich vor Entsetzen. »Siehst du sie?«

»Ja!« Alexander stieg wieder ins Auto und fuhr weiter. Das Motorengeräusch verscheuchte die Geier. Alexander lenkte das Auto direkt neben einen Kadaver und stieg aus. Eine dichte Fliegenwolke erhob sich von der Leiche.

Auf dem ersten Blick wirkte der dunkle, blutverkrustete Körper menschlich. Monica stieg ebenfalls aus. Süßsäuerlicher Verwesungsgestank stieg ihr in die Nase.

»Was fressen sie?« fragte Alexander bange und starrte auf den Körper herunter.

»Es ist nur ein Tier!« Monica beugte sich über den zerrissenen Antilopenkörper.

»Weiter«, drängte Alexander.

»Okay«, antwortete Monica, dann stutzte sie. »Warte! Schau!«

Saras Strohhut lag im Gras. Monica hob ihn auf. Der Boden rings herum war plattgetrampelt, wie nach einem Kampf. Neben einer getrockneten Blutlache entdeckte sie Leopardenspuren. War es Saras Blut, oder das der getöteten Antilope?

»Da!« Monica brachte den Strohhut zum Jeep. »Sie ist hier vorbeigekommen. Es ist ihr Hut. Sie kann nicht allzuweit sein.«

»Wir suchen weiter.« Alexander stieg in den Jeep und gab Gas.

Sara taten alle Muskeln weh. Jazz wurde von Minute zu Minute schwerer in ihren kleinen Armen. Außerdem war es entsetzlich heiß – zu heiß, um noch einen klaren Gedanken zu fassen. Der Schweiß floß Sara über das Gesicht. Ihr Haar klebte unangenehm auf dem Kopf.

Jazz ging es immer schlechter. Seine Atmung wurde zu einem flachen Keuchen. Auch Sara war außer Puste. Ihr wurde schwindlig. Völlig ausgelaugt sackte sie in den Schatten eines großen Affenbrotbaumes und schlief vor Erschöpfung auf der Stelle ein.

Sara wußte nicht,wie lange sie geschlafen hatte. Eine Stunde? Eine Woche? Doch plötzlich spürte sie etwas Nasses im Gesicht. Sie öffnete die Augen und sah einen pelzigen, ockerfarbenen Kopf. Kleine, schwarze Augen blickten zutraulich. Ein süßes Löwenbaby kletterte übermütig an Sara hoch und leckte ihr das Gesicht. Was Sara nicht sah, war das Rudel ausgewachsener Löwen, das keine zehn Meter hinter dem Baum in der Sonne döste.

Der Geländewagen mit Monica und Alexander brach durch niedrige Buschreihen und holperte weiter querfeldein.

Monica verständigte über Funk Mowanda.

»Ja, ich weiß, dieses Gebiet ist ein paar Meilen nördlich vom verlassenen Dorf«, antwortete er ihr. »Ich melde es Walter, George und den anderen sofort. Ja, drei Schüsse hintereinander, wenn wir sie finden. Ich berichte es ihnen. Okay. Viel Glück, Monica. Over und aus.«

Monica schaltete das Funkgerät aus und wandte sich an Alexander: »Sie sind alle bald hier, nicht wahr?«

»Hoffentlich«, seufzte er. »Ich glaube, wir gehen jetzt besser zu Fuß.«

Einige Antilopen verharrten regungslos im hohen Buschgras. Sie rannten erst erschrocken los, als Monica und Alexander aus dem Auto stiegen.

»Welche Richtung?« fragte Monica.

»Laß uns zu dem Baum da drüben gehen«, schlug Alexander vor. Der Baum war meilenweit der einzige Schattenspender. Wenn jemand eine Rast machen wollte, dann bestimmt im Schatten dieses Baumes.

»Ja.« Monica nickte entschlossen. »Ich weiß, sie ist hier. Ich kann es fühlen.«

Plötzlich stutzte Monica. Am Fuß des Baumes saß eine kleine Gestalt.

»Alex, schau«, flüsterte Monica heiser. »Ist sie das?«

»Ich weiß es nicht.« Alexander kniff die Augen zu schmalen Schlitzen zusammen.

»Sie ist es.« Monica rannte zu dem Baum. »Sara! Sara!«

Überrascht spitzte das Löwenbaby die Ohren. Sara wankte auf die Beine. Im nächsten Moment umarmte Monica ihre Tochter und küßte sie ab.

»Sara«, wiederholte sie immer wieder. »Bist du in Ordnung?«

»Mami!« schluchzte Sara erleichtert.

»Oh, ich habe mir solche Sorgen um dich gemacht«, lachte und weinte Monica gleichzeitig.

Sara löste sich behutsam aus der Umarmung und deutete mit großen, traurigen Augen auf den kleinen Hundekörper, der regungslos im Gras lag.

»Jazz ist tot, Mami«, sagte Sara. »Er ist tot. Ich habe mich so gefürchtet.«

Alexander kniete neben Jazz und fühlte seinen Puls an der Halsschlagader.

»Nein, er ist nicht tot, Sara«, meinte Alexander schließlich. »Er hat nur einen Schock. Was ist passiert?«

»Eine Schlange«, erzählte Sara stockend. »Er wurde von einer Schlange gebissen. Ich konnte sie nicht richtig sehen. Es ging alles so schnell. Sie hat seine Pfote gebissen. Ich habe sie bandagiert, aber ich wußte nicht, was ich tun muß. Ich dachte, er wäre gestorben.«

»Hat sie dich gebissen?« fragte Monica besorgt.

Sara schüttelte verneinend den Kopf.

»Monica!« Alexander untersuchte Jazz etwas gründlicher. »Er ist doch verletzt und blutet. Ein Biß. Er wurde von einer Schlange gebissen.«

»Wir brauchen etwas Schlangenserum und ein paar Gegengifte«, antwortete sie ruhig. »Halte ihn warm. Es ist alles im Jeep, im Verbandskasten. Ich hole ihn.«

»Überlaß das mir, Monica.« Alexander hob den kleinen Hund behutsam auf. »Kümmere du dich um Sara. Ich kümmere mich um Jazz.«

»Danke«, erwiderte Monica und wandte sich wieder ihrer Tochter zu: »Tu das nie wieder!«

»Mami, meine Tasche.« Sara bückte sich und hob den Rucksack mit dem Teddybär auf.

Plötzlich vernahm Monica ein gutturales Knurren. Sie sah die Löwen, und vor Schreck machte ihr Herz einen Satz. Eine Löwenmutter verließ das Rudel und pirschte auf sie zu.

»Kannst du laufen?« fragte Monica.

»Ja«, antwortete Sara und rannte mit ihrer Mutter zum Jeep.

Alexander trug Jazz und erreichte als erster das Fahrzeug. Er bettete den kleinen Hund auf die Rückbank, drehte sich um und sah die Löwin heranspringen. Zum Glück schafften sie es rechtzeitig ins Auto und fuhren los. Als Sara zurückblickte, bemerkte sie etwas Merkwürdiges. Die Löwenmutter trottete allein zum Rudel zurück. Sie würdigte das Löwenbaby keines Blickes. Einsam und allein saß es abseits im hohen Gras.

An diesem Morgen besuchte Kate als erste Mary, um ihr die gute Nachricht mitzuteilen. Zu ihrem Erstaunen lag Mary nicht im Bett, sondern saß im Rollstuhl.

»Oh, Mary«, freute sich Kate. »Das ist großartig. Du benutzt deinen Rollstuhl. Mein Gott! Weißt du schon, sie haben Sara gefunden. Es geht ihr gut. Monica hat gerade angerufen und es mir mitgeteilt. Komm mit mir, wir erzählen die Neuigkeit allen anderen.«

Kate schob den Rollstuhl aus dem Zimmer hinaus, den Korridor entlang und hinaus in den Park.

»Jetzt, wo sie Sara gefunden haben«, lachte Kate unterwegs, »wirst du sie bald kennenlernen.«

»Sie haben Sara gefunden!« jubelte Mary allen Patienten zu. »Juchuuu!«

Alexander hatte im Schatten einiger Bäume gehalten. Monica stand neben der geöffneten Hintertür und verarztete Jazz. Der kleine Hund lag regungslos auf der Rückbank. Er atmete in pfeifenden Stößen. Monica bandagierte seine Wunden. Alexander suchte im Erste-Hilfe-Kasten vergeblich die Ampullen mit Schlangenserum.

»Es ist alles meine Schuld, Mami«, jammerte Sara. »Ich habe ihn mitgenommen. Es ist so gefährlich da draußen. Alex hatte recht. Er hat versucht, mich zu verteidigen, aber er ist nur ein kleiner Hund.«

»Ja, Alex hatte recht«, bestätigte Monica und flößte ihrer Tochter Wasser ein. »Er kennt diese Gegend sehr gut. Jazz ist ein tapferer, kleiner Hund. Er verteidigte dich, so gut er konnte. Ich hoffe, wir können ihn retten.«

»Ich habe nur ein Antibiotikum und etwas Vitamin K«, bedauerte Alexander.

»Weißt du, wie man eine Injektion setzt?« fragte Monica.

»Natürlich weiß ich das, Schatz«, antwortete er. »Dazu braucht man wohl kaum einen Doktor-Titel.«

»Oh, warte.« Alexander fand eine andere Ampulle in dem Medizinkasten. »Da ist ein pflanzliches Mittel, das John mir gab. Es wird besonders als Serum gegen Schlangenbisse verwandt. Ich hoffe, es wirkt.«

»Ich auch«, meinte Monica, während Alexander dem Hund die Injektion setzte.

»Glaubst du, er wird sterben?« fragte Sara bange.

»Ich weiß es nicht, Liebling«, antwortete Monica. »Aber Alex tut alles, was er kann. Wir können jetzt nur abwarten.«

»Da war ein Löwenjunges bei mir, Mami«, erzählte Sara. »Es war so kuschelig und süß ...«

»Ich weiß.« Monica lächelte. »Ich habe es gesehen, Schätzchen.«

»Es war so klein und nett«, fuhr Sara verträumt fort.

»So!« Alexander schloß die Hintertür und verstaute den Medizinkasten unter dem Sitz. »Jetzt können wir nur hoffen, daß der Medizinmann, der John das Mittel gab, wußte, was er tat.«

»Möchtest du mit Jazz hinten fahren?« fragte Monica.

»Ja«, erwiderte Sara und kletterte auf den Sitz neben Jazz.

Die Atemzüge des Hundes gingen ruhig und klangen beinahe schon wieder normal. Er schlug seine Augen auf und schaute Sara an.

»Mami!« rief Sara begeistert. »Jazz lebt! Oh, Alex! Du bist wunderbar!«

Alexander saß vor Sara auf dem Fahrersitz und steuerte den Jeep. Plötzlich schlang Sara von hinten die Arme um ihn und gab ihm einen Kuß auf die Wange.

Monica blickte erst genauso verblüfft wie Alexander. Dann lösten sich ihre angespannten Gesichtszüge. Tränen der Erleichterung und Freude stiegen ihr in die Augen, aber sie blinzelte sie hastig zurück. Alexander und sie wechselten einen Blick. Sie schauten sich tief in die Augen. Was gestern noch unmöglich schien, war heute geschehen. Es gab eine Bindung zwischen ihnen. Nicht nur zwischen Monica und Alexander, sondern auch zwischen Sara und Alexander. Eine echte Bindung.

Abends brachte Monica ihre Tochter zeitig ins Bett. Sara hatte viel Schlaf nachzuholen.

»Mami?« fragte Sara, als sie ins Bett kletterte. »Jazz ist heute abend ganz allein. Wird er sich nicht fürchten?«

»Er ist nicht allein, Liebling«, versicherte Monica. »Er ist bei Alex. Das ist besser. So kann Alex auf ihn aufpassen.«

»Ja, bei Alex wird er sicher sein, nicht wahr?« Sara kuschelte sich in die Decke und drückte den Teddy an sich.

»Natürlich wird er das.« Monica setzte sich auf die Bettkante und wurde ernst. »Aber da ist etwas, was ich dir sagen muß.«

»Nein, nicht jetzt, Mami, ich bin müde.« Sara deutete auf das Märchenbuch, das auf der Kommode lag. »Ich möchte nur, daß du mir von Dede der Katze erzählst. Du wirst es heute abend nicht wieder auslassen, oder? Du hast es vorher noch nie ausgelassen!«

»Nein.« Monica nahm das Buch und schlug es auf. »Ich verspreche dir, daß ich es nie mehr versäume. Nie wieder!«

13. KAPITEL
Freunde fürs Leben

Als Monica ihre Tochter zu Bett brachte, hatte sie die feste Absicht gehabt, ihr die Wahrheit über Jazz zu sagen. Aber als sie Sara dann in die Augen blickte, brachte sie es nicht fertig. Sie brachte es einfach nicht heraus, daß inzwischen Jazz' wahre Besitzer gefunden worden waren. Vielleicht gab es einen anderen Weg, Sara auf die bevorstehende Trennung von Jazz vorzubereiten.

»In Ordnung«, sagte Monica, als sie das Märchenbuch aufgeschlagen hatte. Doch las sie diesmal nicht die Geschichte vor, die dort geschrieben stand, sondern erfand eine eigene: »Dede die Katze. Dede die Katze hatte einen sehr guten Freund, ein kleines, verirrtes Küken, das sie im Orchideenbeet gefunden hatte. Sie fand es ziemlich weit vom Hühnerhof entfernt. Dede und das kleine Küken, das sie Sax nannte, wurden sehr gute Freunde. Sie gingen überall hin, sie erlebten viele Abenteuer und halfen einander über sehr harte Zeiten hinweg. Denn ihre Liebe zueinander war sehr, sehr groß.«

»Wie bei mir und Jazz?« fragte Sara.

»Genau«, bestätigte Monica. »Also, eines Tages kletterte Dede auf das Dach des Hühnerstalls. Dort wartete sie auf den richtigen Moment zum Sprung. Sie wollte den Hühnern einen Schrecken einjagen. Da sah Dede eine Henne, die ganz alleine im Hof saß und weinte ...«

»Warum weinte sie?« wollte Sara wissen.

»Warte eine Minute, dann erfährst du es«, versprach Monica. »Dede war nicht wirklich eine böse Katze, obwohl sie gerne Streiche spielte. Sie ging also runter und fragte die Henne, was los sei. Die Henne erzählte ihr eine sehr traurige Geschichte. Sie sagte, sie hätte ihr Küken verloren. Seit Tagen hielt sie schon Ausschau danach, fand es aber nirgendwo. Und je mehr Zeit verging, desto mehr Angst hatte sie, daß sie es niemals wiedersehen würde. Oder daß jemand anderes es gefunden haben könnte. Und selbst, wenn derjenige das Küken ganz doll liebhaben würde, war die Henne untröstlich. Denn sie konnte ohne ihr Küken nicht mehr leben.«

»Hat Dede es ihr zurückgegeben?« bohrte Sara weiter.

»Natürlich hat sie das«, meinte Monica. »Denn es war richtig, das Baby seiner Mutter zurückzugeben. Gute Nacht.«

Monica klappte das Märchenbuch zu und hauchte ihrer Tochter einen Kuß auf die Wange.

»Gute Nacht, Mami«, antwortete Sara ein wenig bedrückt.

Als Monica das Licht ausschaltete und das Zimmer verließ, fragte sie sich, ob Sara verstanden hatte, daß die Geschichte in Wahrheit von ihr und Jazz handelte.

Am nächsten Morgen wurde Jazz von seinen Besitzern abgeholt. Die Shermans waren eine weiße Familie aus der Stadt. Jazz gehörte ihren beiden Kindern, dem fünfjährigen Robbie und der neunjährigen Christie.

»Ist es das, Ma?« fragte Christie und stieg aus. »Wo ist Choppy? Ich sehe ihn nirgendwo.«

»Hab nur Geduld, Liebes«, meinte Mrs. Sherman. Sie war eine sehr hübsche Frau Mitte Dreißig. »Die Frau, die hier wohnt, ist sehr nett. Ich habe am Telefon mit ihr gesprochen. Sie erwartet uns. Warum klingelst du nicht zuerst mal, Schätzchen?«

Kaum witterte Jazz Robbie und Christie, war er nicht mehr zu halten. Er stob wie ein kleiner Wirbelwind aus der Haustür und sprang aufgeregt an den beiden Kindern hoch.

»Choppy!« Christie umarmte den Hund und hob ihn hoch. »Du bist es wirklich! Endlich! Ich dachte, ich würde dich nie wiedersehen. Tu das nie wieder! Versprich es mir!«

»Ich habe deine Lieblingssüßigkeiten mitgebracht«, sagte Robbie.

Drinnen stand Sara am Fenster und beobachtete die Begrüßungsszene. Ihr Magen zog sich zusammen. Sara wußte, es war wohl ein Abschied für immer von Jazz. Er fiel Sara ein bißchen leichter, weil Jazz offensichtlich seine Wahl getroffen hatte und freiwillig fortging. Deswegen rollten auch keine Tränen über Saras Wangen, als sie mit Lisa hinaustrat.

»Oh, Mrs. Brandt, danke!« Mr. Sherman schüttelte Lisa überschwenglich die Hand.

»Vielen Dank, Mrs. Brandt«, schloß sich Mrs. Sherman an und reichte Lisa einen herrlichen Blumenstrauß. »Sie sind zu freundlich.«

»Gern geschehen«, versicherte Lisa.

»Also, der Hausmeister der Schule sagte, ich soll hier anrufen«, erklärte Mrs. Sherman. »Wir hatten bereits jegliche Hoffnung aufgegeben, ihn jemals zu finden.«

Mrs. Sherman wandte sich zu Sara und fragte: »Wie ist dein Name?«

»Sara«, antwortete sie leise.

»Und dir ein ganz besonderes Dankeschön, Sara«, sagte sie. »Choppy bedeutet uns sehr viel. Die Kinder sind mit ihm aufgewachsen.«

»Ja, das ist uns klargeworden«, meinte Lisa.

»Choppy, sag auf Wiedersehen zu Sara.« Christie trat mit dem kleinen Hund im Arm vor Sara.

»Auf Wiedersehen, Jazz«, sagte Sara tapfer.

»Choppy«, verbesserte Robbie und reichte dem Hund ein Bonbon.

»Auf Wiedersehen, Jazz«, wiederholte Sara und beobachtete überrascht, wie gierig er das Bonbon fraß. »Ich wußte gar nicht, daß er Erdbeerbonbons mag.«

Das Kuriose für Sara war, daß der Abschiedsschmerz nicht ganz so schlimm war, wie sie zuerst befürchtet hatte. Als sie Jazz wegfahren sah, drückte der Hund seine Schnauze am Autofenster platt und warf ihr einen letzten Blick zu. Sara wußte, daß Jazz rundum glücklich war. Die Freude darüber wog die Trauer beinahe auf.

Den Nachmittag verbrachte Sara mit Lisa und Walter im Garten. Sie saßen unter schattigen Bäumen und genossen die Ruhe. Sam schlenderte lässig mit einem Buch unter dem Arm über die Wiese heran.

»Ah, da ist ja unser kleines Mädchen«, meinte er augenzwinkernd zu Sara und ging hinter ihr und der Sitzbank in die Hocke. »Du hast uns vor kurzem einen ganz schönen Schrecken eingejagt, Mädchen. Ich nehme an, das ist jetzt alles vergessen. Walter sagte mir, daß du eine Schwäche für Märchen hast. Also, das ist eine gute Beschäftigung für ein kleines Mädchen. Hier, schau dir das an.«

Sam reichte ihr das Buch.

»Oh, danke, Mr. Russel«, sagte Sara höflich und nahm das Buch.

»Bist du beschäftigt?« Walter stand vom Stuhl auf, reckte sich und ging zu Sam. »Ich würde mich gerne mit dir unterhalten ... über Alex' Pläne. Können wir einen Spaziergang machen? Entschuldige uns, Lisa.«

Walter legte Sam eine Hand auf die Schulter und ging mit ihm davon.

Lisa blieb allein mit Sara zurück. Sie schlang einen Arm um das Mädchen und drückte es sanft an sich. »Oh, Liebling, ich bin so froh, daß du wieder bei uns bist, sicher und geborgen. Ich hatte eine solche Angst.«

»Ich hatte auch Angst«, gestand Sara. »Aber ich hatte ja Jazz.«

»Denk nicht mehr darüber nach«, meinte Lisa. »Jazz ist jetzt glücklich, das hast du gesehen. Diese Kinder verehren ihn offensichtlich. Sie wuchsen gemeinsam auf, also ist es nur recht so. Übrigens, hast du irgendwo Alex gesehen? Ich glaube, er sucht dich.«

»Nein«, antwortete Sara. »Wo ist er?«

»Ich glaube, er ist bei der Hütte«, erwiderte sie. »Und ich glaube auch, er hat eine Überraschung für dich.«

Lisa hatte den Satz noch nicht zu Ende gesprochen, da war Sara bereits aufgesprungen und rannte Richtung Hütte. Dort fuhr Alexander gerade mit dem Geländewagen vor.

»Alex, wieso hast du mich gesucht?« fragte sie aufgeregt.

Alexander stieg schweigend aus dem Fahrzeug. Mit einer Hand hielt er Sara die Augen zu, mit der anderen öffnete er die Rücktür. Dann nahm er die Hand weg. Sara starrte ungläubig auf den Rücksitz. In einer Gepäcktasche saß dort das süßeste Löwenbaby, das Sara in ihrem Leben gesehen hatte.

»Ist das die Überraschung?« fragte sie unsicher. »Darf ich ihn streicheln?«

»Sicher«, meinte Alexander. »Nimm ihn, halt ihn fest, er wird dich nicht beißen. Zumindest noch nicht.«

Sara nahm das Löwenbaby vorsichtig aus der Tasche und drückte es sanft an sich.

»Wo hast du es gefunden?« wollte sie wissen.

»Draußen in der Savanne, unter einem großen Baum«, antwortete Alexander. »Seine Familie muß es verstoßen haben.«

Unter dem großen Baum? War das etwa das Löwenbaby, das mit ihr gespielt hatte, als sie halb verdurstet war?

»Er ist es!« Sara lachte überglücklich. »Es ist das Löwenbaby, das weglief, als du und Mami mich gefunden hattet.«

»Wir können es für ein paar Wochen hier auf der Farm behalten«, erklärte Alexander. »Aber wenn es größer und stärker geworden ist, werden Mowanda und ich es wieder draußen in der Savanne aussetzen. Doch während es bei uns ist, kannst du dich darum kümmern. George wird dir zeigen, was du tun mußt. Das Löwenbaby braucht noch die Flasche, wie ein richtiges Baby.«

»Ja«, erwiderte Sara.

»Und es braucht einen Namen«, ergänzte Alexander.

»Ich weiß nicht.« Sara überlegte angestrengt und musterte prüfend das Gesicht des Löwenbabys. »Es sieht mehr wie ein Kätzchen als wie ein Löwe aus.«

»Es ist ein Kätzchen«, meinte George, der leise von hinten herangetreten war. »Es ist ein Bubezi.«

»Ein was?« Sara blickte verwirrt zu George hoch.

»Das heißt ›Löwe‹ in der Zulu-Sprache«, erklärte George. »Bubezi!«

»Bubezi«, wiederholte Sara nachdenklich. »Das gefällt mir. Warum nennen wir es nicht so?«

»Prima, Bubezi ist gebongt«, meinte Alexander und ließ seinen suchenden Blick schweifen. »Sag mal, Sara, hast du irgendwo Monica gesehen? Ich dachte, sie wäre schon hier.«

»Mami?« antwortete Sara. »Ja, sie hat gesagt, daß sie heute früher nach Hause kommen würde. Ich wette, du weißt, wo sie ist.«

»Das wissen wir beide wohl nur zu gut«, seufzte er. »Sollen wir zu ihr fahren?«

Sara nickte. Aber bevor sie losgingen, schlang sie ihre Arme um Alexander und drückte ihn ganz fest. Er war doch kein so übler Bursche. Offen gesagt, mochte sie ihn jetzt sogar richtig gern.

Als Monica an diesem Tag Mary besuchte, konnte sie deren Verwandlung vom depressiven Mädchen zum lebenslustigen Energiebündel kaum fassen.

»Kate sagt, ich komme gut voran«, meinte Mary und hielt mit dem Rollstuhl vor Monica. »Aber ich bin mir nicht ganz sicher, ob sie die Wahrheit sagt. Vielleicht ist es nur ein Teil meiner Therapie. Wie auch immer, es wird mir bessergehen. Ich bin fest entschlossen dazu. Glauben Sie nicht?«

»Natürlich«, antwortete Monica.

»Ich bin jetzt eine Meisterin im Manövrieren dieses Dings« fuhr Mary selbstsicher fort. »Wollen Sie es sehen?«

»Ja, und ob«, erwiderte Monica und lächelte gerührt.

Mary vollführte mit dem Rollstuhl eine artistische Wende und stutzte. Überrascht deutete sie aus dem Fenster: »Oh, Monica. Sehen Sie! Dort drüben!«

»Was?« Monica guckte angestrengt in die angegebene Richtung. »Ich sehe nichts. Was meinst du?«

»Da drüben.« Mary deutete zu dem Teich im Park. »Es war ein Königsfischer. Also wenigstens denke ich, daß es einer war. Er flog in einem weiten Kreis herum und tauchte dann plötzlich ins Wasser ab. Bleiben Sie hier! Vielleicht kommt er nochmal zurück.«

»Okay.« Monica stellte sich neben Mary ans Fenster und schaute hinaus.

»Also, siehst du was?« wollte sie wissen und lachte. »Oder ziehst du mich einfach nur auf?«

Kate öffnete die Tür und schaute herein.

»Entschuldigt mich«, bat sie. »Monica, Alex und Sara sind hier, um dich abzuholen. Offenbar hattest du vor einer Stunde eine Verabredung mit ihnen. Erinnerst du dich?«

»Ja«, antwortete Monica. »Sag ihnen, ich werde in einer Minute da sein. Mary, ich muß jetzt gehen. Ich werde dich morgen wieder besuchen.«

»Monica, wie wäre es, wenn ich die beiden bitte, im Park zu warten?« schlug Kate vor und zwinkerte ihr verstohlen zu. »Du könntest mit Mary runterkommen, dann würde sie etwas frische Luft bekommen.«

Es dauerte einen Moment, ehe Monica schaltete:

»Ich denke, das ist eine großartige Idee. Mary, würdest du gerne in den Park kommen und Sara kennenlernen?«

Mary stieß innerlich einen Freudenschrei aus. Es gab nichts auf der Welt, was sie lieber tun würde: »O ja, bitte. Danke, Kate!«

Sara hatte Bubezi mitgebracht. Im Park rannte sie mit dem kleinen Löwen um die Wette. Alexander versuchte ein Foto von den beiden zu machen, aber sie waren einfach zu schnell.

»Bubezi, schneller!« jauchzte Sara. »Komm, fang mich! Du faules Etwas. Du kannst schneller laufen.«

Alexander gab es auf. Er senkte die Kamera und drehte sich um. Monica schob den Rollstuhl, in dem Mary saß.

»Mary, das sind Sara und Alexander«, stellte Monica sie vor. »Ich möchte euch Mary vorstellen.«

»Hallo, Mary«, grüßte Alexander.

Sara trug den kleinen Löwen zu Mary. Einen Augenblick lächelten sich die beiden Mädchen ein wenig verlegen an.

»Wie heißt er?« wollte Mary wissen.

»Bubezi«, antwortete Sara. Das Eis zwischen den Mädchen war gebrochen. »Möchtest du ihn mal halten? Er tut dir nicht weh, keine Angst.« Sara setzte den Löwen sanft auf Marys Schoß. »Gefällt er dir? Sein Fell ist so weich ..., und er hat immer Hunger, frißt ununterbrochen.«

Mary musterte den kleinen Löwen genauso interessiert von allen Seiten wie Sara den Rollstuhl.

»Wie funktioniert der?« wollte sie wissen.

»Es geht ganz leicht«, antwortete Mary. »Hier ist die Bremse, falls er mal ins Rollen kommt. Mehr braucht man nicht zu wissen. Möchtest du ihn mal schieben?«

»Gern«, antwortete Sara und trat hinter den Rollstuhl. »Wohin?«

»Zu dem großen Baum da drüben«, schlug Mary vor. »Ich werde ihn nicht mehr lange brauchen. Bald kann ich wieder gehen. Ich mache täglich meine Übungen. Sag mal, wo hast du Bubezi eigentlich gefunden? Ich hab' noch nie zuvor so einen winzigen Löwen gesehen.«

»Das ist eine lange Geschichte«, seufzte Sara. »Wenn du willst, erzähle ich sie dir eines Tages. Egal, er war jedenfalls allein in der Wildnis, völlig verängstigt und starb fast vor Hunger. Aber zum Glück kam Alexander vorbei. Wenn Alexander ihn nicht gerettet hätte, hätten ihn die Schakale gefressen.«

»Nein!« erschrak Mary und drückte den Löwen zärtlich an sich.

»Doch«, bekräftigte Sara. »Bleibst du noch lange im

Krankenhaus? Ich frag' Mami, ob ich dich nach der Schule besuchen darf. Vielleicht kann ich dir ja bei den Übungen helfen. Sind sie sehr schwer? Zeigst du sie mir mal?«

»Jetzt?« wunderte sich Mary.

»Ja«, antwortete Sara. »Ich möchte nämlich Ärztin werden, wenn ich mal groß bin.«

Monica und Alcxander standen schweigend nebeneinander und hielten sich an den Händen. Im Park herrschte tiefe Stille. Nur die Stimmen der beiden Mädchen weit hinten auf der Wiese waren zu hören.

»Guck dir das an, sie haben Freundschaft geschlossen«, meinte Monica. »Sie plappern ununterbrochen in einem fort, seit sie sich gesehen haben. Ich frage mich, worüber sie sich unterhalten.«

Alexander erstarrte. Entsetzt sah er, wie Sara Mary aus dem Rollstuhl half.

»Monica«, platzte er heraus. »Was machen die da? Vielleicht ist es besser, wir würden ...«

»Nein!« unterbrach sie ihn. »Warte!«

Bubezi lag im Gras und beobachtete, wie Sara Mary an den Händen festhielt. Einen Moment lang schien es so, als würden die Beine unter Mary wegknicken. Doch dann stand sie und machte den ersten Schritt, dann den zweiten und noch einen. Sara hielt sie am Arm fest und führte sie zu Monica und Alexander.

Monica spürte, wie sich ihre Augen mit Tränen füllten. Ungläubig, gerührt und amüsiert zugleich beobachtete sie das Wunder. Eine Neunjährige schaffte in wenigen Minuten, was den fähigsten Klinikärzten bisher mißlungen war: Mary hatte ihren Lebenswillen wiedergefunden.

Monica vernahm Schritte. Sie schaute über die Schulter und bemerkte Mrs. Hamilton.

Marys Mutter zögerte einen Moment. Sie beobachtete ihre Tochter und wollte etwas sagen. Aber ihre Stimme wollte ihr nicht gehorchen. Statt dessen liefen ihr heiße Tränen die Wangen hinunter. Sie weinte und lachte gleichzeitig. Dann lief sie über die Wiese, schloß Mary in die Arme und tätschelte sie wie ein Baby.

»Mami!« Mary schlang ihre Arme so fest um den Hals ihrer Mutter, wie sie nur konnte. »Ich hab' dich so lieb.«

»Oh, mein Schatz!« Schluchzend nickte Mrs. Hamilton. Sie klammerte sich noch heftiger an Mary, die die Umarmung erwiderte. »Ich liebe dich so. Du bist mein Leben!«

Monica hatte selten einen Menschen so glücklich gesehen.

Obwohl ihr die Tränen die Kehle zuschnürten, wandte sich Mrs. Hamilton zu Monica und flüsterte heiser: »Danke, ich danke Ihnen ..., aus tiefstem Herzen!«

14. KAPITEL
Schüsse in der Savanne

Die Savanne lag fast vollkommen verlassen im Nachmittagslicht. Lediglich eine Elefantenherde graste am Ufer des Sees. Die grauen Kolosse ließen sich durch nichts aus der Ruhe bringen. Weder durch den Jeep, der am Ufer hielt, noch durch das knatternde einmotorige Wasserflugzeug, das im Tiefflug heranbrauste.

Van der Poel stieg aus dem Jeep und winkte mit beiden Armen Richtung Flugzeug. Er war ein bärtiger Holländer, achtunddreißig Jahre alt und galt als erfahrener

Safariführer. Seit seiner Geburt lebte er in Afrika und kannte die Savanne wie kaum ein anderer. Er hatte eine schwere Elefantenbüchse geschultert. Den dazugehörigen Munitionsgürtel trug er quer über dem Oberkörper.

In dem kleinen Flugzeug saßen außer dem Piloten noch Jean Dutroux und Marc Bastiat. Dutroux war ein großer, stämmiger Mann Anfang Vierzig. Er trug einen militärischen Tarnanzug. Sein fettiges, blondes Haar klebte dicht am Kopf. Die fleischigen Gesichtszüge wirkten ausdruckslos wie Beton. Im Gegensatz dazu war Bastiat nicht nur um einige Jahre jünger, er war auch um einiges schmächtiger. Den größten Teil seines knochigen Gesichts verbarg er hinter einer ovalen Sonnenbrille und einem dunklen Bart. Um die Stirn hatte er ein buntes Tuch wie ein Rocksänger gebunden. Seine dichten, schwarzen Haare fielen bis auf das violette Tropenhemd, das er salopp offen trug.

Beide Männer waren mit großkalibrigen Karabinern bewaffnet. Zusätzlich trug Dutroux am Gürtel noch zwei schwere Automatikpistolen im Halfter.

Das Wasserflugzeug landete so dicht am Ufer, daß Dutroux und Bastiat zu Fuß an Land waten konnten. Doutroux schulterte seinen schweren Rucksack und stieg als erster aus der Maschine. Kaum waren die beiden Männer ausgestiegen, gab der Pilot Gas und hob wieder ab.

Am Ufer begrüßte Van der Poel die beiden Männer. Sie hielten sich nicht lange mit Höflichkeitsfloskeln auf, denn was sie zu erledigen hatten, wollten Dutroux und Bastiat möglichst schnell und unauffällig hinter sich bringen ...

Auf der Brandt-Farm war der Touristenboom ausgebrochen, und das feierte man ausgiebig. Alexander hielt es für eine gute Idee, einmal wöchentlich eine Barbecue-Party für die Gäste zu veranstalten. Entsprechend war ein üppiges Buffet aufgebaut. Leger gekleidete Männer und Frauen schlenderten zwischen den offenen Feuerstellen her, auf denen Fleisch röstete. Mittelpunkt des Festes aber waren die mit Straußenfedern herausgeputzten Zulu-Musiker. Zum Klang ihrer Trommeln wirbelten sie auf einer improvisierten Bühne. So wie die meisten Touristen ließen sich auch Monica und Alexander von der unbändigen Musik mitreißen und tanzten mit wahrer Inbrunst dazu.

»Es ist verblüffend«, lachte Monica. »Der Rhythmus ist unwiderstehlich.«

»Ich hatte gehofft, daß du es magst«, antwortete Alexander und schmunzelte.

»Es mögen?« wiederholte Monica begeistert. »Ich liebe es!«

»Ein solches Festmahl diente ursprünglich der Ehrung der Götter der Savanne«, erklärte er und warf einen flammenden Blick auf Monica, die sich glückstrahlend auf der Tanzfläche drehte.

»Wirklich?« wunderte sie sich.

»Diese wunderschönen Masken sollen sie repräsentieren.« Alexander deutete auf die bunten Holzmasken, die einige der eingeborenen Tänzer trugen. »Man sagt, daß zu dieser Zeremonie früher Menschenopfer gehörten.«

»Ich denke, ich bevorzuge die moderne Version.« Monica schnitt eine Grimasse. »Ich seh' schon zuviel Blut im Krankenhaus.«

»Mach dir keine Sorgen«, versicherte Alexander. »Wenn dem so wäre, dürften wir garantiert nicht teilnehmen.«

Van der Poel stand mit Dutroux und Bastiat bei seinem Jeep. Über den Männern wölbte sich der glutrote afrikanische Abendhimmel.

»Startklar?« fragte Dutroux ungeduldig. »Können wir uns in Bewegung setzen?«

»Einen Moment noch.« Van der Poel lehnte sich lässig gegen den Jeep. »Zuerst sind da noch ein paar, lassen Sie uns sagen, einige kleine, schmutzige Details, über die wir sprechen müssen.«

»Wovon reden Sie?« wunderte sich Dutroux. »Es wurde alles vorher vereinbart.«

»Ja, ja«, meinte Van der Poel. »Das wurde es. Aber das war, bevor die Dinge sich verändert haben. Die Situation ist jetzt ein wenig anders. Es tut mir leid, das sagen zu müssen.«

»Hören Sie, mein Freund, ich weiß nicht, was für eine Art Spiel Sie spielen«, sagte Bastiat mit mühsam unterdrückter Wut. »Aber lassen Sie mich das klarstellen: Sie hatten bereits einen fetten Vorschuß. Dafür bringen Sie uns jetzt zum Rhinozaros-Tal. Dort werden wir tun, wofür wir gekommen sind. Danach bringen Sie uns zur Grenze zurück, wo Sie den Rest des Geldes erhalten, und Sie können abhauen. Okay?«

»Es ist nicht so leicht, wie sich das anhört«, erwiderte Van der Poel beinahe heiter. »Tatsächlich ist die Situation viel gefährlicher.«

»Das bedeutet was?« Dutroux starrte Van der Poel zornig an und der starrte zurück. Wie zwei Schlangen, die sich gegenseitig umkreisten und belauerten.

»Die Tierschützer haben Stunk wegen dieser Sache gemacht«, erzählte Van der Poel weiter. »Und die Regierung leitete ebenfalls Schritte ein. Die Wildhüter haben auf dem ganzen Weg runter ins Tal Beobachtungsposten eingerichtet.«

»Warum haben Sie die Sache dann nicht abgeblasen?« fuhr Dutroux ihn an.

»Warum sollte ich?« Van der Poel lächelte dünn. »Sicher, es wird viel schwieriger werden ..., und ich meine schwieriger ... und teurer. Aber nicht unmöglich.«

»Was wollen Sie uns also sagen?« fragte Bastiat mißtrauisch.

»Wir werden die Route öfter wechseln müssen, um die Kontrollposten zu umgehen«, erklärte Van der Poel. »Das wird mehr Zeit in Anspruch nehmen. Zeit ist Geld.«

Dutroux holte tief Luft. »In Ordnung, Van der Poel. Kommen Sie auf den Punkt! Wieviel wollen Sie für all diese ›erhöhten Risiken‹?«

»Das klingt schon besser«, gab Van der Poel zurück. »Ich sehe, wir beginnen einander zu verstehen.«

»Also, wieviel?« drängte Dutroux genervt.

»Ich schätze, noch weitere zwanzigtausend Dollar würden reichen« erwiderte Van der Poel gelassen.

»Zwanzigtausend Riesen?« wiederholte Bastiat und ballte die Faust. »Sie Bastard! Das ist mehr als das Doppelte des Preises!«

»Sie werden ebenfalls sehr gut bezahlt von Ihren reichen Kunden, nicht wahr?« fragte Van der Poel beiläufig.

»Zwanzigtausend ist zuviel.« Dutroux schenkte ihm ein schmales Lächeln. »Sogar für uns. Vielleicht könnten Sie weitere fünftausend bekommen.«

»Ach, hören Sie auf, Dutroux!« Van der Poel zog ein Du-kannst-mich-mal-Gesicht. »Sie kennen das Gesetz von Nachfrage und Angebot genausogut wie ich, oder etwa nicht? Die Prozedur ist schwerer und schwerer zu handhaben, aber die Nachfrage steigt ..., genau wie die Risiken.«

»Zehntausend!« bot Dutroux an.

»Meine Herren, mir scheint, Sie haben die Situation noch nicht ganz erfaßt«, meinte Van der Poel. »Ihr Flugzeug wird inzwischen gesichtet worden sein, und ziemlich bald wird hier jemand auftauchen. Man mag illegale Einreisende in diesem Land nicht. Besonders nicht, wenn sie bewaffnet sind. Ich bin Ihre einzige sichere Führung. Also überlegen Sie es sich besser schnell.«

»Sie Hurensohn!« Bastiat kochte.

»Zehntausend Dollar, das ist unser endgültiges Angebot«, sagte Dutroux mit emotionsloser Stimme.

»Also, das ist wirklich schade.« Van der Poel stieg in seinen Jeep.

»Was tun Sie da?« rief Dutroux erschrocken. »Sie können uns hier nicht so zurücklassen!«

»Kann ich nicht?« antwortete Van der Poel amüsiert. »Wollen wir wetten? Während ich den Motor anwerfe, bleiben Ihnen noch ein paar Sekunden zum Überlegen. Nun?«

»Sie verfluchter Hurensohn!« fluchte Bastiat. »Wir werden es alleine finden.«

»Au revoir!« Van der Poel gab Gas, fuhr los und vergab damit seine Chance zu überleben.

»Hurensohn!« Bastiat brachte seinen Karabiner in Anschlag und jagte eine Kugel mit tödlicher Treffsicherheit hinter Van der Poel her. Er war sofort tot. Der Jeep rollte noch einige Meter weiter, bevor er mit laufendem Motor stehenblieb.

»Was zum Geier hast du da getan?« tobte Dutroux.

»Ich wollte ihn nicht treffen, sondern nur aufhalten«, versicherte Bastiat.

»Du bist ein Arschloch!« brüllte Dutroux außer sich. »Was sollen wir jetzt machen?«

»Dieser blöde Penner hat mich rot sehen lassen«, verteidigte er sich. »Er wollte uns hier zurücklassen. Na ja, wenigstens haben wir ein Transportmittel.«

In Dutroux brodelte es wie in einem Vulkan. Wütend machte er auf dem Absatz kehrt und ließ seinen Kumpan einfach stehen.

»Wo gehst du hin?« rief der ihm hinterher. »Laß uns in den Jeep steigen. Komm zurück, Arschloch!«

Nach einigen Schritten blieb Dutroux stehen. Der Ausdruck nackter Wut wich dem der Verzweiflung. Obwohl er es nur ungern zugab, aber Bastiat hatte recht. Wo sollte er zu Fuß in der Wildnis hin? Außerdem, wenn sie beide jetzt nicht zusammenhielten, konnten sie sich direkt der Polizei stellen und wegen Mordes hinter Gitter bringen lassen.

Alexander beschlichen Zweifel, ob Männer wirklich das starke Geschlecht waren. Jedenfalls hatte er auf der Tanzfläche schon vor einer Viertelstunde seine Belastungsgrenze erreicht, während Monica mühelos weitermachte.

Alexander saß auf einer langen Holzbank und beobachtete die Tanzenden. Die Sonne versank hinter den Bungalows und dann hinter dem Horizont.

Schließlich bahnte sich Monica ihren Weg durch die Tänzer und strebte zu dem Tisch, an dem Alexander saß.

»Ich kann es immer noch nicht glauben«, meinte Alexander mit verklärtem Lächeln.

»Was?« wunderte sie sich und setzte sich neben ihn.

»Die Tatsache, daß du mit mir hier bist. Das ist wie im Traum ...«, meinte er und gab ihr einen Kuß, »... nur daß ich dich berühren kann. Es ist unglaublich. Du bist wundervoll. Ich liebe dich.«

»Ich denke, du bist ebenfalls wundervoll«, erwiderte sie und rückte noch näher an ihn heran. »Ich bin so glücklich, daß ich manchmal Angst habe.«

»Wovor, Schatz?« fragte er überrascht. »Bei mir solltest du dich vor nichts fürchten.«

»Das ist es ja gerade«, seufzte sie. »Weil ich dich so liebe, kann ich diese Angst nicht loswerden, dich zu verlieren.«

»Ich verstehe.« Alexander drehte die rechte Hand mit der Fläche nach oben. »Aber du solltest diese Angst nicht mehr haben, sieh her!«

»Was?« Monica beugte sich vor, konnte aber nichts Ungewöhnliches an der Hand entdecken.

»Siehst du das?« Alexander strich mit dem linken Zeigefinger eine tiefe Falte in der Handfläche entlang. »Es ist meine Lebenslinie, und sie geht weiter und weiter und weiter ..., für ewig.«

»Warte einen Moment!« Monica kniff die Augen zusammen und betrachtete die Lebenslinie mißtrauisch. »Wo steht in dieser Lebenslinie, daß ich die einzige Frau in deinem Leben sein werde?«

»Das steht hier in meinem Herzen«, erwiderte er, nahm sie in die Arme und küßte sie sehr lange.

Kate drängte sich zu Monica an den Tisch. In einer Hand hielt sie eine halbleere Bierflasche. Kate trug ein vom Tanzen durchgeschwitztes, sehr tief ausgeschnittenes Shirt und eine weite, luftige Hose. Sie war von der Musik aufgekratzt und vom Bier ziemlich betrunken.

»Hey, ihr beiden Turteltauben«, sagte sie mit schwerer Zunge und lachte.

»Oh, Kate.« Monica starrte Kate überrascht an. Mit offenen Haaren hatte sie sie noch nie gesehen. Die Frisur stand ihr gut. »Was machst du denn hier?«

»Was ich hier mache?« wiederholte Kate mit kindhaftem Lächeln, das ihre perfekten Zähne entblößte, und dehnte sich wohlig. »Die Frage ist, was macht ihr? Wenn ihr allein sein wollt, hättet ihr einen anderen Ort wählen sollen. Ganz Nygana ist heute abend hier.«

»Das sehen wir«, meinte Monica und lachte. »Komm her.«

Kate beugte sich vor und gab Monica einen Kuß auf die Wange. Beschwipst wollte sie auch Alexander küssen. Sie verfehlte aber erst ihr Ziel und dann ihr Gleichgewicht und landete in Alexanders Armen.

»Hi, Hübscher«, lachte sie beschwipst.

»Hi, Kate«, antwortete Alexander und lächelte verkrampft.

»Menschenskind, Kate«, erschrak Monica. »Du bist ja betrunken!«

»Es ist alles Roberts Schuld«, lallte Kate und brachte sich nach einigen Fehlversuchen wieder in die Vertikale. »Er bringt mich immer wieder zum Trinken. Robert? Oh mein Gott, Robert! Wo bist du? Komm her!«

Gehetzt schaute Kate nach allen Richtungen. Dann verschwand sie in der tanzenden Menge und tauchte kurz darauf mit einem jungen, blonden Mann im Schlepptau wieder auf.

»Darf ich euch Doktor Robert Mulligan vorstellen?« verkündete sie. »Wir waren Kollegen im St. Peters Krankenhaus. Sie ist die berühmte Dr. Marini, und er ist Alexander Brandt ..., Alex für seine Freunde, richtig?«

»Richtig«, bestätigte Alexander und gab Robert die Hand.

»Erfreut, Sie kennenzulernen.« Robert war von schlanker Statur und hatte eine freundliche Ausstrahlung.

»Warum setzt ihr euch nicht hin und trinkt noch etwas mit uns?« schlug Alexander vor.

»Hinsetzen?« fragte Kate ungläubig. »Nicht im Traum würde ich daran denken. Tanzen! Das ist es, was wir tun wollen, nicht wahr, Robert?«

»Um die Wahrheit zu sagen, ich bin ein wenig müde«, antwortete Robert mit gequältem Lächeln. »Wir sind seit zwei Stunden hier, und du hast nicht eine Sekunde lang mit Tanzen aufgehört.«

»In Ordnung, setz dich hin, wenn du willst«, meinte sie schnippisch. »Das bedeutet nur, daß Monica und Alex mit mir tanzen werden.«

»Äh ..., nein, ich nicht«, lehnte Monica ab und hob abwehrend die Hände. »Ich denke, ich halte mich da raus.«

»Wirklich ...!« zierte sich Alexander wenig überzeugend, denn er war bereits aufgestanden.

»Nein, du solltest gehen und mit ihr tanzen«, schlug Monica vor.

»Ja, wenn du meinst.« Alexander zuckte gleichgültig mit den Achseln.

»Natürlich mein' ich das«, bekräftigte Monica. »Legt nur los. Robert und ich warten hier und rennen nicht weg.«

»Ich kann mich nicht mehr rühren, selbst wenn ich es versuchen würde«, stöhnte Robert und ließ sich auf die Bank plumpsen. »Sie ist heute abend wie ein Vulkan.«

»Das sehe ich«, murmelte Monica.

Vielleicht war es doch keine so gute Idee gewesen, Kate und Alexander auf die Tanzfläche zu lassen.

Acht Bier und die aufpeitschende Musik hatten all ihre Lebensgeister geweckt. Was Kate auf der Tanzfläche mit

Alexander veranstaltete, erinnerte weniger an einen Tanz, als vielmehr an ein Fruchtbarkeitsritual. Besonders unangenehm schien das Alexander nicht zu sein. Jedenfalls ließen sein breites Grinsen und die Hände, mit denen er Kates Hüften hielt, keine andere Erklärung zu. Falls überhaupt eine Erklärung nötig war. Wenn eine Frau in den Händen eines Mannes die Hüften in so eindeutiger Weise kreisen ließ, da gab es nichts zu erklären.

Monicas Lächeln erlosch. Peinlich berührt verfolgte sie Kates hemmungslose Anmache. Robert saß neben ihr und versuchte, ein Gespräch in Gang zu bringen.

»Also, Sie sind Monica«, hob er an. »Kate sagte mir, Sie wären schön, aber das war eine Untertreibung.«

Das Kompliment rauschte an Monica vorbei. Ihr war momentan nicht nach Flirten zumute.

»Sie arbeiten noch immer im St. Peters?« erkundigte sie sich betont sachlich. Sie ließ Kate und Alexander zwar nicht aus den Augen, versuchte aber, ihrem Gesicht einen Ausdruck zu verleihen, der ihre Verärgerung über den schamlosen Auftritt der beiden verbarg.

»Ja«, bestätigte er. »Ich bin dort Internist. Es ist kein Muster-Krankenhaus wie Ihres, aber sie bezahlen gut.«

Monica würdigte Robert keines Blickes. Sie starrte Alexander mit einer Mischung aus Ungläubigkeit und Abscheu an.

»Ach du liebe Güte«, meinte Robert plötzlich und schaute irritiert nach allen Seiten. »Das hört sich wie ein Funkempfänger an.«

»Was?« Monica schreckte aus den Gedanken. Jetzt hörte sie auch das elektronische Piepsen.

»Ja, es ist ein Pieper«, meinte Robert. »Es kann aber nicht meiner sein, ich habe ihn nicht dabei.«

»Oh, ich glaube, es ist meiner.« Monica kramte in ihrer

Handtasche. »Ja. Es ist das Krankenhaus. Es muß einen Notfall geben.«

Monica schaute Richtung Alexander. Eigentlich wollte sie ihn bitten, daß er sie zur Klinik fuhr. Doch er schien augenscheinlich gerade zu sehr beschäftigt. Kate rieb ihre Brüste an seinem Bizeps und bedachte ihn mit ihrem verführerischsten Lächeln aus allernächster Nähe. Alexander grinste zurück.

»Haben Sie ein Auto?« fragte Monica Robert und stand auf.

»Ja«, antwortete er überrascht.

»Würden es Ihnen etwas ausmachen, mich zu fahren?« bat sie ihn.

»Nein«, antwortete er und folgte Monica durch die schiebenden und hüpfenden Tanzenden hindurch.

»Ich muß mich beeilen«, rief Monica Richtung Kate und Alexander. »Da ist ein Notfall im Krankenhaus. Ich sehe euch dann später. Ciao, Alex! Robert nimmt mich mit. Ich rufe dich später an.«

»Monica!« Alexander drehte sich um und wollte ihr hinterher.

Aber Kate hielt ihn am Arm fest und lächelte unendlich sanft. Einen Augenblick lang stand Alexander im Zwiespalt. Sollte er den Abend mit einer drögen Fahrt zum Krankenhaus vergeuden oder hier mit diesem temperamentvollen Vulkan verbringen? Kate himmelte ihn an und rückte ganz nah an ihn heran. Als Alexander ihre Hand auf seinem Po spürte, hatte er seine Entscheidung zwischen den beiden Frauen bereits getroffen.

Dutroux und Bastiat verscharrten unterdessen Van der Poels Leiche unweit des Jeeps. Danach durchsuchten sie den Wagen nach irgendwelchen Hinweisen, die ihnen nützlich sein konnten. Im Handschuhfach wurde Dutroux fündig: »Ah, hier ist es.«

»Was?« Bastiat richtete den Lichtkegel der Taschenlampe auf Dutroux' Hände.

»Die Karte«, antwortete er.

»Du meinst, das ...?« Bastiat verkniff angespannt den Mund.

»Da ist das Rhinozeros-Tal.« Dutroux tippte mit dem Finger auf die Karte. »Die Wachtposten sind ebenfalls markiert. Dieser Bastard kannte seinen Job wirklich gut.«

»Was willst du jetzt tun?« fragte Bastiat unschlüssig.

»Laß uns hier verschwinden«, schlug Dutroux vor und klemmte sich hinter das Steuer. »Schnell!«

»Aber wo sollen wir hinfahren?« Bastiat ließ sich auf den Beifahrersitz plumpsen. Die Federn quietschten unter dem Gewicht. »Es ist bereits dunkel.«

»Wir finden schon einen Ort zum Nächtigen und bei Morgendämmerung fahren wir weiter«, entschied Dutroux. »Komm schon!«

In der Klinik wartete Cindy bereits händeringend auf Monica.

»Doktor, wir haben einen Patienten mit nitroresistenter Angina pectoris«, meldete sie aufgeregt, als Monica aus der Umkleide kam. Sie war in aller Eile in den Arztkittel geschlüpft und band sich im Gehen die Haare zu einem Pferdeschwanz zusammen.

»Erzählen Sie mir mehr von ihm. Hat er eine Vorgeschichte?« fragte Monica, während sie im Laufschritt den Korridor entlangeilte.

»Anton Horvath, weiß, männlich, sechzig Jahre alt, Klappenersatz, dreifacher Bypass«, las Cindy aus der Krankengeschichte vor.

»Danke, Cindy.« Monica bog in den Flur ein, auf dem der Patient lag.

Vor der Tür wartete sein Bruder. Tobias Horvath war Mitte Sechzig. Er war von unscheinbarem Äußeren: ein bißchen zu dicke Wangen, zu kleine Augen und einen schmalen Oberlippenbart. Das dünne Haar hatte sich bereits zur Halbglatze gelichtet. Er war mittelgroß und trug einen dunkelgrauen Anzug.

»Mr. Horvath, warum kommen Sie nicht ins Wartezimmer?« schlug Cindy vor. »Dort ist es gemütlicher.«

Monica und Cindy betraten das Krankenzimmer. Zwei Krankenschwestern standen um den Patienten. Eine legte dem Patienten gerade einen venösen Zugang, während die andere eine Infusion vorbereitete.

»Doktor, bitte helfen Sie mir ...«, stöhnte Anton.

»Bitte, Mr. Horvath«, antwortete Monica sanft. »Dafür sind wir hier. Machen Sie sich keine Sorgen.«

Der Patient schloß die Augen.

»Ich möchte, daß er an den Monitor angeschlossen wird«, ordnete Monica an.

Monica griff zum Stethoskop und horchte Antons Herztöne ab.

»Herzstillstand«, rief sie plötzlich und im Kommandoton: »Den Defibrillator, schnell!«

Schlagartig wurde es hektisch, doch die beiden assistierenden Schwestern hatten Routine.

»Na los!« drängte Monica und ergriff die beiden Kontakte. »Er ist in vollständiger paroxymaler Fibrillation. Geben Sie mir 300!«

»Lade!« meldete die Schwester.

»Hände weg!« Monica preßte die beiden Kontakte auf die entblößte Brust des Patienten. Der Stromstoß war so heftig, daß sich sein Körper aufbäumte.

Monica starrte auf den Monitor. Der Stromstoß animierte das Herz des Patienten nicht. Im Gegenteil. Der Herzrhythmus wurde schwächer und unruhiger.

»350«, befahl Monica. »Machen wir's nochmal!«

»Lade!« Die Schwester erhöhte die Spannung.

»Hände weg«, rief Monica. »350!«

Erneut jagte ein Stromstoß durch die Brust des Patienten. Diesmal bäumte er sich noch heftiger auf. Nur sein Herz zeigte keinerlei Reaktion.

»Versuchen wir's nochmal!« Monica floß der Schweiß in Strömen über die Stirn. »Los!«

»Lade!« meldete die Schwester.

»Hände weg!« Monica wiederholte den Vorgang.

»Okay!« Monica blickte erleichtert auf die heftig ausschlagende Sinuskurve des Monitors. »Wir haben ihn. Ich will eine Lidocain-Infusion, und ich möchte, daß er die ganze Zeit an einen Monitor angeschlossen bleibt und beobachtet wird. In zwanzig Minuten bitte eine EKG-Kontrolle.«

Monica und Cindy verließen das Krankenzimmer.

»Ich kann es nicht glauben«, meinte Monica auf dem Weg zum Wartebereich. »Ein Patient wie dieser, und wir haben nicht einmal eine Herz-Abteilung.«

Durch die Fenster brachen die ersten Sonnenstrahlen hindurch und gestalteten den Morgen für Monica etwas fröhlicher.

Mowanda nahm die Kurve auf der buckligen Savannenstraße etwas zu schnell. Der Jeep schleuderte auf dem sandigen Untergrund. Sein Kollege Sanders saß neben ihm und klammerte sich am Armaturenbrett fest. Ihre Patrouille führte sie am See vorbei, wo gestern das Wasserflugzeug gelandet war. Die Straße beschrieb eine Kurve und führte auf eine Anhöhe hinauf. Dort hielt Mowanda an und deutete in die Savanne hinaus

»Schau, da drüben.« Mowanda streckte den Arm aus und deutete in die betreffende Richtung. »Ein Rudel Hyänen.«

»Ich nehme an, sie weiden sich an einem toten Tier«, vermutete Sanders nicht sonderlich interessiert. So etwas gehörte zum Alltag in der Savanne.

»Werfen wir trotzdem einen Blick darauf«, meinte Mowanda und gab Gas.

Als die Hyänen den Jeep bemerkten, stoben sie erschrocken davon. An der Stelle, wo die Aasfresser einen Kadaver ausgraben wollten, ragte ein Fetzen Stoff aus dem Sand. Mowanda hielt an und stieg mit Sanders aus dem Jeep. Als sie etwa einen Meter von dem Stoffetzen entfernt waren, sahen sie, was es war. Der Fetzen gehörte zu einem Bein.

»Das ist kein Tier«, murmelte Mowanda, ging zum Jeep zurück und schaltete das Funkgerät ein. »Lieutenant Mowanda ruft das Hauptquartier. Over.«

»Höre Sie laut und deutlich, Lieutenant«, antwortete eine leicht verzerrte Stimme aus dem Funkgerät.

»Informieren Sie die Polizei«, ordnete Mowanda an. »Wir haben einen toten Mann in der Ebene gefunden.«

15. KAPITEL
Trennung für immer?

Monica trat in einen kleinen, schmucken Innenhof hinaus. Auf einer Steinbank saß Tobias Horvath zusammengekauert. Sein Gesicht war aschfahl.

»Mr. Horvath ...«, hob Monica an. »Ich bin Doktor Marini.«

»Ich bin Tobias Horvath.« Tobias stand auf und gab ihr die Hand. »Wie geht es Anton?«

»Er ist auf der Intensivstation«, antwortete sie. »Er hat einen ausgedehnten Herzinfarkt. Leider nicht überraschend, in seinem Zustand.«

»Ich weiß. Anton hat ein schwaches Herz«, seufzte er. »Er hat bereits zwei Operationen hinter sich. Ich wollte nicht, daß er mich hier in Afrika besucht. Die Anreise aus Ungarn ist einfach zu beschwerlich.«

»Wohnen Sie hier?« fragte sie.

»Nein«, erwiderte Horvath. »Ich habe die letzten fünfzehn Jahre in Johannesburg gelebt. Hier in Nygana halte ich mich aus geschäftlichen Gründen auf. Anton hat mich begleitet. Ich wollte, daß er ein wenig von der Landschaft zu sehen bekommt, und nun ...«

»Erzählen Sie mir mehr von Ihrem Bruder«, bat Monica.

»Wir kommen aus Budapest«, berichtete er. »Mein Bruder ging dieses Jahr in Rente. Also wollte er mich besuchen. Wir hatten uns seit Jahren nicht gesehen.«

»Keine Sorge, wir machen alles für ihn, was wir können«, versprach Monica. »Wirklich.«

»Danke«, antwortete Mr. Horvath und lächelte. »Ich weiß.«

Monica fuhr mit dem Taxi zur Brandt-Farm zurück. Der Hof war menschenleer. Im Haus schlief noch alles. Nur Dumbo war schon wach und trompete.

»Hi, Dumbo«, grüßte Monica und streichelte ihm über den Rüssel. »Nur wir beide sind wach, hm? Du weißt, daß ich etwas für dich habe. Komm schon, du weißt, daß ich immer was für dich mitbringe. Du kennst mich zu gut. Hier hast du's. Tschüs.«

Verspielt ringelte, knuffte, zog und schlängelte Dumbo seinen Rüssel solange um Monica, bis er das Zuckerstückchen endlich erbeutet hatte.

Monica fühlte sich zerschlagen, als sie den Bungalow betrat. Zuerst schaute sie nach Sara. Sie schlief fest. Die Bettdecke lag teilweise auf dem Boden. Monica deckte ihre Tochter vorsichtig zu und verließ das Zimmer leise.

An der Haustür klingelte es. Monica lugte durch das Fenster. Auf der Veranda stand Alexander – das personifizierte schlechte Gewissen. Mit übernächtigtem Gesicht öffnete Monica die Tür.

»Hi«, grüßte er verlegen.

»Hi«, antwortete sie spröde.

»Können wir einen Moment miteinander reden?« druckste er rum.

»Worüber, Alex?« fragte sie abweisend. »Ich bin wirklich müde und brauche etwas Schlaf.«

»Ja, ich weiß«, heuchelte er Anteilnahme. »Ich wollte nur wissen, warum du letzte Nacht weggegangen bist.«

»Wieso denn?« wunderte sie sich und zog überrascht die Brauen hoch. »Du weißt, ich muß mich sputen, wenn die Klinik anruft.«

»Ja, weiß ich«, seufzte er. »Aber du hast mir keine Chance gegeben, zu reagieren. Ich hätte dich dorthin fahren können, oder?«

»Ich wollte euch nicht beim Tanzen stören«, erwiderte sie spitz. »Ihr schient so vertieft zu sein.«

»Darum geht es also«, brummte er mürrisch. »Aber Kate und ich haben nur getanzt. Das war alles.«

»Ich brauche keine Entschuldigung, Alex, weil ich niemanden beschuldige.« Monica lächelte, doch in ihrem Lächeln lag nichts Freundliches.

»Du bist eifersüchtig, mein Schatz«, konstatierte er.

»Ich bin nicht im geringsten eifersüchtig«, widersprach sie scharf. »Vielleicht muß ich nur ein wenig für mich alleine sein ..., eine ganze Weile.«

»Weshalb das denn?« Alexander guckte wie vor den Kopf gestoßen.

»Ich weiß es nicht«, antwortete sie leise. »Vielleicht kann ich nicht loslassen. Vielleicht fürchte ich mich davor, dich auch noch zu verlieren.«

Alexander mißverstand sie gründlich. Er trat auf sie zu und wollte sie in die Arme nehmen.

»Nein, tu mir das nicht an«, zischte sie unwirsch. »Berühr mich nicht, bitte. Ich fühle mich einfach zu verletzlich, und das gefällt mir nicht. Ich darf nie wieder jemandem diese Art von Kontrolle über mein Leben geben. Nicht einmal dir. Ich wünschte, du würdest einfach weggehen.«

Alexander starrte Monica wie betäubt an. Obwohl er innerlich schäumte, blieb er völlig ruhig.

»Du suchst doch nur nach einer Ausrede, um dich wieder in dein Schneckenhaus einzuschließen«, sagte er schließlich. »Nur du und Sara. Auf diese Weise riskierst du nichts.«

»Du bist so hart«, meinte sie verbittert.

»Ich liebe dich, Monica«, erwiderte er leise.

»Tust du das?« fragte sie mit erhobener Stimme.

»Ja, das tue ich«, gestand er. »Aber ich werde nicht warten, während du es überdenkst. Es ist nicht eine Frage des Denkens, sondern des Gefühls, der Empfindung, und das ist alles.«

Die letzten Worte hatte Alexander beinahe gebrüllt. Wütend machte er auf dem Absatz kehrt und stapfte davon. Monica blieb auf der Veranda stehen und schaute ihm nach, bis er verschwunden war. Dann sank sie auf die Bank neben dem Eingang. Sie konnte die Tränen nicht mehr zurückhalten. Aber sie hatte sich immerhin so weit unter Kontrolle, daß sie nicht laut zu schluchzen begann.

Als sie die Augen öffnete, sah sie Sara in der Tür.

»Mami, was ist denn los?« fragte sie besorgt.

»Nichts ist los, Baby«, log sie und nahm die Tochter bei der Hand. »Komm her! Mami ist nur ein wenig müde, das ist alles. Du bist ja immer noch verschlafen. Möchtest du zurück ins Bett?«

Sara nickte müde.

»Ich auch.« Monica stand auf und lächelte traurig. »Geh voraus.«

Dutroux und Bastiat hatten die Nacht im Jeep verbracht. Mit der aufgehenden Sonne waren die nächtlichen Geräusche verstummt. Dafür weckte Dutroux das hartnäkkige Summen aufdringlicher Fliegen.

»Bastiat!« Dutroux schwang sich aus dem Jeep und streckte sich. »Wach auf! Komm schon!«

»Was zum ...?« Bastiat blinzelte in der Sonne und richtete sich schwerfällig auf. Seine steifen Glieder zwackten und schmerzten.

»Beweg deinen Hintern, Mann!« bellte Dutroux.

»Du mußt doch nicht gleich so grob sein«, meinte Bastiat und kratzte sich am Kopf.

»Hör mal, es tut mir leid«, zwitscherte Dutroux. »Nächstes Mal bringe ich dir Frühstück ans Bett, mit Kaffee und Morgenzeitung. Los, beweg deinen Hintern!«

Bastiat zog einen Flachmann aus der Tasche, schraubte ihn auf und nahm einen großen Schluck Whisky.

»Mußt du morgens gleich dieses Zeug trinken?« blaffte Dutroux.

»Was stimmt denn daran nicht?« wunderte sich Bastiat und schraubte die Flasche wieder zu. »Siehst du hier irgendwo in der Nähe eine Kaffee-Bar?«

»Es ist nicht meine Schuld, daß wir in diesem Schlamassel stecken«, giftete Dutroux zurück. »Es ist *deine* Schuld!«

»Ach!« meinte Bastiat eingeschnappt. »Wie oft willst du mich noch daran erinnern? Erzähl mir nicht, daß Gewissensbisse deine unbefleckte Seele plagen.«

»Nein«, lenkte Dutroux ein. »Van der Poel ist mir auch auf die Nerven gegangen. Komm! Die Sonne steigt wie verrückt. Wir müssen uns auf den Weg machen. Ich fahre zuerst. Guck auf die Karte, damit wir uns nicht verfahren.«

Walter und Lisa fuhren nachmittags in die Stadt. Walters Routineuntersuchung in der Klinik stand an.

»Walter?« fragte Lisa plötzlich.

»Hm?« brummte er.

»Woran denkst du gerade?« wollte sie wissen.

»Oh, nichts«, log er.

»Machst du dir Sorgen?« hakte sie nach.

»Mit einem Herzen wie meinem ist es schwer, sich nicht zu sorgen«, erwiderte er. »Manchmal ...«

»Monica bat mich, sie anpiepen zu lassen, wenn wir zum Krankenhaus fahren«, unterbrach Lisa ihn. »Sie möchte dort sein, wenn du deine Untersuchung machen läßt.«

»Das ist nett«, meinte er. »Da wir sie auf der Farm nie sehen ...«

»Armes Ding«, seufzte Lisa. »Sie hat niemals einen Moment Ruhe. Sie bricht in aller Frühe auf und ...«

»Wir laufen die Dinge zwischen ihr und Alex?« schnitt Walter ihr das Wort ab.

»Wer weiß das schon?« Lisa zuckte ratlos mit den Schultern. »Ich sehe sie nie, und was ihn betrifft ..., du weißt, wie reserviert dein Sohn ist.«

»Hey, Lisa!« Walter deutet zum Straßenrand vor ihnen. »Brems ab! Schau da drüben!«

Am Straßenrand stand ein Eingeborenenjunge. Er war höchstens dreizehn oder vierzehn Jahre alt, hatte eine kleine, flache Nase, schrägstehende Augen und kurze, krause Haare. Wie die meisten Eingeborenen trug auch er keine Schuhe. Ein ärmelloses buntes Hemd und kurze Shorts waren alles, was er anhatte. In einem Tuch trug er seinen kleinen Bruder auf dem Rücken. Der Junge war höchstens fünf Jahre alt. Sein Kopf hing schlaff zur Seite. Offensichtlich war er krank.

Lisa und Walter stiegen aus dem Wagen und gingen zu dem Jungen.

»Unoda ku enda kupi – Wollt ihr mitgenommen werden?« fragte Walter in dem weit verbreiteten Dialekt aus Zulu und Sotho.

Der Junge nickte.

»Kunyanga here – Wo wollt ihr hin?« fragte Walter weiter.

»Uko – Dort«, antwortete er und deutete Richtung Stadt.

»Oh!« Walter verstand. »Muri mukoma nemunin'ina here – Seid ihr Brüder?«

»Hongu – Ja«, bestätigte der Junge.

»Ah ..., Munobvepi – Wo kommt ihr her?« bohrte Walter weiter.

»Bikané«, erwiderte der Junge.

»Ndekupi – Wo ist das?« wollte Walter wissen.

»Uko – Dort drüben!« Der Junge deutete zu den Bergen am Horizont.

»Mhiri kwemakomo here – Hinter den Bergen?« Walter starrte ungläubig.

»Hongu – Ja!« Der Junge nickte heftig.

»Das Kind ist krank« meinte Lisa.

Walter legte dem kleinen Jungen die Hand auf die Stirn: »Sie ist glühend heiß. Dein Bruder ist krank. Munin'ina wako anonzwei – Dein Bruder ist krank, was stimmt nicht mit ihm?« übersetzte Walter.

»Handizivi, anorwara – Ich weiß nicht, ihm ist übel.« Der Junge zuckte ratlos mit den Schultern.

»Übel?« wiederholte Lisa und wurde schreckensbleich. In Afrika gab es viele heimtückische Krankheiten, Virusinfektionen, gegen die es immer noch kein Gegenmittel gab. Das hochinfektiöse Dengue-Fieber, Framboesie, Lassa oder der Ebola-Virus rafften jedes Jahr tausende Menschen dahin, ohne daß irgendwer etwas dagegen unternehmen konnte.

»Lisa, wir müssen ihn so schnell wie möglich in die Klinik bringen«, sagte Walter und führte die Kinder zum Jeep.

In der Klinik kümmerte sich Monica sofort um die beiden Jungen. Lisa, Walter und der ältere Junge nahmen im Untersuchungszimmer auf Stühlen Platz. Monica hob den Kleinen auf den Behandlungstisch und entnahm ihm eine Blutprobe. Das Labor fertigte umgehend eine Analyse an.

Unterdessen bezog Monica die bisher geschilderten Symptome in ihre Diagnose ein.

»Er hat hohes Fieber, fast 40°«, stellte sie besorgt fest. »Wo kommen diese Kinder her?«

»Wir wissen es nicht genau«, antwortete Walter. »Wenn ich ihn richtig verstanden habe, ist es ein Dorf im Norden namens ›Bilkane‹ oder ›Bikané‹. Auf jeden Fall sind sie einen weiten Weg gelaufen.«

»Ich hoffe, ihr beide hattet die Masern, als ihr Kinder wart«, meinte Monica zu Lisa und Walter.

»Was?« echoten beide wie aus einem Mund.

»Du meinst, dieses Kind hat Masern?« fragte Walter überrascht.

»Mit Sicherheit«, antwortete Monica. »Hier liegt noch ein besonders schlimmer Fall davon vor. Es ist nicht so offensichtlich auf seiner dunklen Haut.«

»O Himmel!« Lisa zog die Stirn kraus. »Laß mich nachdenken ...! Alex hatte als Kind die Masern und Walter und ich ebenfalls.«

»Das ist gut«, meinte Monica beruhigt.

»Wie ist dein Name?« wandte sie sich an ihren kleinen Patienten.

Der Junge verstand kein Wort.

»Mo-nica!« Monica deutete erst auf sich, dann abwechselnd auf Walter, Lisa und auf den Jungen. »Wal-ter. Li-sa. Und du?«

»Tiwi«, antwortete er.

»Tiwi, fein.« Monica schaute zu dem älteren Jungen. »Und du?«

»Aswahala«, erwiderte er.

»Walter, ich muß mit den beiden reden«, erklärte sie. »Glaubst du, du könntest für mich übersetzen?«

»Natürlich«, antwortete er.

»Aswahala«, hob Monica an. »Kannst du mir sagen, wie viele Tage dein Bruder schon krank ist?«

»Matanhatu«, dolmetschte Walter, wartete die Antwort des Jungen ab und sagte dann: »Sechs Tage.«

»Und hatte er in diesen sechs Tagen immer so ein hohes Fieber?« wollte Monica wissen.

»Pamazuva iwayo apisa muviri here?« fragte Walter.

Der Junge schaute Walter verständnislos an.

»War die Stirn immer so heiß?« versuchte Monica es mit einfacheren Worten.

»Muviri wake waipisa here?« übersetzte Walter.

Der Junge nickte.

»Gibt es irgendwelche anderen Leute in deiner Familie, die krank sind?« fuhr Monica fort.

»Kune vamwe ve kumba kwenya vanorwara here?« wandte sich Walter an den Jungen.

Der nickte erneut.

»Okay«, seufzte Monica mit wachsender Sorge. »Du hattest sie offensichtlich schon. Sind noch andere Kinder in eurem Dorf krank?«

»Pane vamwe ve kumusha kwenyu vanorwara here?« fragte Walter.

»Hongu vazhinji«, antwortete der Junge

»Ja, viele«, sagte Walter.

»Das dachte ich mir schon.« Monica schloß den Ordner mit der Krankenakte.

»Amai vangu vakati ndiende nemunin'ina wangu kwa Doktor«, erzählte Aswahala.

»Seine Mutter sagte ihm, er solle das Kind ins Krankenhaus bringen«, übersetzte Walter.

»Deine Mutter war sehr schlau, Aswahala«, meinte Monica.

»Vakaita zuakanaka«, dolmetschte Walter.

»Ich muß sofort die nationale Gesundheitsorganisation warnen«, beschloß Monica. »Es gibt hier das ernsthafte Risiko einer Epidemie. Masern sind noch immer eine der Hauptursachen für Kleinkind-Sterblichkeit.«

»Was ist mit dem Kleinen?« wollte Lisa wissen.

»Er bleibt besser hier bei mir«, schlug Monica vor. »Die Masern selbst dauern nicht sehr lange, aber es könnte zu Komplikationen mit der Lunge kommen, die durch seine lange Reise entstanden sind. Und Aswahala sieht auch ziemlich erschöpft aus. Vielleicht sollte ich ihn der nationalen Gesundheitsorganisation übergeben.«

»Warum?« fragte Lisa. »Er kann mitkommen und bei uns auf der Farm bleiben. Meinst du nicht auch, Walter?«

»Ja«, antwortete er. »Warum nicht. Er hatte sie ja bereits.«

»Das wäre ideal«, meinte Monica und hob Tiwi vom Behandlungstisch. »Komm, Walter! Du bist dran. Die Herzüberprüfung wird nicht lange dauern.«

»Komm mit, junger Mann.« Lisa nahm Aswahala bei der Hand. »Du und ich müssen draußen warten. Dann gehen wir zurück nach Hause, und da kannst du so viel essen und schlafen, wie du möchtest.«

Unter gleißender Sonne holperte Dutroux' und Bastiats Jeep einen Steilhang hinunter. Bastiat steuerte. Gleichzeitig leerte er die Whiskyflasche mit kräftigen Zügen.

»Hör auf zu trinken, du Idiot«, blaffte Dutroux. »Konzentrier dich auf das Fahren! Brems ab!«

Bastiat erlitt einen Schock, als vor dem Wagen plötzlich eine tiefe Mulde gähnte. Er trat auf die Bremse. Der Jeep brach aus. Das Fahrzeug verlor die Bodenhaftung und schleuderte halb um die eigene Achse. Einen Augenblick lang glaubte Dutroux, gegen einen der mächtigen Bäume zu knallen. Bastiat kurbelte wie wild am Lenkrad. Schlitternd kippte der Jeep in die Mulde und steckte fest. Der Aufprall war so heftig, daß Dutroux die Luft wegblieb. Einen Augenblick saß er ganz ruhig vornübergebeugt und lauschte dem stotternden Motorengeräusch. Dann holte er tief Luft und atmete langsam wieder aus.

Dichter weißer Rauch kräuselte aus dem Kühlergrill.

»Verdammter Mist!« Bastiat stemmte die Tür auf und torkelte benommen ins Freie.

»Du bist ein stümperhafter Vollidiot!« Dutroux kochte endgültig die Galle über. Mit zwei Schritten war er draußen bei Bastiat, packte ihn am Kragen und preßte ihm den Lauf einer Pistole unters Kinn. »Ich sollte dir dein verdammtes Gehirn wegblasen.

Ich habe die Schnauze voll von deiner Blödheit. Nächstes mal pumpe ich deinen leeren Schädel mit Blei voll. Mist! Mist! Mist!«

Monica saß abends im Wohnzimmer der Brandts zusammen mit Walter auf dem weißen Sofa. Beide schauten aufmerksam zu Alexander. Der breitete eine Landkarte auf dem Tisch aus.

»Da ist es.« Alexander deutete auf einen winzigen Punkt auf der Karte. »Bikané heißt dieses kleine Dorf im Nordosten.«

»Es ist eine häßliche Gegend«, meinte Walter. »Schwer zugänglich. Wegen der Hügel und Wälder muß man einen langen Umweg gehen.«

»Genau die Probleme hat auch die nationale Gesundheitsorganisation erwähnt«, warf Monica ein.

»Was haben sie dir gesagt?« wollte Walter wissen.

»Sie bestätigten, daß es eine Masern-Epidemie im gesamten Norden des Landes gibt«, erzählte Monica mit besorgtem Stirnrunzeln.

»Was unternehmen sie dagegen?« hakte Alexander nach.

»Sie schickten all ihre verfügbaren Ärzte und Freiwilligen dorthin«, erwiderte Monica. »Sie sagen, sie können vor zehn Tagen nicht nach Bikané kommen.«

»Denkst du, sie werden rechtzeitig eintreffen?« Walter lehnte sich auf dem Sofa zurück und schlug die Beine übereinander.

Monica zuckte ratlos mit den Achseln. »Masern haben eine Inkubationszeit von elf Tagen ... und Tiwi war seit sechs Tagen krank. Ich fürchte, hunderte von Kindern werden es nicht schaffen.«

»Aber das ist verrückt«, unterbrach Alexander sie unwirsch. »Sie lassen also hunderte von Babys sterben, bloß weil ein Dorf schwer zugänglich ist?«

»Dieses Land hat enorme Fortschritte gemacht, seit deine Mutter und ich hergekommen sind«, erzählte Walter. »Aber unglücklicherweise sind keine ausreichenden Mittel vorhanden, um all seine Probleme zu lösen.«

»Wie lange denkt ihr, braucht man bis Bikané?« hakte Alexander nach.

»Mit einem geeigneten Fahrzeug vierzehn, sechzehn Stunden«, schätzte Walter.

»Ich werde gehen.« Alexander stand auf und rollte die Karte zusammen.

»Du?« staunte Monica.

»Ja«, erwiderte Alexander. »Ich verstehe nicht, warum du so überrascht bist. Ich habe keine Geschäftsverpflichtungen. Ich habe keine Bindungen. Ich glaube nicht, daß jemand durch meine Abwesenheit leiden wird.«

»Wovon zum Teufel sprichst du?« fragte Walter überrascht. »In diesem Gebiet ist das Unerwartete die Regel. Alles kann passieren. Und du kannst dich leicht völlig verlaufen.«

»Ich nehme Aswahala mit«, erklärte Alexander. »Wenn er es geschafft hat herzukommen, weiß er auch, wie er wieder nach Hause zurückkommt. Und außerdem, selbst wenn wir einen Tag länger benötigen, ist das immer noch besser, als überhaupt nicht zu gehen.«

»Du brauchst Medizin und Impfstoffe«, warf Monica ein.

»Du kannst das Krankenhaus bitten, diese bereitzustellen, oder?« schlug er vor.

»Ja, aber wer wird sie verabreichen?« gab sie zu bedenken.

»Du.« Alexander gab ein trockenes Lächeln von sich.

»Alex, du weißt, daß ich das gerne tun würde, aber ich kann nicht«, widersprach sie. »Ich habe einen Herz-Patienten in kritischem Zustand. Ich muß die ganze Zeit zur Verfügung stehen.«

»Das ist schade«, bedauerte Alexander. »Trotzdem verstehe ich es.«

Lisa kam aus dem Eßzimmer herein und trällerte: »Abendessen ist fertig.«

»Ich bin jedenfalls bereit zu gehen«, entschied Alexander. »Wenigstens könntest du die Medizin und jemanden, der sie verabreichen kann, auftreiben.«

»Natürlich kann ich das«, antwortete Monica. »Ich tue alles, um dir zu helfen.«

»Prima.« Alexander wandte sich Richtung Tür um. »Wenn ihr mich jetzt entschuldigt. Ich habe ein paar Dinge im Labor zu erledigen.«

»Willst du nichts essen?« fragte Lisa verwundert.

»Ich habe keinen Hunger«, log er. »Sorry, Ma. Mir geht zuviel durch den Kopf.«

»Aber du bleibst doch wenigstens zum Essen«, wandte sich Lisa an Monica.

»Nein, danke«, antwortete sie. »Bitte entschuldige, Lisa.«

Unterdessen zeigte Sara dem neuen Gast der Familie ihr Kinderzimmer. Aswahala kannte kein Spielzeug, wie Sara es besaß. Die Savanne war sein Kinderzimmer, und er spielte mit den Tieren und Pflanzen.

Aswahala trug einen von Saras Pyjamas. Er hatte sich auf einen Stuhl neben ihr Bett gesetzt. Stolz präsentierte Sara ihm ihre neue Puppe. Die schrie, wenn man sie auf den Rücken legte, und wenn man ihr die Flasche gab, mußte sie sogar aufs Töpfchen.

Aswahala untersuchte die Puppe von allen Seiten. Ganz geheuer war ihm das Ding nicht. Er war froh, als Sara sie wieder nahm. Als nächstes zeigte Sara ihm den Plüschaffen.

»Sein Name ist Spike«, erklärte Sara. »Da, halte du ihn.«

Das Spielzeug war Aswahala schon sympathischer. Affen kannte er.

»Sparky ... dimorezi ... Sparky?« stotterte er.

»Spike, nicht Sparky«, verbesserte sie und zog an einer Schnur, die dem Affen aus dem Rücken hing. Im gleichen Augenblick plapperte der Affe los.

»Dimorezi ...!« schrie Aswahala, sprang auf, schleuderte den Affen wie glühende Kohlen weg und stürmte Richtung Tür. »AAAAH!«

Beinahe wäre er mit der eintretenden Lisa zusammengeprallt.

»Hier seid ihr«, wunderte sie sich. »Kommt zum Essen, und dann geht's ab ins Bett.«

»O nein, Lisa«, maulte Sara. »Bitte, wir möchten noch ein bißchen spielen.«

»Auf keinen Fall«, widersprach Lisa. »Aswahala braucht Ruhe. Er hat einen sehr, sehr weiten Weg hinter sich. Morgen habt ihr den ganzen Tag für euch.«

»Na schön«, seufzte Sara und drückte Aswahala das Plüschtier in die Hand. »Hier, du kannst mit Spike schlafen.«

Monica und Alexander hatten sich nicht mehr viel zu sagen. Aber sie wollte ihm zumindest ein Lebewohl mit auf den Weg geben.

Vorsichtig betrat sie die Scheune, die nun als Labor diente. Innen war alles dunkel und unaufgeräumt. Nur eine Schreibtischlampe brannte. Alexander saß dort in Schreibarbeiten vertieft.

Monica trat zu ihm. Obwohl er sie gehört haben mußte, schaute Alexander immer noch nicht auf.

Äußerlich schien er vollkommen ruhig. Aber Monica kannte ihn inzwischen zu gut, um zu erkennen, wie aufgewühlt er innerlich war.

»Alex?« sagte sie leise.

»Ja?« Alexander strafte sie weiter mit Nichtbeachtung und sortierte einige Papiere.

»Ich wollte dir nur sagen, daß ich deine Entscheidung sehr bewundere«, fuhr Monica fort.

»Ich bringe doch nur Menschen Medizin, die sie wirklich brauchen«, meinte er ohne aufzuschauen. »Jeder andere würde dasselbe tun.«

»Ich würde auch gerne mit dir über etwas anderes sprechen.« Monica trat dicht an den Schreibtisch und sah Alexander fest in die Augen.

»Ich höre«, meinte er und blickte demonstrativ auf seine Schreibarbeit.

»Es wäre mir wirklich lieber, du würdest mich anschauen.« Monica sprach bedächtig, als wolle sie vernünftig ein schlüssiges Argument erläutern.

»Nun?« Alexander sah zu ihr hoch.

»Sara und ich können nicht länger hier bleiben«, teilte sie ihm ihre Entscheidung mit. »Also suche ich nach einer Wohnung in der Stadt.«

»Das ist nicht nötig, das weißt du.« Alexander starrte sie verständnislos an.

»Für mich schon«, antwortete sie fest.

Alexander hatte gehofft, Monica wäre ins Labor gekommen, um mit ihm vernünftig zu sprechen. Er wollte vollkommen ehrlich und reumütig ihr gegenüber auftreten und sich bei ihr entschuldigen. Aber von dem Augenblick an, da sie den Mund auftat, gewannen wieder sein Stolz und seine Halsstarrigkeit die Oberhand.

»In diesem Fall respektiere ich deine Entscheidung«, meinte er trocken und stand auf. »Außerdem ist es offensichtlich, daß dich hier nichts hält. Ich könnte dich niemals verlassen, aber du kannst es scheinbar, ohne noch einmal darüber nachzudenken.«

»Ist es das, was du denkst?« fragte sie mit erstickter Stimme. »Du bist so unfair.«

»Monica, bitte!« Alexander kam sich gemein vor, doch vor ihr betteln und auf die Knie fallen wollte er nicht. »Wenn du gehen mußt, dann geh!«

Monica setzte ein leichtes Lächeln auf, schüttelte ihre langen braunen Haare und ging rasch, ohne sich noch einmal umzuschauen, hinaus.

Als Alexander sie aus der Tür und aus seinem Leben gehen sah, schlug es ihm förmlich den herablassenden Blick aus dem Gesicht. Seine Schultern sanken herab, und er fragte sich, warum die Dinge im Leben immer anders liefen, als man sie sich erhoffte.

16. KAPITEL

Expedition ins Ungewisse

Am nächsten Morgen saß Monica Dr. Thompson in dessen Büro gegenüber. Es herrschte eine gespannte Atmosphäre. Mit versteinertem Gesicht überflog Dr. Thompson Monicas schriftlichen Antrag zur Bereitstellung der von ihr gewünschten Medikamente.

»Ich habe bereits mit unserer Apotheke gesprochen«, versicherte Monica. »Sie haben reichlich Masern-Impfstoff.«

»Es tut mir leid.« Dr. Thompson legte die Unterlagen auf den Tisch und lehnte sich in seinem Stuhl zurück. »Aber ich bin nicht autorisiert, unsere privaten Vorräte für Umstände wie diesen zu benutzen.«

»Welche Umstände wollen Sie denn?« Nach einer beinahe schlaflosen Nacht drohte Monica über soviel Borniertheit aus der Haut zu fahren. »Da ist eine Epidemie im Gange, die verheerende Konsequenzen nach sich ziehen könnte.«

»Epidemie«, wiederholte Dr. Thompson amüsiert. »Oh, wirklich? Wo ist Ihr Beweis? Der einzige Zeuge, den Sie haben, ist ein Zulu-Kind, das nicht einmal Ihre Fragen versteht.«

»Dies ist mein Beweis«, stieß Monica hervor und deutete auf die Unterlagen. »Die nationale Gesundheitsorganisation hat explizit verkündet, daß es eine Masern-

Epidemie gibt, von der der gesamte Norden dieses Landes befallen ist. Und daß gerade Bikané wegen logistischer Probleme vom Impf-Programm ausgeschlossen wurde. Ich habe jemanden, der freiwillig dorthin geht.«

»Sie erwarten also, daß wir die Unzulänglichkeiten der nationalen Gesundheitsorganisation ausbügeln? Monica, haben Sie es immer noch nicht verstanden«, sagte Dr. Thompson streng. »Dies ist ein privates medizinisches Institut. Unsere Patienten bezahlen uns. Und für diese Menschen muß ich vorrangig die medizinische Versorgung garantieren. Und das sollten Sie verstehen. Ich begreife wirklich nicht, warum Sie sich deswegen so aufregen.«

»Sie verstehen das nicht?« zischte Monica düster. »Sie wissen besser als ich, daß die Masern in diesem Land mehr Menschen töten als AIDS. Der einzige Unterschied ist, daß wir gegen Masern einen Impfstoff haben, und der lagert in unserer Kühlung.«

»Jetzt hören Sie mir mal zu!« Dr. Thompson wählte seine Worte sorgfältig. »Bikané gehört nicht zu unserem Zuständigkeitsbereich. Wir haben keinerlei Verpflichtung einzuschreiten.«

»Ist es das, was Ihnen Ihr Gewissen sagt?« Monica runzelte besorgt die Stirn.

»Damit das ein für alle Male geklärt ist, Doktor Marini!« Dr. Thompson zog seine dicken, buschigen Augenbrauen hoch. »Nicht ein Medikament verläßt diese Klinik ohne meine Genehmigung. Ist das klar?«

»Dann werde ich eben die Genehmigung von Professor Kohlemann ersuchen müssen!« Monicas Stimme zitterte. Wütend stand sie auf. Es hätte nicht viel gefehlt, und sie hätte mit der Faust auf den Tisch geschlagen.

»Hervorragend!« Dr. Thompson stieß einen mitleidigen Seufzer aus. »Aber Sie können das Fragen übernehmen. Ich werde Professor Kohlemann jedenfalls nicht in Genf anrufen, nur um Ihren Missionarseifer zu befriedigen.«

»Darum habe ich Sie auch nicht gebeten«, konterte sie.

»Ich wäre Ihnen verbunden, wenn Sie sich endlich wieder unseren Patienten widmen würden«, empfahl er genervt und widmete sich wieder seiner Arbeit.

Wütend verließ Monica das Büro. Zuerst rief sie Professor Kohlemann in Genf an, dann ging sie zur Isolierstation. Tiwi lag allein in dem großen Raum. Er schlief fest. Kate verabreichte dem kleinen Patienten gerade die nötigen Medikamente.

»Wie geht es ihm?« fragte Monica betont reserviert und beugte sich über Tiwi.

»Er hat immer noch eine erhöhte Temperatur.« Kate stand unschlüssig neben dem Medikamentenwagen. »Und er atmet nicht gut.«

»Bekommt er immer noch Antibiotika?« Monicas Tonfall war wie Eiswasser.

»Ja«, antwortete Kate leise. »500 Milligramm alle acht Stunden, in Glukoselösung.«

»Armer Kleiner«, flüsterte Monica und streichelte Tiwi sanft über die Wange. »Ich weiß, du kannst mich nicht verstehen, aber ich verspreche dir, du wirst dich bald besser fühlen.«

Kate hatte einen Kloß im Hals. Worte reichten nicht aus, um Monica klarzumachen, wie leid ihr der Zwischenfall auf der Party tat. Nach einer Ewigkeit sagte sie leise: »Monica, ich ..., wegen neulich abend ..., es tut mir leid, wenn du dachtest, daß ...«

»Nein, Kate, es ist schon okay.« Monica wollte keine Schwäche zeigen. »Du bist meine Freundin, das weiß ich. Du bist es nicht, auf die ich böse bin.«

»Ehrlich?« Kate schaute sie überrascht an.

»Ehrlich«, beteuerte Monica und lächelte ein bißchen.

»Oh mein Gott, ich habe mich schon schuldig gefühlt!« Kate atmete tief durch und lachte erleichtert. »Ich hätte mich niemals so betrinken dürfen.«

»Das ist wahr«, bestätigte Monica. »Du hättest dich niemals so betrinken dürfen. Aber es hat nichts mit dir zu tun. Es war einfach nur ein Moment, und ich fühlte mich unsicher. Es tut mir auch leid.«

»Aber du bist sicher, daß du okay bist?« fragte Kate vorsichtshalber.

»Ja, vollkommen sicher«, beteuerte sie.

»Dann schwör es«, verlangte Kate halb scherzhaft, halb ernst. »Schwöre, daß wir immer noch Freunde sind, wie früher. Und daß du es mir nicht einmal ein kleines bißchen übelnimmst.«

»Ich schwöre es«, seufzte Monica. »Weißt du was? Ich werde es dir beweisen. Alex hat angeboten, mit dem Jeep zu Tiwis und Aswahalas Dorf zu fahren. Er will die Impfstoffe dort hoch bringen. Aber er braucht jemanden, der sie verabreicht und die Medikamente zuerst denen gibt, die bereits erkrankt sind. Warum fährst du nicht mit?«

»Ich??!« Kate starrte sie ungläubig an.

»Ja«, antwortete Monica fest.

»Aber wie kann ich eine Dienstbefreiung bekommen?« seufzte Kate. »Thompson würde mir niemals die Erlaubnis geben.«

»Ich werde dich decken«, versprach Monica. »Ich werde ihm sagen, daß du krank bist und ich dich zu Hause untersucht habe. Wirst du es tun?«

»Wenn du willst, daß ich es mache«, antwortete sie. »Es ist allerdings das mindeste, was ich tun kann. Wir brauchten noch Thompsons Genehmigung für die Impfstoffe, aber er ist schon fort.«

»Ich habe bereits mit Professor Kohlemann in Genf gesprochen«, erwiderte Monica und lächelte zuversichtlich.

Doch Monica hatte die Rechnung ohne Frank Morrison gemacht. Sie traf ihn im Flur und unterrichtete ihn über die von ihr benötigte Menge an Medikamenten.

»Ich kann nichts ohne eine offizielle Genehmigung rausgeben«, bedauerte Morrison penibel wie immer.

»Aber ich sagte Ihnen bereits, ich habe mit Professor Kohlemann gesprochen«, beteuerte Monica.

»Hören Sie, Dr. Thompson hat mir die Apotheke unterstellt, und ich kann diese Verantwortung nicht ohne seine direkte Authorisierung übernehmen«, belehrte Morrison sie.

»Im Grunde genommen sagen Sie, mein Wort zählt überhaupt nichts«, ereiferte sich Monica.

»Es tut mir leid«, bedauerte Morrison und ließ sie einfach stehen.

Seit Stunden stapften Dutroux und Bastiat durch die flirrende Hitze. Die beiden Männer keuchten schwer unter ihren Rucksäcken. Den Jeep hatten sie mit geborstenem Motorblock zurücklassen müssen. Seitdem hatte Dutroux kein Wort mehr mit Bastiat gesprochen.

»Würdest du mir dann bitte verraten, wo zum Geier du gedenkst hinzurennen?« keuchte Bastiat verärgert.

»Überall hin, nur weg von einem Vollidioten wie dir«, keifte er zurück.

»Oh, danke Monsieur«, meinte Bastiat sarkastisch. »Ich sagte ja schon immer, du bist der einfühlsame Typ.«

»Keine Sorge«, knurrte er. »Wenn du tot umfällst, werde ich bei der Beerdigung sicher ein paar Tränen an deinem Grab herausquetschen.«

»Verdammt«, stieß Bastiat genervt aus. »Kannst du nicht mal für eine Minute anhalten?«

»Träum weiter«, grunzte Dutroux. »Ich schicke einen Trupp Geier nach dir, die sich um dich kümmern werden.«

»Hurensohn!« fluchte Bastiat. »Wir können nicht so weiterlaufen. Wir müssen uns einen verdammten Jeep besorgen.«

»Ich sagte ja immer schon, du bist ein verkanntes Genie«, brummte Dutroux und stampfte verdrossen weiter,

Die Apotheke der Kohlemann-Klinik war spät abends fast menschenleer. Morrison stand mutterseelenallein zwischen den Kühltruhen und Regalen voller Medikamente und kontrollierte die Bestände.

»Mr. Morrison?« Kate betrat den Raum.

»Ja?« Morrison beäugte Kate neugierig über seinen Brillenrand hinweg.

»Hatten Sie die Säckchen Roiazetanol überprüft, die wir dem Patienten in Nummer 15 geben?« erkundigte sie sich.

»Wer sonst?« wunderte er sich.

»Dann suchen Sie morgen besser einen Augenarzt auf«, riet sie ihm. »Das Verfallsdatum ist nämlich abgelaufen.«

»Abgelaufen?« wiederholte er ungläubig. »Aber das ist unmöglich!«

»Sie können selbst nachsehen«, schlug sie vor. »Folgen Sie mir!«

»Aber ... ich kann die Apotheke nicht unbeaufsichtigt lassen«, meinte Morrison.

»In Ordnung«, antwortete Kate kühl. »Dann beten Sie einfach, daß die bewußten Medikamente nicht schädlich sind. Wenn diesem Mann irgendwas passiert ...«

»Okay, okay!« Morrison folgte Kate auf den Flur hinaus. »Lassen Sie uns schnell gehen, bevor es jemand bemerkt. Kommen Sie!«

Monica hatte hinter einer Tür gewartet, bis Kate und Morrison außer Sichtweite waren. Dann huschte sie zu dem Kühlschrank, in dem der Impfstoff gegen Masern gelagert war. Auf dem Karton stand als Absender: »South Pharmaceuticals«. Darunter stand: »Abgeschwächte Rubeola Viren Kulturen«. Der Karton war noch mit Klarsichtfolie versiegelt. Blitzschnell raffte Monica das Päckchen und huschte damit nach draußen. Kaum war sie im Flur, hörte sie schon Schritte. Als Kate und Morrison zurückkamen, war Monica unbemerkt verschwunden.

»Nächstes mal lesen Sie die Dinge genauer durch, bevor sie andere Leute beschuldigen«, schimpfte Morrison.

»Es tut mir so leid«, sagte Kate scheinbar zerknirscht. »Ich schätze, ich bin ziemlich übermüdet. Ich habe das Herstellungsdatum mit dem Verfallsdatum verwechselt.«

»Nicht so schlimm«, meinte er. »Es ist besser Ihr Fehler als meiner.«

»Natürlich«, gab sie sich reumütig. »Sie haben ja so recht. Gute Nacht dann.«

»Oh ... äh, Kate!« Morrison räusperte sich verlegen.

»Ja?« Kate schaute ihn erwartungsvoll an.

»Was halten Sie von einem kleinen Schlummertrunk?«

schlug er vor und senkte verlegen den Blick. »Wir könnten zu mir gehen, wenn Sie möchten.«

»Oh, Mr. Morrison, das ist sehr süß von Ihnen«, säuselte Kate entzückt. »Aber ich bin so müde, ich kann kaum noch stehen. Ein anderes Mal, ja?«

»Okay«, seufzte er enttäuscht.

»Bis morgen dann.« Kate huschte aus der Apotheke und ging auf kürzestem Weg zu Monicas Büro.

»Ich habe es!« jubelte Monica. »Du warst großartig.«

»Du hättest sein Gesicht sehen sollen«, erzählte Kate und gluckste. »Er war so außer sich.«

»Laß uns hier verschwinden.« Monica zog den Arztkittel aus und wickelte ihn um den Karton mit dem Impfstoff.

Kate zog sich rasch um, dann verließen sie gemeinsam die Klinik. Auf dem Parkplatz liefen sie ausgerechnet Dr. Thompson über den Weg.

»Dr. Marini«, wunderte sich Dr. Thompson und stieg aus seinem Auto. »Immer noch hier?«

»Ich hatte mich noch zu einem letzten Rundgang durch die Station entschlossen«, log sie.

»Ihre Hingabe, was die Arbeit anbelangt, ist ein Beispiel für uns alle«, heuchelte er Freundlichkeit.

»Sie mag ein Beispiel für uns sein, aber wenn Sie mich nicht sehr bald nach Hause bringt, werde ich hier ein Bett brauchen«, krächzte Kate heiser.

»Fühlen Sie sich nicht gut, Kate?« fragte Dr. Thompson besorgt.

»Nein, das tue ich nicht«, antwortete sie mit Leidensmiene. »Ich hoffe nur, daß ich keine Grippe habe.«

»Das hoffe ich auch«, erwiderte er. »Ihre Schicht beginnt morgen früh um acht Uhr.«

»Ich bringe sie nach Hause und stecke sie ins Bett«,

versprach Monica. »Ich bin sicher, morgen ist sie wieder okay. Gute Nacht, Dr. Thompson.«

»Gute Nacht«, verabschiedete er sich, blieb aber nach ein paar Schritten abrupt stehen. »Ah, Dr. Marini!«

Monica und Kate erstarrten, wie beim Abschreiben ertappte Schulmädchen.

»Ich hoffe, Sie haben diese Sache mit dem Impfstoff eingesehen«, meinte er.

»Äh ..., ja«, stotterte Monica. »Das habe ich. Wir sind eine Privatklinik.«

Kate klapperte mit den Zähnen, als hätte sie einen heftigen Anfall Schüttelfrost.

»Gute Nacht«, verabschiedete sich Dr. Thompson.

»Gute Nacht, Dr. Thompson«, antwortete Monica und half Kate beim Einsteigen ins Auto.

»Das war brillant, so zu zittern, als hättest du Schüttelfrost«, meinte Monica.

»Ich habe nicht so getan!« Kate atmete tief durch. »Ich habe vor Angst gezittert.«

Nachts wurde es in der Savanne empfindlich kühl. Bastiat und Dutroux saßen zusammengekauert neben einem Lagerfeuer und studierten Van der Poels Karte.

»Wir müssen einen Pfad finden, der aussieht, als würde er benutzt«, meinte Bastiat. »Einer, auf dem Autos fahren.«

»Vielleicht finden wir auf der Karte was«, meinte Dutroux. »Wenn es irgendwo hier in der Gegend ein Dorf gibt, muß dort ein Pfad hinführen. Zumindest ein schmaler, den nur die Einheimischen benutzen.«

»Ja, also das nenne ich einen Geniestreich«, spottete Bastiat.

»Mal sehen.« Dutroux' Finger fuhr über die Karte. »Wir

müssen irgendwo hier sein. Irgendwo in diesem grünen Fleckchen.«

»Hier zum Beispiel.« Bastiat deutete auf einen kleinen Punkt. »Bikané.«

»Richtig«, meinte genau im gleichen Augenblick Mowanda im Billardzimmer der Brandts. Mit Walter und Alexander saß der Wildhüter um eine ausgebreitete Karte und zeigte gerade den kürzesten Weg nach Bikané. »Nimm den Weg Richtung Hügel und geh weiter nach Westen. Dann triffst du auf den Fluß Kwito. Manchmal gibt es Brücken, manchmal werdet ihr ihn durchwaten müssen. Er wird schmaler und schmaler, wenn ihr zur Quelle kommt. Von dort an wird der Junge dich führen.«

»Alex, ihr stoßt sicherlich auf Nilpferde an den Flußufern«, meinte Walter. »Kommt ihnen nie zu nahe.«

»Okay, aber ich denke, das schlimmste, was sie tun können, ist, uns anzugähnen«, scherzte Alexander.

»Dein Vater hat recht, Alex«, warf Mowanda ein. »Flußpferde mögen zahm aussehen, aber es sind nervöse Tiere. Sie reagieren auf die geringste Provokation.«

»Sie können dich augenblicklich zerschmettern«, ergänzte Walter. »Hier in Afrika töten Flußpferde mehr Menschen als alle anderen Tiere. Gerade weil sie so friedlich aussehen, täuscht man sich in ihnen.«

»Ich bin hier aufgewachsen, Papa«, seufzte Alexander und nahm seinem Vater die Zigarre ab. »Ich werde vorsichtig sein.«

»Das ist mein Junge!« knurrte Walter mürrisch.

Mowanda erhob sich aus dem Sessel.

»Ich gehe, Alex«, sagte er. »Wenn du mit mir raus zum Auto kommst, gebe ich dir die Ausrüstung, die ich dir versprochen habe.«

»Welche Ausrüstung?« Alexander blinzelte verwundert.
Mowanda rollte mit den Augen.

»Oh, ja ..., natürlich.« Alexander verstand, daß Mowanda mit ihm allein reden wollte. »Bis dann, Papa.«

»Bye«, knurrte Walter bärbeißig.

Er wartete, bis die beiden den Raum verlassen hatten, dann zündete er sich eine neue Zigarre an.

Auf dem Weg zum Jeep fragte Alexander: »Was soll das alles? Ausrüstung?«

»Das war eine Ausrede«, antwortete Mowanda. »Aber es gibt da etwas, was ich dir sagen muß, und von dem ich nicht wollte, daß es dein Vater hört.«

»Probleme?« wunderte sich Alexander.

»Nein, nein«, erwiderte er. »Aber heute morgen fanden wir einen toten Mann unten in der Ebene. Ermordet!«

»Wißt ihr, wer er war?« hakte Alexander nach.

»Ein kleiner Gauner«, erzählte Mowanda. »Er war ein paar Mal im Gefängnis. Er hieß Van der Poel und leitete illegale Safaris.«

»Irgendeine Idee, wer es getan hat?« bohrte Alexander weiter.

»Wahrscheinlich eine rivalisierende Gang«, fuhr Mowanda fort. »Die Polizei vermutet, er versuchte ein schnelles Geschäft zu machen und bekam nicht, was er ausgehandelt hatte. Wie auch immer, halte deine Augen offen.«

»Keine Sorge«, meinte Alexander. »Wer immer es war, ich bezweifle, daß er an unseren Impfstoffen interessiert ist.«

»Vielleicht nicht an dem Impfstoff, aber man weiß nie.« Mowanda holte ein Schnellfeuergewehr aus seinem Jeep und gab es ihm. »Trotz allem, nimm das.«

»O nein, John.« Alexander lachte und hob abwehrend die Hände. »Denkst du wirklich, das ist nötig?«

»Ich hoffe aufrichtig nicht.« Mowanda drückte Alexander das Gewehr in die Hände. »Aber es ist besser, wenn du es hast. Wir sind in Afrika, erinnerst du dich? Bewahre es griffbereit auf. Du mußt ja nicht gleich schießen.«

»Okay«, versprach er.

»Viel Glück.« Mowanda stieg in seinen Jeep und startete den Motor.

»Dir auch«, wünschte Alexander und verstaute das Gewehr unter der Plane seines Jeeps.

Alexander und Kate brachen kurz nach Sonnenaufgang mit dem Jeep auf. Aswahala saß auf dem Beifahrersitz und zeigte Alexander den Weg zu seinem Dorf. Gegen Mittag begegneten sie in der Savanne einer Elefantenherde.

»Zhou! Zhou! Zhou!« rief Aswahala aufgeregt und deutete auf die Elefanten.

»Was ist los, Aswahala?« Alexander hielt an und schaute in die Richtung, in die Aswahala deutete. »Ich verstehe nicht. Wo gehst du hin?«

Aswahala sprang aus dem Jeep und deutete aufgeregt auf die Elefanten. »Zhou! Zhou! Zhou!«

»Tut mir leid, ich verstehe kein Wort.« Alexander stieg ebenfalls aus.

»Dumbo, Dumbo«, versuchte es Aswahala jetzt mit dem Begriff für ›Elefant‹, den er von Sara gelernt hatte.

Alexander begriff. »Sie sind wunderschön, nicht wahr? Aber wir müssen jetzt weiter. Los geht's.«

Im selben Augenblick spürte Kate den Lauf einer Pistole an ihrem Hals. Ihr stockte der Atem. Sie wurde totenbleich. Alexander war nicht weniger entsetzt, als er plötzlich Bastiat neben Kate stehen sah. Bevor er die Initiative ergreifen konnte, flog die Tür des Jeeps auf.

Innen kauerte Dutroux und richtete seinen Karabiner auf Alexander.

»Wollt ihr leben?« fragte Dutroux mit drohendem Unterton. »Dann nehmt die Hände hoch und bewegt euch nicht.«

Zögernd hob Alexander die Arme. Kate versuchte sich loszureißen, aber Bastiat hielt sie am Arm fest.

»Bonjour, Mademoiselle«, fauchte er sie an. »Wo wollen Sie hin? Komm mit mir.«

Bastiat stieß Kate unsanft zurück. Alexander kochte innerlich. Mowanda hatte recht gehabt. Er war zu leichtsinnig gewesen.

In der Kohlemann-Klinik ging an diesem Morgen alles seinen Routinegang. Während Kates Abwesenheit kümmerte sich Monica noch intensiver um Tiwi.

»Wie war seine Temperatur?« fragte sie.

»38,5«, antwortete Cindy.

»In Ordnung«, meinte Monica, während sie mit dem Stethoskop die Herztöne abhorchte. »Also lassen Sie ihn auf den Antipyretika. Vielleicht bringen sie sein Fieber runter.« Monica lächelte Tiwi an. »Er weiß nicht, welches Glück er hat. Wer weiß, wie viele andere Kinder krank sind und keine so cleveren und starken Brüder haben.«

»Wie lange muß er noch bleiben?« wollte Cindy wissen.

»Nur noch ein paar Tage«, antwortete Monica. »Hoffentlich kommen Kate und Alex rechtzeitig dorthin. Übrigens, wenn Thompson dich wegen Kate fragt, denk dran, daß sie krank ist und ich sie zu Hause untersucht habe.«

»Natürlich, Monica«, versprach Cindy. »Keine Sorge.«

Das Telefon klingelte. Cindy ging an den Apparat: »Ja? In Ordnung. Ich werde es ihr sofort sagen.« Cindy legte den Hörer auf und meinte zu Monica: »Da will Sie jemand an der Rezeption sehen.«

Monica und Cindy gingen ins Foyer und trafen dort Lisa und Sara.

»Mami!« rief Sara und stürmte wie ein Wirbelwind zu ihrer Mutter.

»Hi, Baby!« lachte Monica. »Was für eine wunderschöne Überraschung.«

»Sie wollte kommen und sehen, wie es Aswahalas kleinem Bruder geht«, erklärte Lisa.

»Nun, es geht ihm gut«, erwiderte Monica. »Er macht sich heute viel besser. Das Fieber ist runtergegangen.«

»Kann ich ihn besuchen?« fragte Sara.

»In Ordnung«, meinte Monica. »Aber nicht zu lange! Er ist nämlich noch sehr schwach.«

»Danke, Mami«, jubelte Sara.

»Hast du einen Moment Zeit?« erkundigte sich Lisa.

»Sicher«, entgegnete Monica und wandte sich zu Cindy um. »Cindy, würdest du sie mitnehmen? Denkt dran, nicht zu lange, okay?«

»Okay, Mami«, gelobte Sara und verschwand mit Cindy in einem Korridor.

»Sag mir, warum willst du von der Farm weggehen?« wollte Lisa wissen.

»Oh Lisa, es tut mir so leid«, seufzte Monica verzweifelt.

»Du mußt nicht sagen, daß es dir leid tut, Monica«, entgegnete Lisa. »Du wirst deine guten Gründe haben, aber ...«

»Nein, ich meine, es tut mir wirklich leid«, beteuerte Monica. »Denn ich habe das Alex nicht gesagt. Vielleicht habe ich es mir anders überlegt.«

»Oh!« Lisas Gesicht hellte sich auf. »Das sind wundervolle Neuigkeiten. Du hast keine Ahnung, wie glücklich mich das macht.«

»Hör mal, Lisa, ich weiß, daß du ...«, druckste Monica herum.

»Entschuldige, daß ich so direkt bin«, fiel ihr Lisa ins Wort. »Ich möchte dich nicht in Verlegenheit bringen, Monica. Aber weißt du, Walter und ich lieben dich, als ob du unsere eigene Tochter wärst. Die, die wir nie hatten. Du und Sara seid ein Teil unserer Familie geworden.«

»Lisa, du kannst dir nicht vorstellen, wie mich das ehrt.« Monica lächelte gerührt.

»Monica, Sara hatte eine schwierige Vergangenheit«, fuhr Lisa fort. »Aber hier auf der Farm fand sie die Wärme und die Sicherheit einer Familie, mit all den Tieren und dem Platz, den sie braucht. Sie um uns zu haben, hat uns glücklich gemacht.«

»Und du weißt, wie gern wir bei euch sind«, versicherte Monica.

»Monica, die Entscheidung mußt du treffen«, betonte Lisa und umarmte sie. »Aber ich möchte, daß du weißt, du und Sara seid hier bei uns immer willkommen.«

»In Ordnung.« Monicas Augen füllten sich mit Tränen. »Danke, Lisa.«

17. KAPITEL

Alles oder Nichts

Trotz Dutroux' äußerlicher Gelassenheit machte ihm Bastiats Herumfuchtelei mit der Pistole nervös. So wie alle Psychopathen war Bastiat unberechenbar.

Für Alexander und Kate war die Situation unerträglich. Schlimm genug, daß sie in der Gewalt der Verbrecher waren. Noch schlimmer jedoch war die Tatsache, daß sie kostbare Zeit verloren. Schließlich unterzogen sie sich dieser Strapaze, um Menschen zu retten.

Kate hatte inzwischen den ersten Schock überwunden. Sie stand bei Alexander und Aswahala und wartete darauf, was die Entführer als nächstes vorhatten.

»In Ordnung, meine Freunde«, verkündete Dutroux. »Nun ..., wir leihen uns euren Jeep aus. Ihr könnt dahin, wo auch immer ihr herkommt, zu Fuß zurückgehen.«

»Hören Sie«, bat Alexander betont ruhig und legte die Hände auf Aswahalas Schultern. »Wir transportieren Medizin für Kinder wie dieses, die im Sterben liegen. Wir müssen auf jeden Fall zu ihrem Dorf kommen.«

»Bitte, lassen Sie uns durch«, fehlte Kate.

»Hahahaha.« Bastiat hantierte mit der Automatikpistole. Ein dünnes Lächeln machte sich in seinem zerzausten Bart breit. »Der ist gut. Wollt ihr mich mit der Geschichte zu Tränen rühren? Erzählt mir noch eine andere.«

»Ich schwöre, es ist wahr«, beteuerte Alexander und deutete zur Ladefläche des Jeeps. »Sehen Sie selbst nach. Da ist eine Schachtel mit Impfstoffen drin.«

Dutroux ging zum Heck des Jeeps und stemmte einige Zeltplanen und zusammengerollte Schlafsäcke hoch. Dazwischen fand er den Pappkarton mit dem Impfstoff.

»In Ordnung, mein Freund«, meinte er, ohne daß sein Blick an Härte verlor. »Du erzählst die Wahrheit. Zur Belohnung verrate ich euch, was ich tun werde: Ich lasse euch nicht hier zurück, wir fahren alle zusammen.«

»Wovon redest du?« fluchte Bastiat. »Bist du verrückt?«

»Mit diesen Leuten haben wir kein Problem bei den

Kontrollposten.« Dutroux' Augen funkelten listig. »Wir sind nur eine Gruppe Freiwilliger, die auf einer humanitären Mission unterwegs sind.«

»Du bist ein verdammtes Genie, Dutroux!« Bastiat brüllte vor Lachen. Dann beruhigte er sich und legte einen spöttischen Unterton in seine Stimme. »Oh, Monsieur, bitte. Wir haben Kinder zu retten. Wir müssen zum Dorf kommen.«

»Steigt allesamt in den Jeep«, befahl Dutroux. »Mr. Doktor, du fährst. Aber keine Sperenzien!«

Aswahala war vor Angst wie versteinert.

»Komm mit, Kleiner!« Kate schob Aswahala mit sanfter Gewalt zum Jeep. »Hab keine Angst.«

»S'il vous plaît, Monsieur. Beeilung«, drängte Dutroux.

»Wo wollen Sie hin?« wollte Alexander wissen.

»Stell keine Fragen, Freundchen«, blaffte Dutroux. »Ich zeig' dir den Weg.«

Monica und Lisa betraten Tiwis Krankenzimmer. Sara stand allein neben Tiwis Bett und versuchte mit dem Jungen ins Gespräch zu kommen.

»Ndichanoudza vanhu«, plapperte der kleine schwarze Junge munter. »Ndichanouzda vanhu vokumusha kwedu kuti muzouya kunoku kuzorpwa.«

»Was hat er gesagt?« wollte Sara wissen.

»Er sagte, daß, wenn er zurück in sein Dorf geht, er allen erzählen wird, was Monica für ihn getan hat, und daß er all die kranken Kinder herkommen lassen wird«, übersetzte Lisa.

»Du kannst ihm sagen, das braucht er nicht zu tun«, bat Sara. »Denn niemand in seinem Dorf wird je wieder die Masern bekommen. Kate und Alex sind auf dem Weg, um heute abend all die kleinen Kinder zu impfen.«

Aufbruch in ein fernes Land: Die Ärztin Monica Marina und ihre Tochter Sara fliegen nach Afrika, um dort ein neues Leben zu beginnen.

Alexander Brandt ist sofort von Monica begeistert. Schnell werden die beiden ein Paar.

Wilde Tiere gehören zum afrikanischen Alltag: Alexanders Mutter Lisa versorgt Saras Löwenbaby.

Monica ist sofort zur Stelle, als der Rettungshubschrauber einen neuen Notfall in die Klinik bringt.

Monica und Alexander kümmern sich um den schwerverletzten Eddy, der von einem Krokodil gebissen wurde.

links: »Ich liebe dieses Land!« Monica genießt ein Fest auf Alexanders Farm.

unten: Lisa und ihr Mann Walter freuen sich mit ihrem Sohn über dessen neues Liebesglück.

rechts: Alexanders Ex-Frau Alice kommt überraschend nach Afrika. Kann sie Alex für sich zurückgewinnen?

unten: Nach ihrem Selbstmordversuch kümmert sich Alexander um Alice.

Ob Transfusion oder Seelsorge, Monica ist rund um die Uhr für ihre Patienten da.

Alexander setzt sich gegen Wilderer zur Wehr, die ihn und Krankenschwester Kate überfallen haben.

Eigentlich fühlt sich Sara in ihrer neuen Heimat wohl. Doch sie ist eifersüchtig auf Alexander und läuft von zu Hause weg.

Gemeinsam bewältigen Monica und Alexander alle Herausforderungen.

»Okay«, antwortete Lisa und dolmetschte: »Tiri kutamira nemshonga ikoko.«

Auf Tiwis Gesicht machte sich ein strahlendes Lächeln breit.

Cindy riß die Tür auf und stürmte schreckensbleich in das Zimmer.

»Monica, komm schnell«, keuchte sie. »Es ist Mr. Horvath!«

»Ich komme«, antwortete Monica beunruhigt. »Lisa, ich gehe.«

Monica verabschiedete sich rasch von Lisa und Sara und verschwand nach draußen. Lisa legte ihren Arm um Sara und meinte: »Du und ich gehen jetzt zurück nach Hause und backen einen wunderschönen Kuchen für Tiwi. Denn er wird bald sehr, sehr hungrig sein. In Ordnung?«

»In Ordnung«, seufzte Sara, obwohl sie lieber noch etwas mit Tiwi gespielt hätte.

Nachdem Monica Mr. Horvaths Krankenzimmer betreten hatte, warf sie einen prüfenden Blick auf den Patienten, der bewußtlos in seinem Bett lag. Dr. Elisabeth Van der Bilt und Dr. Baker kümmerten sich um ihn.

»Adrenalin«, ordnete Monica an. »Warum ist er nicht am Monitor?«

»Das ist meine Schuld«, bekannte Elisabeth. »Er sagte, er fühle sich so besser. Die Elektroden störten ihn.«

»In Ordnung«, seufzte Monica. »Hängen Sie ihn wieder dran. Wie lange war er weg?«

»Eine Minute«, erwiderte Elisabeth.

»Kein Puls«, stellte Monica fest. »Cindy, wo ist das Adrenalin?«

»Ich kann es nicht finden, Monica«, antwortete Cindy hektisch. »Wir haben keines.«

»Ruf Morrison an!« befahl Monica ihr und wandte sich an Elisabeth. »Defibrillator!«

Cindy griff zum Telefon und wählte die Apotheke an. Morrison war gleich am Apparat.

»Morrison«, sagte Cindy so ruhig wie möglich. »Ein Notfall! Wir haben kein Adrenalin!«

»Ich bringe sofort welches«, versprach Morrison und legte auf.

Dann, zwei Minuten und zwei Elektroschocks später, brachte Monica das Herz des Patienten wieder zum Schlagen.

»Es hat funktioniert«, atmete Elisabeth auf.

»Wir haben ihn beinahe verloren«, meinte Monica. »Es ist unglaublich, daß Sie kein Adrenalin auf der Intensivstation haben.«

Wütend griff Monica zum Telefon und wählte Morrisons Nummer.

»Morrison, wo zum Teufel ist dieses Adrenalin?« fuhr sie ihn an.

»Ich ... ich weiß es nicht«, antwortete er verstört. »Es ist keins im Kühlschrank. Ich ... gestern abend habe ich all die neuen Vorräte von South Pharmaceuticals selbst hineingetan. Jemand hat uns einen Streich gespielt.«

»South Pharmaceuticals?« wiederholte Monica wie vor den Kopf geschlagen. »Sie meinen die Firma, die die Impfstoffe liefert?«

»Ja, natürlich«, bestätigte er. »Sie schicken das Adrenalin immer mit den Impfstoffen. Es ist obligatorisch, im Falle eines anaphylaktischen Schocks.«

»Sie meinen dort, im selben Paket?« versicherte sich Monica.

»Nur, wenn sie ankommen«, bestätigte Morrison. »Dann sortiere ich alles aus. Aber gestern abend hatte ich keine Zeit. Ich werde das sofort Dr. Thompson melden. Es verschwinden Medikamente aus der Apotheke und schließlich beschuldigen sie mich.«

»Ja, in Ordnung«, murmelte Monica tonlos. »Es ist kein Adrenalin da.«

Wie eine Schlafwandlerin legte Monica den Hörer auf. Ihre gehobene Stimmung, mit der sie den Tag begonnen hatte, war durch das verflogen, was Morrison ihr soeben mitgeteilt hatte. Zerschlagen von der Erkenntnis, daß durch ihr Handeln beinahe ein Patient gestorben wäre. Sie und Kate hatten gestern abend nicht nur den Impfstoff gegen Masern aus der Apotheke entwendet, sondern – unwissentlich – auch das lebenswichtige Adrenalin. Erbittert dachte Monica, daß Professor Kohlemann und Dr. Thompson sie jetzt fristlos entlassen können. Dafür lag ein ausreichender Grund vor. Vielleicht reichten die Vorwürfe sogar aus, sie wegen Gefährdung eines Patienten ins Gefängnis zu bringen.

»Mein Gott, und was tun wir, wenn er eine weitere Krise hat?« fragte die Assistentin besorgt.

»Monica, wir müssen jetzt etwas unternehmen«, sagte Elisabeth entschlossen. »Dieser Defibrillator reicht nicht aus. Und wenn das Herz dieses Mannes wieder aussetzt, ist er erledigt.«

»Ich weiß«, stöhnte Monica. »Ich weiß.«

Morrison verlor keine Zeit. Kaum war er wieder in seinem Büro, verständigte er Dr. Thompson.

Dr. Thompson widmete sich gerade seinem Hobby, der Reiterei. Er schätzte die Noblesse, die zum Image des Reitclubs gehört. Außerdem war der Club eine Art

Eintrittskarte in die höheren Gesellschaftskreise. Hier bewegte sich Dr. Thompson in einer Welt, von der er schon als ehrgeiziger kleiner Junge geträumt hatte. Im Lauf der Jahre hatte er dazugelernt. Nicht nur, was die Reiterei betraf, sondern auch was sein Auftreten in der Gesellschaft anbelangte.

Gewandet wie ein eleganter Herrenreiter schlenderte er zur Koppel, wo Stalljungen sein Pferd sattelten. Als sein Handy piepste, zog er es aus der Reitjacke und schaltete es ein.

Morrison war am Apparat. In seiner typisch schleimigen Art berichtete er Dr. Thompson alles von dem verschwundenen Adrenalin.

»Ich habe es selbst gesehen, Sir«, beteuerte er. »Mit meinen eigenen Augen! Das Paket von South Pharmaceuticals war im Kühlschrank. Es beinhaltete sowohl den Masern-Impfstoff als auch das Adrenalin.«

»Den Impfstoff, sagen Sie?« Dr. Thompson durchrieselte ein angenehmes Gefühl. Triumph! »Okay, Morrison. Ich verstehe. Ich weiß jetzt genau, was passierte. Schreiben Sie mir einen vollständigen Bericht. Ich werde in Kürze zurück sein.«

Monicas Gedanken überschlugen sich. Wenn wenigstens Professor Kohlemann in der Klinik wäre. Dann würde sie auf der Stelle zu ihm gehen und ihm alles erzählen. Ach ja? Ihm was erzählen? Daß sie die Medikamente gestohlen hatte?

Plötzlich kam Monica die rettende Idee wie eine Erleuchtung: »Ein externer Schrittmacher!«

»Was?« fragte die Assistentin verwundert.

»Ein Schrittmacher«, wiederholte Monica. »Das ist die einzige Art, die ich mir vorstellen kann, ein Herz ohne

Adrenalin zu stimulieren. Und da wir keine Möglichkeit haben, am Herzen zu operieren ...«

»Entschuldigung, was haben Sie da eigentlich vor?« fragte Elisabeth verwirrt.

»Wir legen einen Katheder in die Femoral-Arterie«, erläuterte Monica. »Anschließend hoch in das rechte Atrium und den rechten Ventrikel. Dann können wir den Schrittmacher anbringen und das Herz von außen stimulieren.«

»Okay, wir sind dabei«, pflichtete Elisabeth bei. »Sagen Sie nur, was zu tun ist.«

»Cindy, ruf die Röntgenabteilung an«, ordnete Monica an. »Sag ihnen, sie sollen alles vorbereiten ... und Nelson?«

Dr. Baker schaute vom Patienten zu Monica auf.

»Bereiten Sie den Operationssaal vor«, bat sie ihn. »Ich brauche das Okay von Horvaths Bruder. Sie kennen seine Prognose. Der Eingriff ist nicht ungefährlich.«

»Wir schaffen es, Monica«, meinte er.

»Das hoffe ich.« Monica wünschte, sie fühlte sich genauso zuversichtlich, wie sie redete.

Seit Stunden waren Alexander und seine Begleiter durch die endlose Savanne gefahren, ohne auch nur eine Menschenseele getroffen zu haben.

Dutroux saß auf dem Beifahrersitz und hielt seine Pistole ununterbrochen auf Alexander gerichtet. Bastiat hatte es sich auf dem Rücksitz bei Aswahala und Kate bequem gemacht.

Kate saß wie versteinert da. Sie spürte Bastiats begehrliche Blicke, mit denen er sie taxierte, beinahe körperlich.

»Du bist ein sehr hübsches Mädchen, weißt du das?«

Bastiats schmutzverkrustete Finger glitten über Kates Wange. Er schob sein Gesicht dicht an ihres heran. Kate spürte, wie ihr der Angstschweiß ausbrach. Kleine Perlen krochen dicht unter ihrem Haaransatz hervor und rollten die Stirn hinab.

»Na, na, Prinzessin«, flüsterte er heiser, während seine Finger ihren Hals hinab bis zum Rand ihres Ausschnitts entlangglitten. »Bleib schön ruhig!«

»Lassen Sie sie in Ruhe!« schrie Alexander ihn an. »Warum lassen Sie nicht das Mädchen und das Kind gehen und nehmen statt dessen mich? Sie werden euch nur im Weg sein.«

»Halt's Maul und fahr«, blaffte Bastiat zurück. »Niemand hat dich nach deiner Meinung gefragt.«

»Nimm jetzt die Gabelung nach links.« Dutroux deutete auf eine Wegkreuzung direkt vor ihnen.

»Wenn Sie mir wenigstens sagen würden, wo Sie hinwollen, könnte ich Ihnen helfen.« Alexanders Stimme klang gepreßt.

»Hörst du das, Dutroux?« fragte Bastiat spöttisch. »Er sagt, er will uns helfen. Wir sollten überglücklich sein.«

»Das ist sehr nett von Ihnen, Mr. ...?« Dutroux hob die Brauen und blickte Alexander fragend an.

»Brandt«, antwortete er knapp.

»Mr. Brandt«, fuhr Dutroux im Plauderton fort. »Tu einfach, worum ich dich bitte, und es wird besser für alle sein.«

Zur gleichen Zeit traf Tobias Horvath in der Kohlemann-Klinik ein. Monica erwartete ihn bereits im Foyer. Mr. Horvath war aufgeregt und verängstigt. An Monicas Gesichtsausdruck erkannte er gleich, daß es sich um etwas sehr Ernstes handelte, weshalb man ihn in die Klinik gebeten hatte.

»Ihr Bruder hatte wieder eine schlimme Krise«, erzählte Monica ihm. »Wir konnten ihn retten, aber es ist nur temporär. Eigentlich bedarf er einer großen Herzoperation, aber er ist augenblicklich nicht transportfähig.«

»Erklären Sie es mir in einfachen Worten, Doktor«, bat Mr. Horvath.

»Ihr Bruder hat eigentlich nur eine Chance«, erklärte Monica. »Einen temporären Schrittmacher. Aber ich brauche Ihre Einwilligung dafür.«

»Aber natürlich, ich ...«, stotterte er aufgeregt.

»Als erstes denke ich, gibt es zwei Dinge, die Sie wissen sollten«, sagte Monica sehr ernst. »Erstens habe ich diesen Eingriff noch nie durchgeführt.«

»Und zweitens?« wollte er wissen.

»Zweitens ist es meine Schuld, daß Ihr Bruder beinahe starb«, antwortete sie gefaßt.

»Das kann ich nicht glauben«, keuchte er.

»Nun, es ist wahr«, bedauerte Monica und erzählte ihm die ganze Wahrheit.

Etwa eine halbe Stunde, nachdem Alexander die Weggabelung genommen hatte, kamen sie am ersten Kontrollpunkt vorbei. Die beiden dunkelhäutigen Wildhüter hatten schwere Schnellfeuergewehre geschultert. Ihr Jeep versperrte die Straße, so daß ein Fahrzeug nur im Schrittempo daran vorbei kam.

»Mist!« fluchte Bastiat beim Anblick der Ranger.

»In Ordnung, Mr. Brandt«, sagte Dutroux ruhig. »Jetzt zeig mal, wie schlau du bist ..., wenn du nicht willst, daß diese wunderschöne Dame voller Löcher endet.«

»Bleiben Sie ruhig«, zischte Alexander und hielt vor dem Kontrollposten.

Monicas Anspannung war nicht zu übersehen. Trotzdem sprach sie ganz ruhig zu Mr. Horvath: »Jetzt, da Sie die ganze Geschichte kennen, kommt es auf Sie an, ob Sie mir vertrauen wollen oder nicht.«

Mr. Horvath schien mit seinen Gedanken weit fort zu sein. Er nickte bedächtig und schaute zu Boden. Er wollte etwas antworten, aber offensichtlich überforderte das seine Selbstbeherrschung. Bisher war seine schreckliche Angst um seinen Bruder alles, woran er dachte. Doch plötzlich schreckte er vor der überwältigenden Verantwortung zurück, die Ärzte wie Monica zu tragen hatten. Sie hatten niemanden, der ihnen die Entscheidung abnahm. Das Urteil, die Diagnose, die oft über Leben und Tod entschied, lag allein bei ihnen. Welcher Mensch war solch einer Verantwortung gewachsen? Wer war dazu schon freiwillig bereit? Während Mr. Horvath solche Gedanken wälzte, wuchs seine Hochachtung vor Monica noch mehr.

»Was passiert ist, beruht auf einem unglücklichen Zufall«, sagte er sanft. »Sie sind eine ehrliche und mutige Person und haben mein volles Vertrauen. Bitte, retten Sie meinen Bruder.«

»Danke, Tobias«, antwortete Monica erleichtert. »Ich werde alles tun, was ich kann. Gehen wir.«

Alexander hielt vor dem Kontrollposten. Einer der Ranger beugte sich zum Beifahrerfenster runter und musterte die Insassen.

Alexander erklärte den Grund ihrer humanitären Mission.

»Bikané ist immer noch ein ganzes Stück entfernt.« Der Wildhüter deutete Richtung Horizont. »Bleiben Sie für weitere zehn Meilen auf dieser Straße.«

»Zehn Meilen«, wiederholte Alexander. »Und dann?«

»Dann beginnt das gute Stück ..., oder sollte ich sagen das schlechte Stück«, fuhr der Wildhüter fort. »Das Terrain ist rauh wie die Hölle. Wenn Sie keine Karte haben ...«

»Aswahala kommt aus Bikané.« Alexander deutete mit dem Kinn Richtung Rückbank. »Er ist den ganzen Weg von dort bis zum Krankenhaus gelaufen.«

»Unglaublich«, staunte der Wildhüter. »Egal, Sie sollten sich in Bewegung setzen. Fahren Sie, so weit sie können bis Einbruch der Nacht.«

»Sie haben recht«, stimmte Alexander ihm zu. »Herzlichen Dank.«

»Und was ist mit dem Nashorn-Tal?« rief Bastiat dazwischen. »Wo ist das?«

»Was hat das mit Bikané zu tun?« fragte der Wildhüter mißtrauisch.

»Liegt das nicht in derselben Richtung?« wunderte sich Bastiat.

»Nein«, erwiderte der Wildhüter. »Aber warum sind Sie so daran interessiert? Ich würde gern mal Ihre Papiere sehen, bitte.«

»Sicherlich.« Dutroux' Faust schnellte vor und traf den Wildhüter ins Gesicht.

Bastiat zog seine 22er und jagte mit tödlicher Treffsicherheit einige Kugeln in das Funkgerät und die Reifen des Wildhüter-Jeeps.

Während einer der Wildhüter bewußtlos am Boden lag, rannte der zweite um sein Leben. Er tauchte im dichten Busch ab, ehe ihn eine von Bastiats Kugeln treffen konnte.

»Wozu haben Sie das getan?« schrie Alexander Dutroux an. »Sie sind verrückt!«

Während Dutroux und Bastiat durch die Wildhüter abgelenkt waren, packte Aswahala den Griff der Tür und stemmte sie auf. Hastig sprang er nach draußen und glitt geschmeidig durch das hohe Gras.

»Verdammter Hurensohn!« fluchte Bastiat. »Er wird davonkommen.«

Dutroux zwang Alex, hinter dem Jungen herzurasen.

Aswahala spürte, wie die Kugeln dicht an seinem Kopf vorbeizischten. Blitzschnell huschte der Junge querfeldein, zwischen dornigen Büschen und hohem Gras dahin. Er rannte wie noch nie zuvor, denn er wußte, er lief um sein Leben.

Aswahala war behende und leichtfüßig. Er eilte einen schmalen Trampelpfad hinauf, bückte sich, um tiefhängenden Ästen und Dornenranken auszuweichen. Er brauchte sich nicht umzuschauen, er wußte, daß die Verbrecher ihn verfolgten. Statt stur geradeaus zu rennen, schlug er behende wie ein Hase Haken und bot so Bastiat kein Ziel. Während sich Aswahalas Füße mit unglaublicher Schnelligkeit bewegten, arbeitete der Verstand des Jungen mit der gleichen Eile. Er könnte wieselflink einen Baum erklettern, doch dort bot er ein zu leichtes Ziel. Nur der dichte Busch bedeutete Rettung.

Aswahalas Hoffnung erfüllte sich. Kaum tauchte er in den Urwald ein, befahl Dutroux: »Brems ab!«

Alexander trat in die Eisen. Abrupt kam der Jeep zum Stehen.

»Wir müssen zurückfahren«, schrie Bastiat.

»Nein«, widersprach Dutroux ruhig. »Die Wildhüter können sich von dort nicht wegbewegen oder mit jemanden kommunizieren. Wir verschwenden keine Zeit mehr.«

»Aber dieses verdammte Kind kann Alarm geben«, tobte Bastiat weiter.

»Wir schaffen es«, meinte Dutroux. »Außerdem haben wir immer noch Geiseln. Und wenn sie nicht anfangen, Mist zu bauen und alles vermasseln ...«

Dutroux ließ den Satz unvollendet und tätschelte statt dessen vielsagend seinen Karabiner.

»Wenigstens wissen wir, daß das Tal nicht dort ist, wo er uns hinbringen wollte«, schnaubte Bastiat und versetzte Alexander einen Schlag zwischen die Schulterblätter. Er verzog keine Miene.

»Du hast Mut, Junge.« Dutroux richtete den Lauf seines Karabiners auf Alexander. »Aber der wird dir nicht helfen, dich lebendig nach Hause zu bringen.«

Im OP legte Monica mit dem Skalpell vorsichtig das Gewebe von Horvaths Brustkorb bloß. Währenddessen las Elisabeth ununterbrochen die Werte an den Meßinstrumenten ab.

»Monica, der Druck geht runter«, meldete sie.

»Das ist normal, keine Sorge.« Monica lief der Schweiß übers Gesicht. Eine Assistentin beugte sich vor und wischte ihr die Stirn ab. »Das ist eine Reaktion auf die Injektion eines Fremdkörpers in die Vene.«

Der Patient war intubiert und wurde künstlich beatmet. Monica wußte, was für ein riskantes Spiel sie spielte. Wenn sie versagte, geriet sie nicht als einzige in Verruf. Es bedeutete auch, daß die Klinik ihrer wichtigsten Aufgabe nicht gerecht geworden war: Notleidenden zu helfen und Kranke zu retten.

Während Horvaths Eingriff wartete sein Bruder im

Foyer. Rastlos schritt er auf und ab und betete dabei inständig: »Verlaß mich jetzt nicht. Bitte, Anton. Du warst immer da, sogar bevor ich geboren wurde. Ich dachte immer, du wärst für den Rest meines Lebens da ..., selbst wenn wir einander nicht sehen. Wir sind ein Fleisch und Blut.«

Monica bewegte sich auf unbekanntem Terrain. Ihr fehlten die Erfahrungen aus früheren Herzoperationen. Es gab ein halbes Dutzend Operationstechniken am offenen Herzen, und die Entscheidung, welche zu wählen war, fällte der Chirurg vor Ort. Umso größer war die Bewunderung von Elisabeth und Dr. Baker, als sie sahen, mit welcher Bestimmtheit Monica ihre Arbeit durchführte.

Die Zeit verstrich unter der eintönigen Geräuschkulisse des Herz-Monitors. Die Operation dauerte Stunden, doch dann hatten sie es geschafft. Der Eingriff war ohne Komplikationen verlaufen und der Herzschrittmacher funktionierte tadellos.

Monica fühlte sich völlig ausgelaugt, aber glücklich und erleichtert. In diesem Moment erschien Morrison in der Tür.

»Dr. Marini?« sagte er. »Sobald Sie frei sind, will Dr. Thompson Sie in seinem Büro sehen. Ich glaube, es geht um das fehlende Adrenalin ... und den Impfstoff. Wenn Sie verstehen, was ich meine.«

Morrison verschwand wieder nach draußen. Monica stand kreidebleich, wie erstarrt da.

»Wie meinte er das?« wollte Elisabeth wissen.

Monica schwieg. Sie spürte keine Lust, sich in Ausreden oder Erklärungen zu flüchten. Wieso auch? Dies war die Stunde der Wahrheit zwischen ihr und Thompson.

»Wie auch immer, Monica«, meinte Dr. Baker. »Wir halten alle zu Ihnen und kommen mit. Wenn Thompson ein Hühnchen mit Ihnen zu rupfen hat, kann er es mit uns allen rupfen.«

»Danke, ich weiß das zu schätzen«, erwiderte sie. »Aber ich fürchte, das ist etwas, das nur mich betrifft.«

Als Monica Dr. Thompsons Büro betrat, saß er hinter seinem Schreibtisch und telefonierte: »Ja, ich stimme Ihnen sicherlich zu, Professor Kohlemann. Sehr schlimme Situation. Also, Sie können sich meinen Gemütszustand vorstellen, als ich informiert wurde, daß das Leben eines unserer Herz-Patienten, Mr. Horvath, in Gefahr schwebte. Ja, alles sehr peinlich, natürlich. Sie haben mir ein Fax gesandt, in dem Sie die Verwendung des Impfstoffes genehmigen? Äh ..., nein, genaugenommen habe ich nicht ... äh ...«

Dr. Thompson wühlte in seiner Ablage und fand das Fax ganz unten, zwischen der unerledigten Korrespondenz.

Mißmutig schaute er zu Monica auf und deutete auf den Stuhl vor den Schreibtisch. Monica nahm Platz.

»Ah, Dr. Marini ist gerade in mein Büro gekommen, Sir«, sagte Dr. Thompson in den Hörer. »Ich werde sie an Sie weitergeben. Nur einen Moment, bitte.«

Dr. Thompson hielt die Muschel mit der Hand zu und meinte zu Monica: »Es tut mir leid, aber die Situation wegen des Adrenalins ist eine ziemlich ernsthafte. Ich mußte Professor Kohlemann informieren.«

Dann drückte er einen Knopf am Telefon und sagte zu Professor Kohlemann: »Ich werde Sie auf die Freisprechanlage legen, Sir. Fahren Sie bitte fort.«

»Monica, können Sie mich hören?« drang Professor

Kohlemanns Stimme aus dem kleinen Telefonlautsprecher.

»Ja, Sir«, bestätigte Monica. »Das kann ich.«

»Wenn Horvaths Familie sich entscheidet, eine Beschwerde einzureichen, habe ich keine Wahl, außer Sie sofort dem medizinischen Rat zu melden«, erklärte Professor Kohlemann.

»Ich habe mit Mr. Horvaths Bruder gesprochen«, antwortete sie. »Ich entschuldigte mich und erklärte die Gründe für diesen ... unglücklichen Zwischenfall.«

»Gut«, meinte Professor Kohlemann. »Würden Sie ihn mir vielleicht auch erklären?«

»Also, Dr. Thompson war nicht im Dienst, als Ihre Genehmigung durchkam ..., und da er von Anfang an gegen die Idee war, erzählte er Frank Morrison nichts davon«, erläuterte sie.

»Und?« unterbrach Professor Kohlemann sie.

»Und Frank lehnte es ab, mir den Impfstoff zu geben«, fuhr sie fort. »Die Ernsthaftigkeit der Situation vor Augen, war ich gezwungen, ihn mir selbst anzueignen. Und in meiner Eile, da ich Angst hatte, erwischt zu werden, habe ich nicht bemerkt, daß das Adrenalin in derselben Packung war.«

»Ich verstehe«, seufzte Professor Kohlemann.

»Aber Mr. Horvath ist absolut außer Gefahr«, versicherte Monica. »Und der Impfstoff ist jetzt gerade auf dem Weg in das Dorf.«

»Das ist nicht der Punkt, Professor Kohlemann«, fuhr Dr. Thompson unwirsch dazwischen. »Es bleibt die Tatsache, daß Dr. Marinis Vorgehen absolut inkorrekt war. Sie hat die Klinik in große Verlegenheit gebracht. Sie ist für ein so gravierendes Vergehen verantwortlich, daß nur Ihre sofortige Kündigung teilweise eine Wiederherstellung der ...«

»Thompson!« Professor Kohlemanns Stimme klang scharf aus dem Minilautsprecher.

»Ja, Sir!« Dr. Thompson schluckte.

»Ist es Ihnen nicht in den Sinn gekommen, daß Ihr Handeln oder vielmehr fehlendes Handeln als ›Unterlassung verfügbarer medizinischer Hilfe in einem Notfall‹ betrachtet werden könnte?« fragte Professor Kohlemann. »Sie sind derjenige, der ihr den Impfstoff auf der Stelle hätte geben müssen! Monica?«

»Ja, Professor Kohlemann«, antwortete sie.

»Bitte halten Sie mich über die Situation in dem Dorf auf dem laufenden«, bat Professor Kohlemann.

»Selbstverständlich, Sir«, versprach sie. »Worauf Sie sich verlassen können.«

»Ich muß jetzt fort«, beendete Professor Kohlemann das Gespräch. »Man erwartet meinen Vertrag in wenigen Minuten. Und es sieht aus, als ob ich mich wegen Ihnen, Dr. Thompson, verspäten würde.«

»Auf Wiedersehen, Sir«, verabschiedete sich Monica erleichtert.

Dr. Thompson legte den Hörer auf und beherrschte sich nur mühsam.

»Es macht mir wirklich nichts aus, wissen Sie«, sagte er zähneknirschend zu Monica. »Leute wie Sie bekommen früher oder später immer ernsthaften Ärger. Alles, was ich zu tun habe, ist abwarten ...«

»Dann warten Sie, wenn es Sie glücklich macht«, erwiderte Monica eisig und stand auf. »Wenn Sie mich nun bitte entschuldigen würden, ich muß jemandem, der es gebrauchen kann, ein paar wirklich gute Neuigkeiten überbringen.«

18. KAPITEL

Am Abgrund

Monica fand Tobias Horvath im Wartezimmer. Sie trug immer noch ihren OP-Kittel. Horvath war blaß, Schatten lagen um seine Augen. Der Mann schien in den letzten Stunden um Jahre gealtert.

Monica setzte sich neben ihn. Beide sahen sich schweigend an.

»Alles lief wirklich gut«, beantwortete Monica Horvaths Frage, ehe er sie stellen konnte.

Horvath schwieg. Tränen füllten seine Augen. Er blinzelte, als wolle er sie vor Monica verbergen.

»Ich ... ich weiß nicht, wie ich Ihnen danken kann«, flüsterte er schließlich heiser.

»Nein, ich bin es, die Ihnen für Ihr Vertrauen danken muß«, widersprach sie. »Ich kann Ihnen nicht sagen, wieviel mir das bedeutet hat. Sie haben keinerlei Vorstellung.«

»Wann kann ich Anton sehen?« wollte er wissen.

»Jetzt, wenn Sie möchten«, erwiderte sie. »Aber ermüden Sie ihn nicht. Er wird noch einige Tage brauchen, bis er wieder belastbar ist. Vor allem sollte er nach Möglichkeit nicht sprechen.«

»Doktor ...!« Horvath versagte die Stimme.

»Pst.« Monica las in seinem Gesicht ab, was Worte kaum ausdrücken konnten. »Gehen Sie Ihren Bruder besuchen. Na los, gehen Sie schon!«

Auf Zehenspitzen betrat Tobias Horvath die Intensivstation. Da lag sein Bruder nun, angeschlossen an Kabel und Infusionsschläuche. Er setzte sich an das Bett und starrte in sein blasses Gesicht. Sein Bruder öffnete kurz die Augen. Sein Mund bewegte sich. Er sprach nur wenige Worte, die so leise waren, daß Tobias sie nicht hörte, aber dennoch ihren Sinn verstand. Es war Dankbarkeit, daß sein Bruder ihm in seiner schwersten Stunde beistand.

Aswahala wischte sich zitternd den Schweiß aus dem Gesicht. Völlig ausgelaugt kletterte er einen Hang hinauf. Als er aus dem dichten Buschwerk hinaus auf die offene Savanne trat, wußte er einen Moment lang nicht, wo er war. Aber da er den Jeep mit Dutroux und Bastiat nicht sah, war er zunächst einmal erleichtert. Er hatte die Verbrecher bestimmt abgehängt.

Aswahala trabte im Dauerlauf geradewegs los, um Hilfe zu holen. Alles war sehr still. Nur seine Füße brachten das Gras zum Rascheln.

Als Aswahala eine Kurve um einen Felsen sehr schnell nahm, wäre er beinahe mit Game Warden zusammengeprallt, der gerade aus seinem Jeep stieg. Im ersten Augenblick hielt Aswahala den Wildhüter für einen der Gangster und versuchte zu fliehen.

»Bleib ruhig!« Der Wildhüter hielt den Jungen am Arm fest. »Beruhige dich! Was ist mir dir passiert? Du bist ja zu Tode verängstigt.«

»Varume vavitri vanga vachi«, plapperte Aswahala in seinem Dialekt. »Da kundi uraya ini ndi ka tiza vagavachi yora mumwe murumr ne mukadazi vasungwa vara. – Zwei Männer waren hinter mir her. Sie wollten mich töten, dann rannte ich weg. Sie hatten eine Frau und einen Mann als Gefangene –.«

»Zvakanaka, ndzvinza lisanetseke ndicha danza rubatsiro iys zvino«, antwortete Warden in der gleichen Sprache. – »In Ordnung, ich verstehe. Keine Sorge, wir schlagen sofort Alarm.«

Warden schaltete das Funkgerät in seinem Jeep ein und sagte ins Mikro: »›Antilope‹ an Feldstation! Empfangen Sie mich?«

»Kommen, ›Antilope‹«, antwortete eine Stimme aus dem kleinen Lautsprecher. »Wir hören Sie.«

»Wir haben hier ein Problem«, meldete Warden.

Lisa und Walter ahnten noch nichts von dem Unglück. Arm in Arm standen sie auf ihrer Veranda und ließen ihre Blicke ein bißchen wehmütig über das Land schweifen.

»Schau dir unsere Farm an«, meinte Walter. »Erinnerst du dich, als wir hier ankamen? Ich meinte damals, es sei zu wild und zu abgelegen. Aber du sagtest, wir könnten keinen schöneren Ort in ganz Afrika finden.«

»Zum Glück konnte ich dich überzeugen«, schmunzelte sie.

»Ja«, antwortete er. – »Wie immer.«

»Machst du dir Sorgen wegen Alexander?« fragte sie.

»Scheint so, als sei die Ehe eine Art Langzeit-Lektion in Telepathie«, antwortete er.

»Nach dreißig Ehejahren kann man halt gegenseitig Gedanken lesen«, meinte sie. »Denkst du, Alexander hat inzwischen das Dorf erreicht?«

»Er wird sicher dort ankommen«, erwiderte Walter ausweichend. »Keine Sorge.«

Das Rattern eines Helikopters zerriß die Stille.

»Oh, wir bekommen Gäste!« Walter deutet auf den Hubschrauber, der unweit entfernt landete.

»Es ist ein Hubschrauber der Wildhüter«, erwiderte Lisa.

»Ja, es ist John«, bestätigte Walter. »Komm, wir begrüßen ihn.«

Mowanda sprang aus dem Hubschrauber und rannte

zur Farm rüber. In kurzen Sätzen berichtet er, was Aswahala ihnen von den Entführern erzählt hatte. Kurz darauf traf Monica mit dem Auto ein.

»Oh Monica«, sagte Lisa ihr stockend. »Es ist etwas Furchtbares passiert. Alexander und Kate ... sind in großer Gefahr.«

»Gefahr?« wiederholte Monica perplex. »Was meinst du? Was ist passiert?«

»Monica, es sieht so aus, als wären Alexander und Kate von zwei bewaffneten Männern entführt worden«, mischte sich Mowanda ein.

»Entführt?« murmelte Monica wie betäubt. »Aber warum? Ich verstehe nicht ...«

»Zumindest ist es das, was uns Aswahala erzählt hat«, schränkte Mowanda ein.

»Aswahala?« stotterte Monica entsetzt. »Aber er war bei ihnen ...«

»Ja«, bestätigte Mowanda. »Es gelang ihm zu entkommen, und er alarmierte eine unserer Patrouillen. Er berichtete von den beiden bewaffneten Männern.«

»Und wer sind diese Kerle?« wollte Monica wissen.

»Wahrscheinlich Wilderer«, vermutete Mowanda.

»Wilderer?« Monicas Sorgenfalten wurden tiefer.

»Genau«, bejahte Mowanda. »Sie kommen illegal nach Südafrika und jagen geschützte Tierarten.«

»Aber wieso haben die Alexander und Kate entführt?« wunderte sich Walter.

»Ich weiß nicht«, antwortete Mowanda. »Aber kürzlich fanden wir einen ermordeten Safariführer. Wahrscheinlich gibt es einen Zusammenhang zwischen den beiden Fällen.«

»Oh Gott, John«, stöhnte Lisa. »Was wirst du unternehmen?«

»Wir haben bereits die Polizei informiert«, erwiderte er. »Außerdem sind unsere Außenposten alarmiert. Ich bin auf dem Weg zu der Patrouille, um selbst mit Aswahala zu sprechen.«

»Ich komme mit«, entschied Monica.

»Monica, das könnte gefährlich sein«, warf Lisa ein.

»Hoffentlich nicht«, meinte Monica. »Aber wenn doch, dann könnten sie eine Ärztin gebrauchen.«

»In Ordnung, Monica«, beendete Mowanda die Diskussion. »Aber wir müssen jetzt los.«

»Ich hole nur schnell meinen Erste-Hilfe-Kasten«, entgegnete Monica und lief zu ihrem Auto zurück.

»Bitte, John.« Lisa standen Tränen in den Augen. »Sei vorsichtig.«

»Keine Sorge.« Mowanda lächelte zuversichtlich. »Ich denke, wir erwischen die beiden Kerle bald und bringen alle wohlbehalten zurück.«

Monica kletterte mit Mowanda in den Hubschrauber. Kaum hatten sie neben der offenen Luke Platz genommen, hob der Helikopter inmitten einer hochwirbelnden Staubwolke ab.

Sie flogen in nicht allzugroßer Höhe über die Savanne. Die trockene Ebene dehnte sich flach bis zu den dunklen Hügelkuppen am Horizont. Nach einer Weile wurden die sanften Hügel immer steiler. Der Pilot flog plötzlich eine Schleife und deutete zu einem abfallenden Hang. Dort unten lag ein Fahrzeug im Graben.

»Das muß der Jeep sein, den sie dem ermordeten Safariführer gestohlen haben!« schrie Mowanda gegen den Lärm der Rotoren an.

»Also haben sie diesen Weg genommen«, vermutete Monica.

»Sieht so aus«, stimmte Mowanda ihr zu. »Sie verließen

die Straße und verloren hier ihr Fahrzeug. Da! Dort sind Spuren eines anderen Autos, die die Straße entlangführen. Alexander muß diesen Weg gefahren sein, und sie nahmen ihn als Geisel.«

Monica nickte. Das war die einzig logische Erklärung. Blieb nur noch eine Frage offen: Wo waren Kate und Alexander jetzt?

Einige Meilen nördlich endete die Savannenstraße an einer Schlucht. Über den klaffenden Abgrund spannte sich eine schmale Seilbrücke. Diese sah wenig vertrauenserweckend aus. Bereits einige Jahrzehnte alt, bestand sie aus zwei halbverwitterten Seilen an der Unterseite. Diese wurden von Dutzenden angefaulter Bretter zusammengehalten. Dazwischen klafften immer wieder größere Lücken, wo einmal Bretter gewesen waren. Entlang dem Laufsteg dienten zwei dünnere Seile als Handlauf.

Alexander stoppte den Jeep vor der Schlucht und stieg mit den Insassen aus.

»Was nun?« wollte er wissen.

»Das Nashorn-Tal liegt genau hinter dieser Brücke«, knurrte Dutroux. »Es ist nicht weit. Wir werden zu Fuß gehen.«

»Würde es Ihnen etwas ausmachen, mir zu verraten, warum es so wichtig ist, ins Nashorn-Tal zu kommen?« fragte er.

»Jetzt, da wir hier sind, macht es wohl keinen großen Unterschied«, meinte Dutroux. »Wir wollen die Hörner. Es gibt viele Leute, die viel dafür bezahlen, wegen ihrer aphrodisierenden Fähigkeiten.«

»Aber die Nashörner kommen nicht mehr in das Tal«, warf Kate ein.

»Was zum Teufel reden Sie da?« Bastiats Gesicht erstarrte zur Maske. Mit einem eiskalten Blick sah er Kate direkt in die Augen.

»Es ist wahr«, beteuerte sie. »Die wenigen, die noch übriggeblieben sind, kommen niemals dorthin zurück, wo ihre Herde abgeschlachtet wurde. Es wäre ein Wunder, wenn Sie eines finden würden.«

»Wenn dieser Van der Poel uns schon wieder gelinkt hat, dann ...«, fluchte Bastiat.

»Dann wirst du was tun?« unterbrach Dutroux ihn scharf. »Ihn nochmals töten?«

»Meiner Meinung nach redest du einfach nur eine Menge Müll, um uns davon abzuhalten, dorthin zu gehen und ein paar eurer wertvollen Tiere abzuknallen«, zischte Bastiat Kate an. »Bist wohl ebenso eine Ökologin wie eine Hure?«

»Das reicht«, blaffte Dutroux. »Wir sind fast da, also können wir jetzt genausogut hingehen und nachschauen.«

»Moment, ich weiß, daß es Ihnen egal ist, aber nicht weit von hier sterben Kinder«, sagte Alexander. »Sie haben jetzt beinahe das, was Sie wollten. Lassen Sie uns gehen.«

»Keine Chance, Freundchen.« Bastiat grinste hämisch. »Vielleicht hat sie recht, vielleicht wurden wir reingelegt ..., aber vielleicht werden wir unsere Taschen prallvoll mit süßen kleinen Rhinozeros-Hörnern füllen. Und dann wirst du uns mit deinem Jeep über die Grenze bringen.«

»In Ordnung«, lenkte Alexander ein und deutete mit dem Kinn auf Kate. »Aber sie brauchen Sie nicht. Lassen Sie sie gehen.«

»Spar dir die Luft.« Bastiat packte Kate an den Armen,

riß sie herum und führte einen irren Veitstanz auf. »Diese Barbie-Puppe ist unser Glücksbringer. Allons enfants de patrie! Allez!«

Bastiat stieß Kate Richtung Brücke. Alexander stand wie versteinert da. Er wußte, seine und Kates Zukunft sah ziemlich düster aus. Sie hatten kaum mehr was zu hoffen, dafür aber alles zu fürchten ...

Aswahala wartete mit Game Warden beim Jeep. Sie beobachteten den Hubschrauber beim Landeanflug. Die Rotoren heulten, und der Schatten des Helikopters wurde immer kleiner, je mehr er sich der Erde näherte. Der Pilot korrigierte leicht und setzte dann die Maschine auf. Das Rotorengeräusch wurde leiser und verstummte schließlich ganz.

Monica stieg aus dem Hubschrauber, lief zu Aswahala und schloß ihn in die Arme. »Hallo, Aswahala! Bist du okay?«

»Sie beeilen sich besser«, riet Warden seinem Chef. »Die haben beinahe zwei unserer Männer getötet. Die sind bis an die Zähne bewaffnet. Das Kind zeigt Ihnen den Weg.«

»Okay«, antwortete Mowanda. »Wir suchen das Gebiet zusammen ab. Ihr geht los. Und haltet eure Augen offen.«

»In Ordnung, Sir«, antwortete Warden und stieg mit den anderen in den Hubschrauber.

Der Pilot startete die Rotoren und hob ab.

Alexander schulterte einen der schweren Rucksäcke.

»Na komm schon!« blaffte Bastiat ihn an. »Nimm das Gepäck auf und lauf!«

Alexander folgte den anderen Richtung Brücke. Nach

ein paar Schritten machte er kehrt und ging zum Jeep zurück.

»Wir nehmen besser einen Wasservorrat mit«, meinte er und wühlte zwischen den Decken auf der Ladefläche rum.

Alexander wußte, wie riskant sein Plan war. Aber er mußte jetzt alles riskieren. Später würde er keine Chance mehr bekommen.

Kate hatte keine Ahnung, was Alexander vorhatte. Innerlich bebte sie vor Angst und Nervosität. Im nächsten Augenblick zog Alexander Mowandas Schnellfeuergewehr aus dem Versteck heraus und richtete die entsicherte Waffe auf die Entführer.

»Bleiben Sie da stehen und nehmen Sie die Hände hoch«, befahl Alexander. »Und Finger weg von den Kanonen.«

Dutroux und Bastiat starrten Alexander entgeistert an.

»Oh, jetzt bist du wirklich ein großer Held«, spottete Dutroux. »Hast du das im Kino gesehen.«

»Kate, nimm ihre Waffen und bring sie her«, kommandierte Alexander.

»Hör mal, ich bin heute guter Laune«, meinte Bastiat hämisch. »Also, warum läßt du nicht das Gewehr fallen, und wir tun so, als wäre nichts passiert?«

»Kate, tu, was ich dir gesagt habe«, zischte Alexander scharf.

Kate zögerte einen Augenblick. Sie mußte ihren ganzen Mut zusammennehmen. Unsicher zog sie Dutroux' Pistole aus dem Halfter.

Obwohl eine schußbereite Waffe auf ihn gerichtet war, schien Bastiat nicht sonderlich beeindruckt. Als Kate nach seiner Pistole griff, packte er blitzschnell ihren Arm. Bastiat wirbelte Kate herum und preßte sie wie einen

Schutzschild gegen sich. Gleichzeitig drückte er ihr den Lauf seiner Pistole an die Schläfe.

»Was wirst du jetzt tun, großer Junge?« fragte Bastiat höhnisch. »Was wirst du tun?«

Bevor Bastiat Kate in den Würgegriff genommen hatte, hätte Alexander abdrücken können. Doch er hatte noch nie jemanden getötet oder auch nur mit dem Gedanken gespielt, es einmal zu tun. Deshalb zögerte er zu lange, und die Chance verstrich unwiederbringlich.

»Okay, gib mir das Gewehr!« Dutroux trat vor Alexander und entriß ihm die Waffe. »Wir spielen keine Spiele. Das war nicht sehr schlau, was du da getan hast.«

Dutroux holte mit dem Karabiner aus und schlug zu. Der Kolben traf Alexander mit dumpfem Krachen im Gesicht. Halb betäubt sackte er zu Boden. Blut sickerte ihm aus Mund und Nase.

»Nein«, wimmerte Kate und riß sich von Bastiat los. »Alex! Oh mein Gott! Alex!«

Kate kniete neben Alexander und schluchzte.

»Also, gehen wir los!« Dutroux' Stimme klang beinahe amüsiert. »Und ich bitte dich nett darum, nicht noch einmal so etwas Dummes zu tun. Nächstes Mal bin ich vielleicht nicht so geduldig.«

Seit einer halben Stunde drehte der Hubschrauberpilot seine Kreise über der Savanne. Sorgfältig spähten die Insassen auf das Terrain hinab. Plötzlich schrie Aswahala: »Dort sind sie!«

Der Pilot beschrieb eine enge Kurve und verlor rasch an Höhe. Jetzt sah Monica Alexander und Kate mit ihren Entführern. Sie befanden sich mitten auf der schwankenden Hängebrücke. Vorsichtig, Schritt für Schritt, schoben sie sich über den Abgrund.

Bastiat und Dutroux rissen ihre Gewehre hoch und nahmen den Helikopter ins Visier. Sie drückten beinahe gleichzeitig ab. Blaues Mündungsfeuer loderte aus den Gewehren. Der Pilot beschleunigte und wich vom Kurs ab.

Alexander stürzte sich auf Bastiat und hieb ihm die Faust ins Gesicht. Doch der war hart im Nehmen und duckte sich unter den zweiten Schlag. Beim Hochschnellen rammte er Alexander die Faust in den Magen.

Dutroux achtete nicht auf die beiden, sondern zielte sorgfältig auf den Hubschrauber. Er nahm den Piloten ins Visier. Kate begriff, was Dutroux plante, und stürzte sich auf ihn. Sie sprang ihn wie eine Tigerin von hinten an, schlang ihre Beine um seine Hüften und grub die langen Fingernägel in sein Gesicht. Mit unartikulierten Schreien schlug Dutroux wild um sich und versuchte die Angreiferin abzuwehren.

Alexander und Bastiat kämpften verbissen auf der gefährlich schwankenden Brücke. Sie schlugen sich unerbittlich und rangen miteinander.

Gelähmt vor Angst verfolgte Monica den Kampf vom Hubschrauber aus. Sie sah, wie Alexanders Schlag vorbeiging. Bastiat tauchte geschickt ab und rammte Alexander mit seinem ganzen Körpergewicht. Der verlor den Halt, kippte über das Seil und schwebte einen schier endlosen Moment in der Luft. Im letzten Augenblick klammerte er sich mit beiden Händen an einem Brett fest.

Bastiat holte mit dem Gewehrkolben aus und schlug damit auf Alexanders Finger. Ein entsetzlicher Schmerz, schlimmer als er es je für möglich gehalten hätte, raste durch seine Hand. Schweißtropfen traten auf Alexanders Stirn, vor seinen Augen tanzten blutrote Schleier. Er drohte, das Brett loszulassen und in den Tod abzustürzen.

Bastiat holte erneut mit dem Gewehrkolben aus und ... schrie. Mowanda hatte ihn vom Hubschrauber aus mit einem gut gezielten Schuß in die Schulter getroffen.

Bastiat taumelte um die eigene Achse und stürzte mit einem gräßlichen Schrei in den Abgrund.

Wutentbrannt schleuderte Dutroux Kate auf die Bohlen. Alexander kletterte mühsam auf die Brücke zurück. Er spannte alle Muskeln zu einem letzten, rettenden Klimmzug ..., da blickte er direkt in einen Gewehrlauf. Dutroux stand einen halben Meter entfernt, hob das Gewehr und zielte auf Alexanders Kopf. Dutroux konnte ihn unmöglich verfehlen. Ein Schuß fiel. Direkt vor Dutroux' Stiefeln spritzten Holzsplitter auf. Mowanda hatte ihn knapp verfehlt.

Erschrocken sah Dutroux zum Hubschrauber auf. Er war Realist genug, um einzusehen, daß er verloren hatte. Er wollte weder im Kugelhagel sterben, noch vor zahlreichen Augenzeugen einen Mord begehen. Deshalb ließ er das Gewehr fallen und hob die Arme.

Kurz darauf landete der Hubschrauber. Mowanda legte Dutroux Handschellen an. Monica fiel erst Kate, dann Alexander um den Hals.

»Es ist alles vorbei, Liebling«, flüsterte er. »Es ist alles vorbei.«

»Ich hatte solche Angst, dich zu verlieren«, gestand sie ihm zwischen zahlreichen Küssen. Die Tränen, die sie so lange zurückgehalten hatte, begannen nun wieder zu fließen.

»Ich auch.« Alexanders Stimme klang ungewöhnlich sanft.

»Ich liebe dich!« Monica sah ihm tief in die Augen, als wollte sie darin versinken. »Ich liebe dich so sehr.«

Aswahala schaute geduldig zu, wie sich die beiden küßten. Dann endlich bemerkte Alexander den Eingeborenenjungen.

»Aswahala, mein Freund«, lachte er.

»Er hat uns hergebracht«, erklärte Monica.

»Danke Aswahala«, sagte Alexander. »Du warst sehr tapfer.«

Aswahala verstand am Klang der Worte, was Alexander meinte, und lächelte stolz. Dann deutete er zu den nahen Bergen.

»Ich weiß, Aswahala«, beruhigte Monica den Jungen. »Es wird Zeit, sich jetzt um dein Dorf zu kümmern.«

Die Medikamente reichten aus, um das ganze Dorf zu impfen. Die meisten Erkrankten waren Kinder. Es dauerte nicht lange, da verschwanden dank der Medikamente die äußeren Anzeichen der Masern. Die Patienten fühlten sich zwar immer noch zittrig und schwach, doch befanden sie sich auf dem Weg der Besserung. Geduldig stand der ganze Stamm auf dem Dorfplatz Schlange, wo Monica und Kate die Impfungen durchführten.

Nachdem Monica den letzten Patienten versorgt hatte, stellte ihr Aswahala seine Mutter vor.

»Aswahala ..., Mutter, komm«, stotterte er. »Tiwi, komm.«

»Möchtest du, daß deine Mutter Tiwi besuchen kommt?« fragte Monica.

»Ja«, antwortete er. »Bruder Tiwi.«

»Ja, natürlich kann deine Mutter kommen und Tiwi besuchen«, antwortete Monica. »Wir freuen uns schon.«

Tiwi befand sich ebenfalls auf dem Weg der Besserung. Seit Monica seine Mutter mitgebracht hatte, ging es dem kleinen Jungen nochmal so gut. Tagsüber wimmelte es in seinem Krankenzimmer vor Besuchern. Besonders viel hatte Tiwi natürlich seiner Mutter zu erzählen.

»Mami, ich verstehe nicht ein Wort von dem, was sie sagen«, beschwerte sich Sara bei Monica.

»Liebling, ich weiß«, antwortete sie. »Aber du wirst geduldig sein müssen. Sie haben viel, das sie miteinander bereden müssen. Du hast später noch genügend Zeit zum Spielen, okay?«

»Okay«, seufzte sie.

»Sara, was hältst du davon?« fragte Lisa. »Jetzt, wo es Tiwi bessergeht, könnten wir seine Mutter fragen, ob sie nicht ein paar Tage bei uns bleiben möchten, bevor sie zurück ins Dorf gehen.«

»Oh, ja-ja-ja!« Sara klatschte begeistert in die Hände. »Das ist eine prima Idee!«

»Du wirst ihnen alle Tiere auf der Farm vorstellen«, fügte Walter hinzu.

»Fein«, erwiderte Sara ein wenig bedrückt. »Aber ich kann mich nicht mehr an all ihre Namen erinnern.«

»In Ordnung.« Walter schmunzelte. »Das soll wohl heißen, daß ich dich dabei begleiten soll?«

»Danke, Walter.« Sara atmete erleichtert auf. »Danke-danke-danke, Lisa.«

»Ich denke, ihr geht jetzt besser alle nach Hause, Liebling«, meinte Monica. »Laß Tiwi mit seiner Mutter und seinem Bruder ein bißchen allein.«

Nachdem Monica sich um Tiwi gekümmert hatte, besuchte sie Mr. Horvath. Zwei Pfleger hatten ihn auf eine Rolltrage gebettet und fuhren den Patienten vorsichtig zur großen Wiese. Dort landete gerade ein Sanitätshubschrauber, der ihn nach Johannesburg überführen sollte, wo er sich einer großen Operation am Herzen unterziehen würde.

Monica begleitete den Patienten bis zum Hubschrauber. Neben der Maschine wartete Tobias Horvath.

»Das hätten wir«, meinte Monica zu ihm. »Tobias, wenn es Ihnen nicht zu viele Umstände macht, würden Sie mich bitte von Johannesburg anrufen und mir mitteilen, wie die Operation verlaufen ist?«

»Das ist das mindeste, was ich tun kann«, antwortete er. »Schließlich, wenn Anton am Leben bleibt, ist das alles Ihnen zu verdanken.«

»Es braucht mehr als eine Person, um das Wunder, ein Leben zu retten, zu vollbringen«, winkte sie ab.

»Sie sind zu bescheiden«, meinte er. »Ich werde mich mein ganzes Leben lang an Sie erinnern.«

Nachdem die Trage mit dem Patienten im Hubschrauber verstaut war, stieg Tobias Horvath in die Maschine.

»Ich rufe Sie von Johannesburg aus an«, versprach er. »Und Anton wird das auch tun. Sie werden sehen!«

»Danke.« Monica trat zurück und winkte noch einmal. Der Pilot startete den Motor. Mit aufheulenden Rotoren stieg der Helikopter in die Höhe und verschwand wenig später hinter den Baumwipfeln.

Monica und Alexander saßen abends müßig auf der Veranda. Der Farmhof sah aus wie auf einer Ansichtskarte: der tiefblaue Himmel, der palmengeschmückte Garten und die glutrote Sonne.

Zum ersten Mal seit ihrer Auseinandersetzung waren Monica und Alexander allein. Während Monica in ein Buch vertieft war, verlor sich Alexanders Blick irgendwo in der Ferne. Monica senkte ihr Buch und lächelte ihn an. Die ganze Welt könnte sie mit diesem Lächeln umarmen, doch an diesem Abend gehörte es Alexander ganz allein. Und es erhellte diese stille Stunde zwischen Tag und Nacht. Monicas und Alexanders Blicke kreuzten sich. Beide versanken in wunschlose Zufriedenheit.

Monica setzte sich auf Alexanders Schoß und vergrub ihr Gesicht an seiner Schulter. Beide gaben sich ganz der Sehnsucht des Augenblicks hin. Der Sehnsucht, daß dieses Gefühl eines Tages nicht Opfer des Alltags und der Gewohnheiten würde.

Ringsum war es sehr still – bis zu dem Moment, als Sara auf Dumbo sitzend herangaloppierte. Sally lief lamentierend und wild mit den Armen gestikulierend hinter den beiden her.

Monica und Alexander sahen das Unheil zu spät nahen. Mit einem Schrei auf den Lippen sprangen sie und Alexander auf. Aber da hatte Dumbo bereits den Rüssel erhoben und prustete ein eisiges Brausebad über die beiden Turteltauben.

19. KAPITEL
Die heilige Höhle

Eine unheimliche Stille lag über dem Urwald. Nur dumpfes, monotones Trommeln hallte durch das Dickicht. Gespenstisch huschten zwei Dutzend Eingeborene an moosbewachsenen Felsen in unmittelbarer Nähe eines sprudelnden Bachlaufs vorbei. Die Männer hatten ihre Körper mit Öl eingerieben und glänzten im Licht der aufgehenden Tropensonne. Sie trugen nichts außer bunten Lendentüchern. In der einen Hand hielten sie Speere, in der anderen brennende Fackeln. Lautlos folgten die Buschmänner einem gewundenen Dschungelpfad, der an einer Höhlenöffnung endete.

Dort drinnen wurde das Licht mit jedem Schritt dämmriger, und bald verschlang tiefe Dunkelheit die Eingeborenen. Das flackernde Licht der Fackeln schreckte einige Fledermäuse auf. Sie umschwirrten die Köpfe der Eindringlinge und stießen hohe Schreie aus.

Im Zentrum der Höhle war ein Dom von ungeheurer Größe. Archaische Urzeitmalereien zierten die Wände. Der Geruch von Fäule und Schimmel hing schwer in der Luft.

Die Eingeborenen kauerten im Kreis zusammen. Nur das stetige Tropfen des Wassers von der Höhlendecke war zu hören. Die Männer stimmten einen monotonen Gesang an, der von den Höhlenwänden widerhallte. Zwei Eingeborene legten eine Antilope vor dem Häuptling nieder. Er war ein großer, kräftiger Mann mit kurzem, angegrautem Bart. Seine Brust zierten zahlreiche Ketten aus Löwenkrallen und Zähnen. Auf dem Kopf trug er eine Kappe aus rotgefärbten Straußenfedern.

Die Umstehenden sangen immer lauter und leidenschaftlicher ihre Beschwörungen. Urplötzlich endete der Gesang. Das Messer des Häuptlings durchbohrte das Herz der Antilope. Sie war sofort tot. Ihr Blut rann in dicken Strömen von dem Opferstein und bildete auf dem Boden dunkelrote Pfützen. Mehrere Jungen, kaum älter als fünfzehn oder sechzehn Jahre, traten vor und knieten vor dem Häuptling. Ehrfürchtig senkten sie ihre Köpfe. Der Häuptling ergriff einen Zauberwedel, tunkte ihn in eine Blutlache und strich ihn über die Köpfe der Kinder.

Dieser Initiationsritus machte sie in diesem Augenblick zu Männern und zu Stammeskriegern. Es war einer der wichtigsten Augenblicke im Leben eines Buschmannes und erfüllte einen jeden mit Stolz. Besonders stolz aber war an diesem Tag der Häuptling selbst, denn einer der Jungen, die er an diesem Tag dem uralten Stammesritual unterzogen hatte, war sein Sohn.

Mowanda war froh, daß er allein im Führerhaus des Geländewagens saß. Hier hatte er wenigstens seine Ruhe vor den endlosen Fragen der Touristen. Alexander saß hinten, auf der offenen Ladefläche des Geländewagens, der zu einer Art Reisebus umgebaut worden war. Die übrigen Plätze nahm eine Reisegruppe aus Frankfurt ein. Die Touristen waren mit dem üblichen unvermeidlichen Gepäck aus Fotoapparaten, Videokameras, Handtaschen und Frühstücksbeuteln behangen. Während Alexander die Besonderheiten der Savanne erklärte, entzückten sich seine Fahrgäste an den Sehenswürdigkeiten. Sie fotografierten Nashörner, filmten Elefanten und bestaunten Zebras. Gleichzeitig lauschten sie mit großem Interesse Alexanders Ausführungen. Denn heute stand etwas ganz Besonderes auf dem Programm. Ein Reiseziel, zu dem Alexander noch nie Urlauber geführt hatte.

»Die Buschleute gehören zu den ältesten Stämmen Südafrikas«, erklärte er und rief Richtung Fahrerhaus: »Stimmt's, John?«

»Ja«, rief er zurück. »Und sie gehören zu den wenigen Eingeborenen, die ihre ursprünglich Art zu leben beinahe beibehalten konnten.«

»Und das sagt eine Menge über ihre kulturelle Identität aus …«, fuhr Alexander fort.

»Na ja, beinahe«, unterbrach Mowanda ihn. »Einige sind

in die Stadt gezogen. Und diejenigen, die geblieben sind, leben von der Jagd und sonst nichts.«

»Sie kennenzulernen, ist eine einzigartige Erfahrung«, versprach Alexander. »Deshalb verdanken wir Lieutenant Mowanda viel, weil er uns zu einem Treffen mit ihnen mitnimmt.«

»Ich hoffe, sie essen keine Hunde, Alex«, warf Frau Bauer ein. Besorgt drückte sie ihren Pekinesen Jerry noch fester an sich. Frau Bauer war eine zierliche, aber resolute Mittfünfzigerin. Sie hatte sich mit dieser Reise einen langgehegten Wunschtraum erfüllt: endlich einmal raus aus dem ewigen Nieselregen Frankfurts in ein Land, wo jeden Tag die Sonne schien.

»Nein, Frau Bauer«, versicherte Alexander und fügte scherzhaft hinzu: »Sie mögen viel lieber Menschen.«

Der Geländewagen bog von der Savannenstraße ab und fuhr an afrikanischen Olivenbäumen, Zedern, Crotonbäumen und moosbewachsenen Kosobäumen vorbei. Der Baumbestand wurde immer dichter, bis die Baumkronen ein fast undurchdringliches Dach bildeten, durch das kaum Sonnenlicht bis auf den Boden fiel. Das Grün ging mehr und mehr in ein silbriges Dämmerlicht über.

Schließlich wurde das Gestrüpp so dicht, daß Mowanda halten mußte.

»Okay, Leute, hier sind wir«, verkündete Alexander und stieg aus dem Auto. »Ich helfe Ihnen, Frau Bauer.«

Die Touristen kletterten einer nach dem anderen von dem Wagen und stellten sich brav um Alexander und Mowanda auf.

»Bevor wir das Dorf betreten, möchte ich Ihnen eine interessante Höhle in der Nähe zeigen«, sagte Mowanda. »Sie besitzt ein paar wunderbare Wandmalereien. Sie werden es nicht bereuen, das verspreche ich Ihnen. Ich stieß zufällig auf sie, während ich die vielfältigen Bäume in diesem Gebiet auflistete.«

»Wirklich?« fragte Frau Bauer neugierig. »Um welche Art von Malereien handelt es sich?«

»Sie entstanden ca. vor zwanzigtausend Jahren und sind ein gutes Beispiel für die Schamanenkunst, die von den altertümlichen San-Jägern praktiziert wurde«, antwortete Mowanda, während er die Gruppe weiterführte. »Das waren die Vorfahren der heutigen Buschmänner. Es gibt Bilder eines Elands, eine Art Antilope, die spirituelle Energie verkörpern soll.«

»In Ordnung, gehen wir weiter«, drängte Alexander. »Aber bleiben Sie bitte dicht beisammen. Entfernen Sie sich nicht von der Gruppe, und achten Sie darauf, wohin Sie Ihre Füße setzen.«

»Wieso?« Frau Bauer starrte erschrocken ins Gras. »Gibt's hier Schlangen?«

»Ja, Frau Bauer«, bestätigte Alexander. »Möglicherweise. Das ist nicht Frankfurt, wissen Sie. Das ist Afrika. Aber wie alle Tiere beißen Schlangen nicht ohne Grund. Also geben Sie ihnen keinen. Achten Sie darauf nicht ...«

Jerry bellte! Wegen des unerwarteten Geräuschs blieben die Touristen wie versteinert stehen. Vor ihnen erweiterten sich die aufragenden Felsbrocken zu einem Höhleneingang.

Aus einem undurchdringlichen Schatten schälte sich eine Silhouette. Die hochgewachsene Gestalt verharrte kurz in dem Schatten, dann trat sie zögernd ins Licht. Die erschrockenen Touristen sahen die Augen des Mannes zuerst. Es waren pupillenlose, weiße Augen, die Augen eines Blinden. Der Mann war ein Schamane, ein

Heiler. Er wußte, wie man mit geheimen Worten und Tanzschritten böse Krankheiten austrieb, und er wußte auch all die mystischen Tiernamen, die man bei Zeremonien beschwören mußte.

»Verlaßt diesen Ort!« zischte der Alte in der Eingeborenensprache. »Laßt uns allein! Geht!«

»Wir wollten nur die Malereien sehen«, antwortete Mowanda im gleichen Dialekt.

»Wer ist das?« flüsterte Alexander.

»Er ist ein Buschmann«, antwortete Mowanda leise. »Ein Schamane ..., ein Hexenmeister.«

»Was hat er gesagt?« wollte Alexander wissen.

»Er sagte, daß wir weggehen sollen«, erwiderte Mowanda.

»Warum?« Alexander zog die Stirn kraus.

»Er sagt, daß dieser Ort seinem Stamm gehört«, erklärte Mowanda. »Er bittet uns, sofort zu gehen.«

Die heisere Stimme des Schamanen erstarb zu einem umverständlichen Krächzen.

Alexander drehte sich unschlüssig zu der Reisegruppe um. Frau Bauer stand wie erstarrt da und blickte auf den Schamanen. Ebenso wie die meisten anderen Touristen wirkte sie eingeschüchtert.

»Ich glaube, es ist besser, wir tun, was er sagt«, meinte sie.

»Ja, wir sollten seinen Wunsch respektieren«, fügte Mowanda hinzu.

»Gehen?« fragte Herr Fuchs, ein hagerer Mann im Safarianzug, empört. »Ich steige nicht wieder in diesen Jeep, bis ich das Innere der Höhle gesehen habe!«

»Also, ich rühre mich nicht einen Zentimeter.« Frau Bauer musterte ihn besorgt.

»Dann können Sie ja draußen bleiben.« Herr Fuchs

zückte eine kleine Taschenlampe und trat energisch vor. »Na los, kommt schon!«

»Hey«, rief Alexander ihm hinterher. »Wohin wollen Sie?«

Aber Herr Fuchs war bereits im Innern der Höhle verschwunden. Zögernd folgten ihm die anderen Touristen. Jerry strampelte so lange, bis Frau Bauer ihn schließlich zu Boden ließ. Blitzschnell wuselte der kleine Hund in die Höhle hinein. Frau Bauer seufzte tief, dann schloß sie sich den anderen doch an.

Ganz wohl war ihnen allen nicht in der Haut.

Nach wenigen Schritten sahen sie den spärlich erleuchteten Zeremonienplatz. Neben den flackernden Fackeln knieten die Eingeborenen. Tiefe Stille herrschte in der Höhle. Nur der Häuptling flüsterte etwas. Er kniete vor einem Felsen, auf dem die geopferte Antilope lag. Er fing das Blut mit einem Gefäß auf und reichte es den Knaben. Der Chor der Stimmen hallte erneut in der Dunkelheit wider und schwoll zu einem Gesang an. Die Knaben reichten das blutgefüllte Gefäß weiter und tranken einer nach dem anderen daraus.

»Das ist der Geist unseres Landes«, sagte jeder von ihnen, bevor er trank. »Wenn jeder von uns ihn trinkt, sind wir an das Gesetz unserer Vorfahren gebunden, dieses Land und alles, was dazu gehört, zu beschützen.«

»John, wer sind diese Leute?« flüsterte Alexander. »Und was tun sie hier?«

»Zweifelsohne sind sie der Grund, warum wir gewarnt wurden, nicht herein zu kommen«, antwortete Mowanda leise.

Peter und Zoe waren mit Abstand die Jüngsten in der Reisegruppe. Mit seinen achtzehn Jahren glaubte Peter noch fest daran, daß alleine Freiheit und Liebe das Leben lebenswert machten. Und wo gab es mehr Freiheit als in Afrika? Die ganzen Sommerferien hatte er für diesen Urlaub gejobbt und nebenbei eine wichtige Lektion fürs Leben gelernt: Das Glück mußte man sich hart erarbeiten.

Mit seinen schulterlangen Haaren, der Baseballkappe, dem alten Shirt und knielangen Fetzenjeans sah er aus, als wäre er aus einem MTV-Musikvideo entsprungen.

Zoe war eine sehr hübsche Neunzehnjährige, mit langem, schwarzem Haar und einem kurzen, hellblauen Kleid.

»Sieh mal, ich glaube, das sind halluzinogene Pilze, die die Eingeborenen verwenden.« Peter ging in die Hocke. In einem der Rinnsale, die den ganzen Höhlenboden übersäten, wuchsen dunkelbraune Pilze.

»Meinst du?« fragte Zoe skeptisch. »Mir wurden einmal welche in Mexiko angeboten, aber die haben ein wenig anders ausgesehen. Und sie wuchsen nicht im Wasser.«

Peter pflückte einen Pilz, biß ein Stück ab und reichte ihn Zoe. Sie probierte ihn ebenfalls. Doch zu ihrer Enttäuschung stellte sich keinerlei Rauschwirkung ein.

Plötzlich erstarrten die Eingeborenen und stierten auf die Eindringlinge.

»Sie müssen gehen!« rief einer der jungen Krieger im Eingeborenendialekt.

»Es tut mir leid«, entschuldigte sich Mowanda. »Wir sind sofort weg.«

Herr Fuchs bewunderte im Licht seiner Taschenlampe gerade die Wandmalereien, als er eine Hand auf der Schulter spürte. Verärgert drehte er sich zu dem Individuum um, das es wagte, seinen Kunstgenuß zu stören.

Mowanda lächelte freundlich und drängte ihn zum Ausgang.

Jerry stand hechelnd abseits. Obwohl es in der Höhle angenehm kühl war, litt der Pekinese immer noch unter der ungewohnten Hitze der letzten Stunden. Gierig löschte er seinen Durst an dem Rinnsal, in dem die Pilze wuchsen.

»Jerry!« Frau Bauer packte den Hund und riß ihn hoch. »Trink nicht dieses gräßliche Wasser!«

Mit aufsteigendem Ekel sah Frau Bauer, daß in dem Wasser eine Mischung aus Schleim und Blut schwamm.

»Wir waren lange genug hier drin«, meinte Mowanda. »Laßt uns verschwinden.«

»Ja, Leute!« Alexander drängte die Reisegruppe zur Höhle hinaus. »Zeit zu gehen und sich das Dorf anzusehen. Na los, kommt schon!«

Herr Fuchs folgte der Anordnung nur widerwillig. Gerade als er mit der Anmeldung eines Schadensersatzanspruches drohen wollte, trat er gegen einen kleinen, aber kompakten Stein. Verzweifelnd mit den Armen rudernd, entging er nur mit Mühe einem Sturz. Mürrisch kehrte er mit der Reisegruppe zum Geländewagen zurück und setzte die Rundfahrt fort.

Wenig später bestaunten im Dorf der Buschleute die Frauen und Kinder den Pick-up mit den Weißen. Alexander war vorher noch nie mit einer Reisegruppe hier gewesen. Er glaubte aber nicht, daß es Probleme geben könnte. Schließlich waren die Zeiten, in denen die Buschleute mit vergifteten Pfeilen und Speeren auf ihre Feinde losgegangen waren, lange vorbei. Trotzdem wußten heute noch die Kinder, wie man die Blattkäfer unter Myrrhenbüschen ausgrub und aus dem Saft ihrer verpuppten Larven das tödliche Pfeilgift herstellte.

Die einst so kriegerischen Nomaden lebten jetzt friedlich in festen Dörfern. Sie züchteten Hühner und Ziegen und ernährten sich von Wurzeln, Beeren, Melonen und besonders von den kleinen Xchui-Nüssen. Doch eines hatte sich nicht geändert: Genau wie ihre Vorfahren lebten sie in Rundhütten aus Ästen und Lehm. Die meisten von ihnen standen wegen der Termiten auf hohen Pfählen und waren mit terrassenähnlichen Brücken miteinander verbunden. Einige Frauen saßen dort und machten aus Schalen verpuppter Falter Fußrasseln für die Trance-Tänzer. Andere fertigten aus Splittern von Straußeneiern Ketten.

Alexander hatte bei diesem Besuch mit allem gerechnet: mit Sprachschwierigkeiten zwischen der Reisegruppe und den Buschleuten, mit empörten Eingeborenen, die keine Fotos duldeten, oder die Geschenke dafür verlangten. Womit Alexander nicht gerechnet hatte, war das »Heuschrecken-Syndrom«. Rücksichtslos wälzte sich der Touristenschwarm durch das Dorf und machte selbst vor dem Innern der Hütten nicht Halt. Angesichts dieser Szenen erstarrte Alexander. Wenig später bereiteten die Buschleute dem Spuk ein Ende. Sie trieben die Touristen aus den Hütten und Ställen hinaus und jagten sie zu dem Geländewagen zurück. Mit einem Satz war Mowanda im Fahrerhaus. Der Motor des Autos heulte auf, und der Geländewagen verschwand in einer aufwirbelnden Staubwolke.

Auf der Heimfahrt strich Alexander sowohl den Besuch der Höhle als auch den des Dorfes aus dem Programm der Rundreise. Beides erschien ihm auf Dauer zu stressig.

Streß hatte auch Sara. Und zwar auf der Wiese direkt vor dem Farmhaus der Brandts. Ursache des Ärgers war ausgerechnet Bubezi. Der kleine Löwe hatte seinen eigenen Kopf. Zum Beispiel war eine Liegedecke für ihn zum Liegen da, und nicht zum dran rumziehen.

»Komm Bubezi!« Sara zerrte und zurrte aus Leibeskräften an dem Zipfel der Decke.

Bubezi blieb regungslos auf der Decke liegen, hob träge den Kopf und blickte Sara mit geradezu königlicher Huld an.

»Wir dürfen nicht ohne einen Kampf aufgeben«, fuhr Sara fort. »Komm schon! Töte es! Aghh! Na los, zieh es dorthin. Es ist beinahe kaputt!«

Doch Saras fabelhafte Idee stieß auf taube Löwenohren. Lisa und Walter schauten dem drolligen Spiel vom Zaun aus zu.

»Sara!« rief Lisa schließlich. »Was tust du da mit meiner Decke?«

»Oh, wir spielen nur damit«, antwortete Sara. »Nur dieses eine Mal, zum Spaß. Komm schon, Bubezi! Ich zähle bis drei, dann ziehen wir richtig doll dran. Eins, zwei, drei! Bubezi, bemüh dich ein wenig.«

Bubezi rekelte sich und streckte sich auf der Decke aus. Sara hielt die Zeit für gekommen, ihren Charme in die Waagschale zu werfen. Bei Großvater Walter half das immer.

»Guter Junge, du hattest einen schweren Tag«, sagte Sara mit einem Schmelz in der Stimme, der eine meuternde Piratenhorde augenblicklich in eine Schar frommer Meßdiener verwandelte hätte. Sie ging in die Hokke und streichelte das Löwenjunge.

Saras plötzlicher Stimmungsumschwung wurde Bubezi jetzt doch zu unheimlich. Er stand auf und trollte sich zu einem Verschlag davon.

»Hey, wo gehst du hin?« rief Sara ihm hinterher. »Ich habe nur Spaß gemacht. Komm hierher zurück!«

In diesem Augenblick kehrte Alexander von der Rundfahrt zurück. Man sah ihm an, daß die Tour seine Nerven einem erheblichen Verschleiß ausgesetzt hatte.

Die Stimmung unter den Touristen war gemischt. Einige fanden die exotische Rundreise mit dem abenteuerlichen Zwischenspiel in der Höhle und der Vertreibung aus dem Dorf aufregend oder zumindest amüsant. Andere, wie Herr Fuchs zum Beispiel, waren weniger zufrieden.

Herr Fuchs empfand vor allem die afrikanischen Nächte keineswegs als exotisches Erlebnis. Zu seinem Ärger schien ausgerechnet nachts die Savanne richtig lebendig zu werden, wenn er im Bungalow erholsamen Schlaf suchte. Zwar hielt das Moskitonetz die unzähligen Leuchtkäfer fern, die zum Fenster reinschwirrten, doch gegen die dröhnende Popmusik aus dem Nachbarbungalow blieb es wirkungslos. Seit Stunden plärrten ohrenbetäubende Rhythmen durch die Nacht. Herr Fuchs hatte solche Zimmernachbarn ja schon befürchtet, als er die Reise buchte. Und das, obwohl die Wahrscheinlichkeit sehr klein war, daß ausgerechnet sie neben einem Teenagerpaar logieren würden, für das Zimmerlautstärke ein Fremdwort war.

Ungeachtet des Lärms schlief Frau Fuchs wie ein Murmeltier.

»Hört auf mit diesem schrecklichen Lärm!« schrie Herr Fuchs völlig entnervt Richtung Fenster. »Genug ist genug!«

Die Musik dröhnte in unveränderter Lautstärke weiter.

»Oh, laß sie in Ruhe, Liebling«, gähnte Frau Fuchs schlaftrunken. »Sie sind doch nur Kinder.«

»Sie haben kein Recht, die Leute zu jeder Nachtstunde zu stören und sie mit diesem höllischen Lärm aufzuwecken«, fauchte Herr Fuchs grimmig.

In Windeseile schälte er sich aus dem Bett, warf sich seinen Morgenmantel über und rannte nach draußen.

»Ruhe!« schrie Herr Fuchs, während er die Tür des Nachbarbungalows mit den Fäusten bearbeitete.

Keine Reaktion.

Herr Fuchs riß die Tür auf und – erstarrte vor Schreck. Der Anblick, der sich ihm bot, ließ sein Blut gefrieren. Herr Fuchs biß die Zähne zusammen, gegen einen aufkeimenden Schrei und den Drang, sich zu übergeben.

Nach einigen Sekunden, die Herrn Fuchs wie eine Ewigkeit vorkamen, hatte er sich wieder unter Kontrolle. Er lief zu Alexanders Schlafzimmer und weckte ihn.

»Mr. Fuchs!« Alexander stand in der Schlafzimmertür und musterte Herrn Fuchs besorgt. »Was ist los?«

»Schnell!« keuchte er atemlos. »Peter und Zoe sind krank.«

»Okay, ich zieh mich an und rufe nach Monica«, antwortete Alexander und verschwand in seinem Zimmer.

Einige Minuten später knieten Alexander und Monica neben Peter und Zoe. Die beiden Jugendlichen lagen bewußtlos auf dem Boden ihres Bungalows. Herr Fuchs, Lisa und Walter hielten Abstand zu den beiden Kids.

Monica kontrollierte ihren Puls und schob Zoes geschlossenes Augenlid hoch. Schleimiger Schaum sickerte aus Peters Mund.

»Die Pupille ist verengt, und die Iris reagiert nicht auf

Licht«, stellte Monica fest. »Ihr Nervensystem wurde von etwas beeinflußt.«

Monica beugte sich über das Mädchen und lauschte den schwachen, unregelmäßigen Atemzügen.

»Zoe.., Zoe ..., Zoe ..., kannst du mich hören?« fragte Monica eindringlich. »Hast du etwas gegessen, Zoe?«

Zoes aschfahles Gesicht zeigte keinerlei Regung.

»Sie reagiert nicht«, seufzte Monica.

»Denkst du, sie haben Drogen genommen?« fragte Alexander.

»Das kann man noch nicht sagen«, antwortete sie. »Sie könnten etwas Vergiftetes gegessen haben.«

Kurze Zeit später traf die alarmierte Ambulanz ein. Monica zog sich rasch um und begleitete mit Alexander die beiden Patienten in die Klinik. Dort stülpte man ihnen als erstes Sauerstoffmasken über die Gesichter und entnahm Blutproben.

»Wie geht es ihnen?« erkundigte sich Kate.

»Nicht besonders«, antwortete Monica. »Und es verschlechtert sich. Ihr Puls ist schwach und schnell, der Blutdruck fällt. Wir müssen ihre Mägen auspumpen. Der Inhalt muß sofort analysiert werden.«

»Okay, ich werde alle in Bewegung setzen«, versprach Kate und verließ die Notaufnahme.

Als die Sonne hinter den Palmen aufging, fühlte sich Alexander richtig zerschlagen. Gedankenverloren stand er in einem Flur der Klinik und starrte aus dem Fenster. Nebenan im Büro machte Kate Kaffee. Morrison saß am Schreibtisch und blickte Kate hypnotisiert an.

»Ah, hast du diese Tasse Kaffee für mich gemacht, Süße?« fragte er schließlich.

»Warum bittest du nicht deine Frau, dir welchen zu

machen?« konterte Kate und ging mit je einer Tasse in der Hand Richtung Tür.

»Wir sind geschieden«, erwiderte er mit dem mißlungenen Versuch eines charmanten Lächelns.

»Schlaues Mädchen«, erwiderte Kate trocken. »Sie hat sich rechtzeitig davongemacht.«

Kate trat in den Flur hinaus und blieb neben Alexander stehen.

»Durstig?« Sie reichte ihm eine Tasse.

»O ja, danke, Kate«, antwortete er. »Wie geht es Peter und Zoe?«

»Nicht gut. Die Monitore, an denen sie angeschlossen sind, zeigen schwache Herzaktionen.«

Eine Stunde später betrat Dr. Thompson die Klinik. Wie jeden Morgen war er wieder mal in denkbar ungnädiger Laune.

»Doktor Thompson?« Lautlos tauchte Morrison neben ihm auf.

»Hallo, Frank«, grüßte er gereizt.

»Zwei junge Leute wurden heute am frühen Morgen hereingebracht«, berichtete Morrison auf dem Weg zum Büro. »Es sind Gäste auf der Brandt-Farm, wo Dr. Marini wohnt.«

»Warum?« fragte er. »Was ist mit ihnen los?«

»Na ja, Überdosis würde ich sagen«, fuhr Morrison fort. »Oder irgendwas in dieser Richtung.«

»Ah, feine Gäste hat unsere Frau Doktor Marini da«, schnaubte Thompson verächtlich.

Eine sehr beunruhigte Monica befand sich im Krankenzimmer von Zoe und Peter. Man hatte die beiden vorsichtshalber von den übrigen Patienten isoliert.

Plötzlich betrat ein sympathisch aussehender Pfleger das Zimmer. Monica musterte den dunkelhäutigen Mann überrascht.

»Hallo«, grüßte sie. »Ich habe Sie noch nie vorher hier gesehen.«

»Es ist mein erster Tag«, antwortete er. »Ich habe einen Monat Probezeit, danach werde ich hoffentlich für eine längere Zeit eingestellt.«

»Viel Glück«, wünschte Monica und widmete sich wieder ihren Patienten.

Der junge Pfleger wurde sogleich mit einem schweren Fall konfrontiert. Er war sehr unsicher und fragte sich, ob die Krankenhausarbeit wohl das Richtige für ihn sei. Umso größer war seine Hochachtung vor Monica. Er spürte die Zuneigung, die sie für die Schwerkranken empfand.

»Okay, Zoe, beruhige dich, bitte.« Monica beugte sich über die Patientin und strich ihr zart über die Stirn. »Du bist in einem Krankenhaus. Ich bin deine Ärztin.«

»Helfen Sie mir«, stieß Zoe unter Aufbietung all ihrer Kräfte hervor. »Bitte ..., alles ist so verschwommen.«

»Schau mal, ich kann dir nur helfen, wenn du mir sagst, was ihr gestern gegessen habt«, antwortete Monica leise.

»Ich weiß es nicht.« Flatternd hoben sich Zoes Lider. »Ich weiß es nicht.«

»Versuch dich zu erinnern«, drängte Monica sanft.

»Die Eingeborenen ... in der Höhle ...!« Zoes Lippen zuckten unkontrolliert.

»Welche Höhle?« wollte Monica wissen.

»Die heilige Höhle.« Zoe sprach zwischen zusammengebissenen Zähnen.

»Was war dort?« bohrte Monica weiter.

»Pilze«, stöhnte sie. »Da waren diese Pilze.«

»Du hast Pilze aus einer Höhle gegessen?« hakte Monica nach.

»Helfen Sie mir.« Zoes Körper verkrampfte sich. »Ich habe Angst. Ich bekomme keine Luft mehr.«

»Ich schließe dich wieder an den Sauerstoff an.« Monica versuchte ein Lächeln. »Das erleichtert das Atmen.«

Während Monica ihr die Sauerstoffmaske überzog, betrat Kate das Zimmer.

»Sie könnten beide eine Beruhigungsspritze gebrauchen, oder?« meinte Monica.

»Das mach' ich schon«, versprach Kate. »Geh jetzt nach Hause, du siehst erschöpft aus. Miss Carson erzählte mir, daß Thompson gerade angekommen ist.«

»Thompson ...«, seufzte Monica. »Na schön. Ich hab' herausgefunden, daß die beiden Pilze gegessen haben ..., offensichtlich giftige.«

»Zoe!« Peter erwachte aus der Bewußtlosigkeit. »Zoe!«

»Okay, okay, Peter.« Monica trat an sein Bett. »Kate, wo ist das Beruhigungsmittel?«

»Wo ist sie?« Peter versuchte sich aufzurichten. Sein Gesicht glühte vor Fieber, seine Augen waren rotunterlaufen.

»Sie ist direkt hier neben dir«, antwortete Monica. »Ich gebe dir ihre Hand.«

Monica nahm Peters Hand und legte sie in Zoes. Einen Moment lang glätteten sich seine Züge, und in seine stumpfen Augen trat ein Leuchten.

»Liebling, ich habe Angst«, flüsterte Zoe. »Was geschieht mit uns?«

»Zoe, meine süße Zoe«, keuchte er mit ersterbender Stimme. »Es tut mir leid, ich wollte nicht ...«

»Verlaß mich nicht!« flehte sie. »Ich habe Angst vorm Sterben. Bitte, verlaß mich nicht! Bitte ...«

20. KAPITEL
Tödliche Viren

Lisa kauerte auf der Wiese hinter dem Haus und zog mit der Zange einen Dorn aus Bubezis Pfote. Ein paar Meter weiter stand Dumbo. Während George ihn mit der Wurzelbürste abschrubbte, schaute er Lisa interessiert zu.

Sally und Sara kamen von einem Morgenspaziergang zurück. Sara führte Jerry, Frau Bauers Hund, Gassi. Als Jerry Dumbo sah, blieb er erschrocken stehen und schnupperte irritiert.

»Du brauchst keine Angst zu haben, Dumbo tut dir nicht weh«, versicherte Sara und nahm Jerry auf den Arm. »Ebensowenig wie Bubezi. Sie sind noch Babys.«

»Guten Morgen, Mrs. Brandt«, grüßte Sally.

»Oh, hallo, Sally.« Lisa musterte Jerry und schmunzelte. »Hast du einen neuen Freund, Sara?«

»Ja, ist er nicht hübsch?« meinte sie und hob Jerry demonstrativ hoch.

»Hallo, George«, sagte Sally. »Wie geht es so?«

»Gut«, antwortete George und deutete mit dem Kinn Richtung Jerry. »Sollen wir ihn auch baden?«

»Lieber nicht, George«, erwiderte Sara. »Ich wollte gerade, daß sie Freundschaft schließen.«

»Oh, Dumbo kann nicht deutsch sprechen«, bedauerte George. »Er spricht nur Africaans.«

»Das ist nicht wahr«, widersprach Sara und baute sich

mit Jerry vor den Elefanten auf. »Dumbo ist sehr schlau. Er kann alles verstehen. Ich werde es euch zeigen. Dumbo, dies ist Jerry, ein deutscher Hund.«

Dumbo tunkte seinen Rüssel in den Wassereimer, der am Boden stand, saugte das Wasser auf und prustete es zur Begrüßung über Sara und Jerry.

»Nein«, keuchte Sara. »Nein! Dumbo, nicht!«

Dumbo senkte den Rüssel und schaute Sara gönnerhaft an.

»Dumbo, du bist wirklich ein dummes Tier!« Sara setzte den triefend nassen Jerry am Boden ab. »Ich habe dir gerade Jerry vorgestellt. Ich habe dich nicht um ein Bad gebeten.«

Weiter kam Sara nicht, denn inzwischen hatte Dumbo seinen Rüssel erneut mit Wasser vollgesogen und bescherte seinen kleinen Freunden ein neues Brausebad.

»O nein, es geht wieder los«, kreischte Sara und ergriff mit Jerry die Flucht.

Nachdem Alexander aus der Klinik heimgekehrt war, setzte er sich zu Frau Bauer und Familie Fuchs auf die Veranda. Beim Frühstück diskutierten sie ausgiebig die Ereignisse der vergangenen Nacht.

»Wissen Sie, Drogen sind der Ruin so vieler junger Menschen heutzutage«, dozierte Herr Fuchs. »Ich habe einen Neffen, der in einer Berliner Klinik ist. Sie versuchen ihn gerade zum dritten Mal clean zu bekommen. Es ist eine Tragödie.«

»Sie haben absolut recht«, pflichtete ihm Frau Bauer bei. »Wie kann so ein junges Paar sein Leben riskieren, bloß um von ein paar halluzinogenen Pilzen high zu werden?«

»Es ist nicht sicher, ob sie halluzinogene Pilze gegessen haben«, warf Alexander ein. »Sie hofften wahrscheinlich, es zu tun. Aber ich fürchte, sie haben statt dessen eine tödliche Variante gefunden.«

Walter betrat im Jagdanzug und mit einem geschulterten Karabiner die Veranda.

»Nun denn, Herrschaften, es gab eine kleine Änderung der Pläne«, verkündete er den Gästen. »Ich werde heute Ihr Führer sein. Wir werden eine phantastische Wanderung um das gesamte Anwesen unternehmen.«

»Ich muß Sie bitten, mich zu entschuldigen«, bedauerte Alexander. »Ich begleite Monica zum Krankenhaus, für den Fall, daß ich gebraucht werde.«

»Überhaupt kein Problem«, meinte Herr Fuchs. »Ich bin sicher, Mr. Brandt wird ein großartiger Touristenführer sein.«

»Auf jeden Fall bin ich ein guter Wanderer«, sagte Walter nicht ohne Stolz.

»Also, übertreib es nicht, Papa«, ermahnte ihn Alexander. »Und, wichtiger noch: nicht rauchen!«

»Wenn ich gewagt hätte, das mit meinem Vater zu tun, hätte ich nicht gewußt, wie er darauf reagiert hätte«, knurrte Walter mißmutig.

»Gut!« Alexander erhob sich am Tisch. »Also los, Papa. Frau Bauer, Familie Fuchs, ich sehe Sie später.«

Monica hatte sich knapp eine Stunde auf dem Bett ausgeruht. Nach einer erfrischenden Dusche fühlte sie sich wie neugeboren. Sie zog sich rasch um und fuhr dann mit Alexander zur Klinik zurück.

»Ich verstehe nicht, wieso das Labor nicht identifizieren kann, welche Art Pilze sie gegessen haben«, meinte sie unterwegs. »Giftige Pilze sind unberechenbar. Sie können Menschen noch Tage später töten. Wir müssen sie einfach finden. Zoe sagte irgendwas von einer Höhle.«

»Da haben sie sie also gefunden«, staunte Alexander. »In der Höhle.«

»Die heilige Höhle?« fragte Monica überrascht. »Kennst du sie?«

»Sie ist in der Nähe des Dorfes der Buschmänner«, erklärte er. »Verdammt! Warum mußten wir dort hineingehen?«

»Du bist nicht dafür verantwortlich, was diese Kinder getan haben«, besänftigte sie ihn. »Sie hätten es besser wissen sollen, als sie so etwas in den Mund nahmen. Wir tun alles, was wir können, um sie zu retten.«

In der Klinik liefen Monica und Alexander Kate über den Weg. Sie unterhielt sich gerade mit einem fremden, gutaussehenden Mann Mitte Dreißig. Er war schlank mit kräftigen, breiten Schultern, dichtem Haar und einem Dreitagebart. Er war ein richtiger Adonis, nach dem sich Frauen zweimal umschauten.

»Oh, Monica«, grüßte Kate. »Dies ist Doktor Mattia. Er ist zu Besuch aus Italien, um einen Koronar-Bypass mit Professor Kohlemann zu setzen.«

»Mattia Roselli«, lächelte er charmant. »Schön, Sie kennenzulernen.«

»Hi, Monica Marini.« Monica schüttelte ihm die Hand.

»Sind Sie auch Italienerin?« fragte Mattia überrascht.

»Nein«, antwortete sie. »Ich war mit einem Italiener verheiratet. Dies ist Alexander Brandt.«

»Erfreut, Sie kennenzulernen.« Alexander reichte ihm die Hand.

»Ich freue mich ebenfalls«, erwiderte Mattia.

»Aber Kate«, wunderte sich Monica. »Professor Kohlemann ist doch in Genf auf einem Kongreß, oder?«

»Ja«, bestätigte sie.

»Ja«, fügte Mattia hinzu. »Ich habe seine Abwesenheit genutzt, um mich mit der Klinik vertraut zu machen. Wenn Sie mich jetzt bitte entschuldigen würden, ich habe einen Termin bei Dr. Thompson.«

»Viel Glück«, wünschte Monica mit sarkastischem Unterton.

Mattia stutzte. »Warum? Beißt er?«

»Das kommt darauf an, ob Professor Kohlemann ihm den Maulkorb angelegt hat, bevor er ging«, antwortete Monica.

»Also dann, wer weiß, ob ich Sie noch einmal wiedersehen werde«, schmunzelte Mattia und verließ den Raum.

»Gutaussehender Mann, Kate«, meinte Alexander und zwinkerte Kate zu.

»Gutaussehend?« wiederholte sie schwärmerisch. »Besser noch: alleinstehend!«

Monica entdeckte die Krankenblätter von Zoe und Peter auf dem Tisch und blätterte sie durch.

»Ich verstehe das nicht«, meinte sie schließlich. »Es gibt keine Anzeichen einer Besserung. Genaugenommen sieht es so aus, als würde sich ihr Zustand verschlechtern.«

»Ja, ich weiß«, seufzte Kate. »Das Zentralnervensystem scheint in Mitleidenschaft gezogen. Beide haben ständig Atempausen, außerdem ist die Temperatur sehr hoch, 40,5° C.«

»Das ist wirklich hoch«, stimmte Alexander besorgt zu.

»Ich weiß nicht, Kate.« Monica legte die Stirn kraus. »Vielleicht sollten wir prüfen, ob eine Infektion vorliegt.«

»Einverstanden«, erwiderte Kate.

»Infektion?« wiederholte Alexander verwirrt. »Wieso?«

»Ich weiß es nicht«, antwortete Monica. »Ich probiere nur alles aus. Ich sehe keinen Zusammenhang zwischen diesen Symptomen und den Pilzen, da ich ja nicht weiß, um welche Substanz es sich handelt. Man müßte diese Pilze analysieren können.«

»Du hast recht«, pflichtete ihr Alexander bei. »Wir brauchen diese Pilze. Sie müssen analysiert werden. Ich kann ihre Wirkung unter kontrollierten Bedingungen in meinem Labor untersuchen. Ich gehe zu dieser Höhle und hole einige Proben der Pilze. Aber zuerst frage ich im Dorf bei den Buschleuten nach. Womöglich wissen die was über die Pilze.«

»Ich gehe mit dir«, entschied Monica.

»Nein«, widersprach Alexander energisch. »Das halte ich für keine gute Idee.«

»Warum?« wunderte sie sich.

»Die Dorfbewohner sind nachdem, was neulich passierte, nicht allzu versessen auf uns«, erklärte er. »Der Schamane verbot uns, noch einmal in die Höhle zu gehen.«

»Vielleicht kennt er das Gegenmittel«, vermutete sie. »Wie auch immer, ich habe heute nachmittag frei. Also, ich bin dabei.«

Monica und Alexander fuhren mit Mowanda zu der Höhle. Mowanda saß still hinter dem Steuer des Geländewagens und ließ sich erklären, um was es ging.

»Sieht aus wie der ›amanita Pantherina‹, oder der ›amanita Musicara‹ – ein tödlicher Pilz, der manchmal der ›Goldene Schimmel‹ genannt wird«, meinte Mowanda schließlich. »Beide sind extrem gefährlich ..., und wenn sie gegessen werden, endet es oft mit dem Tod.«

»Du weißt aber eine Menge über giftige Pilze«, wunderte sich Monica.

»Ich habe ein gutes Gedächtnis, das ist alles«, winkte er bescheiden ab.

»Ist es noch sehr weit von hier?« Monica spähte ungeduldig zur Savanne hinaus.

»Nein, wir sind beinahe da«, erwiderte Mowanda.

Plötzlich stutzte Alexander. In der Ferne stieg eine schwarze Rauchwolke auf.

»Schau, da drüben.« Alexander deutete in die betreffende Richtung. »Da ist Rauch.«

»Er kommt aus dem Dorf«, flüsterte Mowanda erschrokken.

Dr. Thompsons Laune sank während des Gesprächs mit Mattia noch um einige Grade. Er mochte diesen Italiener vom ersten Moment an nicht. Zu gutaussehend, mit seinem vollen, schwarzen, gewellten Haar und Dreitagebart. Dreitagebart! Damit hätte er besser Dressman statt Arzt werden sollen.

Eine Viertelstunde nach der Unterredung verließ Dr. Thompson sein Büro. Auf dem Weg zur Ambulanz erspähte er aus den Augenwinkeln Mattia. Er stand mit Kate im Innenhof. Obwohl Thompson auf die Entfernung kein Wort von dem verstand, was sie sagten, hatten die zwei offensichtlich doch die Unverfrorenheit und flirteten miteinander.

»Ich weiß nicht, wie ich Ihnen danken kann, Kate«, sagte Mattia überschwenglich. »Wissen Sie, ich bin zu diesem Motel, von dem Sie mir erzählten, und es gab dort ein freies Zimmer. Es ist großartig. Ich werde nicht einmal ein Auto brauchen, um hierher zu kommen. Es sind nur ungefähr fünf Minuten Fußweg.«

»Oh, das ist gut«, antwortete Kate geistesabwesend.

»Ist alles in Ordnung?« fragte er besorgt. »Ist irgendwas passiert?«

Kate bat ihn in ihr Büro. Sie merkten beide nicht, daß ihnen Dr. Thompson heimlich folgte. Durch die halboffene Bürotür beobachtete er, wie Kate diesem Mattia ein Krankenblatt reichte.

»›Pathologischer Virus unbekannter Herkunft‹«, las Mattia darin und setzte sich zu Kate an den Schreibtisch. »Wer sind die Patienten?«

»Diese beiden jungen Deutschen«, antwortete Kate. »Es ist ein unbekannter Virus und auch ein sehr gefährlicher.«

Als Dr. Thompson das hörte, lief er vor Zorn puterrot an. Energisch betrat er das Büro und riß das Krankenblatt an sich.

»Dürfte ich das auch sehen?« fragte Dr. Thompson streng. »Wenn es Ihnen nichts ausmacht, Dr. Rosetti ...«

»Roselli«, verbesserte er.

»Ah ja.« Dr. Thompson bedachte ihn mit einem eisernen Blick und ausdruckslosem Lächeln. »Also, ich würde gern ein Wort mit meiner Oberschwester wechseln ..., allein.«

»Sehr wohl.« Mattia stand auf und verließ das Büro.

Dr. Thompson wartete, bis er die Tür hinter sich geschlossen hatte, bevor er explodierte: »Wie können Sie es wagen, einem völlig Fremden eines unserer privaten Dokumente zu zeigen?«

»Sie haben recht, Doktor«, stotterte Kate am Boden zerstört. »Ich ... ich geriet in Panik. Die Situation ist ernst. Dr. Marini ist nicht hier, und der Zustand der beiden Patienten verschlechtert sich ...«

»Wenn es ein Problem gibt, ziehen Sie mich zu Rate,

und niemand anderen«, fiel er ihr unwirsch ins Wort. »Verstanden? Jetzt verlegen Sie diese beiden Leute auf die Isolierstation. Ich möchte nicht, daß unsere restlichen Patienten herausfinden, daß wir einen unbekannten Virus haben.«

»Sehr wohl.« Kate hielt ihren Blick schuldbewußt gesenkt. »Was ist mit den beiden Patienten? Ihr Zustand verschlimmert sich.«

»Wir sind nicht ausgerüstet, um mit einem solchen Notfall klarzukommen«, erwiderte er. »Ich werde versuchen, sie so schnell wie möglich in ein größeres Krankenhaus wie das St. Pauls verlegen zu lassen.«

Dr. Thompson verließ das Büro. Kate saß zusammengesunken auf dem Stuhl. Sie wollte aufstehen, aber es gelang ihr nicht. Kaum war Thompson draußen, stürzte Mattia zur Tür herein.

»Kate, stimmt was nicht?« fragte er besorgt.

»Ich wurde angewiesen, nicht darüber zu sprechen«, entgegnete sie distanziert.

»Ja, aber ... Sie wissen, daß Sie mir vertrauen können, oder?« fragte er und zog die Brauen hoch.

»Ich muß diese Patienten isolieren«, gestand sie stokkend. »Ich soll niemandem etwas über den Virus sagen. Das ist doch nicht richtig.«

»Nein«, stimmte er ihr zu. »Das ist es nicht.«

Monica, Alexander und Mowanda ließen den Jeep vor dem Dorf der Buschmänner zurück und schlichen zu Fuß weiter. Von einer Anhöhe aus konnten sie die Ursache des Rauchs erkennen. Auf dem Dorfplatz hatten sich die Buschleute um einen großen Scheiterhaufen versammelt, der lichterloh brannte. Eine schwarze Rauchsäule stieg aus den Flammen empor.

»Es ist eine Beerdigungszeremonie«, flüsterte Alexander.

»Sieht so aus«, bestätigte Mowanda. »Sie sind so beschäftigt, vielleicht bemerken sie uns nicht. Laßt uns hier verschwinden. Schnell!«

Eine unerklärliche Angst befiehl Monica. Sie lief los. Etwas streifte ihr Bein. Erst ein paar Meter weiter bemerkte sie, daß ihr das Handy aus der Tasche gefallen war. Sie ging zurück, kniete ins hohe Gras und tastete den Boden ab.

»Moment«, rief sie leise hinter Alexander her. »Ich habe mein Handy verloren.«

Lautlos teilten sich die Büsche. Ehe Monica es begriff, waren sie und ihre Begleiter von bewaffneten Buschmännern umzingelt.

Sie schritten ins Dorf hinab. Hinter dem lodernden Scheiterhaufen saß der Häuptling auf einem Thron aus Ästen und Raubtierfellen. Die Dorfbewohner wurden auffallend still. Sie bildeten einen Kreis um ihre unwillkommenen Gäste.

»Tiri shamawari ... tauya murunyararo«, sagte Mowanda zu dem Häuptling. »– Wir sind Freunde ... wir kommen in Frieden.«

»Vaisei! Mutorongo«, stieß der wütend aus. »Sperrt sie ein!«

Monica wurde brutal zur Seite geschubst. Männer packten ihre Arme und zerrten sie weg. Alexander und Mowanda erging es nicht besser. Die Buschleute rissen sie mit sich fort. Sie führten sie über einen morastigen Weg zu einer der Hütten. Im Innern dauerte es etwas, bis sich Monicas Augen an das Halbdunkel gewöhnt hatten. Doch als sie etwas erkennen konnte, zuckte sie erschrocken zusammen. *Oh Gott!* dachte sie. *Sie werden uns doch wohl hier nicht wie die Tiere einsperren?!*

Dr. Thompson kümmerte sich persönlich um Zoe und Peter. Aufgrund der möglichen Ansteckungsgefahr wagte er sich zwar nicht ins Krankenzimmer, doch beobachtete er Kate und Cindy durch die Plexiglasscheibe bei ihrer Arbeit. Beide trugen nun Handschuhe und einen Mundschutz.

Nachdem Kate die Patienten mit Medikamenten versorgt hatte, ging sie zu Dr. Thompson in den Flur hinaus.

»Ich bekomme ihre Temperatur nicht herunter«, sagte sie. »Ich weiß nicht, wie lange sie noch durchhalten können. Beide sind nur noch halb bei Bewußtsein.«

»Ich warte immer noch auf Antwort von St. Pauls«, erwiderte er. »Sie sind speziell für Fälle dieser Art ausgerüstet.«

»Was sollen wir solange tun?« wollte Kate wissen.

»Es gibt sehr wenig, was wir wirklich tun können«, antwortete er ausweichend. »Da wir kein Gegenmittel haben, müssen wir medikamentös das Fieber senken, den Kreislauf stabilisieren. Halten Sie ein Auge auf ihre Temperatur. Wenn sie weiter ansteigt, versuchen Sie es mit Eispaketen, um sie herunterzubringen. Und, wenn sie weitere Atemprobleme bekommen, holen Sie Doktor Van der Bilt aus der Notaufnahme.«

Während Monica abwechselnd flehte und protestierte, fesselten sie die Buschleute mit dem Rücken an einen dicken Holzpfahl in der Mitte der Hütte. Alexander und Mowanda wehrten sich, aber die Arme der Eingeborenen waren wie Stahl. Sie setzten die Gefangenen Rükken an Rücken gegen den Holzpfahl, fesselten sie daran fest und verließen die Hütte. Draußen schlossen sie sorgfältig das Türgitter, das aus armdicken Ästen bestand.

Monica fragte sich, was das sollte. Wollten die Eingeborenen ein Lösegeld erpressen, oder war das alles nur ein schlechter Scherz?

»Worauf warten sie?« fragte sie. »Was werden sie tun?«

»Das erfahren wir früh genug«, antwortete Mowanda. »Hier kommen sie.«

Bei dem Geräusch näherkommender Schritte hielt Monica die Luft an. Im nächsten Augenblick betrat der Häuptling in Begleitung zweier Männer die Hütte. Die beiden Männer hielten statt primitiver Speere moderne Schnellfeuergewehre in den Händen.

Bedächtig setzte sich der Häuptling auf einen Schemel und starrte die Gefangenen verbittert an.

»Ndimi here mutungamiri wevanhu ava?« fragte Mowanda im Dialekt der Buschmänner. »Sind Sie der Anführer dieser Leute?«

Der Häuptling nickte schweigend.

»Sei murikutibuta sevanghi?« fuhr Mowanda fort. »Isutuya murunyararo. – Warum behandeln Sie uns wie Feinde? Wir kamen doch in Frieden hierher.«

Der Häuptling erhob sich und gab seinen Begleitern ein Zeichen. Einer von ihnen löste die Fesseln der Gefangenen und befahl: »Simukai! Simukai! – Steht auf! Steht auf!«

»Was passiert hier?« fragte Monica besorgt.

»Er will, daß wir mit ihnen gehen«, erklärte Mowanda.

»Wohin, John?« Monica stand der Angstschweiß auf der Stirn.

»Ich weiß es nicht«, flüsterte der Wildhüter.

Die Buschmänner trieben die Gefangenen aus dem

Pferch. Sie brachten sie in die größte Hütte des Dorfes. Fackeln tauchten ihr Inneres in glutrotes Licht. Der Häuptling und die Stammesältesten kauerten schweigend um ein Krankenlager. Dort lag der Häuptlingssohn auf Tierfellen ausgestreckt. Sein Körper zitterte. Seine halbgeschlossenen Augen waren blutrot. Kalter Schweiß rann ihm in Strömen über Gesicht und Körper.

»Mwanakoma wangu, akufa imhosa, yenyu!« Die Stimme des Häuptlings klang kalt und hart.

»Er sagt, daß sein Sohn stirbt und daß es unsere Schuld ist«, übersetzte Mowanda.

»Makayambirwa kuti musapinde mubako munoyera honmais mashura atakuwona ... mwandakomana wangu avakufa«, fauchte der Häuptling.

»John?« Alexander schaute Mowanda fragend an.

»Er spricht von der Höhle, und er beschuldigt uns für alles«, übersetzte der schließlich.

Eine alte Frau, vermutlich die Mutter des erkrankten Jungen, befeuchtete mit einem Lappen seine aufgesprungenen Lippen. Monica bemerkte Tränen in den Augen der Frau. Und sie bemerkte noch etwas anderes. Zwischen den alten Männern entdeckte sie einen Jugendlichen in Tropenkleidung. Es war der junge Pfleger, der seine Probezeit in der Klinik absolvierte.

»Haben Sie Ihnen nicht von den Deutschen erzählt?« fragte Monica ihn.

»Ja, meine Freunde haben genau dieselben Symptome«, erwiderte er.

»Durch giftige Pilze?« hakte sie nach.

»Nein, wir kennen diese Pilze gut«, antwortete er. »Sie sind giftig, aber nicht tödlich. Den größten Schaden, den sie anrichten, ist das Nervensystem für ein paar Tage zu paralysieren.«

»Was stimmt mit Peter und Zoe wirklich nicht, Monica?« Alexanders Stimme klang beunruhigt.

»Ich weiß es nicht«, murmelte sie wie betäubt.

»Mukadzi uyu ndiya chete anogona kuponesa urwere wakaunzwa kuponesa ivi handina simba reku myponesa.« Das Gesicht des Häuptlings verzerrte sich vor Wut.

»Er sagt, nur Monica könne die Krankheit des Jungen heilen. Er ist machtlos und kann nicht behandeln«, dolmetschte Mowanda.

»John, sag ihm, ich kann hier nichts tun«, bat Monica. »Ich habe keine Ausrüstung. Er muß ins Krankenhaus.«

»Tinodanirwa kunotora zvekurapisa kubva ku ›Klinik‹ kuti mwanakomana wenyu apone kana kuti totenda naye ikoko«, wandte sich Mowanda an den Häuptling.

»Kuete«, unterbrach der ihn barsch. »Anorapirwa pano. Akafa munofawo!«

»Er lehnt ab«, seufzte Mowanda. »Er sagt, wenn sein Sohn stirbt, sterben wir.«

Als die Tropennacht hereinbrach, hatte Walter immer noch kein Lebenszeichen von Alexander oder Monica erhalten. Nervös ging er in seinem Arbeitszimmer auf und ab. Plötzlich zerriß das Klingeln des Telefons die Stille.

Walter riß den Hörer an sein Ohr und rief: »Alex?«

»Nein, Mr. Brandt«, sagte eine Frauenstimme am anderen Ende der Leitung. »Ich bin es, Kate.«

»Oh!« Walter setzte sich an den Schreibtisch. »Es gibt keine Neuigkeiten hier, fürchte ich. Monicas Handy ist tot. Irgendwas muß ihnen passiert sein.«

»Mr. Brandt, heute nachmittag haben wir die Ergebnisse der Analyse für das junge Paar erhalten, die Monica angefordert hatte«, sagte Kate. »Sie hatte den Verdacht, daß eine Infektion vorliegt.«

»Ja, und?« fragte er.

»Also, Peter und Zoe wurden von einem unbekannten Virus infiziert«, berichtete Kate. »Sogar sehr gefährlich. Aber Monica und Alex wußten nichts darüber. Falls nötig, kann ich mit einem gut ausgerüsteten Krankenwagen zu dem Dorf fahren.«

»In Ordnung«, meinte Walter. »Ich informiere Johns Leute von der Parkaufsicht. Ich mache mir wirklich Sorgen.«

»Wir werden sobald wie möglich wieder zurück sein«, versprach Kate.

»Sei vorsichtig, Kate«, gab ihr Walter mit auf den Weg. »Viel Glück.«

Walter legte den Hörer auf und nahm einen langen Zug aus seiner Zigarre. Er löschte sie im Aschenbecher, schlich in Saras Zimmer und holte seine Jacke.

In der Klinik weihte Kate lediglich Mattia und Cindy in ihren Plan ein. Es dauerte etwa eine halbe Stunde, bis Mattia in ihr Büro zurückkam und meldete: »Es ist alles bereit. Wir können gehen. Ich habe den Kleinbus mit allem Nötigen beladen.«

»Okay«, sagte Kate und ging hinaus auf den Korridor. Bevor sie die Klinik verließ, schaute sie bei Cindy vorbei.

»Also denk daran: wenn dieser Morrison-Schnüffler nach mir fragt, sagst du, daß ich mich nicht gut fühle und du für mich übernommen hast«, trichterte Kate ihr ein. »Wir kommen so schnell wie möglich zurück.«

Kurz darauf fuhren Kate und Mattia mit einem Kleinbus in die ungewisse Dunkelheit hinaus.

Unterdessen traf Walter im Hauptquartier des Wild Life Service ein und erstattete dort Captain Van der Stel Meldung. Sie gingen in den Funkraum und versuchten Kontakt mit den Vermißten herzustellen.

»Captain Van der Stel ruft Lieutenant Mowanda«, sagte er ins Mikrophon. »Van der Stel ruft Mowanda. Hören Sie mich? Kommen, Mowanda! Mowanda, sind Sie da?«

Doch die einzigen, die die Stimme aus Mowandas Funklautsprecher hörten, waren einige kleine Affen, die in Mowandas Jeep rumtollten.

Geduldig wartete Walter, bis Van der Stel einsah, daß die Funkerei keinen Sinn machte.

»Wir müssen zu diesem Dorf fahren und die Behörden von der Existenz dieses schrecklichen Virus informieren«, schlug Walter vor.

»Bevor wir einen Großalarm auslösen, sollten wir herausfinden, was genau da draußen vorgeht«, widersprach Van der Stel. »Glauben Sie nicht, daß das vernünftig wäre, Mr. Brandt?«

»Ja«, lenkte er ein.

»Sanders, Sie kommen mit uns!« rief Van der Stel einem Kollegen zu. »Auf geht's!«

Morrison ließ den Morgen ruhig anlaufen. Er saß in seinem Büro und schaute sich eine Übertragung eines Rugbyspiels gegen Kamerun im Fernsehen an.

»Hey, guter Schuß, Mann«, feuerte er die Mannschaften an. »Ja, das ist richtig, ihr Bastarde! Macht euch gegenseitig fertig.«

»F-Frank?« Cindy betrat zögernd den Raum.

»Ja?« Morrison war viel zu versessen auf das Spiel, um die dunkelhäutige Krankenschwester zur Kenntnis zu nehmen.

»Frank ...!« Cindys Stimme war belegt. Benommen wankte sie vor Morrison.

»Was ist denn?« bellte der gereizt. »Hey, geh aus dem Weg! Willst du den besten Teil des Spiels verderben?«

»Frank, diese beiden Patienten in der Isolierstation ...«, flüsterte sie heiser. »Sie sind tot.«

Dr. Thompson beendete in seinem Büro gerade sein Frühstück, als das Telefon klingelte.

»Hallo, wer ist da?« fragte er unwirsch.

»Frank Morrison hier, Doktor Thompson ...!« Morrisons Stimme überschlug sich beinahe vor Panik.

»Was zum Teufel wollen Sie?« knurrte Dr. Thompson gereizt.

»Diese beiden jungen Deutschen mit dem Virus ...!« Morrisons Stimme erstarb zu einem heiseren Flüstern. »Sie sind gerade gestorben.«

Dr. Thompson stockte einen Moment lang der Atem. Gleichzeitig überschlugen sich seine Gedanken. Sein Interesse galt weniger den Verstorbenen, als vielmehr dem Ruf der Klinik und den damit verbundenen Konsequenzen für seine Karriere.

»Äh ... also ..., nun, bringen Sie sie in die Kältelagerung.« Dr. Thompsons Stimme klang leise und hohl. »Dann lassen Sie die Untersuchungsergebnisse aus ihren Krankenakten verschwinden. Wir wollen nicht, daß die restlichen Patienten in Panik verfallen. Diese beiden starben an einer Pilzvergiftung, das ist alles. Ist das klar, Frank?«

»Klar wie eine Glocke«, antwortete Morrison und legte rasch auf. Der Anruf hatte ihn seinen ganzen Mut gekostet.

Kaum hatten Kate und Mattia die Stadt verlassen, fuhren

sie durch eine andere Welt. Anstelle von Häusern und Autos gab es die endlose Savanne voller exotischer Tiere und endlosem Sonnenschein.

Während Mattia den Kleinbus steuerte, musterte er Kate verstohlen von der Seite.

»Also, Ihrer Meinung nach lag Thompson nicht völlig falsch mit seiner Vergiftungstheorie?« fragte sie.

»Nein ... ja«, antwortete er. »Aber sie waren auch mit einem Virus infiziert. Die Wirkung des Gifts kam zu dem viralen Infekt dazu.«

»Das muß der Grund gewesen sein, warum das Zusammenspiel der Symptome so komplex war«, meinte sie.

»Wahrscheinlich ist der Virus selbst nicht so tödlich, wie es scheint«, sagte Mattia.

»Aber ... hoch pathogene Viren sind am schwersten zu bekämpfen«, überlegte Kate laut. »Kein Antibiotikum wirkt, und die Patienten sind unheilbar.«

»Ja, Sie haben recht«, seufzte Mattia.

»Auf jeden Fall war es sehr freundlich von Ihnen, mit mir zu kommen.« Kate lächelte ihn an. »Wissen Sie, für mich ist es anders. Monica ist meine beste Freundin, aber Sie ...«

»Seien Sie nicht dumm, Kate«, erwiderte er. »Ich habe nichts anderes zu tun, bis Professor Kohlemann zurückkommt.«

Mattia schaute Kate tief in die Augen. So tief, daß alles um ihn herum an Bedeutung verlor. Mit achtzig Sachen raste er über die Savannenstraße. Plötzlich tauchte eine Elefantenherde vor ihnen auf.

»Vorsicht!« schrie Kate.

Mattia schreckte aus den süßen Gedanken, starrte nach vorn und sah einen riesigen Elefantenbullen wie den leibhaftigen Tod direkt vor sich. Mit aller Kraft trat er in die Eisen. Der Minibus drehte sich um die eigene Achse und blieb stehen.

»Bist du in Ordnung?« Mattia legte besorgt den Arm um Kate.

»Ja«, stotterte sie totenbleich.

Kate war nach dem Schreck etwas zittrig ..., und dann spürte sie seine Lippen auf den ihren.

21. KAPITEL
Infiziert

Monica schlief in der Nacht so gut wie gar nicht. Düstere Vorahnungen quälten sie. Die anfängliche Zuversicht, daß ihre Gefangennahme schnell beendet sein würde, war verflogen. Welche Gefahren lagen noch vor ihren? Vielleicht der Tod?

Plötzlich erschienen zwei Buschmänner, banden sie los und zerrten sie auf die Füße. Alexander wollte ihr helfen. Er riß so heftig an den Fesseln, daß sie tief ins Fleisch schnitten. Hilflos mußte er mitansehen, wie die beiden Männer mit Monica aus der Hütte verschwanden.

Kaum waren sie allein, bearbeitete Mowanda weiter Alexanders Fesseln mit einem kleinen, zackigen Tierknochen.

»Das ist zwar nicht so scharf wie ein Messer, aber mit etwas Geduld bekommen wir die Fesseln damit durch«, meinte Mowanda.

»Als sie uns das Antilopenfleisch zu essen gaben, hätte ich nie gedacht, daß der Knochen möglicherweise unser Schlüssel zur Freiheit sein würde«, flüsterte Alexander.

Nach knapp einer Stunde brachten die beiden Männer Monica in die Hütte zurück. Sie fesselten sie wieder und ließen die Gefangenen allein.

»Es gibt nichts, was ich tun kann«, seufzte sie. »Jedenfalls nicht hier. Ich glaube, daß die Krankheit des Häuptlingssohnes mit der Vergiftung von Peter und Zoe in Verbindung steht.«

»Wie kommst du darauf?« wunderte sich Alexander.

»Ich bin mir nicht ganz sicher«, antwortete sie, »aber die Symptome sind ähnlich, wenn auch nicht genau identisch. Vielleicht, weil er nicht die Pilze aus der Höhle gegessen hat, weist er nicht die gleichen Vergiftungserscheinungen auf. Aber sie sind sehr ähnlich.«

»Wir sind bereit«, meldete Mowanda. »Die Stricke sind fast zerschnitten.«

»Womit?« wunderte sich Monica.

»Mit einem Pfadfindermesser«, antwortete Alexander und grinste.

»Macht ihr euch über mich lustig?« fragte Monica verwirrt.

»Nein«, erwiderte Mowanda. »Warte nur eine Sekunde.«

Die Minuten, bis Alexander endgültig frei war, dehnten sich quälend lang.

»Wir müssen hier verschwinden«, meinte Alexander, während er nun Mowandas Fesseln löste. »Wir graben ein Loch, und im richtigen Moment sind wir weg.«

Der Kleinbus mit Kate und Mattia brach durch das hohe Unkraut, das die Nebenstraße überwucherte. Die

Nachmittagssonne brannte heiß. Etwas weiter vorn sah Kate ein hohes Dornengestrüpp und davor ein Fahrzeug.

»Schau, das ist Mowandas Jeep!« rief sie.

Mattia hielt hinter dem Jeep und stieg aus. Unten in der Talsenke erspähte er das Dorf der Buschmänner.

»Ich glaube, wir nähern uns besser dem Dorf zu Fuß«, schlug er angesichts des Steilhanges vor. »Das ist sicherer.«

Kate stieg ebenfalls aus und atmete tief durch. Mattia holte ein Beil aus dem Werkzeugkasten, um notfalls den Weg durch das dichte Gestrüpp freizuschlagen.

»Sollten wir nicht noch irgendwas mitnehmen?« fragte sie.

»Nein, laß uns erstmal alles hier lassen«, meinte er und stapfte los.

Gemeinsam machten sie sich auf den Weg hinab ins Dorf. Plötzlich blieb Kate stehen und hielt Mattia am Arm fest.

»Das ist Alexanders Hut.« Kate deutete auf zwei Buschmänner auf dem Dorfplatz. »Und der andere trägt Mowandas Barett.«

Kate und Mattia tauchten im hohen Gras ab. Von der Anhöhe aus überblickten sie das Dorf, ohne selbst gesehen zu werden. Zäh verfloß die Zeit. Dabei beobachteten sie in dem Dorf hektische Aktivitäten. Auffällig war die schwere Bewaffnung der Männer. Mattia wandte seine Aufmerksamkeit den einzelnen Hütten zu. Zwei bewaffnete Männer lösten die Wachen ab, die vor einer Hütte mit vergittertem Eingang standen. Später verschwanden zwei Frauen mit Kübeln voller Essen in der Hütte. Sie kamen mit leeren Händen wieder heraus. Offensichtlich hielten die Buschleute dort Gefangene eingesperrt.

Es bedurfte nicht viel Phantasie, um zu erraten, um wen es sich dabei handelte.

»Sie müssen in dieser Hütte eingesperrt sein«, flüsterte Mattia.

»Was sollen wir jetzt bloß machen?« fragte Kate nervös.

»Wir könnten zurück zum Jeep gehen und über Funk den Wild Life Service alarmieren«, schlug Mattia vor.

»Ich weiß nicht.« Kate zog besorgt die Stirn kraus. Der Gedanke, daß schwer bewaffnete Männer das Dorf stürmten, gefiel ihr nicht. Wie leicht konnte es zu einem Schußwechsel kommen, bei dem die Gefangenen – absichtlich oder unabsichtlich – getötet werden konnten. »Wir könnten versuchen, sie jetzt zu befreien.«

»Bloß wie?« meinte Mattia. »Es sind zu viele Wachen da.«

»Stimmt«, pflichtete sie ihm bei. »Wir könnten etwas anderes versuchen. Ein Ablenkungsmanöver.«

»Was zum Beispiel?« fragte er. »Das ist zu riskant, Kate.«

»Ich werde es tun«, sagte Kate entschlossen und deutete Richtung Dorfrand. »Ich zünde diesen Strohhaufen an. Während sie ihn löschen, befreien wir sie, okay?«

»Ich bin beeindruckt«, erwiderte Mattia. »Aber ich erledige das. Laß uns warten, bis es dunkel ist, in Ordnung?«

»In Ordnung«, antwortete sie, während sie innerlich vor Angst und Nervosität bebte.

Allmählich schwand das Tageslicht. Nach Sonnenuntergang wurde es schnell dunkel. Mattia rieb sich die Augen, die nach Stunden angestrengten Beobachtens brannten. Im Dorf wurden Fackeln und Laternen angezündet, die spärliches Licht verbreiteten.

Lautlos pirschten Kate und Mattia ins Dorf hinab. Sie

mußten alles riskieren, es gab keine andere Möglichkeit.

Am Dorfrand tauchte Kate in einem Schatten ab, während Mattia weiter zu dem Strohhaufen schlich. Mattia nahm eine Kerosinlampe, die an einem Hütteneingang brannte. Er holt aus und schleuderte sie in den Strohhaufen. Sekunden später loderte eine meterhohe Feuerwand empor.

»Moto! Moto uyo! Moto!« schrien die Buschleute durcheinander und liefen hektisch zum Brandherd. »Feuer! Dort Feuer! Feuer!«

Kate blieb weiter im Schatten versteckt, so wie Mattia es ihr befohlen hatte. Plötzlich tauchte ein Schatten dicht über ihrer Schulter auf. Eine Riesenschlange ringelte sich lautlos von dem Baum, unter dem Kate stand.

»Ahhhhh!« schrie Kate auf und sprang beiseite.

»Was ist passiert?« atemlos blieb Mattia neben ihr stehen. »Hast du geschrien?«

»Es tut mir leid«, antwortete sie und deutete Richtung Schlange.

»Wir müssen zurückgehen!« Mattia nahm Kate bei der Hand. »Lauf!«

Doch zum Laufen war es zu spät. Während die Frauen und Kinder das Feuer löschten, umzingelten die Krieger Kate und Mattia.

Mattia hob instinktiv die Axt. Doch beim Anblick der auf ihn und Kate gerichteten Speere und Gewehre senkte er sie sofort wieder. Gegen die Übermacht hatten sie keine Chance.

Die Buschleute versuchten das Übergreifen der Flammen auf benachbarte Hütten zu verhindern. Niemand dachte in diesem Augenblick an die Gefangenen. Diese nutzten ihre Chance. Mit leeren Töpfen und Schalen gruben sie ein Loch unter die hintere Hüttenwand. Monica kauerte an der vergitterten Tür und hielt Wache.

»Grabt schneller«, keuchte sie erschrocken. »Beeilt euch. Da kommt jemand. Alex, es kommt jemand. Beeilt euch!«

Alexander und Mowanda setzten sich wieder an den Stützpfosten und verschränkten ihre Arme hinter dem Rücken, als ob sie noch gefesselt wären. Monica folgte ihrem Beispiel und hoffte, daß niemand den Schwindel bemerkte. Zum Glück betraten die Buschmänner die Hütte nicht. Sie stießen lediglich Kate und Mattia hinein und verriegelten das Gitter von außen wieder.

»Kate!« Monica wartete, bis die Buschmänner fort waren und richtete sich auf. »Was ist passiert? Was macht ihr beiden denn hier draußen?«

»Wir machten uns Sorgen, also haben wir nach euch gesucht«, antwortete Kate. »Aber ich glaube, wir haben die Dinge erst recht verkompliziert.«

»Keine Sorge«, meinte Monica. »Wir haben unsere Fesseln bereits durchgeschnitten und ein Loch gegraben.«

Kurz nach Sonnenaufgang erreichte Walter mit Captain Van der Stel und Sanders, einem dunkelhäutigen Wildhüter, sein Ziel. Oberhalb des Dorfes der Buschmänner ließen sie ihren Geländewagen zurück und stiegen aus.

»Diese schlimme Sache mit dem Virus erinnert mich an eine andere Geschichte von meinen Boer-Vorfahren«, erzählte Van der Stel.

»Oh, wirklich?« wunderte sich Walter.

»Ungefähr vor dreihundert Jahren brannte ein Teil früher Boer-Kolonisten ein Dorf in diesem Gebiet nieder, und tötete damit alle Bewohner, weil sie von einer mysteriösen und schrecklichen Krankheit befallen waren«, berichtete er weiter. »Es war höchstwahrscheinlich ein Virus.«

»Und Sie denken, nach drei Jahrhunderten ist derselbe Virus zurückgekommen?« fragte Walter ungläubig.

»Ich bin nicht derjenige, der diese Frage beantworten kann, Walter«, entgegnete Van der Stel. »Ich habe diese Geschichte in einem alten niederländischen Buch von meinem Vater gelesen. Das ist alles ...«

Sie kletterten auf eine Anhöhe und beobachteten durch ihre Ferngläser das tiefer gelegene Eingeborenendorf.

Alexander versuchte ebenfalls, dem Grund der plötzlichen Epidemie auf den Grund zu kommen.

»Ein Virus kann jahrelang ruhen und dann plötzlich aus irgendeinem unbekannten, genetischen oder umweltbedingten Grund hervorbrechen«, erzählte er.

»Wir wissen nicht viel über diesen Virus«, seufzte Monica.

»Wenn ich richtig darüber nachdenke ..., scheint es mir nicht wie eine richtige Epidemie zu verlaufen«, fuhr Alexander fort. »Erwachsene Männer und Frauen oder Babys sind nicht infiziert, oder irre ich mich?«

»Nein, du hast recht«, bestätigte Mowanda. »Wenn ich das richtig mitbekommen habe, sind schon drei Einäscherungen vorgenommen worden. Jetzt ist der Sohn des Häuptlings krank. Es muß da einen Zusammenhang geben.«

»Was ist dann mit Peter und Zoe?« warf Kate ein. »Ich kann das mit Peter verstehen, aber Zoe ist eine Frau.«

»Ja, aber für sie war es anders«, meinte Monica. »Denn sie aßen die Pilze, die bereits vergiftet waren. Und sie haben den Virus. Es ist beinahe so, als hätten die Pilze den Virus transportiert.«

»Also, Pilze nehmen Wasser vom Boden auf«, resümierte Mowanda.

»Die Wasserpfütze in der Höhle könnte der Ursprung des Virus sein«, unterbrach Alexander ihn.

»Könnte ...!« Mowandas nickte zwar, aber sein Blick verriet, daß er daran zweifelte.

»Was ist mit dem Blut?« fuhr Alexander fort. »Das Blut neben der Wasserpfütze.«

»Das Blut, das Frau Bauer so erschreckt hat?« hakte Mowanda nach.

»Richtig!« Alexanders Gesicht hellte sich auf. Sie suchten eine Nadel im Heuhaufen und hatten sie möglicherweise gefunden. »Es könnte in der Schale gewesen sein, die die Jungen herumreichten, dann fiel sie in die Pfütze. Sie haben da eine Antilope geschlachtet. Was meint ihr?«

»Das ist gut möglich«, pflichtete Mowanda bei. »Wir haben eine Zeremonie gestört.«

»Und der Virus war im Blut des Tieres«, sagte Alexander bedächtig. »Jeder, der es trank, war betroffen. Die Pilze saugten es auf ...«

»Also sind Peter und Zoe ...«, sagte Monica mit leiser, heiserer Stimme.

»... sofort krank geworden«, beendete Alexander den Satz.

»Armer Peter, arme Zoe«, seufzte sie.

»Wir haben es mit einem hochpotenten Virus zu tun«, erklärte Alexander. »Die Kids haben einen hohen Preis für ihr Abenteuer bezahlt. Ich hoffe, es geht ihnen besser.«

»Als wir gingen, verschlechterte sich ihr Zustand«, berichtete Mattia. »Zu hohes Fieber und beginnendes Lungenödem.«

»Dann ordnete Dr. Thompson an, daß ich sie auf die Isolierstation verlege und niemandem gegenüber den Virus erwähne«, ergänzte Kate. »Er wollte sie zum St. Pauls verlegen.«

»Dieser Mann ist ein Verrückter!« Monicas Stimme klang verzweifelt. »Der nationale Gesundheitsdienst muß über diesen Virus informiert werden.«

»Es ist ein Funktelefon im Jeep«, meldete sich Kate zu Wort. »Ich weiß aber nicht, ob die Batterie leer ist.«

»Wir müssen auf jeden Fall versuchen, es zu holen«, entschied Alexander. »Der Häuptling muß uns die Erlaubnis geben, die Medikamente aus dem Bus zu holen ... Dabei nehmen wir das Funktelefon mit.«

»Wir haben eine Erste-Hilfe-Ausrüstung mitgebracht«, warf Kate ein.

»Das ist großartig.« Monicas Gesicht zeigte den Anflug eines Lächelns.

Mowanda trat an das Holzgitter und rief Richtung Dorfplatz: »Hey! Tinoda katura namambo wenyo! – Wir wollen mit eurem Häuptling sprechen!«

Walter und Van der Stel beobachteten kurz darauf einige Buschmänner, die das Dorf verließen. Sie hatten Monica und Kate dabei.

»Zwei Frauen ..., Gefangene.« Van der Stel beobachtete die Eingeborenen durch sein Fernglas.

»Oh, es sind Monica und Kate«, erschrak Walter.

»Ich verstehe das nicht.« Van der Stel senkte sein Fernglas und legte die Stirn in Falten. »So etwas habe ich noch nie zuvor gesehen. Buschmänner machen so etwas nicht.«

Monica und Kate räumten einige Kisten aus dem Kleinbus und gingen mit den Eingeborenen zurück.

»Sie gehen zum Dorf ..., mit medizinischer Ausrüstung«, murmelte Walter nachdenklich.

»Wir müssen näher an das Dorf herankommen, um zu sehen, wie die Situation dort ist«, entschied Van der Stel.

Dr. Thompsons Sorge um eine diskrete Erledigung der lästigen Viren-Angelegenheit war der Grund, weshalb er an diesem Morgen früher als gewöhnlich die Klinik betrat. Da er den Gesundheitsbehörden keine Meldung gemacht hatte, drohte der Klinik von dort kein Ärger. Dr. Thompson trachtete nun danach, eventuelle Gerüchte oder Schauermärchen im Keim zu ersticken, bevor es zu einer Panikreaktion kam und die Patienten aus dieser Klinik flüchteten.

»Frank!« Dr. Thompson rauschte ohne anzuklopfen oder sonstige Vorwarnung in Morrisons Büro.

»Was?« Frank fuhr herum und starrte Dr. Thompson wie den Leibhaftigen an. »Oh, Sie sind es. Ich habe gerade meinen Bericht beendet.«

Dr. Thompson zeigte ein finsteres Gesicht. Nach einem kurzen Blick vermied es Morrison, ihn direkt anzusehen. Statt dessen beeilte er sich, den Fernseher mit der Fernbedienung auszuschalten.

»Und?« fragte Dr. Thompson. Die Schärfe in seinem Tonfall war unüberhörbar. Es klang wie eine Drohung.

»Und alles ist unter Kontrolle«, antwortete Morrison lobheischend. »Die Patienten sind in der Kühlung, und hier ist der Krankenbericht.«

Dr. Thompson nahm Morrison den Bericht aus der Hand und schritt wortlos mit starrem Gesicht aus dem Büro. Morrison schloß rasch die Tür hinter Dr. Thompson und atmete erleichtert durch.

Monica und Kate schafften die medizinischen Geräte in

die Hütte des Häuptlings. Sie legten dem Patienten eine Sauerstoffmaske an.

»Das hilft dir, leichter zu atmen«, meinte Monica.

Der Häuptling und seine Frau standen dabei und sahen gebannt zu. Sie begriffen nicht ganz, was die beiden Frauen mit ihrem Sohn machten, aber sie hofften, daß die Medizin ihren Sohn retten würde.

Monica und Kate hatten keine Angst. Alles, was jetzt zählte, war ein Leben zu retten.

Monica horchte die Herztätigkeit des Jungen mit dem Stethoskop ab. Seine Atmung wurde flacher und setzte schließlich ganz aus.

»Er atmet nicht«, sagte Monica besorgt. »Ich fühle keinen Puls mehr. Sein ... Herz steht still?«

»Ich habe Adrenalin.« Kate zog eine Ampulle aus der Arzttasche.

»Gib es ihm«, forderte Monica und begann mit einer Herzmassage.

Kate zog den Inhalt der Ampulle mit einer Spritze auf und injizierte sie dem Jungen in die Armvene. Einen kurzen Moment schlug sein Herz wieder, doch dann ...

»Es hat wieder aufgehört«, keuchte Monica und massierte weiter die Brust des Jungen. Der Schweiß rann ihr in Strömen über die Stirn. »Oh, komm schon, verdammt! Wir verlieren ihn!«

»Vakwana! – Genug!« schrie der Häuptling und wollte Monica von seinem Sohn wegzerren. »Eure Medizin ist nicht gut. Ibvapano! Verschwindet!«

In dem Moment schlug das Herz wieder. Im gleichen Augenblick rutschten Monicas Hände vom Oberkörper des Jungen ab. Sie stolperte und prallte gegen Kates Hand. Gleichzeitig spürte sie einen stechenden Schmerz im rechten Oberarm. Als sie hinschaute, sah sie, daß sich die Spritze, mit der Kate das Adrenalin dem Kranken injiziert hatte, in ihren Oberarm gebohrt hatte. Kate zog die Spritze heraus. Ein dunkelroter Blutstropfen floß aus dem winzigen Einstichloch.

Monica klopfte das Herz bis zum Hals, ihr Magen zog sich zusammen. Sie wußte sofort, was das bedeutete. Die Spritze war mit dem Blut des Jungen in Berührung gekommen und verseucht. Sie hatte sich mit einem Virus infiziert, von dem sie so gut wie nichts wußten.

Kate starrte Monica wie betäubt an, als hätte ihr jemand einen Schlag in den Magen versetzt. Sie tauschten einen langen Blick. Beide Frauen hatten eine panische Angst vor Monicas drohendem Schicksal.

Monica hatte das Gefühl, als knickten ihr die Beine weg. Kate stützte sie auf dem Weg zurück in ihr Gefängnis.

Beunruhigt beobachtete Alexander die beiden Frauen. Er sah gleich, daß etwas Furchtbares geschehen sein mußte.

»Was ist passiert?« fragte er. »Was haben sie mit euch gemacht?«

Monica öffnete den Mund, brachte aber keinen Ton heraus. Sie sackte schlaff zu Boden.

»Kate, bitte, sag mir, was passiert ist«, drängte Mattia.

»Ich ... ich habe Monica infiziert«, schluchzte sie. »Mit einer Injektionsnadel.«

»Es war nicht ihre Schuld«, sagte Monica gefaßt, obwohl sie fürchterliche Angst hatte.

Kate zog ihr Handy aus der Tasche. »Mir ist es gelungen, das Handy mitzunehmen.«

»Prima!« Mowanda griff danach. »Gib mir das Telefon.«

Mowanda schaltete es ein. Die Batterien zeigten beinahe auf Null. Die Restreserven reichte bestenfalls für einen kurzen Notruf.

Sally genoß den wunderbaren Tag im Garten der Brandts. Sie saß im Liegestuhl und las. Neben ihr stand Dumbo träge in der Sonne und blinzelte sie an. Daneben lümmelte sich Bubezi in einem Korbsessel und genoß die Annehmlichkeiten des Löwenlebens. Daran änderten auch Saras Bemühungen nichts, mit denen sie den Löwen zum Mitspielen animieren wollte. Sie rief: »Ich bin viel besser als du. Löwinnen sind viel besser als Löwenmännchen. Ich werde es dir zeigen, paß auf! Ich wette, das kannst du nicht tun!« und schlug ein Rad.

»Er muß nicht die Grasflecken aus seiner Kleidung bekommen«, meinte Sally.

»Sei nicht dumm!« Sara kniete vor dem Löwen und streichelte ihn. »Ich liebe dich zu Tode, mein Bubeziwezi.«

»Sara, komm mal für einen Moment her«, rief Lisa aus dem Küchenfenster.

»Ich komme!« Sara sprang auf und rannte in die Küche, wo Lisa Plätzchen backte.

Sara half bei der Schokoglasur, wobei sie ausgiebig naschte, bis Lisa meinte: »Das ist die letzte Tasse, Sara. Sonst wird dir noch übel.«

»Nein, das wird es nicht«, widersprach sie. »Ich fühle mich großartig. Mami sagt, daß man Pickel von Schokolade bekommt. Warum sagt Mami immer, daß die Sachen, die ich am liebsten mag, schlecht für mich sind?«

»Weil sie weiß, daß du nie ›nein‹ sagen kannst«, antwortete Lisa. »Alles ist schlecht für dich, wenn du es übertreibst. Es bedeutet nur, daß sie an deine Gesundheit denkt, weil sie dich liebt.«

»Also, wenn sie mich liebt, warum kommt sie dann nicht nach Hause?« maulte Sara.

»Weil sie zu einem weit entfernten Dorf gegangen ist, wo es eine schlimme Krankheit gibt, unter der die Menschen leiden«, erklärte Lisa.

»Sind Walter und Alex mitgegangen?« hakte Sara nach.

»Ja, sie wollen ihr helfen«, sagte Lisa und schob ein neues Blech in den Ofen.

»Warum sind wir nicht auch mit?« bohrte Sara weiter.

»Liebling, das ist viel zu gefährlich«, erwiderte Lisa. »Deine Mutter möchte, daß du hier auf sie wartest.«

»In Ordnung«, seufzte Sara und schleckte den letzten Rest Schokolade aus der Tasse. »Aber es ist nicht richtig. Ich vermisse Mami sehr.«

»Ich verstehe das, Liebling.« Lisa lächelte verständnisvoll. »Aber ich bin bei dir, und ich liebe dich sehr.«

»Ich liebe dich auch, Großmutter Lisa«, sagte sie und rieb die Nase an ihrer.

Walter und Van der Stel beobachteten weiterhin das Dorf von der Anhöhe. Plötzlich keuchte Sanders heran.

»Captain!« Sanders blieb vor ihnen stehen und schnaufte durch. »Die Basis hat angerufen. Lieutenant Mowanda konnte eine kurze Nachricht mit einem Funktelefon durchgeben. Er wird mit anderen in einer Hütte dort unten gefangen gehalten.«

»Es muß diejenige sein, in die Kate und Monica gingen«, meinte Van der Stel.

»Konnte er noch etwas anderes sagen?« wollte Walter wissen.

»Ja, er sagte, der Häuptling des Dorfes denkt, sie seien an der Krankheit schuld, die seinen Sohn tötet«, antwortete Sanders. »Und zwar, weil sie eine Höhle entweihten, die die Buschmänner als heilig betrachten.«

»Das muß die Höhle sein, die Mowanda erwähnte«, murmelte Van der Stel.

»Hat er gesagt, ob es ihnen gutgeht?« fragte Walter.

»Nein, die Verbindung ist abgebrochen«, bedauerte Sanders.

»Was sollen wir tun?« Walter blickte ratlos zum Dorf hinab.

»Wenn wir jetzt dort hineingehen, könnten wir ihre Leben gefährden«, seufzte Van der Stel und preßte die Lippen zusammen.

»Statt dessen unterrichten wir besser den Gouverneur von der Existenz des Virus und wie ernsthaft die Situation ist«, schlug Walter vor.

Eineinhalb Stunden später wurde Colonel Hill in das Büro des Gouverneurs beordert. Colonel Hill war mit seinen fast fünfzig Jahren ein erfahrener Soldat. Zahlreiche Auszeichnungen schmückten seine Uniform. Sein schmales, von tiefen Furchen durchzogenes Gesicht wirkte wie aus Granit gemeißelt. Nur selten zeigte er eine Gefühlsregung so wie in dem Augenblick, als er zum Gouverneur gebeten wurde. Die Dringlichkeit konnte nur eines bedeuten: eine schwere Krise.

Colonel Hill klopfte an die Bürotür und trat ein.

»Eure Exzellenz ...«, grüßte er.

»Setzen Sie sich, Colonel Hill.« Der Gouverneur saß hinter seinem Schreibtisch und deutete auf einen freien Stuhl.

Colonel Hill nahm vor dem Schreibtisch Platz und musterte den Gouverneur aufmerksam.

Der Gouverneur war zweiundsechzig Jahre alt, groß, aufrecht, mit vollem weißem Haar. Obwohl er holländischer Abstammung war, wirkte er aristokratischer als viele englische Adlige.

Die Stimmung in dem Büro war gedrückt.

»Es tut mir leid, ich konnte nicht früher kommen«, hob Colonel Hill an. »Gibt es irgendwelchen Ärger?«

»Das ist untertrieben.« Der Gouverneur sprach rasch und ohne Umschweife. Er reichte dem Colonel ein Papier. »Schauen Sie sich das Fax des Wild Life Service an.«

Colonel Hill nahm das Fax, überflog es und hob überrascht die Brauen. »Eine frisch ausgebrochene Epidemie?«

»Colonel, ich lege diese Angelegenheit in Ihre Hände.« Der Gouverneur funkelte den Colonel an. »Niemand darf das Dorf verlassen ... aus keinem Grund. Es muß total isoliert, völlig abgeschnitten vom übrigen Land werden.«

»Natürlich.« Colonel Hill runzelte die Stirn. »Was ist mit den Geiseln in ihren Händen?«

»Die müssen mit in dem Dorf unter Quarantäne bleiben«, befahl der Gouverneur. »Zumindest so lange, bis man mehr über den Virus herausgefunden hat.«

»Was immer Sie sagen, Sir«, erwiderte Colonel ohne Gefühlsregung.

»Die ganze Operation bleibt streng geheim«, schärfte der Gouverneur dem Offizier ein. »Ich möchte nicht, daß Panik unter der Bevölkerung ausbricht. Umzingelt das Dorf, versiegelt es mit einer undurchdringlichen Barriere. Habe ich mich klar ausgedrückt?«

»Jawohl, Sir!« Colonel Hill erhob sich und ging wortlos zur Tür hinaus.

Mowanda wartete bis nach Mitternacht, bevor er Alexander weckte.

»Jetzt ist ein guter Moment, um auszubrechen«, flüsterte er. »Die Wachen sind weggegangen.«

Alexander huschte zu Monica. Schwarze Schatten umrandeten ihre Augen. Sie schwitzte, und ihr war schwindlig.

»Du mußt stark sein«, sagte er eindringlich. »Ich weiß, daß du das kannst.«

»Ich verspreche es.« Monica lächelte schwach, doch der Schmerz und die Angst verschwanden nicht aus ihren Augen. »Sei vorsichtig, okay?«

»Du auch.« Alexander huschte zu Mowanda und kroch als erster durch das Loch. Draußen war es tiefschwarz.

Alexander zwängte sich aus dem Loch, richtete sich langsam auf und spähte vorsichtig in die Dunkelheit. Allmählich gewöhnten sich seine Augen an die Schatten. Und das erste, was er sah, waren die Umrisse eines Wächters, mit einem schweren Schnellfeuergewehr in den Händen. Geduckt, lautlos wie ein Leopard, huschte Alexander zwischen den Hütten davon.

Mowanda wollte Alexander folgen, da zog er rasch wieder den Kopf ins Loch zurück. Direkt vor dem Ausgang stand der Wächter und spähte mißtrauisch in die Nacht.

Mowanda kroch in die Hütte zurück und atmete tief durch. Niemand sagte ein Wort, doch alle dachten sie dasselbe: Ihr Schicksal lag nun ganz allein in Alexanders Hand.

Kate saß neben Monica und hielt sie im Arm. Monicas Gesicht war blaß, vom Fieber gekennzeichnet.

»Möchtest du etwas trinken?« fragte Kate besorgt.

»Ja«, hauchte Monica schwach und leckte sich die aufgesprungenen Lippen.

Alexander erreichte Mowandas Jeep ohne Probleme und versuchte wieder zu Atem zu kommen. Die Reifen des

Wagens waren natürlich durchschnitten. Aber das Funkgerät war wenigstens noch intakt.

»Alexander Brandt ruft den Wild Life Service«, flüsterte er ins Mikrophon. »Alexander Brandt ruft den Wild Life Service! Empfangen Sie mich?«

»Wir hören Sie, Alex«, drang eine Stimme aus dem Minilautsprecher. »Hier ist Captain Van der Stel. Wo sind Sie? Over!«

»Ich konnte flüchten und habe Mowandas Landrover erreicht«, erwiderte er. »Aber sämtliche Reifen wurden in Stücke geschnitten. Over!«

»Wir sind ziemlich nah bei Ihnen, nordöstlich vom Dorf«, kam die Antwort. »Ich habe Ihren Vater bei mir. Er würde gern ›hallo‹ sagen. Over!«

»Alex, mein Junge«, meldete sich Walter. »Geht es dir gut? Over!«

»Ja, Papa, mir geht es gut«, versicherte Alexander. »Aber Monica ..., sie wurde infiziert! Over!«

»Kannst du zu uns kommen?« fragte Walter. »Over!«

»Ja, sicher.« Alexander blickte zu den umliegenden Hügeln und versuchte sich zu orientieren. »Wartet dort auf mich. Over und aus!«

22. KAPITEL
Eingekesselt

Kate saß völlig verängstigt, von furchtbaren Schuldgefühlen geplagt, neben Monica auf dem Boden. Monica glühte vor Fieber, ihre Augen waren rot, das Gesicht aschfahl.

»Kate«, flüsterte sie tonlos.

»Ja, Monica«, antwortete sie. »Ich bin hier.«

»Ich möchte, daß du weißt, wie sehr ich unsere Freundschaft ...!« Monicas Stimme klang gedämpft und glitt immer wieder weg.

»Du ahnst nicht, wie sehr ich dich mag.« Tränen traten in Kates Augen.

»Sie werden es nicht mehr rechtzeitig für mich schaffen«, behauptete Monica.

»Red keinen Unsinn«, widersprach Kate und versuchte aufmunternd zu lächeln.

Alexander traf seinen Vater und die beiden Wildhüter vor der heiligen Höhle.

»Papa, ich glaube, ich habe den Virus gefunden«, kam Alexander ohne Umschweife zur Sache.

»Es könnte derselbe Virus sein, der die Buschmänner zur Zeit der ersten Boer-Siedler dezimiert hat«, meinte Van der Stel. »Er ist plötzlich wieder ausgebrochen.«

»Unsinn!« widersprach Alexander. »Kein Virus kann so lange schlummern. Wir müssen sofort zu Hause anrufen. Ich will wissen, wie es Frau Bauers Hund geht. Er könnte den Nachweis für Monicas Rettung bringen ... und auch für die der erkrankten Jungen.«

»Wieso?« wunderte sich Walter. »Was hat der Hund mit diesem Virus zu tun?«

»Er trank etwas von dem Wasser in der Höhle«, erzählte Alexander. »Wenn es ihm immer noch gutgeht, bedeutet das, daß er ein gesunder Träger der Krankheit ist. Mit einer Probe der Antikörper, die er entwickelt hat, kann ich versuchen, ein Gegengift zu entwickeln, um die Immunität zu stimulieren. Eine Heilung!«

»Also, als ich losfuhr, ging es ihm noch gut«, sagte Walter. »Er spielte mit Sara.«

»Was?« Alexander riß entsetzt die Augen auf.

»Ja«, bestätigte Walter.

»Wir müssen ihr sofort sagen, daß sie ihn nicht berühren darf«, forderte Alexander. »Dieser Hund könnte sehr gefährlich sein. Wenn Sara eine Wunde hat, könnte sie ...«

»Oh mein Gott!« Walter wurde totenbleich.

»Wir müssen uns beeilen, Papa«, drängte Alexander. »Monica ist bereits sehr krank.«

Captain Van der Stel forderte über Funk den Hubschrauber des Wild Life Service an. Wenig später landeten sie damit auf der großen Wiese vor der Brandt Farm.

Neugierig strömten die Touristen zusammen, die auf der Farm logierten. Sara saß bei Lisa auf dem Schoß vor der Veranda und deutete aufgeregt Richtung Hubschrauber. Alexander sprang aus der Pilotenkanzel und lief zu ihr rüber.

»Sara«, sagte er erleichtert und hob sie hoch.

»Wo ist Mami?« wollte sie wissen. »Warum ist sie nicht mit dir zurückgekommen?«

»Sie kümmert sich um einen sehr kranken Patienten in einem meilenweit entfernten Dorf«, log er. »Ich gehe mit wichtigen Medikamenten, die sie dringend braucht, zurück. Sie wird bald wieder zu Hause sein.«

Alexander brauchte seine ganze Überredungskunst, damit Frau Bauer ihm Jerry anvertraute.

»Jerry ist hier drin.« Frau Bauer reichte Alexander eine Korbtasche. »Bitte tun Sie ihm nicht weh.«

»Auf keinen Fall, Frau Bauer«, versprach Alexander. »Unglücklicherweise habe ich nicht die notwendige Ausrüstung hier in meinem Labor. Ansonsten wäre es nicht nötig, ihn fortzubringen. Aber er wird bald wieder zurück sein, und zwar quietschfidel.«

Alexander lief mit der Korbtasche zum Hubschrauber zurück. Kaum hatte er die Kabinentür geschlossen, hob der Helikopter wieder ab.

Monicas Körper fühlte sich taub an. Seit einigen Minuten konnte sie nicht mehr kalt und warm unterscheiden.

»Bitte sag Sara und Alex, wie sehr ich sie liebe«, bat sie Kate. »Sie sind für mich das Liebste auf der Welt. Wirst du es ihnen sagen?«

»Nein!« Kate drückte zärtlich ihre Wange gegen Monicas glühendheiße Haut. »Das kannst du ihnen selbst erzählen. Ich bin sicher, das wirst du.«

»Ich kämpfe dagegen mit allem, was ich habe«, flüsterte Monica mit gebrochener Stimme. »Aber nichts in der Welt kann das Schicksal ändern. Ich fühle mich so schwach ..., ich fühle ... ich kann nicht ... verliere Stück für Stück.«

»Alex wird etwas unternehmen.« Kate schluckte schwer. »Ich bin mir sicher. Du mußt nur durchhalten.«

»Mein einziger Trost ist, daß Sara gut bei einer Familie aufgehoben sein wird, die sie sehr liebt.« Monica gab sich alle Mühe, ihre Tränen zurückzuhalten. Sie schloß die Augen und drohte in Bewußtlosigkeit wegzugleiten.

»Ihre Temperatur steigt ...«, teilte Kate erschrocken Mowanda und Mattia mit. »Und sie hat Schwierigkeiten mit der Atmung.«

Draußen zerriß Motorengeräusch und das Rasseln schwerer Kettenfahrzeuge die Stille.

»Da sind sie!« flüsterte Mowanda. »Die Armee ist gekommen!«

Panzer gingen rings um das Dorf in Stellung. Aus

schweren Militärlastwagen sprangen Elitesoldaten. Sie umzingelten das Dorf und brachten ihre schweren Waffen in Stellung.

Alexanders Pilot manövrierte den Helikopter genau über die große Wiese vor der Kohlemann-Klinik und nahm das Gas weg. Die Maschine glitt sanft nach unten, setzte auf und stand. Alexander nahm die Tasche, in der Jerry bellte, und stieg aus. Walter folgte seinem Sohn in die Kohlemann-Klinik. An der Rezeption trafen sie Cindy, die sie zum Labor führte. Doch die Tür war verschlossen.

Alexander rüttelte an der Türklinke und schaute sich suchend um.

»Wir brauchen den Schlüssel«, stöhnte Alexander.

»Oh Gott, Dr. Coetzer kommt heute später«, bedauerte Cindy.

»Wir haben keine Zeit, auf ihn zu warten.« Alexander zog seine Jacke aus. Er wickelte sie um den Unterarm und schützte ihn so vor den Glassplittern, als er die Scheibe des Feuerwehrkastens einschlug. Er nahm die Axt, die neben einem zusammengerollten Schlauch hing und brach damit die Labortür auf.

»So etwas habe ich noch nie gesehen«, staunte Cindy. »Es ist genau wie im Kino.«

Im Labor nahm Alexander eine Blutprobe von Jerry, um daraus ein Antiserum herzustellen. Die Ampulle mit dem Blut stellte er in eine Blutzentrifuge, wo sie mit tausend Umdrehungen pro Minute geschleudert wurde, um die Antikörper herauszufiltern.

Während Alexander fieberhaft arbeitete, betrat Dr. Thompson die Klinik. Im Flur begegnete er Cindy.

»Dr. Thompson«, sagte sie erschrocken. »Sie sind früher zurück als erwartet.«

»Ich muß mit Dr. Marini sprechen«, sagte er scharf. »Ist sie da?«

»Nein, aber ...«, stotterte sie.

»Dieses Verhalten ist unentschuldbar«, fiel er ihr barsch ins Wort. »Sie sollte bereits seit Stunden hier sein.«

»Ich glaube, sie ist krank, Doktor«, fuhr sie fort. »Mr. Brandt war vor kurzem mit seinem Vater hier und holte einige ihrer Sachen.«

»Das ist ja interessant.« Dr. Thompson hob die Brauen.

Er bestand darauf, daß Cindy ihn sofort zu Alexander und Walter führte. Er blieb in der Labortür stehen und betrachtete Alexander angewidert wie eine ansteckende Krankheit.

»Sind Sie wahnsinnig?« schrie er und baute sich drohend vor Alexander auf. »Verschwinden Sie hier, oder ich bin gezwungen, die Polizei zu rufen!«

»Ich kann nicht. Monicas Leben steht auf dem Spiel«, antwortete Alexander ruhig. »Sie wurde mit diesem Virus infiziert. Ich bin Biologe. Ich weiß, was zu tun ist.«

»Virus?« wiederholte Dr. Thompson verächtlich. »Von welchem Virus sprechen Sie?«

»Von dem, der die beiden deutschen Kinder infizierte«, antwortete Alexander.

»Dem Bericht zufolge starben sie an einer Vergiftung«, widersprach Dr. Thompson.

»Sie starben?« Alexander wurde schlagartig bleich. »Wann?«

»Gestern«, erwiderte Dr. Thompson. »Aber der Bericht ist unmißverständlich. Ursache des Todes ist eine Pilzvergiftung. Keine Erwähnung eines Virus.«

»Und wer hat die Todesurkunde ausgestellt?« fragte Alexander mißtrauisch.

»Ich«, entgegnete er. »Als Personalchef und Leiter dieser Klinik.«

»Hören Sie, Thompson, Sie schulden mir eine Erklärung!« Alexander spürte eisige Wut in sich aufsteigen.

»Nein, ich schulde Ihnen überhaupt nichts.« Dr. Thompson hob demonstrativ sein Kinn. »Sie sind derjenige, der die Erklärung abgeben muß. Und zwar der Polizei gegenüber. Soweit ich weiß, haben Sie kein Recht, hier einzubrechen und unsere Laborausrüstung zu benutzen.«

»O ja, das habe ich.« Alexander holte kurz aus und verpaßte Thompson einen Kinnhaken.

Dr. Thompson sah noch Alexanders Faust auf sich zufliegen. Im nächsten Moment explodierten Sterne vor seinen Augen. Er sackte wie ein nasser Sack zusammen und klatschte auf den Boden. Dann gingen bei ihm die Lichter aus.

Im Dorf der Buschmänner spitzte sich die Lage gefährlich zu. Bewaffnete Eingeborene und Soldaten standen sich kampfbereit gegenüber. Die Stimmung war zum Zerreißen gespannt.

»Niemand ..., ich wiederhole: Niemand verläßt das Dorf bis auf weiteres«, schallte Colonel Hills Stimme aus einem Megaphon ins Dorf der Buschmänner. »Ihr steht alle unter Quarantäne.«

Der Häuptling ließ Mowanda aus der Hütte bringen und befahl dem Wildhüter: »Vaudeze vakarega kubvapano tinouraya vasungwa. – Sag ihm, wenn er uns nicht durchläßt, töten wir die Geiseln.«

Mowanda zögerte einen Moment.

»Vataurir! – Los, sag's ihm!« schrie der Häuptling und warf ihm einen finsteren Blick zu.

Gehorsam trat Mowanda auf die Soldaten zu. Die

Buschmänner behielten ihn sorgsam im Auge. Jeder Fluchtversuch würde für ihn tödlich enden.

»Keinen Schritt weiter, Lieutenant«, befahl der Colonel. »Niemand darf in den Ort oder ihn verlassen. Befehl des Gouverneurs.«

»Aber, Sir«, erwiderte Mowanda. »Wenn Sie nicht weggehen, wird der Häuptling die Geiseln töten lassen. Er ist ein verzweifelter Mann, und ein verzweifelter Mann ist zu allem fähig. Das wissen Sie besser als ich, Sir.«

»Tut mir leid, Lieutenant«, bedauerte Colonel Hill. »Ich muß den Befehlen des Gouverneurs gehorchen.«

Dr. Thompson spürte eine unbeschreibliche Wut. Als nächstes spürte er, daß er langsam wieder aus der Bewußtlosigkeit erwachte. Er lag rücklings auf dem Boden. Ringsum war alles dunkel. Behäbig rappelte er sich auf. Er verzog den Mund und fühlte einen stechenden Schmerz, der ihm Tränen in die Augen trieb. Blut tropfte aus der aufgesprungenen Lippe. Dr. Thompson nestelte ein Taschentuch aus dem Anzug, preßte es auf den Mund und stieß dann gegen eine verschlossene Tür.

»Macht die Tür auf!« schrie er und hämmerte mit der Faust dagegen. »Macht die verdammte Tür auf! Laßt mich hier raus!«

Ein paar Zimmer weiter vernahm Morrison die dumpfen Schreie seines Chefs. Verwirrt stutzte Morrison. Er faltete die Zeitung zusammen, die er gerade las, nahm die Füße vom Schreibtisch und stand auf. Irritiert folgte er dem Klang von Thompsons Stimme. Sie kam aus der Besenkammer. Morrison schloß die Tür auf und konnte gerade noch beiseite springen, sonst hätte Thompson ihn niedergewalzt.

»Dr. Thompson, was machen Sie denn da drin?« stotterte Morrison verdattert. »Was ist passiert?«

Wutschnaubend stampfte der Personalchef in sein Büro, griff zum Telefon und wählte eine Nummer.

»Polizei?« bellte er ins Telefon. »Hier ist Dr. Thompson aus der Kohlemann-Klinik. Ich wurde von einem mir bekannten Mann physisch attackiert. Er brach in das Labor ein. Ja, kommen Sie schnell!«

Alexander nahm die Ampulle mit dem Heilserum aus der Zentrifuge.

»Gott sei Dank«, sagte er. »Ich habe das Gegenmittel gefunden.«

»Oh, ich bin so stolz auf dich, mein Junge«, meinte Walter.

»Ich hoffe, ich bin noch rechtzeitig, um Monica zu retten«, seufzte Alexander und steckte das Serum ein.

In diesem Augenblick hörten sie Polizeisirenen, die rasch lauter wurde. Ein Streifenwagen bog in die Zufahrt der Kohlemann-Klinik und hielt vor dem Portal. Zwei Beamte sprangen heraus und stürmten in das Gebäude.

»Keine Sorge, ich halte sie auf«, versprach Walter. »Viel Glück.«

»Danke.« Alexander kletterte aus dem offenen Fenster und sprang in den Park hinaus.

Im nächsten Augenblick flog die Tür auf und die Polizisten platzten mit gezückten Pistolen herein.

»Keine Bewegung!« schrie einer der Beamten und stutzte. »Mr. Brandt?«

»Ich muß den Gouverneur sprechen.« Walter stellte sich den beiden Polizisten in den Weg. »Es ist sehr wichtig.«

»Statt mit dem Gouverneur sollten Sie lieber mit einem guten Anwalt sprechen«, riet der zweite Polizist.

»Ich bin nicht irgendein Randalierer, Sie Dummkopf«, fuhr Walter ihn scharf an. »Es geht um eine schreckliche Virus-Epidemie in einem Dorf im Busch! Wenn Sie mir nicht erlauben, die Information, die ich habe, weiterzuleiten, werde ich Sie für die Konsequenzen zur Verantwortung ziehen.«

Einen Augenblick lang wirkten die Polizisten unentschlossen. Schließlich meinte einer von ihnen: »In Ordnung. Wir rufen den Gouverneur an. Sie können am Telefon mit ihm sprechen. Wir fahren runter zum Hauptquartier.«

»Okay«, antwortete Walter und begleitete die Beamten zum Streifenwagen.

Vom Polizeirevier aus rief Walter den Gouverneur an und erläuterte ihm, daß Alexander mit dem Serum zum Dorf unterwegs sei. Der Gouverneur versprach im Gegenzug, nichts zu unternehmen, bis sich herausgestellt hätte, ob das Serum wirklich wirkt oder nicht.

Mehr konnte Walter nicht mehr für Alexander tun. Er fuhr nach Hause.

Monicas Zustand verschlechterte sich dramatisch. Fast schien es, als ergäbe sie sich in ihr Schicksal. Vor einer Viertelstunde war sie ins Koma gefallen. Kate kniete neben ihr und hielt ihre Hand.

»Ihre Temperatur steigt wieder«, flüsterte Mattia verzweifelt.

»Ich kann nicht länger warten«, entschied Kate. »Wir müssen etwas für sie tun. Wenn wir diese Soldaten nur dazu bringen könnten, uns etwas mehr Sauerstoff zu geben.«

»Kate, wir haben es bereits versucht«, seufzte Mattia resigniert. »Es bringt nichts, darauf zu bestehen, okay? Diese Soldaten denken, wir haben die Pest. Ich verstehe nur nicht, warum sie kein Notfallteam hereinschicken. Ich weiß es einfach nicht. Es ist verrückt.«

»Ich weiß es auch nicht«, murmelte Mowanda. »Sie scheinen nicht vorzuhaben, uns retten zu wollen.«

Colonel Hills Aufmerksamkeit war ganz auf das belagerte Dorf gerichtet. Plötzlich vernahm er Motorengeräusch. Die Luft vibrierte.

»Colonel, ein Hubschrauber des Wild Life Service ist im Anflug«, meldete ein Wachposten.

Wutentbrannt rannte Colonel Hill zum Wagen mit dem Funkgerät, ergriff das Mikrophon und wählte die für den Wild Life Service reservierte Funkfrequenz.

»Colonel Hill ruft den Wild Life Helikopter!« schrie er aufgebracht ins Mikrophon. »Ich möchte mit dem Piloten reden. Over!«

Einen langen Augenblick kam nichts als das statische Geräusch aus dem Lautsprecher, dann brach eine Stimme die Stille: »Hier ist der Pilot. Ich höre, Colonel. Fahren Sie fort!«

»Sie drehen umgehend ab«, röhrte der Colonel. »Dieses Dorf steht unter Quarantäne. Das ist ein Befehl des Gouverneurs! Niemand darf hinter die Absperrung!«

Wieder Funkstille. Plötzlich drang eine andere Stimme aus dem Lautsprecher.

»Colonel, hier ist Alexander Brandt«, sagte er. »Ich bin Biologe und habe ein Serum gegen die Viren dabei, um die Epidemie zu stoppen.«

»Es tut mir leid, Mr. Brandt, aber ich habe keinen Befehl, der die Anordnung des Gouverneurs aufhebt.«

Colonel Hill war nicht in der Stimmung, sich auf irgendwelche Behauptungen einzulassen.

Alexander senkte das Mikrophon und schaute den Piloten fragend an.

»Lieutenant Mowanda ist mein Freund.« Der Pilot grinste breit. Alexander nickte dankbar und sagte ins Mikrophon: »Colonel, ich übernehme die volle Verantwortung für das, was ich tue. Over und aus!«

Der Hubschrauber verharrte fünfzehn Meter über dem Dorfplatz. Alexander warf ein Seil hinab und glitt daran runter. Kaum berührten seine Füße den Boden, da sah es so aus, als würden sich die Buschmänner auf ihn stürzen und ihn abschlachten.

»Stop!« schrie Alexander. »Ich hab's geschafft. Ich habe das Gegenmittel.«

Die Eingeborenen verstanden zwar kein Wort, trotzdem ließen sie von ihm ab. Alexanders energisches Auftreten flößte ihnen Respekt ein. Sie bildeten ein Spalier und ließen ihn zur Hütte mit den Geiseln gehen.

»Wie geht es Monica?« fragte er besorgt.

»Schlecht«, antwortete Mattia. »Sie ist in einem kritischen Zustand.«

Alexander zückte die Ampulle mit dem Serum, da trat der Häuptling ein.

»Ihr habt uns den Tod gebracht«, verkündete er in seiner Sprache. »Tod für meine Leute und den werde ich euch zurückgeben.«

Mowanda dolmetschte die Drohung des Häuptlings.

»Sag ihm, ich habe Medizin dabei, die seinen Sohn gesund machen wird«, bat Alexander. »Frag ihn, ob er mich die Medizin an Monica ausprobieren läßt. Wenn das Serum sie rettet, rettet es auch seinen Sohn.«

Mowanda übersetzte wie gewünscht. Alle Augen waren auf den Häuptling gerichtet. Der überlegte kurz und nickte dann zustimmend.

Alexander injizierte Monica das Serum und wartete ab. Welche Hoffnungen er in dieses Serum auch gesetzt haben mochte, sie erfüllten sich nicht. Monica blieb unverändert im Koma.

Vom Hügel aus beobachtete Colonel Hill hektische Aktivitäten in dem Dorf. Aus allen Richtungen liefen die Eingeborenen herbei und versammelten sich um die Hütte mit den Geiseln. Nach einer Weile trat der Häuptling aus der Hütte und gab einigen Männern Befehle. Darauf schichteten diese einen neuen Scheiterhaufen auf dem Dorfplatz auf.

»Da unten scheint etwas Merkwürdiges vorzugehen«, meinte er.

»Ich glaube, sie bereiten eine Beerdigung vor, Colonel«, vermutete ein Sergeant. »Das Virus hat wahrscheinlich ein weiteres Opfer gefordert.«

»Nein«, widersprach der Colonel. »Etwas Unheimlicheres als das. Sergeant, verbinden Sie mich mit dem Büro des Gouverneurs. Benutzen Sie die geheime Frequenz.«

»Zu Befehl, Sir!« Der Sergeant salutierte knapp und trabte im Laufschritt zum Funkwagen.

Als Colonel Hill zum Wagen kam, meldete der Sergeant: »Colonel, der Gouverneur ist am Apparat.«

»Eure Exzellenz, ich fürchte, die Geiseln sind in Gefahr«, sagte Colonel Hill ins Mikrophon. »Sie scheinen in der Dorfmitte eine Art großen Scheiterhaufen aufzuschütten. Over!«

»Deshalb rufen Sie an?« knurrte der Gouverneur gereizt. »Sie wissen doch sehr wohl, daß diese Leute ihre

Toten verbrennen. Das ist Tradition. Wir sollten froh darüber sein. Verbrennen ist die Lösung der Epidemie.«

»Ja, aber die Leben der Geiseln sind in Gefahr«, warf der Colonel ein. »Erteilen Sie mir die Erlaubnis einzugreifen?«

»Haben Sie einen Grund zur Annahme, daß das Gegenmittel, das Walter Brandts Sohn gefunden hat, irgendwelche positiven Auswirkungen unter den am Virus erkrankten Menschen hat?« wollte der Gouverneur wissen.

»Nein, unglücklicherweise nicht«, erwiderte er.

»Dann kann ich dieses Risiko nicht eingehen«, sagte der Gouverneur. »Bis wir mehr wissen, darf niemand das Dorf betreten. Nicht einmal Sie! Halten Sie die Situation aus der Distanz unter Kontrolle. Auf Wiedersehen, Colonel!«

Nach einer halben Stunde erfolglosen Wartens gab der Häuptling Befehl, die Geiseln zu töten. Auf sein Zeichen hin zerrten schwer bewaffnete Buschmänner die Gefangenen auf den Dorfplatz hinaus.

»Warum marschiert die Armee nicht ein?« wandte sich Alexander verzweifelt an Mowanda.

Der zuckte nur ratlos mit den Schultern.

»Du!« Alexander warf dem Häuptling einen zornigen Blick zu. »Hör mir zu! Es ist nicht unsere Schuld, daß dein Sohn stirbt. Uns zu töten, macht ihn auch nicht gesund. Sag ihm das, John!«

»Haisi mhosua yedu kuti manakomana wenyu ari kufa«, übersetzte er. »Kutiuraya hakusiriko kuchamuponesa.«

»Huyai nemwana wangu!« befahl der Häuptling einigen Männern. »Bringt meinen Sohn.«

Kurz darauf trugen zwei kräftige Eingeborene den

leblosen Häuptlingssohn über den Platz. Sie betteten den Jungen auf den Scheiterhaufen.

»Hey!« schrie Mattia. »Er atmet! Er lebt! Alex! Kate! Macht was! Er lebt! Der Junge lebt!«

Der Häuptling hob einen Arm und rief: »Vaurayei! – Tötet sie!«

Mehrere Buschmänner richteten die Gewehre auf die Geiseln. Ihre Finger berührten den Abzug.

Alexander schloß die Augen und erwartete den tödlichen Kugelhagel. Statt dessen hörte er den Häuptling in seinem Dialekt stottern: »Mukadzi mupenyu! – Die weiße Frau lebt wieder!«

Alexander öffnete die Augen und glaubte nicht, was er sah: Monica stand im Hütteneingang und rief schwach: »Alex ..., Alex ...!«

Schwach, mit weichen Knien, wankte Monica über den Platz. Die Eingeborenen wichen vor ihr zurück und bildeten einen Korridor, der sie direkt in Alexanders Arme führte.

»Liebling, wie fühlst du dich?« fragte er liebevoll.

»Besser«, flüsterte sie. »Mach dir keine Sorgen um mich. Was ist mit dem armen kleinen Jungen?«

»Er bekommt das Serum«, versprach Alexander. »Wie auch immer, wir sind hier gefangen. Die Armee hat Befehl zur Blockade, weil sie glaubt, es sei eine Epidemie. Ich bin gleich zurück.«

Der Häuptling ließ den Gefangenen die Fesseln abnehmen, damit Mattia seinem Sohn das Serum verabreichen konnte.

Währenddessen schritt Alexander entschlossen auf die Soldaten zu. Dutzende entsicherter Gewehre waren auf ihn gerichtet.

»Gehen Sie zurück!« forderte Colonel Hill über das

Megaphon. »Kommen Sie nicht näher, oder wir eröffnen das Feuer. Das ist ein Befehl! Sie müssen im Dorf bleiben. Sie stehen unter Quarantäne, genau wie die anderen Dorfbewohner.«

Alexander zögerte und blieb schließlich stehen. Er wußte, die Soldaten würden ihn gnadenlos erschießen. Während er noch überlegte, was er als nächstes tun sollte, bemerkte er im Augenwinkel eine Bewegung. Zu seinem Schrecken sah er Monica, die auf die Soldaten zuwankte. Obwohl sie langsam wieder eine gesunde Gesichtsfarbe bekam und sichtlich auf dem Weg der Besserung war, wirkte sie noch sehr schwach und mitgenommen.

»Colonel, es gibt hier keine Epidemie«, rief sie mit schwankender Stimme. »Der Virus wurde durch ein Serum ausgerottet. Ich weiß, wovon ich rede, ich bin Ärztin. Also, lassen Sie mich bitte durch, es sei denn, Sie wollen eine gesunde Frau töten.«

Die Soldaten blickten irritiert von Monica zu Colonel Hill und wieder zurück. Sie waren völlig durcheinander. Der Colonel rang sichtlich mit der Entscheidung, ob er einem Befehl gehorchen oder einer Ärztin glauben sollte.

Letztendlich siegte die Vernunft. Auf ein Zeichen des Colonels hin senkten die Soldaten ihre Gewehre und ließen Monica durch.

Wenige Stunden später war auch der Sohn des Häuptlings auf dem Wege der Besserung. Nachdem die Heilung gut voranschritt, trat der Häuptling reumütig vor Monica und Alexander. Mowanda dolmetschte, was er ihnen sagte: »Ihr habt mein Herz von Leid und Haß befreit. Ihr werdet für immer meine Brüder und Schwestern sein. Ich hoffe nur, ihr vergebt mir, wie ich euch behandelt habe. Meine einzige Entschuldigung ist der Schmerz, der mich blind machte.«

»Ich weiß«, antwortete Monica. »Es gibt nichts Schlimmeres in der Welt, als sein Kind sterben zu sehen.«

Am späten Nachmittag versuchte Sara, Dumbo das Fußballspielen beizubringen.

»Gut gemacht, Dumbo«, feuerte sie den Elefanten an. »Triff den Ball nochmal, bitte!«

Doch als Dumbo rausfand, daß man Fußbälle nicht essen konnte, erlosch sein Interesse an diesem Spiel schnell. Genervt stemmte Sara die Fäuste in die Hüften. Plötzlich stutzte sie. Ein Hubschrauber setzte zur Landung auf der großen Wiese an.

»Oma Lisa!« rief Sara aufgeregt. »Opa Walter! Sie sind es! Sie sind zurück! Mami ist zurück! Kommt her!«

»Siehst du«, lachte Walter. »Ich sagte es dir ja, daß sie bald zu Hause wären.«

Nachdem der Hubschrauber gelandet war, verabschiedete sich Monica vom Piloten: »Danke für alles, Paul.«

»Ich weiß nicht, was wir ohne dich getan hätten«, fügte Alexander hinzu. »Wir werden den Rest unseres Lebens in deiner Schuld stehen.«

»Ich tu' nur meine Pflicht«, meinte der Pilot bescheiden und grinste breit.

»Unser Zuhause ist dein Zuhause!« rief Alexander ihm zu und stieg aus. »Denk daran.«

»Danke!« rief der Pilot zurück. »Das werde ich nie vergessen.«

Sara rannte wie der Wind über die Wiese und fiel Monica in die Arme. »Mami! Mami!«

»Sara, oh mein Gott!« Monica brachte kein weiteres

Wort heraus. Sie drückte ihre Tochter eng an sich und schien alles um sich herum zu vergessen.

»Ich habe dich so sehr vermißt«, gestand Sara.

»Ich bin so glücklich, dich zu sehen.« Monica lachte und weinte gleichzeitig. »Ich habe dich auch so sehr vermißt.«

»Warum bist du nicht früher nach Hause gekommen?« fragte Sara vorwurfsvoll.

»Weil Mami sich nicht wohl gefühlt hat«, antwortete sie. »Sie mußte sich erst erholen, bevor sie nach Hause kommen konnte.«

»Aber jetzt bist du erholt, oder?« fragte Sara besorgt.

»Es geht mir viel besser, dank Alex«, antwortete sie. »Denk daran, die Liebe ist die beste Medizin, hm?«

»Ich liebe dich so sehr, Mami.« Sara drückte Monica ganz, ganz fest.

»Hey, hey, trennt euch, Mädels«, beschwerte sich Alexander scherzhaft. »Hat niemand einen Kuß für mich übrig?«

Sara reckte die Arme nach Alexander, der vor ihr in die Hocke ging, und beendete seinen Protest mit einem Küßchen.

23. KAPITEL
Nachspiel

Trotz Dr. Thompsons Bemühungen ließen sich die Virus-Erkrankungen in der Klinik nach Professor Kohlemanns Rückkehr aus Genf nicht länger verheimlichen.

Professor Kohlemann bat Dr. Thompson in sein Büro.

»Doktor Thompson«, hob Professor Kohlemann an. »Sie scheinen etwas übereifrig Ihre Pflicht zu erfüllen. Die Interessen der Klinik dürfen niemals über dem öffentlichen Interesse stehen.«

»Ich hatte alles für eine Verlegung der beiden Patienten nach St. Pauls vorbereitet, damit man dort notfalls Alarm schlagen könnte«, rechtfertigte er sich. »Vielleicht haben Sie nicht die Konsequenzen für unsere Klinik bedacht, wenn wir von hier aus ins Horn geblasen hätten.«

»Sie scheinen nicht ganz zu verstehen.« Professor Kohlemann hob die Brauen und legte die Stirn in Falten. »Deshalb werde ich es etwas deutlicher ausdrücken. Es war Ihre Pflicht, die Behörden sofort zu informieren.«

»Sie könnten recht haben, ja ...!« Dr. Thompson änderte rasch die Taktik und lenkte ein, damit diese unangenehme Besprechung ein rasches Ende fand.

»Und der Krankenbericht, den Doktor Marini anforderte?« wollte Professor Kohlemann wissen. »Der das Geheimnis um die Viren aufdeckt? Wo sind diese Akten?«

»Oh ... na ja, ich weiß es nicht.« Dr. Thompsons Stimme verlor an Sicherheit. »Ich muß Morrison fragen. Verstehen Sie, als diese beiden Patienten starben, herrschte etwas Panik auf der Station, und ich fürchte, in dem ganzen Durcheinander könnten die Berichte verlorengegangen sein.«

»Doktor Thompson!« Die Schärfe in Professor Kohlemanns Stimme nahm zu. »Ich verlange, daß diese Dokumente gefunden werden! Sofort! Ich mache Sie persönlich für dieses Durcheinander verantwortlich. Oh, ich weiß, daß Sie einer der besten Chirurgen des Landes sind und daß Sie diese Klinik reibungslos leiten ...«

»Danke ...!« Dr. Thompson lächelte geschmeichelt.

»Aber ich habe wieder einmal mehr festgestellt, daß Sie sich im krassen Gegensatz zu unserer Aufgabe als Ärzte mehr wie ein ehrgeiziger Geschäftsmann verhalten«, beendete der Professor den Satz.

»Falls ich diesen Eindruck bei Ihnen erweckt haben sollte, bitte ich um Entschuldigung«, erwiderte Dr. Thompson mit unbeweglichem Gesicht und zusammengepreßten Zähnen. »Ich ...«

»Ich möchte nicht noch mehr Zeit verschwenden«, schnitt ihm der Professor das Wort ab. »Ich möchte Sie nur warnen, daß ich keinen Unsinn wie diesen mehr tolerieren werde.«

»Richtig«, fügte sich Dr. Thompson und verließ kleinlaut das Büro.

An diesem Morgen erhielt Mattia eine Nachricht, die gleichzeitig gut und schlecht war. Bedrückt schaute er aus dem Fenster. Draußen schlenderte Kate vorbei und winkte ihm zu. Er ging zu ihr hinaus. Gemeinsam schlenderten sie durch den Park. Nach einer Weile fiel Kate sein bedrücktes Schweigen auf.

»Was hast du?« fragte sie schließlich.

»Ich wurde heute morgen aus Rom angerufen«, gestand er zögernd. »Ich wurde als Internist in einem Krankenhaus in Rom angenommen. Ich muß sofort aufbrechen.«

Die Ankündigung mußte Kate erst einmal verdauen. Sie schluckte schwer. Ihre Hände zitterten.

»Herzlichen Glückwunsch«, sagte sie schließlich wenig überzeugend.

»Danke.« Mattia wich ihrem Blick aus. »Hör mal, es ging alles so schnell. Es war gleichzeitig auch sehr aufregend. Warum kommst du nicht mit mir?«

»Ich kann nicht, Mattia.« Kate lächelte traurig und ergriff seine Hände. »Ich wünschte, ich könnte es. Es tut mir wirklich leid, daß du weggehst. Glaub mir ...«

»Also, da ich mehr über Viren als über Bypässe gelernt habe, werde ich mein neues Krankenhaus bitten, mich auf einen Ergänzungskurs zu schicken«, flachste er, um seine Verlegenheit zu überspielen. »Vielleicht komme ich bald zurück, hm?«

Kate zog ihn an sich heran und gab ihm einen Kuß. Obwohl er es nicht wahrhaben wollte, spürte Mattia, daß es ein »Lebwohl«- und kein »Ich-warte-auf-dich«-Kuß war.

Alexander begleitete Monica zur Klinik. Arm in Arm schlenderten sie vom Parkplatz zum Eingang. Am Portal begegneten sie Dr. Thompson. Sie ignorierten ihn, um sich ihre gute Laune nicht zu verderben.

Bei Alexanders Anblick spürte Dr. Thompson, wie Wut in ihm aufwallte. Es fiel ihm schwer, seine Verachtung für ihn und Monica zu verbergen. Wie immer, so würdigte er beide keines Blickes. Doch als sie vorbei waren, entschied er sich plötzlich anders. Er drehte sich zu den beiden um und sagte: »Es tut mir leid. Ich muß Sie beide bitten, mir zu verzeihen.«

Monica und Alexander blieben stehen und starrten Dr. Thompson wie einen Außerirdischen an.

Alexander erholte sich als erster von der Überraschung.

»Glauben Sie nicht, daß es dafür ein wenig spät ist, Dr. Thompson?« fragte er eisig.

»Ja, vielleicht ist es das, aber ich mußte es sagen.« Es hatte nicht den Anschein, als ob Dr. Thompson einsichtig geworden wäre. Er entschuldigte sich aus bloßem Kalkül heraus. So hatte er bei Professor Kohlemann wieder bessere Karten.

»In Ordnung, Thompson, ich nehme Ihre Entschuldigung an«, gab sich Monica zufrieden. Sie wußte, von einem Mann wie Thompson konnte man nicht mehr erwarten.

»Ja, man lehrte uns, jedem zu vergeben ...«, ergänzte Alexander mit sarkastischem Unterton. »Leider.«

Nachmittags wartete eine besonders schwierige Aufgabe auf Monica. Sie fuhr mit Sara und Alexander in die Savanne hinaus. Hinten auf dem Pick-up lag Bubezi und schlief. Sie hielten vor einem alten Baum, in dessen Schatten ein Löwenrudel ruhte.

»Dort drüben sind sie.« Alexander deutete auf die Löwen. »Das ist Bubezis Familie.«

»Bist du sicher?« fragte Sara zweifelnd.

»Natürlich bin ich sicher«, antwortete Alexander. »Das muß ich sein. Ansonsten würden sie ihn nicht annehmen.«

»Und du bist sicher, daß er es bei ihnen besser hat als bei uns?« fragte sie weiter. »George gibt ihm jeden Tag Fleisch ...«

»Ja, aber er muß in der Gemeinschaft der Löwen sein, damit sie ihm beibringen, wie man jagt«, erklärte Monica. »Und eines Tages wird er erwachsen sein, eine Frau finden und auch kleine Löwenbabys haben, wie er jetzt eines ist. Die brauchen ihn dann, damit er ihnen beibringt, wie sie aufwachsen sollen. Das ist das Gesetz der Natur.«

»Für dich ist es genauso«, fügte Alexander hinzu.

»Du meinst, ihr werdet mich hier rausbringen und zu den Löwen geben?« erschrak Sara.

»Nein«, lachte Alexander. »Das meinte ich nicht. Wenn du erwachsen bist, wirst du eine Familie haben wollen und mit ihr weggehen.«

»Aber ich werde euch besuchen dürfen, wenn ich möchte, oder?« fragte sie besorgt.

»Natürlich, Sara«, erwiderte Alexander und gab ihr einen Klaps. »Und wir können Bubezi besuchen, wann immer wir wollen, hm?«

Alexander hob Bubezi von der Ladefläche und setzte ihn auf den Boden ab. Verwundert blickte sich der Löwe um. Das alles schien ihm äußerst suspekt.

»Also, Bubezi, geh zurück und schließ dich deiner Familie und deinen Freunden an«, sagte Sara und deutete Richtung Baum. »Sie sind da hinten.«

Als der Junglöwe das Rudel erblickte, gab es für ihn kein Halten mehr. Zielstrebig lief er zu einer Löwenmutter, die ihn erst beschnupperte und dann mit der Zunge ableckte.

»Wiedersehen, Bubezi.« Sara spürte einen schmerzenden Kloß im Hals. »Wir werden dich bald besuchen kommen.«

Sara stieg zu Alexander und Monica in den Pick-up und sagte bis zu Hause kein Wort. Sie war viel zu sehr damit beschäftigt, die Tränen zurückzuhalten. Aber dann dachte sie bei sich, daß sie lieber bei ihrer Mutter und Alexander sei, als bei einem Löwenrudel zu wohnen. Auch wenn die Löwen noch so nett zu ihr wären und sie mit Essen versorgten, wäre sie dort nicht glücklich. Genauso mußte sich Bubezi auf der Farm gefühlt haben.

Diese Erkenntnis hatte für Sara etwas ungemein Tröstliches und kehrte ein trauriges Ereignis in ein freudiges um.

24. KAPITEL

Von der Vergangenheit eingeholt

Es war einer von den ruhigeren Tagen. Alexander und Mowanda fuhren mit einer kleinen Touristengruppe durch die pittoreske Wildnis der Savanne. Mowanda lenkte den Landrover langsam auf eine Elefantenherde zu, die friedlich an einem Wasserloch graste.

»Die Elefanten sind wunderschön!« Sandra Vannucci richtete ihre Videokamera auf die Tiere und filmte. Die hübsche Frau war Ende Dreißig und von früh bis spät mit Videokamera und Fotoapparat unterwegs, um ja keine Sehenswürdigkeit zu verpassen.

»Seht, da sind Antilopen!« Roberta Mattei deutete auf ein Rudel, das in langen, federnden Sprüngen die Savanne durchquerte. Die Mittdreißigerin schüttelte ihren wallenden, tizianroten Lockenkopf und lachte.

»Die örtliche Gaststätte der Löwen«, meinte Alexander.

»Wie bitte?« fragte Marco Vannucci. Er war groß, gutaussehend und trug einen zünftigen Tropenanzug.

»Antilopen sind das für Löwen, was die Spaghetti für euch Italiener sind ..., ihre Lieblingsmahlzeit«, erklärte Alexander. »Sie stehen ständig auf der Speisekarte.«

»Wie Sauerkraut für euch Deutsche«, meinte Paolo Mattei und zwinkerte seiner Frau Roberta amüsiert zu.

»Das könnte man sagen«, pflichtete Alexander ihm bei.

»Kann ich nicht näher ran, um alle zu fotografieren?« fragte Chiara Vannucci. Die zwanzigjährige, hübsche Italienerin sah in ihren Bluejeans und der ärmellosen Bluse zum Anbeißen aus.

»Vorsicht«, mahnte Alexander. »Elefanten sehen harmlos aus, aber sie können sehr gefährlich sein.«

Chiara kletterte von dem Geländewagen und wuselte zwischen den Elefanten. Die grauen Kolosse beachteten die Italienerin kaum.

»Chiara, sei vorsichtig!« rief Sandra ihrer Tochter besorgt zu. »Geh nicht so weit weg!«

»Geh schon, Chiara«, ermunterte Paolo sie. »Sei kein Feigling. Wenn wir wieder zu Hause sind, werden alle teuflisch neidisch auf deine Fotos sein.«

»Nicht bewegen.« Chiara richtete die Kamera auf ihre Eltern. »Das ist perfekt. Lächeln!«

»Sei vorsichtig, Chiara«, warnte Alexander besorgt.

»Ja, das ist schön.« Chiara ging einige Schritte rückwärts. »Nur noch eins. Dann komme ich zurück.«

Chiara versuchte, auch Alexander und Mowanda mit auf das Bild zu bekommen. Sie tat einen weiteren Schritt nach hinten und noch einen und ... Plötzlich gab der Boden unter ihren Füßen nach. Chiara fiel.

»Aaaah!« schrie sie, dann hatte die Erde sie verschluckt.

»Chiara!« kreischte Sandra, sprang vom Auto und rannte zu der Stelle, wo Chiara verschwunden war.

Alexander lief ihr hinterher. Vorsichtig knieten sie sich an den Rand des Loches, in das Chiara gestürzt war. Alles war so still. So unheimlich still.

Alexander spähte in das dunkle Loch hinab. In ungefähr sechs Meter Tiefe lag das Mädchen wie tot auf dem Grund der Grube. Sandra schlug die Hände vors Gesicht und weinte bitterlich.

Etwa zur gleichen Zeit landete auf dem Flughafen von Nyanga eine Maschine aus Frankfurt. Für den Zollbeamten war die Abfertigung der Passagiere eine Routinearbeit. Geduldig standen die Touristen vor seinem Schalter Schlange. Es war ein Tag wie jeder andere, und nichts schien Abwechslung in den grauen Alltag des Zollbeamten zu bringen. Doch dann sah er sie. Die Touristin war nicht nur schön, sie war atemberaubend. Der Zöllner schätzte ihr Alter auf knapp über dreißig. Strohblondes Haar wallte in schweren Locken über ihre Schultern. Das tiefausgeschnittene rotbraune Shirt und die farblich dazu abgestimmte, hautenge Jeans betonten ihre aufregende Figur. Vor dem Zöllner nahm sie ihre Sonnenbrille ab und schaute ihn mit großen, blauen Augen an.

»Irgendwas zu verzollen?« fragte der Beamte.

»Nichts«, antwortete sie mit aufregend dunkler Stimme.

»Absicht Ihrer Reise?« fragte er weiter und warf einen Blick in ihren Paß.

»Tourismus«, erwiderte sie, wobei ein Lächeln ihre vollen Lippen umspielte.

»Willkommen in Afrika«, sagte der Zöllner und gab ihr den Paß zurück.

»Danke.« Die schöne Fremde steckte den Paß ein. Sie verließ zielstrebig das Flughafengelände, um das Leben einiger Leute in neue Bahnen zu lenken.

Mowanda setzte den Geländewagen bis an die Fallgrube zurück, in der Chiara lag. Alexander aktivierte die Seilwinde am Heck des Wagens und ließ einen Strick in die Grube hinunter, in der Chiara auf dem Rücken lag. Ihre Haut war aschgrau, ihr Mund stand offen. Sie atmete in heftigen Stößen. Am Grubenrand kauerten ihre besorgten Eltern und Freunde. Während Alexander die Seilwinde bediente, überlegte er, wie sie vorgehen sollten. Chiara einfach aus der Grube heben? Das war riskant. Möglicherweise hatte sie innere Verletzungen. Nicht ausgeschlossen, daß ihr Rückgrat gebrochen war. Eine unbedachte Bewegung konnte sie töten.

Chiara schlug die Augen auf.

»Mama, hilf mir!« stöhnte sie.

»Chiara, bleib ruhig«, schluchzte Sandra. »Bitte, Liebling, wir werden dich jetzt rausholen.«

»Wo tut es weh?« fragte Marco.

»Mein Bein«, antwortete sie. »Ich kann es nicht mehr bewegen. Bitte, helfen Sie mir.«

»Warum haben Sie uns nichts über die Löcher erzählt?« fuhr Paolo Alexander an.

»Das ist kein natürliches Loch«, entgegnete er. »Es ist eine Wilderer-Falle. Ich habe Ihnen doch gesagt, Sie sollen vorsichtig sein.«

»In Ordnung, es ist meine Schuld«, konterte Paolo sarkastisch. »Glücklich?«

»Das ist jetzt nicht der Moment, um zu klären, wessen Schuld es ist«, sagte Alexander. »Wenn Sie wollen, daß ich helfe, dann suchen Sie ein paar Zweige und Äste.«

»Wozu?« fragte Paolo widerwillig.

»Um eine Trage zu bauen«, erklärte Alexander. »Dafür.«

»Also, meiner Meinung nach ist es besser, sie sofort mit einem Seil hochzuziehen« widersprach Paolo.

»Und meiner Meinung nach ist es besser, wenn eine Person die Entscheidungen trifft«, erwiderte Alexander scharf. »Ich spreche aus Erfahrung, müssen Sie wissen.«

»In Ordnung«, lenkte Paolo ein. »Aber wenn wir es nicht schaffen, sie herauszubekommen, werde ich Sie dafür verantwortlich machen. Vergessen Sie das nicht!«

»Keine Sorge, das werde ich nicht«, versicherte Alexander. »Also los geht's!«

Sara hatte schulfrei und half Lisa in der Küche. Gemeinsam backten sie einen Kuchen. Während Lisa den Teig knetete, kümmerte sich Sara um die Schokoglasur. Damit die besonders gut gelang, machte Sara sehr gewissenhafte Stichproben.

»Ho ho, Sara«, lachte Lisa, als Sara erneut Schokopulver nachschüttete. »Das ist zuviel!«

»Warum?« fragte Sara verwundert.

»Wenn du so viel hineintust, wird es nach nichts außer Schokolade schmecken«, erklärte sie.

»Aber ich mag Schokolade«, konterte Sara.

»Um die Wahrheit zu sagen, ich auch«, seufzte Lisa und schmunzelte nachsichtig.

Auf das Gelände der Farm bog ein dunkelblauer Mietwagen ein. Am Steuer saß die blonde Fremde vom Flughafen. Walter stand auf der Veranda und musterte sie mit zusammengekniffenen Augen.

Das Auto hielt vor der Farm. Die Blondine am Steuer setzte ihre Sonnenbrille auf, stieg aus und musterte prüfend die Gegend. Als sie Walter entdeckte, ging sie zu ihm.

Walters Gesicht war unbeweglich. Irgend etwas an der Frau kam ihm bekannt vor. Er hatte das unbestimmte Gefühl, daß er sie schon einmal gesehen hatte. Etwas an ihr war ihm auf fast unheimliche Weise vertraut. Gleichzeitig beschlich ihn ein ungutes Gefühl.

»Guten Morgen«, sagte er höflich. »Was kann ich für Sie tun?«

»Bin ich so sehr gealtert, daß du mich nicht erkennst?« fragte die Frau ihn spöttisch.

Walter runzelte die Stirn. Er verstand die Anspielung nicht. Doch dann, als die Fremde ihre Sonnenbrille abnahm, erkannte er die Frau wieder. *Laß es einen bösen Traum sein!* flehte er innerlich. Aber es war kein Traum. Es war eine böse Erinnerung, die für ihn völlig unerwartet zur bitteren Realität geworden war.

Alexander und Mowanda hatten aus Zweigen und Ästen eine behelfsmäßige Trage gebaut. Vorsichtig betteten sie Chiara darauf. Mit der Seilwinde zogen sie die Trage behutsam aus der Fallgrube. Obwohl die Schmerzen fast unerträglich waren, biß Chiara die Zähne zusammen. Neben der Grube wurde die Trage zu Boden gelassen und von der Seilwinde gelöst. Gemeinsam trugen die Männer die Verletzte dann auf die Ladefläche des Rovers. Chiara stöhnte leise. Sie hielt sich tapfer. Alexander stieg zu Mowanda ins Führerhaus. Die übrigen nahmen bei Chiara auf der Ladefläche Platz. Dann fuhren sie los.

»Mama«, wimmerte Chiara. »Es tut weh!«

»Ja.« Sandra streichelte ihr sanft über die Stirn. »Ich bin hier, mein Liebling. Es wird alles wieder gut werden. Ich liebe dich so sehr.«

Lisa hatte sich zu Walter und ihrem unerwarteten Gast auf die Veranda gesellt.

»Ich bin sicherlich nicht nur hergekommen, um den Sonnenschein zu genießen«, sagte sie fröhlich. »Du weißt nicht, was ich vorhabe.«

»Alice, wir sind nicht das Problem«, sagte Lisa sanft. »Es ist nur, daß sich vieles geändert hat.«

»Ich habe mich auch verändert«, verkündete Alice mit triumphierendem Lächeln.

»Ich sage dir das vom Grunde meines Herzens.« Walter war dieses heuchlerische Geplänkel leid. »Wenn ich du wäre ...«

»Du bist nicht ich«, unterbrach Alice ihn. »Du warst schon immer gegen mich.«

»Nicht immer«, widersprach Lisa. »Nur dann, wenn du uns keine Alternative gelassen hast.«

»Wir versuchen nur, dir unnötigen Kummer zu ersparen«, fügte Walter hinzu.

»Und wer sagt, daß ich diejenige sein werde, die leidet?« fragte Alice amüsiert, erhob sich und ging grußlos zu ihrem Auto zurück.

Sara beobachtete vom Küchenfenster aus, wie Alice wegfuhr. Sie wartete, bis das Auto außer Sichtweite war und ging hinaus auf die Veranda.

»Wer ist die Frau?« fragte sie Lisa.

»Sie ... ist eine Freundin von mir aus Deutschland«, log sie und fügte fast unhörbar hinzu. »Was für eine Katastrophe!«

Alexander fuhr Chiara zur Kohlemann-Klinik, wo sich Monica um die Patientin kümmerte. Zunächst rollten sie Chiara auf einer Trage in den weißgekachelten Röntgenraum, um einige Röntgenaufnahmen zu machen. Ein Röntgenarzt und ein Pfleger betteten Chiara vorsichtig auf die schwarze Ebonitplatte des Röntgentisches. Monica hatte die junge Patientin in die Röntgenabteilung begleitet. Sie beobachtete, wie der Röntgenarzt die Vorbereitungen für die Aufnahme traf. Er legte die Filmkassette mit geübtem Griff in einen Schlitten unter dem Röntgentisch ein. Mit einem Knopfschalter steuerte er die schwere Röntgenröhre auf ihren Schienen direkt über Chiara.

Nachdem der Röntgenarzt seine Vorbereitungen beendet hatte, trat er zu Monica hinter eine Bleiglaswand, die sie vor der Strahlung schützte. Dort überprüfte er auf einem Schaltbrett, ob die Einstellungen – vierundachtzig Kilovolt, zweihundert Milliampere und eine Belichtungszeit von einer fünfhundertstel Sekunde – stimmten. Er drückte einen Knopf, der die Drehanode in der Röhre in Bewegung setzte.

Nach dem Röntgen wurde Chiara in ein Einzelzimmer verlegt. Monica wartete in ihrem Büro, während der Röntgenarzt die Aufnahmen in eine automatische Entwicklungsanlage einschob. Nach einigen Minuten glitten die entwickelten Bilder aus einem Schlitz am Vorderteil der Maschine. Monica kehrte in die Röntgenabteilung zurück. Der Röntgenarzt klammerte die Bilder gerade an einen Betrachter, der von Leuchtröhren erhellt wurde.

»Multiple Fraktur des Schienbeins mit Splitterungen.« Der Ton des Röntgenarztes verriet keinerlei Gefühlsregung.

»Hat Dr. Baker sie gesehen?« Monica betrachtete konzentriert die Röntgenbilder.

»Er sagt, es wäre besser, wenn wir sofort operieren«, antwortete der Röntgenologe.

»In Ordnung«, sagte sie und wandte sich zum Gehen. »Ich informiere die Eltern.«

»Dr. Marini!« rief ihr der Röntgenologe hinterher.

»Was ist?« Monica blieb an der Tür stehen und drehte sich um.

»Der Operationssaal ist besetzt«, sagte er. »Dr. Thompson bat mich darum, ihn für ihn freizuhalten.«

»Wofür?« fragte sie.

»Das müssen Sie ihn selbst fragen.« Der Röntgenologe verzog das Gesicht zu einer Grimasse.

»Dann spreche ich mit Dr. Thompson«, entschied Monica und verließ den Raum.

Kate und Sandra standen am Krankenbett und kümmerten sich um Chiara. Durch den Sturz hatte sie am ganzen Körper Prellungen, die ihr Schmerzen bereiteten. Aber am meisten schmerzte ihr Bein.

»Keine Sorge, Schatz, du bist hier in guten Händen und in ein paar Tagen wieder zu Hause«, versprach Sandra.

»Hast du meine Kamera geholt?« fragte Chiara besorgt.

»Ja, natürlich.« Sandra schmunzelte.

»Nächstes Mal solltest du ein paar Postkarten kaufen«, riet Kate und lächelte.

Chiara schloß die Augen und dämmerte plötzlich weg. Sandra erstarrte vor Schreck.

»Keine Sorge, Mrs. Vannucci«, sagte Kate. »Das ist nur die Wirkung des Schmerzmittels. Es hat auch eine beruhigende Wirkung, so daß sie jetzt schlafen kann. So ist es besser.«

Marco betrat das Krankenzimmer.

»Pst!« zischte Sandra und schaute zu ihrem Mann.

»Wie alt ist sie?« wollte Kate wissen.

»Beinahe zwanzig«, flüsterte Marco und trat auf Zehenspitzen an das Bett. »Aber für mich ist sie noch ein kleines Mädchen.«

»Ich wette, sie wäre wütend, wenn sie das gehört hätte«, meinte Kate und grinste.

Monica traf Dr. Thompson auf dem Arkadengang, der den Weg zwischen Notaufnahme und Ambulanz abkürzte. Während sie gemeinsam weitergingen, erklärte Monica die Sachlage. Obwohl Dr. Thompson neben ihr ging, schien er sie nicht zu hören.

»Vielleicht haben Sie nicht verstanden«, meinte Monica schließlich. »Ich sagte Ihnen, daß ein großes Risiko einer Fettembolie besteht. Für dieses Mädchen ist es morgen vielleicht zu spät.«

»Kommen Sie, Dr. Marini«, erwiderte er genervt. »Sie übertreiben wie üblich. In diesem Alter ist eine Fraktur der Tibia, des Schienbeins, kaum ...«

»Hören Sie«, unterbrach Monica ihn genervt. »In dieser Frage: eine künstliche Hüfte oder multiple Fraktur, würde jeder die Fraktur vorrangig behandeln. Ich bin sicher, daß Ihre Patientin das verstehen wird.«

»Monica, meine Patientin ist seit drei Tagen in der Klinik.« Dr. Thompsons Feldwebelstimme wurde laut und schroff. »Wissen Sie, wieviel jeder Tag kostet, den sie hier verbringt?«

»Dann geben Sie ihr einen Preisnachlaß«, erwiderte Monica verärgert. Sie drehte sich um und ließ Dr. Thompson einfach stehen.

Alice nahm ein Zimmer im besten Hotel der Stadt. Nachdem sie ihre Koffer ausgepackt hatte, ging sie zur Rezeption und setzte den nächsten Punkt ihres Plans in die Tat um.

Alice wußte, sie war etwas Besonderes. Sie besaß alles, was man für den Erfolg brauchte: Geld, einen klugen Kopf, Sex-Appeal und vor allem keine Skrupel.

Alice trat an die Rezeption und machte dem jungen Portier schöne Augen. Als sie ihn ansprach, war er völlig verunsichert. Sie setzte ihren ganzen Charme ein, damit er ihr einen – wie sie sagte – »kleinen Gefallen« tat.

»Madam, ist Ihnen klar, worum Sie mich da bitten?« fragte er erschrocken. »Sie wollen, daß ich lüge?«

»Exakt!« erwiderte Alice mit entwaffnender Offenheit.

»Aber das ist ...«, stotterte er verdattert. »Sie verstehen nicht, niemals in meiner gesamten Karriere wurde ich ...!«

»Ich verstehe, das versichere ich Ihnen«, hauchte sie unschuldig, nahm einen zusammengefalteten Geldschein aus ihrer Handtasche und steckt ihn diskret dem Portier zu. »Reicht das aus?«

»Madam, wirklich! Ich sollte nicht ...«, stotterte er.

»Ich verstehe, es ist nicht genug.« Alice schob ihm einen zweiten Schein zu. Gleichzeitig bedachte sie ihn mit einem Blick, der einen Eisberg zum Schmelzen gebracht hätte.

»Sie bitten mich etwas zu tun, was ich wirklich nicht tun möchte.« Widerwillig griff der Portier zum Telefon.

»5-4-3-1-1-Äh-4«, diktierte Alice ihm die Nummer, die er anrufen sollte. »Erfragen Sie die Nummer von Alexander Brandts Handy, und passen Sie auf, daß Sie sie richtig verstehen.«

»Ja, das werde ich, Madam«, versicherte der Portier, während er die Wahltasten drückte.

»Hallo, hier bei Mr. Walter Brandt«, sagte Sara am anderen Ende der Leitung. »Nein, ich fürchte, er ist nicht hier.«

Sara saß an Walters Schreibtisch. Lisa trat ein und flüsterte: »Wer ist es?«

Sara zuckte ratlos mit den Schultern, hielt die Sprechmuschel zu und sagte: »Jemand möchte Alex sprechen.«

»Laß mich sprechen.« Lisa nahm den Hörer. »Hallo, ja? Wer spricht, bitte? Oh, es tut mir leid, er ist im Moment nicht hier. Versuchen Sie es später nochmal. Nein, das kann ich nicht tun. Sein Handy ist nur für ... oh, ach so. Sie sind sicher, es geht wirklich um die Arbeit? Okay, ich gebe Ihnen die Nummer. Einen Moment, ich sehe nach ... Also, wo habe ich sie nur hingeschrieben?«

»Ich kenne die Nummer«, meldete sich Sara.

»Okay, dann sag sie.« Lisa reichte ihr den Hörer.

»In Ordnung.« Sara preßte den Hörer ans Ohr und sagte: »Hallo, die Nummer von Mr. Alexander Brandts Handy ist 1-1-1-7-7-6-5, danke. Bye!«

Alexander wartete zusammen mit Paolo und Roberta im Wartezimmer der Kohlemann-Klinik. Als Kate vorbeikam, fragte Paolo: »Nun, wie geht es ihr? Ist es etwas besser?«

»Wir haben ihr eine Morphiumspritze gegeben, damit sie keine Schmerzen verspürt und etwas schlafen kann«, antwortete sie.

»Und was kommt dann?« hakte Paolo nach.

»Dann tun sie das, was sie tun müssen«, seufzte seine Frau und legte den Arm um ihn. »Du mußt versuchen, ruhig zu bleiben.«

»Hat sie etwas gesagt?« Paolo plagten furchtbare Schuldgefühle, weil er Chiara animiert hatte, den Geländewagen zu verlassen. »Ist sie böse auf mich?«

»Sie hat Sie überhaupt nicht erwähnt«, beruhigte Kate ihn.

»Es war alles meine Schuld«, stöhnte er.

»Hören Sie auf, sich selbst die Schuld zu geben«, fiel ihm Alexander streng ins Wort. »Sie waren nicht verantwortlich. Wenn überhaupt, war ich es. Oh, entschuldigen Sie mich.« Alexanders Handy klingelte. Er zog es aus der Tasche und sagte: »Ja, am Apparat. Es tut mir leid, wer, sagten Sie, spricht da? Oh!«

Alexanders Miene verfinsterte sich schlagartig. In diesem Augenblick bog Monica um die Ecke und wollte ihm etwas sagen. Genervt zog Alexander die Brauen zusammen, schüttelte abweisend den Kopf und senkte die Augen. Monica verstand und ging zu Kate.

»Alles klar?« fragte die junge Oberschwester.

»Hör zu, ich habe Baker bereits informiert«, antwortete Monica. »Wie waren die Tests?«

»Alles bestens.« Kate nickte. »Wie hat Thompson es aufgenommen?«

»Wie denkst du, hat er es aufgenommen?« seufzte sie.

»Schlecht«, antwortete Kate.

»Richtig«, bestätigte Monica und drehte sich zu Alexander um.

Der beendete sein Telefongespräch und steckte das Handy wieder ein. Monica sah ihm an, daß er vor Wut schäumte. Stocksteif, mit verkniffenem Gesicht, kam er auf sie zu.

»Hey, du«, versuchte sie ihn aufzumuntern. »Was soll das lange Gesicht? Hör zu, Baker wird operieren. Alles wird gut werden. Ich weiß, daß du müde bist. Warum gehst du nicht nach Hause und ruhst dich etwas aus? Das hier ist jetzt unsere Sache.«

»Vielleicht gehe ich wirklich besser nach Hause.« Alexander kämpfte mit sich. Sollte er ihr erzählen, daß Alice ihn gerade angerufen hatte? »Hör mal, Monica ...«

»Sag's mir!« Monica mußte lächeln, weil Alexander wie ein verlegener Schuljunge vor ihr stand.

»Nein, nichts«, antwortete er knapp. »Ich liebe dich.«

»Und ich liebe dich«, erwiderte sie und verabschiedete sich mit einem Kuß von ihm. »Bye.«

Alexander fragte sich, warum Alice ihn in das Hotel gebeten hatte. Was wollte sie von ihm? Wieso ließ sie ihn nicht in Ruhe?

Es war bereits dunkel, als Alexander seinen Jeep vor

dem Hotel parkte und ausstieg. Er fühlte eine Leere in sich – und Schuldgefühle Monica gegenüber.

Bevor Alexander das Hotel betrat, atmete er tief durch. Eine leichte Brise wehte von der Savanne herüber. Es war ein klarer Abend, am Himmel strahlten unzählige Sterne. Doch im Moment erschien Alexander alles fahl und grau.

Er durchquerte das Foyer. An der Rezeption spielte er kurz mit dem Gedanken, das Hotel wieder zu verlassen.

»Kann ich Ihnen helfen, Sir?« fragte der Portier höflich.

»Ja, geben Sie mir bitte Zimmer 38«, antwortete Alexander und warf dem Portier einen wütenden Blick zu.

Während Chiara in der Kohlemann-Klinik operiert wurde, saßen Alexander und Alice im vornehmen Restaurant des Hotel und speisten.

Alice sah einfach umwerfend aus. Sie hatte ihre Haare streng hochgesteckt. Ihr schwarzes, bodenlanges Kleid war tief ausgeschnitten und schmeichelte ihrem üppigen Busen.

Alexander hatte diesen Ort gewählt, um mit Alice zu sprechen. Sie wollte erst im Hotelzimmer bleiben, doch das hatte er strikt abgelehnt. Das letzte, was er brauchen konnte, war, daß Monica durch einen dummen Zufall erfuhr, daß er Stunden mit einer anderen Frau allein im Hotelzimmer verbracht hätte.

»So ist es weniger romantisch.« Alice lächelte amüsiert. »Zufrieden?«

»Was hat das damit zu tun?« fragte Alexander gereizt. »Das ist nicht das Problem!«

»Was ist es dann?« Wieder lächelte sie lasziv.

»Mir erscheint das einfach nicht richtig«, antwortete er. »Ich bin hier mit dir und ...«

»Du ißt zu Abend mit deiner Frau«, gurrte sie.

»Ex-Frau, Alice«, verbesserte Alexander. »Die Scheidung ist die einzige Sache, für die ich dir danken muß.«

»Ex-Frauen vergibt man normalerweise ..., wenn der Ehemann sich ernsthaft in eine andere Frau verliebt.« Als sie seine Hand berührte, zog er sie rasch weg. »Aber ich sehe, daß du mir nicht vergeben hast.«

»Ich kam nur her, um dir zu sagen, daß ich Monica liebe und daß ich sehr glücklich mit ihr bin«, sagte er sachlich kühl.

»Aber jetzt bist du bei mir«, hauchte sie verführerisch.

Nach der Operation ging Dr. Baker zur Pflegestation. Monicas Büro lag am Ende des Korridors. Die Tür stand halb offen. Monica saß an ihrem Schreibtisch und machte Notizen. Sie hob den Kopf, als Dr. Baker eintrat. Er trug immer noch den grünen OP-Kittel. Die Gesichtsmaske hatte er abgelegt.

»Wie lief es?« fragte sie.

»Prima«, antwortete er. »Nur einmal mußte ich gegen eine hartnäckige Herzrhythmusstörung ankämpfen. Das war ziemlich besorgniserregend. Ich mußte niemals zuvor mit so einer lang anhaltenden Störung klarkommen ..., bis auf einmal. Gleiche Operation, ein wenig einfacher vielleicht.«

»Und was ist passiert?« wollte Monica wissen.

»In manchen Nächten träume ich von diesem Kind«, erwiderte Dr. Baker leise.

»Wenigstens können Sie heute nacht friedlich schlafen«, munterte Monica ihn auf.

»Ja«, flüsterte er und lächelte still.

»Seltsam, wie das läuft«, seufzte sie. »Die gleiche Operation, das gleiche Engagement. Einer lebt und der andere stirbt. Ich frage mich warum?«

»Wenn ich das wüßte, wäre ich kein Chirurg«, entgegnete er und schluckte, während Monicas Blick mitfühlend auf ihm ruhte.

Für Alice war es ein enttäuschender Abend gewesen. Alexanders Rückeroberung hatte sie sich einfacher vorgestellt. So wie früher, wenn sie sich heftig gestritten und dann um so leidenschaftlicher wieder versöhnt hatten. Diesmal gab es keine Liebesschwüre, keine Pläne über ein mögliches Zusammenleben. Offensichtlich hatte er hier in Afrika bei einer anderen Frau etwas gefunden, was sie ihm niemals geben konnte. Aber damit gab sich Alice nicht zufrieden. Beim Kampf der Geschlechter war sie noch nie als Verliererin vom Schlachtfeld gezogen. Sie würde um Alex kämpfen – mit allen erlaubten und notfalls auch verbotenen Mitteln.

»Findest du, ich bin gealtert?« fragte sie ihn nach dem Essen in der Hotellobby.

»Wie bitte?« Alexander drehte sich geistesabwesend zu ihr um. »Nein. Vielleicht ein wenig dünner.«

»O nein, Alex!« Alice warf sich in Positur. »Ich war immer etwas mollig. Man sieht es in Kleidern nur nicht. Erinnerst du dich?«

Alexander zeigte kein Interesse, Erinnerungen aufzuwärmen. Seine Ex-Frau interessierte ihn nicht mehr. Und seit er Monica kannte, wußte er, daß er Alice nie wieder begehren würde.

»Hm, gute Nacht«, murmelte er und verließ das Hotel durch den Vordereingang.

Alice wandte sich zur Rezeption um und schmetterte die Hand auf die Portier-Klingel. Nur mit schier übermenschlicher Anstrengung bekam sie ihre Wut in den

Griff, statt sich mit einem hysterischen Schrei Luft zu verschaffen.

Nach Dienstschluß fuhr Monica nach Hause und brachte ihre Tochter zu Bett. Sara saß im Pyjama auf dem Bett und erzählte, daß sie Monica eigentlich einen Schokoladenkuchen schenken wollte.

»Und?« fragte Monica neugierig. »Was habt ihr mit dem Kuchen gemacht?«

»Er war schwarz verbrannt wie Nilpferdscheiße«, antwortete Sara.

»Sara!« stieß Monica streng aus. »Du weißt, daß du solche Wörter nicht benutzen sollst!«

»Aber genau so sah er aus«, beteuerte Sara.

»Ja, aber was hat Großmutter getan?« wunderte sich Monica. »Arme Großmutter. Sie muß sich sehr geärgert haben, daß der Kuchen im Ofen verkohlt ist.«

»Das hat sie«, bestätigte Sara. »Aber es war alles die Schuld dieser Frau.«

»Welcher Frau?« Monica stutzte.

»Die Frau, die heute hier her kam. Großmutter sagte, sie war eine Freundin von ihr aus Deutschland«, erzählte Sara. »Aber das glaube ich nicht.«

»Warum glaubst du das nicht?« Monica zog überrascht die Brauen hoch.

»Erstens war die Frau nicht so alt wie Großmutter«, zählte Sara auf. »Zweitens hatte sie ein schreckliches Gesicht, drittens sprach sie nicht einmal mit ihr und viertens ..., das weiß ich nicht mehr.«

»Und viertens ist es Zeit fürs Bett.« Monica führte Sara nach nebenan ins Kinderzimmer.

»Och«, maulte sie.

»Ab geht's!« Monica gab Sara einen Kuß, runzelte nachdenklich die Stirn und fragte dann: »War diese Frau blond?«

»Ja, blond und schrecklich«, bestätigte Sara.

»Sie ist wahrscheinlich sehr nett«, meinte Monica, knipste das Licht aus und legte sich zu Sara ins Bett.

»Nein!« widersprach Sara trotzig. »Sie ist schrecklich!«

»In Ordnung«, seufzte Monica und schlang die Arme um Sara. »Aber jetzt schlaf, oder du wirst morgen schrecklich müde sein.«

»Wie du, wenn du nicht schlafen gehst«, konterte Sara.

Zur gleichen Zeit standen Sandra und Marco am Krankenbett ihrer Tochter. Chiara hatte Schmerzen nach der Operation.

»Gute Nacht, Mama ...!« Chiara stockte und verzog das Gesicht vor Schmerzen.

»Ja?« Sandra hielt besorgt die Hand ihrer Tochter.

»Warum geben sie mir nicht etwas?« fragte sie mit gepreßter Stimme.

»Versuch ein bißchen geduldig zu sein«, bat Sandra. »Nur noch eine Stunde, und sie bringen dir etwas, um die Schmerzen zu stillen.«

»Aber es tut jetzt weh«, stöhnte sie.

»Ich weiß, Süße, ich weiß«, seufzte Sandra. »Aber sie können noch nichts verabreichen. Das Anästhetikum wirkt noch bei dir.«

Das Telefon klingelte. Marco nahm ab.

»Hallo«, sagte er. »Ja, sie ist wach. Einen Moment, ich werde es versuchen. Paolo!«

Marco reichte Chiara den Hörer.

»Hi«, sagte sie leise.

»Hi, Chiara«, erwiderte Paolo am anderen Ende der Leitung. »Wie geht es dir? Ich weiß, aber jetzt mußt du daran denken, daß es mit jeder Minute besser wird. Nein, du brauchst dir keine Sorgen zu machen. Alles wird gut werden. Ich weiß, das ist es, aber jetzt versuche zu schlafen, in Ordnung? Großer Kuß und auch einen von Roberta. Bye.«

Roberta lag schweigend auf dem Bett neben Paolo. Während er mit Chiara telefonierte, verdüsterte sich seine Miene. Sie wartete, bis er den Hörer aufgelegt hatte, dann schmiegte sie sich an ihn und flüsterte: »Hör auf, dir die Schuld zu gehen. Ausnahmsweise hast du nichts damit zu tun.«

»Glaubst du, daß sie durchkommt?« fragte er.

»Das hoffe ich«, antwortete sie leise und schmiegte sich noch enger an ihn.

Doch Paolo beachtete sie nicht. Er konnte sich weder auf seine Frau noch auf ihre Worte konzentrieren. Er war in einer äußerst mißlichen Situation. Warum hatte er Chiara gegenüber überhaupt Schuldgefühle? Sollte sie doch allein sehen, wie sie klarkam. Schnell erkannte Paolo, daß das reines Wunschdenken war. Sie würden ihm die Schuld für alles geben und dann über ihn herfallen. Paolo schloß die Augen und dachte angestrengt nach. Mein Gott, es mußte doch einen Weg geben, die drohende Katastrophe abzuwenden.

Etwa eine Stunde später kam Alexander nach Hause. Nach der unerfreulichen Begegnung mit Alice wollte er unbedingt mit Monica sprechen. Leise schlich er zu ihrem Bungalow. Das Haus war völlig dunkel. Alexander spähte durch ein Fenster. Monicas Bett war leer. Er ging zum Nachbarfenster und sah Monica im Bett ihrer Tochter. Beide schliefen eng umschlungen.

Alexander klopfte leise an die Fensterscheibe. Keine

Reaktion. Er klopfte ein wenig lauter. Aber Monica schlief anscheinend schon fest. Da er nicht auch Sara wecken wollte, schlich Alexander wieder fort.

Monica wartete, bis Alexander gegangen war, ehe sie die Augen aufschlug. Ihr Herz hämmerte und ihr Gesicht glühte. Weshalb? Warum wollte sie heute abend auf keinen Fall mit Alexander sprechen? Und wieso schrillten all ihre Alarmsirenen, wenn sie an die fremde Frau dachte, die heute hier gewesen war?

25. KAPITEL
Die Venusfalle

Alexander betrat sein Labor und bemühte sich, Alice aus seinem Kopf zu bekommen. Das funktionierte am leichtesten bei der Arbeit. Er setzte sich an den Arbeitstisch und warf einen Blick durch das Mikroskop. Als er wieder aufschaute, bemerkte er seinen Vater in der Tür.

»Hast du Alice gesehen?« fragte er.

»Na und?« Beklommen schaute Alexander seinen Vater an.

»Was hast du vor?« Walter betrat das Labor.

»Oh, Papa«, stöhnte Alexander. »Wenn es dir nichts ausmacht, würde ich gern mit meiner Arbeit weitermachen.«

»Warum hast du Monica nichts gesagt?« Walter lehnte sich mit dem Rücken an die Wand und sah seinem Sohn fest in die Augen.

»Es war nicht nötig.« Alexander drehte seinen Kopf

von dem durchdringenden Blick weg. »Alice reist morgen ab. Ende der Geschichte.«

»Und das glaubst du ernsthaft?« Walter lachte bitter.

»Bitte, Papa«, bat Alexander genervt. »Können wir das nicht morgen diskutieren? Ich untersuche gerade eine sehr komplizierte Art Bakterien.«

»Und ich fragte dich, ob du wirklich glaubst, daß du Alice das letzte Mal gesehen hast«, fuhr Walter unnachgiebig fort.

»Ich weiß nicht, warum sie kam.« Alexander brachte die Worte nur stockend heraus. »Vielleicht, weil sie einsam ist. Vielleicht, weil sie sehen wollte, was sie mir gegenüber noch empfindet. Vielleicht, weil sie ..., ich weiß es nicht. Ich habe keine Ahnung.«

Aus Walter sprach die pure Wut, als er entgegnete: »Die Wahrheit ist, du belügst dich selbst.«

»Du weißt immer die Wahrheit, nicht wahr, Papa?« warf Alexander ihm an den Kopf.

»Ich möchte dir nur das sagen, was du selbst weißt«, sagte Walter mit eindringlicher Stimme. »Sie will dich. Und wenn sie dich zurückhat, wird sie dir wieder untreu sein, wie immer.«

»Ich war ihr auch untreu.« Alexander lächelte freudlos. »Wir hatten diese Art von Beziehung.«

»Und hältst du das für richtig?« fragte sein Vater.

»Wie meinst du das?« zischte Alexander verärgert. »Richtig? Richtig nach welcher Norm?«

»Deiner eigenen, Alex«, erwiderte er. »Nach deiner Würde, deinem Gewissen. Diese Frau hat dich verrückt gemacht.«

»Papa, es war nur ein Spiel.« Alexander machte eine hilflose Geste.

»Ein Spiel, das dich verdammt nahe ans Gefängnis gebracht hat«, fuhr Walter ihn an.

»Papa, Alice ist nicht die Inkarnation des Teufels!« Alexander seufzte tief. »Sie ist nur eine Frau, die ich einmal geliebt habe und die ich nicht mehr liebe.«

»Das nennst du Liebe?« Walter schnaubte verächtlich.

»Ja«, erwiderte Alexander trotzig.

»Mein armer Junge, du hast sie einmal gesehen und bist ihr wieder verfallen, wie ...«, Walter schaute seinen Sohn voller Mitleid an.

»... wie ein Idiot«, vervollständigte Alexander den Satz.

»Das habe ich nicht gesagt«, widersprach Walter.

»Aber gedacht«, Alexander kämpfte mit seiner Selbstbeherrschung. »Mach schon! Sag es! Mein Sohn ist ein Idiot! Oder fehlt dir dazu der Mumm?«

»Halt dir bloß unnötige Probleme vom Hals, Alex«, riet Walter ihm. »Das sage ich nur zu deinem Besten.«

»Hör auf, mich wie ein Kind zu behandeln«, fauchte Alexander wie ein gereiztes Raubtier. Dann stand er auf und ging nach draußen. Er brauchte frische Luft. Schmerz, Empörung, Frust und das schreckliche Gefühl, daß sein Vater womöglich mit allem recht hatte, drohten ihn zu ersticken.

Am nächsten Morgen machte Chiaras Genesung erste kleine Fortschritte. Man hatte ihr einen Gipsverband angelegt und Schmerzmittel gegeben. Trotzdem wirkte das Mädchen bei Kates Visite immer noch verzweifelt. Tränen flossen ihr über die Wangen.

»Was ist das?« fragte Kate überrascht und setzte sich auf die Bettkante. »Du warst bis jetzt so tapfer, und plötzlich weinst du? Komm schon!«

Kate reichte ihr ein Taschentuch.

»Danke.« Chiara nahm das Taschentuch und putzte sich die Nase.

»Weißt du, wenn es deinem Bein bessergehen soll, braucht es positives Denken«, meinte Kate und stand auf. »Wie steht's damit, hm? Also, bis später!«

»Kate ...!« Chiaras Tränen versiegten.

»Ja?« Kate drehte sich an der Tür um.

»Erzähl niemandem, daß ich geweint habe«, bat Chiara und lächelte tapfer.

»Sehe ich wie ein Spion aus?« flachste Kate und zwinkerte ihr zu.

»Nein.« Jetzt lachte Chiara beinahe.

»Gut«, erwiderte Kate leise und verließ das Zimmer.

Monica und Alexander frühstückten auf der Veranda. Die Atmosphäre war angespannt. Keiner wollte ein Gespräch in Gang bringen.

»Wann denkst du, wird Chiara rauskommen?« fragte Alexander schließlich.

»Wenn alles normal läuft, in ungefähr einer Woche oder zehn Tagen«, antwortete Monica. »Machst du dir Sorgen um sie?«

»Nein ..., also, ja«, erwiderte er. »Ja, das tue ich. Ich fühle mich ein wenig verantwortlich.«

»Du meinst, du fühlst dich schuldig?« brachte es Monica auf den Punkt.

»Sollte ich mich schuldig fühlen?« Alexander hatte das Gefühl, daß sie von zwei verschiedenen Dingen sprachen.

»Das fragst du mich?« meinte sie überrascht.

»Wen sonst?« erwiderte er. »Es gibt doch nur uns hier.«

»Ja, aber ich war nicht dort«, wurde Monica deutlicher. »Du solltest selbst wissen, ob oder ob du dich nicht schuldig fühlen solltest.«

»Hör mal, Monica, sprichst du über das Mädchen oder irgendwas anderes?« fragte Alexander spitz.

»Wieso?« Monica schaute ihn überrascht an. »Gibt es irgendwas anderes, was ich wissen sollte?«

»Ja«, gestand er. »Ich habe gestern abend Alice gesehen.«

Monica erstarrte. Sie stöhnte leise auf. Alexander sah, daß sie die Tränen nicht mehr lange zurückhalten konnte.

»Bitte, tu das nicht«, bat er sie.

»Es tut mir leid, ich habe mich gerade an meinem Kaffee verbrannt«, flüsterte sie und setzte die Tasse langsam wie in Trance ab.

»Es gibt nicht viel zu sagen«, fuhr er fort. »Sie kam den ganzen Weg bis hierher, weil sie mit mir reden wollte.«

»Neun Stunden im Flugzeug, nur um mit dir zu reden?« Monicas Stimme drohte zu versagen.

»Es ist nichts zwischen uns passiert«, beteuerte er aufrichtig. »Nicht was du denkst. Ich habe ihr von dir erzählt, und sie hat verstanden. Sie fliegt heute. Ende der Geschichte. Glaubst du mir?«

»Sollte ich dir glauben?« Monica schaute ihn zweifelnd an.

»Ich weiß nicht, was ich tun sollte, damit du mir glaubst«, seufzte er ergeben.

»Lüg mich einfach niemals an.« Monica lächelte voll echter, tiefer Zuneigung.

»Nein«, versprach er ihr und besiegelte dieses Versprechen mit einem langen Kuß.

Roberta und Sandra waren ebenfalls schon wach. Sie schlenderten durch den großen Garten hinter der Brandt-Farm. Beide genossen diese morgendlichen Spaziergänge durch die Natur mit ihren vielfältigen Pflanzen und Tieren.

Sandra versuchte, sich für ein paar Minuten keine Sorgen um Chiara zu machen. Roberta liebte diese Spaziergänge mit Sandra. Hier fiel es ihr leichter, die Leere, die in ihre Ehe mit Paolo Einzug gehalten hatte, zu überspielen. Sie war eine Tochter aus reichem Hause und Paolo ein Habenichts. Bis heute hatte sich eigentlich nichts an dieser Konstellation geändert. Sie brachte das Geld in die Ehe, und Paolo gab es aus. Zu Hause trug er nur Anzüge von Armani und maßgefertigte Schuhe, ohne je einen Pfennig dazu beigesteuert zu haben. Roberta hatte erkannt, daß es bei Paolo eine Reihe Minuspunkte gab. Er war selbstsüchtig und im Bett auch nicht besonders einfallsreich. Aber letztendlich war er ihr Ehemann.

»Ich meine, je früher du Chiara nach Italien zurückbringst, desto besser«, meinte Roberta. »Sie hat ihre Freunde dort. Du weißt, was ich meine. Und außerdem ist dort ihr Freund. Hast du es ihm gesagt?«

»Wem?« Sandra blieb bei einem Gartentisch stehen und drehte sich zu Roberta um. »Piero?«

»Ja.« Roberta nahm auf einem der Stühle Platz.

»Sie sind nicht mehr zusammen.« Sandra nahm ihr gegenüber Platz.

»Aber sie hatten doch vor zu heiraten«, wunderte sich Roberta.

»Chiara sagte, sie war diejenige, die Schluß gemacht hat«, seufzte Sandra. »Aber ich denke, das ist nur Stolz. Die Wahrheit ist, daß sie schrecklich gekränkt war, und diese Reise sollte sie auf andere Gedanken bringen ... und jetzt guck dir an, was daraus geworden ist.«

»Bei all der Angst, die sie hatte, ist Piero einfach aus ihren Gedanken verschwunden.« Roberta lächelte. »Er ist nur noch eine verblassende Erinnerung.«

»Du bist eine unglaubliche Optimistin, nicht wahr?« Überrascht lehnte sich Sandra zurück und musterte Roberta.

»Ich versuche es zu sein«, seufzte sie tief.

Alice ging an diesem Morgen zur Offensive über. Sie ging direkt in die Höhle des Löwen, um ihre Gegnerin zu schlagen.

Als Monica die Klinik betrat, erwartete sie Alice bereits. Sie klagte über verschiedene Beschwerden. Völlig ahnungslos bat Monica sie in ihr Büro und untersuchte sie. Alice genoß Monicas Ahnungslosigkeit. Das also war Alexanders neue Flamme. Zugegeben, sie sah gut aus, aber war doch ein ziemlich naives Persönchen. Es würde ein ungleicher Kampf werden.

»Hundertzwanzig zu siebzig«, stellte Monica fest. »Ihr Blutdruck ist absolut normal. Sie kamen her und sagten, Sie fühlen sich schrecklich krank. Ich habe Sie untersucht, Ihren Blutdruck kontrolliert und Ihre Herztöne geprüft. Meiner Meinung nach sind Sie völlig wohlauf. Also, wenn dies ein Scherz ist, ist er weit genug gegangen. Dies ist eine Notaufnahme, und ich habe keine Zeit zu verplempern, ist das klar?«

»Alex hatte recht.« Alice genoß Monicas Überraschung, als sie die Maske fallenließ. »Sie sind nicht nur eine gute Ärztin, Sie sind eine wunderschöne Frau.«

»Was soll das denn heißen?« fragte Monica konsterniert.

»Ich bin Alice Bauer, die erste Frau ihres momentanen Liebhabers«, gurrte Alice. »Erfreut, Sie kennenzulernen.«

»Hören Sie, ich weiß nicht, was Sie darauf gebracht hat, dies zu tun, aber glauben Sie mir, es ist sinnlos.« Monicas Miene versteinerte sich. »Alex hat mir alles erzählt. Ich glaube nicht, daß wir einander irgendwas zu sagen haben.«

»Ganz im Gegenteil«, widersprach Alice amüsiert. »Ich denke, es interessiert Sie sehr, wenn Sie erfahren, daß er in mich verliebt ist. Oder irre ich mich?«

Nach dem Mittagessen kletterte Sara in den alten Affenbrotbaum vor dem Farmhaus und erntete die reifen Früchte. Zielsicher warf sie das birnengroße Obst in einen Korb hinab. Ebenso zielsicher fischte Dumbo es mit dem Rüssel heraus und stopfte es in sein Maul.

»Laß das, Dumbo!« protestierte Sara. »Verschwinde!«

Sara warf Dumbo einige Früchte auf den Kopf. Verärgert reckte der den Rüssel nach Saras Beinen. Doch sie saß viel zu hoch im Geäst. Also änderte der kleine Elefant seine Taktik, umschlang die Leiter mit dem Rüssel und warf sie ins Gras.

»Bist du verrückt?« schimpfte Sara. »Wie soll ich denn jetzt runterkommen? Großmutter! Sally!«

Sally trat aus dem Haus und eilte über die Wiese herbei.

»Keine Sorge, Sara«, meinte sie. »Ich werde dir eine Leiter holen.«

Dumbo ahnte, was jetzt kommen würde. Deshalb lief er flink Richtung Tränke weg.

»Dumbo, das war sehr dumm!« rief ihm Sally hinterher. »Du bist ein dummes, kleines Tier!«

»Du hast ihn beleidigt!« rief Sara besorgt vom Baum runter.

»Ach, sei nicht dumm, Sara!« Sally bückte sich und griff die Leiter. »Er hat doch kein Wort verstanden.«

Sally erhob sich wieder und – blickte direkt in Dumbos ausgestreckten Rüssel.

»Nein, nein, nein, nein, nein, nein ...!« schrie Sally entsetzt und ließ die Leiter wieder fallen.

Im nächsten Augenblick prustete Dumbo eine eisige Dusche über Sally hinweg.

»Wer sagte denn, er würde nichts verstehen?« kicherte Sara, wurde dann aber sofort wieder ernst: »Das war sehr böse von dir, Dumbo!«

»Entschuldigung, Dumbo«, keuchte Sally. »Entschuldigung.«

»Arme Sally«, seufzte Lisa, die das Drama von der Veranda aus beobachtet hatte.

Roberta und Paolo nahmen an der Fotosafari teil, die Alexander organisiert hatte. Mit zwei Geländewagen durchstreiften sie die Savanne.

»Zuerst sollten sie die Löwen genießen«, meinte Alexander zu den fotosüchtigen Touristen im Geländewagen und hielt bei einem Löwenrudel. »Dann geht's zurück zur Farm.«

»Was ist mit den Leoparden?« protestierte Paolo.

»Wir brauchen mehr Zeit für die Leoparden«, erwiderte Alexander. »Sie sind Einzelgänger. Mit ihrer natürlichen Tarnung können sie sich leicht zwischen den Bäumen verstecken. Man kann sie am Tag nicht sehen.«

»Okay, keine Leoparden«, lenkte Paolo verärgert ein. »Aber dafür werden Sie uns einen Preisnachlaß geben, hä?«

Obwohl Alice schon vor Stunden gegangen war, ging sie Monica nicht aus den Kopf. Wo um Himmels willen war Alice jetzt? Womöglich flirtete sie gerade in diesem Moment mit Alexander und versuchte ihn ihr auszuspannen.

Für Monica war es ein kleiner Trost, daß sie in der Mittagspause mit Kate darüber reden konnte. Sie schlenderten hinaus in den Park und verweilten im Schatten eines Baumes.

»Nein, das glaube ich einfach nicht«, meinte Kate, nachdem ihr Monica alles erzählt hatte.

»Du meinst, sie hat sich das alles bloß ausgedacht?« fragte Monica verwundert.

»Natürlich«, antwortete Kate und tätschelte Monicas Arm. »Ihr ist klargeworden, daß Alex nichts mehr mit ihr zu tun haben will, und nun versucht sie, einen Keil zwischen euch zu treiben. Das ist eine klassische Reaktion.«

»Was denkst du, sollte ich tun?« Monica zog die Luft tief ein. »Mich mit Alex aussprechen?«

»Ja, aber dann mußt du ihm glauben«, riet Kate. »Denn wenn du dich weiterhin mit Zweifeln quälst, wird es nur schlimmer.«

»Ich weiß nicht, was ich tun soll.« Wieder stiegen Nervosität und quälende Ungewißheit in Monica auf. »Ich meine, auf der einen Seite scheint es völlig unmöglich, auf der anderen Seite fühle ich mich verraten.«

»Dann versuch ruhig zu bleiben, und schau, wie Alex sich verhält«, meinte Kate begütigend.

Dr. Baker überquerte die Wiese und ging zielstrebig auf Monica und Kate zu.

»Monica, ich habe gerade das italienische Mädchen untersucht«, berichtete er.

»Chiara Vannucci?« fragte sie.

»Ja.« Dr. Baker nickte. »Sie macht gute Fortschritte. Es gibt keine Komplikationen. Ihre Schmerzen sind unter Kontrolle. Aber sie leidet unter Brechreiz.«

»Vielleicht hat sie eine Allergie gegen das Antibiotikum, das wir ihr prophylaktisch verabreichen«, vermutete Monica.

»Nein«, widersprach Dr. Baker. »Das wäre ohne Hautreaktion relativ untypisch. Ich schließe auch eine mögliche Reaktion auf die Schmerzmittel aus. Ich glaube, Sie sollten vielleicht einen Blick auf sie werfen. Würden Sie das tun?«

»Natürlich.« Monica spürte intuitiv, daß Dr. Baker zwar einen bestimmten Verdacht hegte, ihn aber nicht zu äußern wagte.

»Vielen Dank, Monica«, verabschiedete er sich erleichtert und scherzte. »Ich muß etwas zu essen besorgen und eine plötzlich auftretende Attacke von Hypoglycaemia bekämpfen.«

»Und ich muß rüber zu St. Pauls, um diese Papiere abzuliefern«, meinte Kate und preßte eine Mappe an sich.

»Warte einen Moment«, bat Monica. »Was hältst du davon?«

»Von Baker?« wunderte sich Kate.

»Nein, von Chiara Vannucci«, erwiderte sie.

»Sie weint, sie ist unruhig und depressiv«, zählte Kate auf. »Typischer Fall von Liebeskummer. Ihre Mutter erzählte mir, daß sie vor ein paar Monaten mit ihrem Freund Schluß gemacht hat.«

»Ich weiß, wie sie sich fühlt«, seufzte Monica aus tiefstem Herzen.

»Weißt du, was es ist?« meinte Monica. »Ich glaube, ich bin ein wenig eifersüchtig auf sie. Sie ist seine Ex.«

»Wirklich?« kicherte Kate. »Das hätte ich nie gedacht.«

»Oh, lach nur«, knurrte Monica. »Aber mir ist es ernst.«

»Weißt du, was das Beste gegen Eifersucht ist?« fragte Kate. »Logisches Denken. Ein gesunder Menschenverstand. Laß deine Phantasie nicht mit dir durchgehen. Alex liebt dich, das ist sicher.«

»Bei dir hört sich das so einfach an«, seufzte Monica. »Aber ich hab' diese Frau gesehen und gleich verstanden, was für eine Art Frau sie ist.«

»Oh, diese schreckliche, weibliche Intuition.« Kate zog eine Leidensmiene und brach dann in schallendes Gelächter aus.

Alexanders kleine Expedition befand sich bereits auf der Rückfahrt, als plötzlich Hilferufe zu hören waren.

Alice hatte noch nie zu den Frühaufstehern gezählt, doch heute morgen hatte sie eine Ausnahme gemacht. Es war kein besonderes Kunststück für sie gewesen, die Route herauszufinden, die Alexander bei seinen Rundreisen abfuhr. An einem strategisch günstigen Punkt stellte sie ihren Mietwagen ab. Sie öffnete Kofferraum und Motorhaube, damit alles nach einer Panne aussah, und wartete geduldig.

Alexander traute seinen Augen nicht, als er Alice mitten in der Savanne stehen und um Hilfe rufen sah.

»Hören Sie«, meinte Alexander zu Paolo. »Da gibt es ein Problem!«

»Das kann ich sehen«, antwortete er. »Wir müssen ihr helfen.«

»Nein«, entschied Alexander und hielt an. »Ich werde mich darum kümmern. Sie fahren mit den anderen zurück zur Farm.«

»Okay.« Paolo stieg aus dem Jeep und zu den anderen Touristen in den nachfolgenden Wagen.

»Hast du sein Gesicht gesehen?« flüsterte Roberta, als Paolo neben ihr im Geländewagen Platz nahm. »Er war vielleicht wütend.«

Alexander wartete, bis seine Begleiter weitergefahren waren und er allein mit Alice auf weiter Flur stand. Langsam ging er auf sie zu.

Alice lehnte dekorativ an ihrem Wagen. Sie trug ein enges Top, das sehr tief ausgeschnitten war und eine Schulter entblößte, und einen halbtransparenten langen Rock.

»Hi.« Ein Schatten legte sich über Alexanders Gesicht.

»Was für ein Zufall«, gurrte Alice.

Alexander und Alice standen sich gegenüber. Sie lächelte kindhaft und nahm seine Hand. Du liebe Güte, dachte er. Alice hatte sich in all den Jahren keinen Deut verändert. Sie ergriff immer sofort die Initiative. Eine Eigenschaft, die Frauen eigentlich von Männern erwarteten.

Alexander spürte mit allen Fasern seines Instinkts, daß er drauf und dran war, blindlings in eine Venusfalle zu tappen, wo er mit Haut und Haaren gefressen werden würde. Er entwand sich ihrem Griff und verschränkte die Arme.

»Was wirst du tun?« fragte sie mit provozierendem Augenaufschlag. »Mich retten oder mich hier liegenlassen, damit ich von den Löwen gefressen werde?«

»Was ist passiert?« fragte er zurück.

»Ich weiß nicht«, log sie. »Er ist mir einfach verreckt. Mietwagen sind hier eine Katastrophe, nicht wahr?«

Alice blickte ihm tief in die Augen. Nur wirkte dieser männermordende Blick bei Alexander nicht so, wie sie es sich wünschte. Er schaute sie desinteressiert an.

»Aber schlimme Situationen können oft positive Ergebnisse hervorbringen, meinst du nicht auch?« fuhr sie fort, wobei ihre Stimme einen Hauch dunkler klang.

»Steig ein.« Alexander öffnete die Tür seines Jeeps. »Ich bringe dich zum Hotel zurück.«

»Oh, so schnell?« zwitscherte sie zweideutig und stieg ein. »Du ziehst die Gemütlichkeit eines Hotelzimmers der freien Natur vor?«

»Ich glaube nicht, daß dir das gefallen würde, was ich bevorzugen würde«, knurrte er und stieg auf der Fahrerseite ein.

Walter fuhr mit Sara zum Wasserloch raus, wo eine Elefantenherde friedlich graste. Sara schaute sich die großen Tiere lange und ziemlich nachdenklich an, bevor sie fragte: »Großvater ...?«

»Ja, mein Schatz?« antwortete er.

»Glaubst du, Dumbo wird so groß werden wie sie?« Sara deutete auf einen der imposanten Kolosse.

»Ja, ich glaube, das wird er«, erwiderte Walter und schmunzelte. »Und bei all dem, was du ihm zu essen gibst, vielleicht sogar größer.«

»Aber ich möchte nicht, daß er groß wird«, sagte sie bekümmert. »Ich mag ihn, wie er ist.«

»Und ich hätte gern, daß du immer ein kleines Mädchen bleibst«, erwiderte Walter. »Aber du willst erwachsen werden, nicht wahr?«

»Natürlich will ich das.« Sara sah ihn sehr ernst an.

»Siehst du?« meinte er. »Für Dumbo ist es das gleiche.«

»Und kann man nichts tun, damit er klein bleibt?« seufzte sie tief.

»Man kann nicht, und man sollte nicht«, entgegnete er. »Denk daran, Sara: Alles in dieser Welt wird klein geboren, um dann groß zu werden.«

»Warum?« Sara schaute ihn mit großen, fragenden Augen an.

»Weil die Natur es so will«, schloß Walter das Thema ab und ging mit Sara zum Jeep zurück. »Und wir müssen das respektieren.«

Während Alexander mit versteinertem Gesicht am Steuer saß und über die Savannenpiste fuhr, ruhten Alices Augen unverwandt auf ihm. Ihr schmachtender Blick, ihre sinnlichen, lasziv lächelnden Lippen machten es ihm schwer, sich aufs Fahren zu konzentrieren.

»Ist dir klar, wie billig diese Tricks sind?« meinte er schließlich. »Erst sagst du, du gehst, dann tauchst du mitten in der Savanne auf und benimmst dich wie ein Teenager.«

»Liebling, ich dachte, du findest es aufregender, wenn du mich an der Straße aufliest«, schnurrte sie. »Aber vielleicht sind deine erotischen Phantasien über die Jahre hinweg verwelkt. Ich wette, Monica ist eine von denen, die es im Dunkeln machen.«

Alexanders Herz änderte seinen Rhythmus schlagartig. Alle seine Sinne stellten ihre Signale auf »Achtung, allerhöchste Gefahr«.

»Arme Alice«, sagte er in mitleidigem Tonfall. »Du kannst dir nicht einmal vorstellen, wie glücklich ich mit ihr bin.«

»Genau darum bin ich hier«, verriet sie. »Wenn du dich zu glücklich fühlst, bedeutet das, daß du nicht mehr verliebst bist. Erinnerst du dich, was wir immer sagten? Nie glücklich, aber immer verliebt.«

»Jugendlicher Masochismus ...«, meinte er verärgert. »Ein Haufen Müll.«

»Ich liebe es, wenn du wütend wirst.« Alice lachte ein verruchtes, kehliges Lachen. »Halt den Wagen an. Ich will mit dir schlafen.«

»Alice, du bist völlig verrückt«, erwiderte er beinahe unwirsch.

»Halt an, um Gottes willen.« Mit einem Griff riß sie die Zündschlüssel aus dem Zündschloß.

Vor Schreck geriet Alexander von der Straße ab. Zwischen Dornenbüschen kam das Auto zum Stehen.

»Na komm, hol sie dir, wenn du Mumm hast.« Alice sprang aus dem Jeep und rannte durch das Gestrüpp davon.

»Alice, hör auf!« schrie Alexander und lief ihr nach. »Komm her!«

Walter und Sara kamen auf ihrem Heimweg an der Stelle vorbei, wo Alexander sein Auto zurückgelassen hatte.

»Was macht denn Alex' Jeep hier, Großvater?« fragte Sara überrascht.

»Ich weiß es nicht, aber ich werde nachsehen.« Walter parkte seinen Geländewagen neben dem Jeep und stieg aus. »Du bleibst hier und bewegst dich nicht.«

»Warum?« quengelte sie.

»Weil Alex vielleicht zurückkommt, während ich weg bin«, antwortete Walter.

»Okay«, fügte sich Sara. »Aber du beeilst dich, nicht wahr?«

»Natürlich tue ich das«, versprach er. »Keine Sorge, Schatz.«

Walter folgte den Fußspuren, die gut sichtbar vom Jeep aus Richtung Wasserfälle führten. Ein Schuhabdruck stammte zweifellos von Alexander. Aber die zweite Fährte stammte ebenso zweifelsfrei von Frauenschuhen. Und das beunruhigte Walter ungemein.

Alice rannte lachend zwischen dichten Bäumen und

Büschen davon und wedelte neckisch mit den Autoschlüsseln. Das Rauschen des Wasserfalles wurde immer lauter. Alexander jagte hinter Alice her und fluchte insgeheim. Endlich erwischte er ihren Arm und drehte sie zu sich um.

»Alice«, flehte er genervt. »Gib mir die Schlüssel und laß uns hier verschwinden. Bitte! Das ist lächerlich.«

»Die Schlüssel, die Schlüssel, die Schlüssel«, lachte sie, hüpfte um ihn herum und rasselte demonstrativ mit dem kleinen Schlüsselbund. Schließlich drehte sie ihm den Rücken zu, griff in Zeitlupe nach ihrem Top, zog daran und ließ die Schlüssel in den Ausschnitt fallen.

»Such sie«, forderte sie ihn auf. »Nur zum letzten Mal, Liebling. Zum letzten Mal.«

Alexander warf einen empörten Blick auf ihre Brust und spürte, wie er rot wurde. Er wußte, daß dies seine letzte Chance zum Davonlaufen war. Bloß wohin? Ohne Auto war er in der Savanne aufgeschmissen.

Entschlossen griff Alexander in den Ausschnitt. Seine Hand glitt unter ihr Top und nestelte nach dem Schlüssel. Dabei ließ es sich nicht umgehen, daß seine Hand auch mit ihrer Haut in Kontakt kam. Alice stöhnte leise. Alexander hoffte inständig, daß er fündig würde, bevor jemand per Zufall die bizarre Szene zu Gesicht bekam.

Doch Alexanders Hoffnung erfüllte sich nicht. Von einer Anhöhe aus beobachtete Walter die beiden schreckerstarrt. Für ihn sah es so aus, als ob Alexander und Alice eng verschlungen wie frisch verliebte Teenager übereinander herfielen.

»Großvater, was ist los?« hörte Walter plötzlich eine Stimme hinter sich. »Fühlst du dich nicht gut?«

Walter überwand seinen Schock und drehte sich um. Sara stand hinter ihm.

»Was machst du hier?« fragte er verdattert.

»Wo ist Alex?« wollte sie wissen.

»Keine Ahnung«, log er und schob sie von dem Hang weg. »Ich konnte ihn nicht finden. Warum hast du nicht auf mich gehört?«

»Du warst so lange weg«, maulte sie.

»Na los, mein kleines Mädchen, gehen wir«, schlug er vor und ging mit ihr zum Jeep zurück.

Alice ließ sich auf den Rücken sinken und genoß Alexanders Hände, die scheinbar überall zugleich über ihren Oberkörper glitten.

Alexander brach der Schweiß aus. Er fragte sich, wie schlimm die peinliche Situation noch werden sollte. Endlich fand er die Schlüssel und zog die Hand von Alice weg, als ob er sich verbrannt hätte.

»Deine Hände haben sich nicht verändert«, flüsterte Alice. Sie lag auf den Ellbogen aufgestützt und schnappte nach Luft. »Es war so aufregend, sie wieder auf meinem Körper zu fühlen.«

»Ich habe nichts außer den Schlüssel gefühlt«, erwiderte er abweisend.

»Du bist ein Lügner, Alex!« Alices Gesicht verzerrte sich zu einer wütenden Grimasse. Einen Moment war sie gelähmt vor Zorn. Dann sprang sie auf die Beine und stürzte sich auf Alexander. Während sie mit beiden Fäusten auf ihn einschlug, schrie sie verzweifelt: »Aber du bist meiner. Du bist meineeeer.«

Alexander schob sie beiseite und ging zu seinem Wagen zurück.

Alice taumelte neben dem Abgrund des Wasserfalles. Tränen rannen ihr über die Wangen. Sie fühlte sich so gedemütigt und würdelos. Doch war ihr Wille,

Alexander mit allen Mittel wiederzugewinnen, ungebrochen.

26. KAPITEL

Chiaras Geheimnis

Chiara litt unter dem Gefühl der Einsamkeit wie noch nie zuvor in ihrem jungen Leben. Gedankenverloren saß sie in ihrem Krankenzimmer und wartete darauf, daß dieses schreckliche Gefühl nachließ.

Kate trat zur Tür herein. Chiaras Essen stand immer noch unangerührt auf dem Beistelltisch.

»Oh«, meinte Kate überrascht. »Sind wir im Hungerstreik?«

»Dieses Zeug ist widerlich«, erwiderte Chiara trotzig.

»Dieses wundervolle Zeug wird Bredi genannt«, belehrte Kate sie. »Es ist eine Spezialität unserer Küche. Auch bekannt als Hammel. Nur als Geheimnis zwischen dir und mir: Ich mag es auch nicht. Was kann ich dir anderes bringen?«

»Ich habe keinen Hunger«, antwortete sie knapp.

»Das ist deine Sache.« Kate nahm das Tablett und räumte ab. Doch als sie gehen wollte, überwog ihr Mitleid mit dem Mädchen den Ärger über ihren Trotz.

»Chiara, warum tust du dir das selbst an?« fragte Kate zärtlich. »Kannst du mir das verraten?«

»Ich möchte einfach nur nach Hause.« Chiaras Gesicht wirkte angespannt und steinern.

»Aber du tust alles, um deinen Aufenthalt hier zu verlängern«, meinte Kate.

»Was soll ich denn machen?« fragte Chiara verzweifelt.

»Wie wäre es, wenn du ein paar pochierte Eier ißt?« schlug Kate vor »Oder einmal ein Lächeln hervorzauberst? Lachen ist die beste Medizin, die ich kenne.«

»Ich will nicht lächeln«, sagte sie melancholisch.

»Okay«, seufzte Kate. Sie hätte alles getan, um Chiara zu helfen. Doch was sollte sie noch anstellen bei jemandem, der nicht die geringsten Anstalten machte, sich helfen zu lassen?

Chiara zog sich wieder in ihr Schneckenhaus zurück. Es gelang ihr mit Mühe, die Tränen so lange zurückzuhalten, bis Kate die Tür hinter sich geschlossen hatte.

Monica saß abends mit Sara, Alexander und Walter im Wohnzimmer der Brandts. Es herrschte eine gespannte Atmosphäre. Walter strafte seinen Sohn mit Nichtbeachtung.

»Ist alles in Ordnung, Papa?« erkundigte sich Alexander und reichte seinem Vater eine Illustrierte. »Ich wollte nicht unfreundlich sein, aber dieses Magazin kam heute aus Deutschland, und ich war neugierig auf die Nachrichten. Bist du nicht daran interessiert, was im guten alten Deutschland so passiert?«

»Das ist nicht das Problem«, erwiderte Walter eisig. »Du kannst tun, was dir gefällt. Es ist dein Leben. Du kannst es wegwerfen für was immer du willst.«

»Wovon redest du?« Alexander machte vor Erstaunen große Augen. »Ich habe doch nur ...«

»Hör mal, Alex«, unterbrach Walter ihn barsch. »Wir werden ein anderes Mal darüber sprechen. Dies ist weder der richtige Ort noch die rechte Zeit.«

»Das Abendessen ist fertig«, meldete Lisa. »Kommt zu Tisch!«

Walter erhob sich ohne ein weiteres Wort und ging ins Eßzimmer.

»Probleme?« raunte Monica Alexander zu.

»Nein, nein.« Alexander zuckte ratlos mit den Schultern. »Es ist alles okay. Komm.«

Sie gingen nach nebenan und setzten sich an die gedeckte Tafel.

»Also, was ist mit dem Jeep passiert?« erkundigte sich Sara bei Alexander.

»Nichts, hoffe ich«, antwortete er. »Ich lasse ihn gerade reparieren.«

»Warum war er denn in der Nähe des Wasserfalls geparkt?« hakte sie nach.

»Wann hast du den denn gesehen?« Alexander starrte Sara wie benommen an.

»Heute nachmittag, als wir unterwegs waren, um Feuerholz zu holen«, warf Walter ein.

»Ah ja, natürlich«, stotterte Alexander weiter. »Ich ... ich hielt dort ... wegen eines Zebras.«

»Was für eine Art Zebra?« bohrte Sara weiter.

»Vielleicht ein kleines Zebra ... ein sehr kleines Zebra«, meinte Walter. »Vielleicht hat es seine Mutter verloren ... und ... es hatte eine Verletzung ... am ... äh Huf.«

»Und du hast ihm geholfen?« vermutete Sara begeistert.

»Ja, natürlich.« Alexander wandt sich wie eine Schlange. »Ich habe es bandagiert ... und es laufen lassen.«

»Oh, erzähl mir mehr davon, bitte«, bettelte Sara.

»Nicht jetzt, Sara«, fiel ihr Lisa ins Wort. »Jetzt wird gegessen.«

»Puh.« Sara schnitt eine Schnute.

Alexander spürte Erleichterung und gleichzeitig ein

dumpfes Pochen in der Brust. Seine Lügen hatten noch nie besonders glaubhaft geklungen. Außerdem fragte er sich, wieso ihm sein Vater mit der Lügengeschichte über das verletzte Zebra geholfen hatte? Und warum hatte er immer diesen verächtlichen Tonfall in der Stimme, wenn er mit ihm sprach?

Nach dem Essen ging Sara zu Bett. Monica leistete den Brandts noch ein paar Stunden Gesellschaft, ehe sie auch ging. Alexander begleitete sie zu ihrem Bungalow.

Das Erlebnis mit Alice lastete noch schwer auf ihm. Ihn quälten deswegen Schuldgefühle. Wie gern würde er diese Nacht bei Monica schlafen. Er würde die Arme um sie schlingen und sie um nichts in der Welt mehr loslassen. Er sehnte sich danach, mit ihr zusammen zu sein. Doch auf der Veranda drehte sie sich um und wünschte ihm eine gute Nacht.

»Willst du mich nicht reinlassen?« fragte er überrascht.

»Sara schläft drinnen«, antwortete sie.

»Komm schon, wir werden ruhig sein«, drängte er.

»Nein, besser nicht«, lehnte sie sanft, aber entschieden ab.

»Monica, vielleicht sollte ich ...«, stotterte er ein wenig aus der Fassung geraten.

»Nein, erzähl mir nichts«, bat sie ihn. »Ich will es nicht wissen.«

»Ich wollte dir gerade nur erzählen, daß die Geschichte mit dem Zebra eine Lüge war«, gestand er. »Ja, ich habe mir alles ausgedacht.«

»Warum?« Monica zog überrascht die Brauen hoch. »Was ist wirklich passiert?«

»Mir ist das Benzin ausgegangen«, schwindelte er. »Aber ich dachte, Sara wäre enttäuscht, und so ... also ...«

»Ich nehme an, du hattest recht«, unterbrach sie ihn kühl. »Manchmal ist es gut, an Märchen zu glauben. Gute Nacht.«

Monica setzte ein mitleidiges Lächeln auf und schüttelte den Kopf. Sie verschwand im Bungalow und schloß die Tür vor Alexanders Nase.

Lisa waren die Spannungen zwischen Walter und Alexander den ganzen Abend über nicht entgangen. Sie lag schon seit Stunden im Bett und konnte doch nicht einschlafen. Ununterbrochen kreisten ihre Gedanken um die möglichen Hintergründe des Konflikts. Walter lag regungslos neben ihr.

»Schläfst du?« flüsterte sie schließlich.

»Warum fragst du überhaupt, wenn du weißt, daß ich wach bin?« grummelte er, knipste die Nachttischlampe an und stieg aus dem Bett. »Ich muß mit ihm reden.«

»Glaubst du, es würde irgendwas ändern?« fragte sie besorgt. »Ihr werdet doch nur wieder streiten.«

»Lisa, als Vater habe ich die Pflicht ...«, antwortete er, während er in seinen Morgenmantel schlüpfte.

»... ihn in Frieden zu lassen«, fuhr Lisa ihm ins Wort. »Der arme Junge hat so schon genügend gelitten. Und er wird weiterhin leiden. Er braucht keine Predigt von dir.«

Walter stutzte einen Moment. Dann mußte er lächeln. Seine Frau hatte – wie so oft – recht.

»Und jetzt komm ins Bett«, forderte sie streng. »Meine Füße sind kalt, und du weißt, daß ich sie nur an dir wärmen kann.«

Cindy und Kate waren für die Nachtschicht in der Klinik eingeteilt. Alles verlief ruhig, bis kurz vor Morgengrauen eine Klingel schrillte. Der Notruf kam aus Chiaras Zimmer.

Cindy rannte hin und fand Chiara völlig aufgelöst.

»Na, endlich kommt jemand«, stöhnte sie schweißgebadet und versuchte, sich im Bett aufzurichten. »Sie müssen mir helfen.«

»Was bringt Sie denn so aus der Fassung?« wunderte sich Cindy und drückte Chiara mit sanfter Gewalt in die Kissen zurück.

»Lassen Sie mich hier raus!« schrie sie. »Schnell! Ich möchte gehen!«

»Tut Ihr Bein weh?« erkundigte sich Cindy.

»Ich weiß, Sie mögen mich nicht, oder?« fauchte Chiara die dunkelhäutige Krankenschwester an. »Sie sind diejenige, die mich nachts nicht schlafen lassen will. Sie sind es, ich weiß, daß Sie es sind!«

»Bitte versuchen Sie sich zu entspannen«, bat Cindy, während sie förmlich mit Chiara rang. »Ich hole etwas, das Ihnen beim Einschlafen helfen wird.«

»Was geht hier vor?« Kate betrat das Zimmer.

»Es ist ein Nervenzusammenbruch, glaube ich«, keuchte Cindy. »Soll ich den diensthabenden Arzt rufen?«

»Nein, noch nicht«, antwortete Kate. »Ich möchte mit ihr sprechen. Laß uns allein.«

Nachdem Cindy das Zimmer verlassen hatte, trat Kate an das Krankenbett.

»Chiara?« sagte sie leise. »Chiara, ich bin es, Kate. Erkennst du mich? Komm schon, Chiara, sag mir, was nicht stimmt. Du kannst mir vertrauen.«

»Ich kann nicht länger hierbleiben«, schluchzte sie.

»Keine Sorge, es ist nur noch für ein paar Tage«, versprach Kate.

»Ich weiß, aber ich kann nicht«, beharrte Chiara. »Ich will nicht mein ... verlieren.«

»Was?« Kate beugte sich über sie. »Was willst du nicht verlieren?«

»Schwör, daß du mir helfen wirst«, bat Chiara eindringlich.

»Ich schwöre«, antwortete Kate. »Aber wenn du möchtest, daß ich dir helfe, mußt du mir erzählen, worum es sich dreht.«

»Kate«, flüsterte Chiara mit gebrochener Stimme. »Ich glaube, ich bin schwanger!«

Paolo schlief frühmorgens mit Roberta. Ein Tiger war er wirklich nicht. Weder im Bett noch außerhalb. Wie immer war es ein kurzes Vergnügen. Wobei das Vergnügen auf Paolos Seite lag. Er holte sich, was er haben wollte: Sex. Das Ganze war eine Mischung aus pflichtmäßigem Gefummel und mechanischem Gehüpfe. Schließlich rollte er sich schwer atmend aus dem Bett.

»Wo gehst du hin?« fragte sie enttäuscht. »Bleib doch hier!«

»Ich möchte duschen«, antwortete Paolo und verschwand im Bad.

»Paolo!« rief sie ihm nach.

»Ja!« kam es von nebenan.

»Liebst du mich?« wollte sie wissen.

»Natürlich tue ich das, Liebling«, übertönte er das Rauschen der Dusche. »Weißt du, was ich gedacht habe?«

»Was?« wollte sie wissen.

»Ich dachte, daß es vielleicht besser ist, wenn wir zurück nach Italien gehen«, meinte er.

»Warum?« fragte sie überrascht.

»Oh, ich weiß nicht.« Paolo schaltete die Dusche aus

und erschien triefend naß, nur mit seinem Morgenmantel bekleidet, wieder im Schlafzimmer. »Es ist nur einfach eine Idee.«

»Aber Paolo, du warst derjenige, der sagte, die Landschaft in Afrika wäre die wunderschönste auf der Welt«, erinnerte sie ihn.

»O ja, aber ... weißt du, nach einer Weile ...«, stotterte er unsicher, während er Roberta anstarrte. Sie schwang sich aus dem Bett und schlüpfte in ein kurzes, weißes Shirt mit Zebramuster.

»Bist du schon gelangweilt?« fragte sie verwundert.

»Nein«, entgegnete er. »Sagen wir mal so, wenn du gern nach Italien zurückkehren möchtest, hätte ich nichts dagegen.«

»Ich möchte überhaupt nicht zurück«, gestand sie und schlenderte mit Paolo auf die Veranda hinaus. »Und außerdem glaube ich, wäre es gefühllos, Marco und Sandra allein hierzulassen, nach dem was mit Chiara passiert ist.«

»Ja, du hast recht«, lenkte er ein. »Vergiß es einfach, okay?«

»Manchmal verstehe ich dich einfach nicht«, seufzte sie, lehnte sich mit dem Rücken gegen den Türrahmen und zog ihr Shirt straff. »Vielleicht ist es ein wenig schrill, hä?«

»Was?« Paolo blinzelte irritiert.

»Das T-Shirt«, antwortete sie. »Chiara hat es mir an dem Tag gegeben, an dem wir ankamen. Was meinst du, ist es zu auffällig?«

»Meine Liebe, du siehst in allem gut aus«, erwiderte er und küßte sie.

Dumbo stand am nächsten Morgen Modell. Für einen

kleinen Elefanten machte er seine Aufgabe ziemlich professionell. Eine geschlagene Stunde rührte er sich nicht. Sara hielt ihn mit Buntstiften auf dem Zeichenblock fest. Doch dann zwackte Dumbo der Rüssel immer mehr, die Ohren juckten und die Füße schliefen ihm ein. Am schlimmsten aber war, er bekam fürchterlichen Hunger.

Sally saß hinter Sara im Liegestuhl und beobachtete amüsiert die kleine Künstlerin und ihr »Modell«.

»Guten Morgen, Sally«, grüßte Alexander im Vorbeigehen. »Sara!«

»Wo gehst du hin?« wollte Sara wissen.

»Nach Nyanga«, antwortete er.

»Wann nimmst du mich mit und zeigst mir das verletzte Zebra?« quengelte Sara.

Alexander verwünschte innerlich die Schnapsidee seines Vaters mit dem blöden Zebra. Äußerlich blieb er ganz ruhig. Er lächelte Sara an und streichelte ihr über den Kopf.

»Ich weiß nicht«, antwortete er wahrheitsgemäß. »Aber ich verspreche, wenn ich es finde, nehme ich dich mit.«

»Jetzt hast du es versprochen«, drohte Sara ihm. »Also denk dran, denn wenn du ein Versprechen brichst, möchte ich dich nie wieder sehen!«

»Keine Sorge, Liebling«, gelobte er. »Ich werde dich nicht enttäuschen.«

»Bye!« rief Sara. »Bye!« rief er zurück und ging eilig davon, bevor Sara ihn noch weiter wegen des imaginären Zebras löchern konnte.

Monica besuchte an diesem Morgen als erstes Chiara und präsentierte ihr das Ergebnis des Schwangerschaftstests.

»Sind Sie sicher?« fragte Chiara leise.

»Der Test war positiv«, bestätigte Monica. »Wir haben ihn zweimal gemacht. Ja, Sie sind schwanger.«

»Meine Eltern dürfen es nicht wissen«, sagte Chiara entschieden, beinahe trotzig.

»Chiara«, seufzte Monica. »Es ist sehr schwer, eine Schwangerschaft zu verbergen. Ich meine, früher oder später wird man es Ihnen ansehen.«

Es herrschte einen langen Augenblick Schweigen.

»Ich weiß.« Chiaras rotgeränderte Augen schienen den Tränen nah. »Aber Sie müssen versprechen, daß Sie es ihnen nicht sagen!«

»Werden Sie das Kind behalten?« wollte Monica wissen.

»Ja«, antwortete sie entschlossen.

»Nun, dann machen Sie, was Sie wollen«, meinte Monica.

Dr. Thompson bat Kate in sein Büro. Die Oberschwester konnte seine Wut bereits spüren, als sie sein Büro betrat. Thompson lehnte an der Blumenbank des Fensters. Die Art, wie er Kate musterte, gefiel ihr gar nicht.

»Ich denke, Sie können sich vorstellen, warum ich Sie zu mir gebeten habe«, begann er in seiner typisch hochmütigen Art.

»Nein«, erwiderte Kate.

»Ihre persönlichen Reize, Schwester Kate, stehen in umgekehrter Proportion zu ihrem beruflichen Verhalten«, fuhr er fort.

Einen Moment lang war Kate über diese Anmaßung sprachlos.

»Meine persönlichen Reize, wie Sie es nennen, gehen Sie nichts an«, erwiderte sie eisig.

»Sie haben eine unserer Patientinnen einem Schwangerschaftstest unterzogen!« Dr. Thompsons Augen funkelten. »Es handelt sich um ...«

»Chiara Vannucci«, warf Kate ein.

»Neunzehn Jahre alt!« Dr. Thompson schnaubte entrüstet.

»Zwanzig«, korrigierte Kate.

»Egal, das macht keinen Unterschied«, fuhr Dr. Thompson in aggressivem Ton fort. »In diesem Land ist eine Person erst mit einundzwanzig Jahren erwachsen. Wurden die Eltern informiert?«

»Nein«, erwiderte Kate.

»Ein grober Fehler«, fuhr er sie scharf an. »An diesem Punkt, denke ich, muß ich sie über diese unerfreuliche Entwicklung informieren.«

»Nein«, widersprach Kate. »Wir müssen Chiara überreden, es ihnen auf ihre eigene Art zu sagen. Bitte, Dr. Thompson.«

»Vergessen Sie es«, explodierte er. »Sagen Sie mir nur, wer diesen Test veranlaßt hat. Doktor Marini?«

»Nein.« Kate schüttelte ablehnend den Kopf. »Ich habe es in Eigeninitiative getan.«

»Ist Ihnen klar, daß eine solche ›Initiative‹ Sie Ihren Job kosten kann?« fragte er mit drohendem Unterton.

»Wenn Sie sich entschließen, mich zu feuern, lassen Sie es mich wissen«, konterte sie kühl.

Noch ehe Dr. Thompson etwas darauf antworten konnte, war Kate zur Tür hinaus.

Kate kochte innerlich. Wütend durchquerte sie die Station. Unterwegs dachte sie darüber nach, wer Dr. Thompson über den Schwangerschaftstest informiert hatte. Nun, es bedurfte nicht viel Phantasie, dies zu erraten.

Auf dem Weg zu ihrem Büro lief Kate der Antwort auf ihre Frage über den Weg. Morrison verließ gerade mit einer Tasse Kaffee sein Büro.

»Guten Morgen, Kate«, grüßte er und grinste übers ganze Gesicht.

»Waren Sie es, der es ihm gesagt hat?« fuhr sie ihn an.

»Es tut mir leid, Kate«, bedauerte Morrison, obwohl es ihm überhaupt nicht leid tat. »Aber es war meine Pflicht. Sie verstehen das doch, oder etwa nicht?«

»Natürlich!« Kate musterte Morrison wie einen erbärmlichen Wurm. »Jetzt verstehe ich Sie besser.«

Mit einer schallenden Ohrfeige wischte sie ihm das dämliche Grinsen aus dem Gesicht.

Alexander spürte, wie sich sein Leben in seine Bestandteile auflöste, solange Alice in der Nähe war. Also mußte sie verschwinden – und zwar noch heute.

Alexander fuhr zu ihrem Hotel und durchquerte die Rezeption. Der Portier war nicht in seiner Loge. Ungehindert erreichte er Alices Zimmertür und klopfte. Keine Antwort. Die Tür war unverschlossen. Alexander zog sie auf und ging hinein. In all den Jahren hatte sich Alices Hang zum Chaos nicht geändert. Das Zimmer war ein einziges Durcheinander. Überall lagen Shirts, Blusen und Unterwäsche auf den Möbeln und dem Fußboden verstreut herum.

Ohne lange zu fackeln, schnappte sich Alexander einen Koffer und stopfte wahllos die herumliegenden Kleider hinein.

Alice betrat das Zimmer. Sie kam aus dem Bad, denn sie hatte gerade geduscht. Ein weißer Morgenmantel war alles, was sie trug. Um die frisch gewaschenen Haare hatte sie ein Frotteetuch gewickelt. Verdutzt starrte sie Alexander an.

»Alex, was tust du hier?« fragte sie entgeistert. »Wie bist du reingekommen? Ich dachte, du sagtest, du willst mich nie wiedersehen?«

Alexander ignorierte sie und stopfte weiter Klamotten in den Koffer.

»Bist du verrückt geworden?« stotterte sie fassungslos und hielt seinen Arm fest. »Was ist in dich gefahren?«

»Ich bin gekommen, um dich zum Flughafen zu bringen!« Alexander riß ein Unterhemd vom Tisch. Dabei stieß er eine Tasse mit um. Kaffee schwabbte über den Tisch »Du mußt gehen, und zwar jetzt! Verstanden?«

»Jetzt schau, was du getan hast!« Alice bückte sich und hob ein kaffeedurchtränktes Mieder vom Boden auf. »Ich habe es extra für dich gekauft.«

Alice drehte ihren ganzen Charme auf. Ihre Stimme wurde weich wie Honig. Sie schmiegte sich an ihn. Aber Alexander riß sich von ihr los. Er schob sie eine Spur zu heftig zurück. Alice stolperte und landete unsanft auf dem Bett. Sie landete auf dem Rücken. Ihr Morgenmantel glitt auseinander und entfaltete die begehrliche Pracht ihrer vollen Brüste. Einen Augenblick starrte Alexander ungeschickt und schüchtern darauf, dann wandte er sein Gesicht ab.

»Tut mir leid«, murmelte er. »Ich weiß, daß du nicht allein die Schuld trägst.«

»Schuld!« Alice erholte sich von ihrem Schreck. »Schuld für was? Ist es möglich, daß du noch nicht verstanden hast? Wir lieben einander!«

»Du willst es einfach nicht wahrhaben, daß ich dich nicht mehr liebe.« Alexander ließ sich in einen Sessel plumpsen. »Und das nun seit einer ganzen Weile. Ich liebe eine andere Frau, wie ich nie zuvor eine Frau geliebt habe.«

»Du redest eine Menge Unsinn, mein Liebling.« Alice stand vom Bett auf und ging vor Alexander in die Hokke.

»Alice, du mußt gehen«, sagte er leise.

»Und wenn ich es nicht tue?« fragte sie.

»Es ist sowieso vorbei.« Alexander stand auf. »Glaub mir.«

»Vielleicht vergißt du, daß wir uns immer noch vor Gericht sehen können«, drohte sie ihm.

»Was willst du damit sagen?« Alexander sah sie offen an.

»In den Skandal, der meinen Vater das Geschäft gekostet hat, warst du auch verwickelt«, fuhr sie fort. »Du hast in der Firma gearbeitet. Und du warst nicht nur ein Angestellter.«

»Oh Alice, sei bitte nicht pathetisch«, seufzte er. »Ich war zehn Stunden am Tag im Labor. Ich bin nicht herumgegangen und habe Leute bestochen. Und das weißt du verdammt gut.«

»Armer Alex.« Alice lächelte mitleidvoll. »Du denkst wirklich, daß unter all den Papieren, die wir dich unterschreiben ließen, keines dabei ist, welches dich kompromittieren könnte? Ich versichere dir, Liebling, es wäre kein Problem, dich ins Gefängnis zu bringen.«

Alexander biß die Zähne zusammen, dann stieß er laut hervor: »Ich würde lieber ins Gefängnis gehen, als bei dir zu bleiben!«

Er verließ das Zimmer, ohne noch einmal zurückzuschauen.

Wie eine Woge brach die Erkenntnis über Alice herein, daß sie Alexander für immer verloren hatte. »Wie konnte das nur passieren?« fragte sie sich, während Tränen über ihre Wangen liefen.

Obwohl die Sonne heiß brannte, spendeten die Bäume im Park der Kohlemann-Klinik angenehmen kühlen Schatten. Sandra fuhr ihre Tochter mit dem Rollstuhl hinaus.

»Bist du sicher, daß du das Baby behalten möchtest?« fragte Sandra plötzlich.

»Wer hat es dir gesagt?« Chiara lief vor Schreck puterrot an.

»Das ist jetzt nicht wichtig«, antwortete ihre Mutter. »Ich möchte nur wissen, ob es wahr ist.«

»Ja, das ist es«, erwiderte Chiara. »Und ich habe mich bereits entschieden, ich will das Baby behalten. Also versucht nicht, es mir auszureden.«

»So denkst du also von mir?« seufzte Sandra enttäuscht. »Du hältst mich für den Feind? Oh, Chiara, ich kann dir nicht sagen, wie weh das tut. Wie auch immer, ich habe noch nicht mit deinem Vater gesprochen, aber ich bin hier, um dir zu helfen. Selbst wenn du das nicht glaubst.«

»Danke«, lenkte Chiara ein. »Es tut mir leid. Ich erwartete nicht, daß du es verstehen würdest.«

»Aber sag mal, hast du wirklich darüber nachgedacht?« fuhr Sandra fort. »Ich meine, Chiara, ein Baby zu haben, ist eine große Verantwortung, und du bist so jung.«

»Ich weiß, aber ich will es behalten«, sagte sie entschlossen.

»In Ordnung.« Sandras Gesicht spiegelte ihre Erleichterung deutlich. »Das Wichtigste ist, daß es dir bessergeht. Und dann müssen wir es Piero sagen. Er weiß noch nichts.«

»Mama, ich ...«, wollte Chiara widersprechen, stockte dann aber.

»Ja, was ist denn?« fragte Sandra überrascht.

»Nichts«, erwiderte sie scheu. »Du hast recht.«

»Selbst wenn ihr nicht mehr zusammen seid, ist es richtig, wenn er es weiß«, fuhr Sandra fort. »Meinst du nicht? Und außerdem, wer weiß, wenn da ein Baby mit im Spiel ist, verändern sich eine Menge Dinge. Du wirst am Ende wahrscheinlich sogar heiraten. Warte mal ab.«

Bei dem Gedanken zog sich Chiaras Herz zusammen, und sie konnte die Tränen nicht länger zurückhalten.

»Keine Sorge, meine Liebe.« Sandra streichelte tröstend den Kopf ihrer Tochter. »Es wird sich alles aufklären. Da bin ich sicher.«

Genau davor hatte Sandra die meiste Furcht.

Monica fuhr wie ein Unwetter in Dr. Thompsons Büro. Als sie zur Tür hereinstürmte, zuckte Dr. Thompson innerlich zusammen. Er bemühte sich jedoch, sich nichts anmerken zu lassen. Scheinbar ruhig saß er hinter seinem Schreibtisch. Doch als er Monicas wütend flammende Augen sah, sträubten sich ihm die Nackenhaare. Zornig baute sie sich vor ihm auf. Sie wollte wissen, wer Chiaras Mutter über die Schwangerschaft informiert hatte.

»Es war meine Pflicht, das zu tun!« Wütend schmetterte Dr. Thompson die Faust auf den Tisch.

»Was hat das damit zu tun?« schrie Monica zurück. »Es war meine moralische Pflicht, die Eltern über die Schwangerschaft ihrer Tochter zu informieren«, entrüstete sich Dr. Thompson.

»Oh, das ist es nicht«, fuhr Monica auf. »Chiaras Eltern

sind Ihnen egal. Alles, was Sie beabsichtigen, ist, mir und Kate Probleme zu bereiten!«

»Machen Sie sich nicht lächerlich! Ich bestehe lediglich darauf, daß in dieser Klinik das Gesetz befolgt wird. Und ich gehe keine Risiken wegen eines schwangeren Mädchens ein. Ich will nicht, daß ihre Eltern einen Skandal daraus machen. Das ist alles.«

»Nun, wenn das alles ist, dann brauchen Sie sich keine Sorgen zu machen«, konterte Monica. »Denn ich denke ganz genauso über diese Klinik. Allerdings mit dem Unterschied, daß ich nicht bereit bin, mich über die Gefühle anderer Menschen hinwegzusetzen.«

»Seien Sie vorsichtig mit dem, was Sie sagen.« Dr. Thompsons Mundwinkel zuckten unkontrolliert. »Ich könnte ...«

»Sie könnten was?« fuhr Monica ihm barsch ins Wort. »Fahren Sie zur Hölle, Thompson! Meinen Segen haben Sie dafür!«

Türknallend verließ sie das Büro. Dr. Thompson lehnte sich in seinem Sessel zurück. Unbändige Abscheu verzerrte sein Gesicht.

»Ich werde diese beiden Frauen zerstören«, murmelte er voller Haß.

Sandra kehrte zur Brandt-Farm zurück. Vom Bungalow aus rief sie sofort Chiaras Exfreund in Italien an.

»Aber Piero, es kann nur von dir sein«, meinte sie. »Wieso bist du so sicher? Oh, du meinst, ihr wart seit über fünf Monaten nicht mehr zusammen? Ach so, ich verstehe. Es tut mir leid, dich gestört zu haben. Ciao, Piero.«

Sandra hielt einen Augenblick inne, um wieder zu Atem zu kommen. Benommen legte sie den Hörer auf. Die

Erkenntnis, daß ihre Tochter sie angelogen hatte, war schier unerträglich.

»Oh Chiara, warum?« flüsterte sie mit erstickter Stimme. »Wer hat dich geschwängert? Wer war es? Oh mein Gott, warum hast du unser Vertrauen mißbraucht? Warum, Chiara, warum?«

27. KAPITEL

Der Feigling

Als Marco von der Schwangerschaft seiner Tochter erfuhr, sah er rot. Zuerst setzte sein Herzschlag aus, dann sein Atem. Eine Schweißschicht bedeckte seine Stirn. Seine Gedanken wirbelten durcheinander. Dann setzte der Herzschlag mit der Gewalt eines Schmiedehammers wieder ein. Seine Augen funkelten vor rasendem Zorn. Vor Wut konnte er nicht sprechen. Er setzte sich in den Mietwagen und fuhr wie ein Irrer zur Kohlemann-Klinik.

Kate saß an Chiaras Krankenbett und kümmerte sich um sie.

»Wenn es Ihnen nichts ausmacht, würde ich gerne mit meiner Tochter sprechen«, sagte Marco schroff. »Allein!«

»Okay, ich bin fertig«, verabschiedete sich Kate von Chiara. »Ich sehe dich später.«

Marco wartete, bis Kate nach draußen verschwunden war und die Tür hinter sich zugezogen hatte.

»Wieso versuchst du uns zu veralbern?« Marcos Stimme klang scharf und eisig.

Keine Antwort.

»Chiara, bitte, wirst du mir antworten?« fuhr Marco sie an. »Ich verstehe es nicht. Wir haben dir immer völlig vertraut. Du hättest mit deiner Mutter sprechen können. Warum hast du uns belogen? Womit haben wir das verdient?«

»Bitte, frag mich nichts!« schrie sie zurück.

»Aber ich habe ein Recht, es zu wissen«, grollte er hitzig. »Ich bin dein Vater, um Gottes willen. Verstehst du das nicht? Wer hat dich geschwängert? Sag es mir! Wer war es?«

»Papa, dieses Baby ist ganz alleine mir!« Chiara spuckte die Worte förmlich aus. »Mit wem ich ins Bett gegangen bin, geht euch nichts an.«

Dieser Trotz war zuviel für Marco. Er holte aus und schlug Chiara.

»Du kannst mich so viel schlagen, wie du willst«, schluchzte sie. »Ich werde es niemals sagen.«

Am nächsten Morgen streifte Monica mit Sara durch die Savanne. Sara probierte ihr neues Mountainbike aus. Monica hing ihren Gedanken nach. Sie spürte, daß Alexander etwas vor ihr verbarg. Bei diesem Gedanken krampfte sich ihr Herz zusammen.

Wie aus dem Nichts stand Alexander plötzlich hinter ihr und umarmte sie.

»Alex!« Monica zuckte zusammen. »Mein Gott, du hast mir einen Schrecken eingejagt.«

»Ich liebe dich, Monica«, flüsterte er ihr ins Ohr und küßte ihre Wange.

»Alex, was ist los?« fragte sie ernst. »Wenn du mir etwas zu sagen hast, dann sag es mir!«

»Monica, ich ...« Alexander löste die Umarmung und wich ihrem Blick aus.

»Ich, was?« wollte sie wissen.

»Alice ist nicht gegangen«, gestand er. »Das Zebra und das Benzin waren alles Lügen. Ich war in diesem Moment mit ihr unterwegs.«

So, jetzt war es heraus.

»Du meinst, du hast mir ihr geschlafen?« Monicas Magen zog sich zusammen. Ihre schlimmsten Befürchtungen bewahrheiteten sich offensichtlich. Gott, laß mich das durchstehen, betete sie innerlich.

»Nein, absolut nicht«, widersprach er und wollte sie wieder umarmen. »Es ist nichts passiert.«

»Faß mich nicht an.« Monica schüttelte sich vor Abscheu.

»Liebling, es war nicht, wie du denkst«, beteuerte er. »Es ist nur, daß sie ..., es ist alles vorbei, glaub mir.«

»Nein, du hast mich einmal belogen, du wirst mich wieder belügen.« Monica starrte Alexander angewidert an. »Ich kann es nicht glauben, und ich vertraue dir nicht!«

»Liebling ...!« Alexander hob die Arme zu einer hilflosen Geste.

»Ich kann nicht!« Tränen brannten auf Monicas Gesicht. Der Schmerz war schier unerträglich. Alles, was sie jetzt noch wollte, war, daß er weit fort sei, damit er sie nicht noch mehr verletzen konnte. »Laß mich allein!«

Marco fühlte sich nicht viel besser. Nach der Auseinandersetzung mit Chiara hatte er eine schlaflose Nacht verbracht. Jetzt suchte er Ruhe, um über die sich überschlagenden Ereignisse und ihre Konsequenzen nachzudenken. Er setzte sich in einen parkenden Jeep und grübelte vor sich hin.

Als Paolo vorbeikam, stutzte dieser. Er bemerkte Marcos vor Kummer und Elend verzerrtes Gesicht und sprach ihn an. Marco war hundeelend zumute. Trotzdem war er froh, daß er jemanden hatte, mit dem er über seine Familientragödie sprechen konnte.

»Das einzige, was man tun kann, ist, sie zur Einsicht zu bringen«, meinte Paolo, nachdem Marco ihm sein Herz ausgeschüttet hatte.

»Aber wer hätte das von einem Mädchen wie Chiara erwartet?« klagte Marco. »Sie ist noch ein Kind.«

»Du hast unrecht«, widersprach Paolo. »Deine Tochter ist eine Frau, sie ist kein Kind mehr. Wenn das deine Einstellung ist, wirst du sie nie verstehen.«

»Was soll ich denn bei ihr verstehen?« Marco sah aus, als würde er jeden Moment in Tränen ausbrechen. »Daß sie vom ersten Mann schwanger wird, den sie auf der Straße trifft?«

»Wieso?« Paolo stutzte. »Was hat sie dir gesagt?«

»Nichts«, stöhnte er. »Sie sagt es uns nicht, ihren eigenen Eltern!«

»Marco, ich weiß, daß es hart für euch ist, aber meiner Meinung nach ...« Paolo warf Marco einen prüfenden Blick zu. »Ich frage mich, ob es in Fällen wie diesem nicht besser ist ...«

»Abzutreiben?« sprach Marco aus, was Paolo dachte.

»Nun, so wie die Dinge stehen«, meinte Paolo. »Sie verbaut sich ihre Zukunft mit einem unehelichen Kind«, fügte er hinzu.

»Das weiß ich selbst«, fuhr Marco ihn an.

»Ich habe nur versucht zu helfen«, verteidigte sich Paolo, erschrocken über die heftige Reaktion.

»Ja, ich weiß«, murmelte Marco und sank wieder in sich zusammen. »Es tut mir leid. Ich weiß, daß du mein Freund bist. Es ist nur ...«

»Es wird schon alles wieder gut werden«, versprach

Paolo und legte ihm tröstend die Hand auf die Schulter. »Keine Sorge, du wirst sehen.«

Monica hatte Nachtschicht. Um zwei Uhr hallten Schreie aus einem Zimmer. »Nein! Neiiiiin!«

Es war Chiara. Monica eilte ins Zimmer des Mädchens. Sie schrie im Schlaf. Ein Alptraum quälte sie.

»Chiara, wach auf!« Monica setzte sich auf die Bettkante und rüttelte Chiara sanft an der Schulter. »Du träumst. Ich bin es, Dr. Marini.«

Chiara schlug die Augen auf. Mit blassem Gesicht und dunkel umschatteten, verheulten Augen lag sie da.

»Es war schrecklich«, murmelte sie.

»Es ist jetzt alles vorbei«, flüsterte Monica und streichelte ihr über die Wange. »Beruhige dich.«

»Jemand wollte mein Baby töten.« Chiara blickte Monica in stumpfer Verzweiflung an. »Er war es, verstehen Sie?«

»Nein, tut mir leid«, bedauerte Monica. »Wer?«

»Sein Vater«, hauchte sie.

»Chiara, ich habe keine Ahnung, wer dieser Mann ist«, meinte Monica verbittert. »Aber er hat kein Recht, dich so leiden zu lassen.«

»Aber es ist nicht seine Schuld«, verteidigte Chiara ihn.

»Es ist auch nicht deine Schuld«, erwiderte Monica. »Ich weiß nicht, ob er es ist, der dich zwingt zu schweigen, oder ob du es bist, die es nicht erzählen kann. Aber so kannst du nicht weitermachen. Du riskierst deine Schwangerschaft, und ich weiß, daß du das nicht tun willst.«

»Sind Sie meine Freundin?« fragte sie plötzlich.

»Chiara, Kate und ich haben einen Skandal riskiert, weil wir deinen Eltern nicht erzählten, daß du schwanger bist«, antwortete Monica.

»Komm bitte näher«, flüsterte Chiara. »Der Vater meines Babys ist Paolo. Paolo Mattei. Der Freund meiner Eltern. Wir treffen uns seit drei Monaten, aber niemand weiß etwas davon.«

»Ist er nicht verheiratet?« fragte Monica überrascht.

»Ja«, seufzte Chiara. »Wie kann ich es nur meinen Eltern sagen?«

»Wenn du dich durchringst, das Richtige zu tun, dann sag es ihnen einfach so, wie du es mir gerade gesagt hast«, schlug Monica vor.

»Aber das könnte ich niemals tun«, widersprach Chiara erschrocken.

»Chiara, du bist doch jemand, der den Unterschied zwischen richtig und falsch kennt«, fuhr Monica eindringlich fort. »Wenn dem nicht so wäre, würdest du das Baby nicht behalten. Schau mich an! Gerade jetzt ist das Wichtigste für dich deine Gesundheit und die Gesundheit deines Kindes. Und das geheim zu halten, verursacht Streß. Du solltest diese Schwangerschaft niemals gefährden. Ich denke, du weißt, was zu tun ist.«

»Ich tue das Richtige«, versprach sie.

»Wirklich?« Monica hob skeptisch die Brauen.

»Ja, ich werde morgen mit meiner Mutter sprechen«, sagte sie entschlossen.

»Ich bin sicher, was auch immer du entscheidest, es wird funktionieren.« Monica lächelte warmherzig. »Nun versuch ein wenig zu schlafen. Wenn du mich brauchst, klingel einfach. Gute Nacht.«

Doch in dieser Nacht meldete sich Chiara nicht mehr.

Kurz vor Sonnenaufgang fuhr Monica nach Hause und schlief bis nach sieben Uhr. Nachdem sie aufgestanden war und sich angezogen hatte, fand sie einen Brief von

Alexander im Briefkasten. Sie las ihn, als sie durch den kleinen Garten schlenderte.

›*Liebling, wirf diesen Brief nicht weg, bevor du ihn gelesen hast*‹, stand da. ›*Ich habe Alice geliebt, aber von meiner Liebe für sie kann nur in der Vergangenheitsform gesprochen werden, denn die Gegenwart wird ganz und gar von der wundervollen und überwältigenden Liebe bestimmt, die ich für dich empfinde. Eine Liebe, die ich nie für jemand anderes empfunden habe ..., nicht einmal für Alice. Es ist wahr, sie hat es geschafft, mich in eine kompromittierende Lage zu bringen und hat sehr viele Peinlichkeiten verursacht. Ich gebe das zu, und es tut mir leid. Aber es ging nie weiter als das. Du mußt mir glauben. Ich flehe dich an! Gib ihr nicht die Befriedigung, unsere Liebe zerstört zu haben. Ich glaube nicht, daß ich das aushalten könnte. Könntest du es?*‹

Monica faltete den Brief zusammen und steckte ihn ein. Im selben Moment sauste Sara wie ein Wirbelwind um die Ecke.

»Mami, was tust du?« sprudelte es aus ihr heraus. »Wo warst du?«

»Was?« Monica schrak aus ihren Gedanken.

»Beeil dich, sonst komme ich zu spät zur Schule«, drängte Sara.

Was für Hoffnungen Alexander auch immer in den Brief gesetzt hatte, sie erfüllten sich nicht.

Als er auf den Hof hinaustrat, stiegen Monica und Sara gerade in ihr Auto.

»Hallo, Alex«, grüßte Sara.

»Hallo, Süße«, grüßte er zurück. »Ich wünsch' dir einen schönen Tag.«

Monica würdigte Alexander keines Blickes. Sie startete den Wagen und fuhr los.

»Warum hast du nicht ›hallo‹ zu Alex gesagt?« wunderte sich Sara.

»Ich weiß es nicht«, seufzte sie traurig.

»Warum weißt du es nicht, Mami?« hakte sie nach. »Ist irgendwas passiert?«

»Nein, es ist alles in Ordnung«, antwortete sie, obwohl überhaupt nichts in Ordnung war.

Monica setzte Sara bei der Schule ab und fuhr dann weiter zur Klinik. Kurz darauf fuhr Alice auf den Parkplatz vor dem Krankenhaus. Im Zickzackkurs parkte sie ein und stolperte aus dem Auto. Sie schaffte es gerade noch, sich an der Karosserie festzuhalten. Sie stöhnte und wankte sturzbetrunken um das Auto herum. Plötzlich stand Monica vor ihr.

»Suchen Sie mich?« fragte Monica reserviert.

»Oh, Dr. Marini«, lallte Alice.

»Ich habe Sie aus meinem Fenster gesehen«, erklärte Monica.

»Oh, wirklich?« Alice kicherte albern. »Sie haben mir die Mühe erspart, Sie zu suchen.«

»Da ich bemerkt habe, daß Sie kaum stehen können, habe ich mich entschlossen, Ihnen helfend zur Hand zu gehen.« Monica versuchte Alices peinlichen Auftritt möglichst schnell zu beenden.

»Mir zu helfen?« Alice lachte schrill, verlor das Gleichgewicht und lag halb über ihrem Auto. Sie lehnte mit dem Rücken gegen die Tür und wäre beinahe umgekippt. »Ich brauche Ihre Hilfe nicht, Doktor. Ich bekomme Alex alleine zurück.«

»Ich weiß, daß es wirklich schwer für Sie zu verstehen

ist, aber Sie leben in einer Illusion, einem Traum«, erwiderte Monica ruhig. »Früher oder später werden sie einsehen müssen, daß Sie für Alex nichts weiter sind als eine böse Erinnerung.«

»Das denken Sie?« Alice richtete sich kerzengerade auf. Wankend, das Kinn stolz vorgereckt, fixierte sie Monica.

»Ich weiß es«, beteuerte sie.

»Seine Hände auf meinem Körper versprachen etwas ganz anderes«, konterte Alice triumphierend und brach in hysterisches Gelächter aus, das in ein verzweifeltes Schluchzen mündete.

Monica eilte in die Klinik zurück. Alice brauchte dringend ärztliche Hilfe. Die Frau stand am Rande eines Nervenzusammenbruchs. Gerade als Monica das Foyer betreten wollte, hörte sie quietschende Bremsen hinter sich. Sie drehte sich um und traute ihren Augen nicht. Alice saß wieder in ihrem Auto und hielt einige Meter weiter.

»Dr. Marini!« schrie Alice aus dem offenen Seitenfenster. »Sie werden nie frei von mir sein. Nie!«

Alice trat das Gaspedal durch. Der Motor heulte auf. Die Reifen drehten durch und hinterließen auf dem Asphalt schwarzen Gummiabrieb.

Monica starrte wie betäubt hinter dem schlingernden Auto her. Gerade noch hatte sie diese Frau abgrundtief verabscheut, doch jetzt verspürte sie nur noch Mitleid mit ihr.

Als die letzten matten Sonnenstrahlen die Brandt-Farm streiften, ging Paolo zu Sandras Bungalow rüber. Sandra erwartete ihn bereits. Chiara hatte Wort gehalten und gestanden, daß Paolo der Vater ihres Kindes war. Der Schock war natürlich groß gewesen. Aber Sandra war eine pragmatische Frau, die sich nicht lange mit ›Wenns‹ und

›Abers‹ aufhielt. Bevor sie mit Marco über das Baby sprach, wollte sie erst versuchen, mit Paolo eine einvernehmliche Lösung zu finden. Marco war zu impulsiv für ein solches Gespräch. Er hätte Paolo wahrscheinlich am liebsten sofort erschlagen. Sandra hingegen war nicht auf Rache aus. Sie wollte das beste für Chiara und das Baby.

Deshalb hatte sie auch gewartet, bis Marco zu einem Spaziergang fort war, ehe sie bei Roberta und Paolo anrief.

Während sie auf Paolo wartete, schluckte Sandra einige Beruhigungspillen. Das Ganze ging nicht so spurlos an ihr vorbei, wie sie Marco durch cooles Auftreten weismachte.

Paolo klopfte an der Tür. Sandra öffnete ihm.

»Roberta sagte mir, daß du nach mir suchst«, begann er.

»Komm rein«, forderte sie ihn auf.

»Wo ist Marco?« Paolo betrat das Wohnzimmer und schaute sich um. Er wirkte ganz locker. Doch Sandra erkannte trotzdem, daß er nervös war.

»Setz dich hin«, bat sie ihn.

»Was ist passiert?« Paolo fläzte sich in einen Sessel. »Hat es etwas mit Chiara zu tun?«

»Willst du mir gar nichts erzählen?« fragte sie ihn ernst und nahm ihm gegenüber Platz.

Paolo zuckte ratlos die Schultern und schaute sie mit Unschuldsblick an.

»Ich weiß nicht, ob du mich mehr mit Ekel oder Wut erfüllst«, zischte sie.

Sandras Blick verriet Paolo, daß sie alles wußte. Ihm wurde flau im Magen, und er spürte, daß ihm Schweiß auf die Stirn trat. Panik stieg in ihm auf. Jetzt gab es für ihn nur noch eine Rettung: Flucht nach vorne.

»O nein, hör mal, du machst einen großen Fehler«, stotterte er. »Du glaubst doch wohl nicht wirklich ..., ich wollte nicht. Ich schwöre, daß ich es nicht wollte. Sie war es, die ...«

»Hat sie dich vergewaltigt?« fuhr Sandra kühl dazwischen.

»Nein, wenn du es so ausdrückst, nicht, aber ...!« Paolo rang sichtlich um seine Fassung. »Sandra, ich verstehe, wie du dich fühlst, aber es ist nicht, wie du denkst. Wirklich!«

»Nur eine Frage, Paolo«, unterbrach sie ihn. »Nur eine! Bist du bereit, meine Tochter und ihr Kind zu unterstützen?«

»Sieh mal, ich ..., es ist nicht so einfach ...!« Paolo wand sich wie ein Wurm. »Aber vielleicht wäre es besser, wenn ...«

»Vergiß es!« Wut stieg in Sandra auf und staute sich in ihr. »Sie wird ihr Baby behalten, und das ist endgültig!«

»Verstehe«, erwiderte er enttäuscht. »Nun, ich mag Chiara sehr, und ich schwöre, wenn ich könnte, würde ich alles für sie tun. Aber da ist Roberta ...«

Sandra holte tief Luft. Ihrem Gesicht war deutlich anzusehen, wie abstoßend sie Paolo fand.

»Zieh Roberta da nicht mit rein, bitte!« Ihre Stimme wurde schriller. »Hast du eine Ahnung, wie oft ich ihre Tränen trocknen mußte?«

»Ja, ich weiß«, winkte er ab. »Aber ich will sie nicht verlieren.«

»Du möchtest ihr Geld nicht verlieren, meinst du.« Sandra schaute ihn verächtlich an.

»Also ...!« protestierte er.

»Dessen war ich mir sicher!« Sandra lächelte bitter. »Aber

keine Sorge, wir wollen nichts von dir. Außer, du sagst Chiara das, was du mir gerade gesagt hast!«

»Warum sollte ich ihr so weh tun?« erschrak er.

»Weil, wenn du es ihr nicht sagst, ich es deiner Frau sagen werde«, drohte sie. »Ich glaube nicht, daß Roberta dir diesmal verzeihen wird.«

»Ich verstehe«, murmelte Paolo wie vor den Kopf geschlagen.

Als Sandra aufstand und Paolo zur Haustür geleitete, spürte sie, daß ihre Beine zitterten. Außerdem verspürte sie den Drang, ihm eine Ohrfeige zu geben. Statt dessen schlug sie die Tür hinter ihm zu und fauchte: »Bastard!«

Als Marco zurückkam, war es bereits dunkel. Sandra berichtete ihm von Paolos schmutzigem Geheimnis. Marco reagierte so, wie Sandra es befürchtet hatte: Er tobte. Die ohnmächtige Wut, der verletzte Stolz und der Schmerz darüber, was Paolo seiner Tochter angetan hatte, überstieg alles, was er bisher an Pein erfahren hatte.

»Ich glaube es nicht!« schrie er und erhob sich wütend am Tisch vor ihrem Bungalow. »Ich glaube es einfach nicht! Ich werde ihm das Gesicht einschlagen. Dieser Bastard! Ich werde ihn verprügeln, bis er den Tag seiner Geburt verflucht. Er hat sogar vorgeschlagen, daß sie abtreiben soll.«

Rasend vor Zorn betrat Marco den Bungalow. Sandra sah den Haß in seinen Augen und erkannte, daß Marco imstande war, einen Mord zu begehen. Entschlossen stellte sie sich ihm in den Weg.

»Du gehst nirgendwohin«, entschied sie streng. »Rache ist mir völlig egal. Was wir zu tun haben, ist unserer Tochter zu helfen. Das ist alles.«

»Dieses Schwein hat unser kleines Mädchen ausgenutzt«, schluchzte er halbverrückt vor Pein.

»Komm schon, Marco«, sagte sie besänftigend. »Chiara ist eine Frau. Er hat sie nicht vergewaltigt. Sie haben sich nur geliebt.«

»Haben sich nur geliebt«, äffte er sie nach und explodierte: »Aber er ist in meinem Alter! Um Gottes willen, er könnte ihr Vater und noch mehr sein. Er ist mit einer Freundin von dir verheiratet, verstehst du das nicht?«

»Ob ich es nun verstehe oder nicht, ist nicht wichtig«, fuhr Sandra entschlossen fort. »Es ist Chiara, die es verstehen muß. Und wenn du so weitermachst, wirst du ihr keine große Hilfe sein.«

»Was soll ich deiner Meinung nach also tun?« Marco schnaufte tief durch. »Zu Paolo gehen und sagen: ›Danke mein lieber Freund, danke, daß du meine ... meine ... Tochter geschwängert hast‹?«

»Nein«, widersprach sie. »Was du zu tun hast, ist, zurück zu Chiara zu gehen und dich für dein Benehmen zu entschuldigen. Ich kümmere mich um Paolo.«

Am anderen Morgen fühlte sich Monica total zerschlagen. Die unerfreuliche Begegnung mit Alice hatte sie mitgenommen. In der Mittagspause fuhr sie mit Kate hinaus zum See, wo sie niemand störte.

Monica war es leid, ihren ganzen Kummer in sich hineinzufressen. Sie mußte mit jemandem darüber reden.

»Ich habe letzte Nacht kein Auge zugemacht«, sagte Monica und setzte sich auf einen umgestürzten Baumstamm am Ufer. »Ich konnte ihr Gesicht nicht aus meinem Kopf verbannen, diese schreckliche, hysterische Wut ...«

»Meiner Meinung nach ist diese Frau völlig verrückt«, meinte Kate und nahm neben ihr Platz.

»Ich weiß nicht«, antwortete sie. »Ich bin wirklich zu weit gegangen.«

»Aber sie hat es so gewollt«, erklärte Kate entschieden. »Sie hat darum gebeten. Hey, alles ist fair in der Liebe und im Krieg.«

»Ich weiß nicht.« Monica lächelte Kate dankbar an. »Vielleicht hast du recht. Gott sei Dank habe ich dich.«

»Oh, verdammt!« Kate sprang auf und rannte zum Jeep.

»Was?« rief ihr Monica hinterher.

»Ich habe beinahe den Brief vergessen, den Susan Carson mir für dich gegeben hat.« Kate kehrte mit einem Brief zurück.

»Einen Brief?« Monica nahm ihn und schaute verwundert darauf.

»Ja«, antwortete Kate. »Irgendeine Frau gab ihn ihr. Er ist an dich adressiert, siehst du? ›Dr. Monica Marini‹.«

»Ich glaube, du liest ihn besser.« Monica beschlich eine ungute Vorahnung. Sie gab Kate den Umschlag zurück. »Sag mir nur, von wem er ist.«

Kate öffnete den Brief und überflog ihn.

»Er ist unterzeichnet mit ›Alice‹«, sagte sie schließlich.

»Alice?« wiederholte Monica überrascht. »Lies du ihn bitte vor?«

Sara hatte an diesem Morgen schulfrei und leistete Alexander Gesellschaft. Sie saßen auf der Terrasse und beendeten gerade ihr Frühstück, als Alexanders Handy klingelte. Monica war am Apparat. Völlig aufgelöst erzählte sie von Alices Brief.

»Ja, Monica«, sagte er in beruhigendem Tonfall. »Monica, ich kenne Alice. Sie ist eine geborene Schauspielerin. Sie hat es nicht geschafft, mich mit dem Skandal wegen der Sache mit ihrem Vater zu erpressen. Jetzt versucht sie es mit dir. Es ist einfach ihre Art, dafür zu sorgen, daß du dich schuldig fühlst. Du brauchst dir keine Sorgen zu machen. Nein, Liebling. Ich küsse dich. Bye.«

»Und jetzt kommst du zum Spielen?« quengelte Sara.

»Ja«, murmelte er geistesabwesend.

Er sorgte sich wegen Monica. Alice war immer unberechenbar gewesen. Und wenn sie etwas haben wollte, dann bekam sie es meistens auch – so oder so. Sie war eine Frau, die notfalls über Leichen gehen würde – wortwörtlich.

Monica fuhr mit Kate zur Klinik zurück. Dort zog sie sich in ihr Büro zurück und las immer und immer wieder Alices kurzen Brief:

›*Sie gewinnen, Sie werden nie wieder von mir hören, Alice*‹, stand dort.

Für Monica klang das nicht nach einer Drohung, sondern nach verzweifelter Resignation. Es war ein Brief von jemandem, der keinen Sinn mehr in seinem Leben sah.

Monica griff zum Telefon und rief im Hotel an, in dem Alice wohnte. Der Portier war am Apparat.

»Ich fürchte, das ist alles, was ich Ihnen sagen kann, Madam«, bedauerte er. »Sie fragte, wie man zum Brandt-Anwesen kommt und murmelte etwas von Wasser. Dann bezahlte sie die Rechnung und verließ das Hotel. Wenn ich so kühn sein dürfte ..., meiner Meinung nach war die Lady irgendwie betrunken.«

Anschließend rief Monica Alexander an. Doch der war nicht daheim, und sein Handy lag auf dem Schreibtisch.

Alexander hatte es zurückgelassen, weil es beim Spielen mit Sara störte.

Sara saß auf einer Schaukel und quiekte vor Vergnügen. Alexander stand hinter ihr und schubste sie an.

»Höher, Alex, höher«, lachte sie, und Alexander gab ihr mehr Schwung.

»Halt dich fest«, lachte er. »Was ist das für ein Gefühl?«

»Wir fliegen!« jauchzte sie.

Dumbo stand daneben und schaute Sara bei dem merkwürdigen Spiel zu.

Und noch jemand beobachtete die beiden: Alice stand zwischen dichten Büschen und schaute Sara und Alexander heimlich zu. Das Glück, das Alexander dabei offensichtlich empfand, zerriß Alice schier. Warum war er bei ihr nie so glücklich gewesen? Alice spürte, wie ihr Tränen über die Wangen liefen. Sie mußte sich den Mund zuhalten, um nicht laut zu schluchzen. Benommen wankte sie zu ihrem Auto zurück und plumpste auf den Fahrersitz.

Sie fühlte sich gedemütigt. Du lieber Gott, was hatte sie sich bei Alexander und bei Monica zum Narren gemacht! Alice fühlte die Welt zurückweichen. Um sie herum wurde alles leerer und leerer, bis nichts mehr blieb, für das sich zu leben lohnte. Sie blieb allein zurück in Bedeutungslosigkeit und Kälte.

Alice konnte sich nicht erinnern, wann sie zum letzten Mal so geweint hatte. Entschlossen griff sie nach der halbleeren Rumflasche auf dem Beifahrersitz und setzte sie an den Mund. Mit jedem Schluck versiegten die Tränen ein bißchen mehr.

Die wachsende Sorge um Alice ließ Monica keine Ruhe. Sie nahm sich den restlichen Nachmittag frei und fuhr zur Brandt-Farm hinaus. Von Alexander fand sie weit und breit keine Spur. Sara saß allein auf der Veranda und übte für die Schule.

Monica erkundigte sich bei ihr, wo Alexander sei.

»Oh, ich weiß nicht«, antwortete Sara. »Vielleicht in Nyanga.«

»Nyanga?« wiederholte Monica überrascht. »Oh, darum ist er nicht ans Telefon gegangen. Paß auf, Sara, wenn Alex anruft, sag ihm, daß er mich sofort anrufen soll.«

»Okay«, erwiderte Sara.

»Danke.« Monica wandte sich zum Gehen. »Ich sehe dich später.«

»Mami?« fragte Sara.

»Was ist denn, Liebchen?« Monica kehrte zu ihrer Tochter zurück.

»Warum wartest du nicht hier auf ihn?« fragte sie. »Dann könnten wir mit meinem Game Boy spielen.«

»Ich habe jetzt keine Zeit«, bedauerte Monica. »Auf jeden Fall solltest du deine Hausaufgaben machen.«

»Och«, maulte sie und schmollte.

Monica achtete nicht darauf. Ihre Sorge um Alice wuchs. Sie war eine verzweifelte Frau, und verzweifelte Frauen waren zu allem fähig. Auf den ersten Blick wirkte sie so überlegen, stark und unangreifbar, doch in Wahrheit war sie genauso verletzlich wie Monica oder jede andere Frau. Sie war kein Monster, sondern nur eine Frau, die den gleichen Mann liebte wie Monica. Alice kämpfte um ihn, wenn sie auch nicht besonders zimperlich in der Wahl ihrer Mittel war. Monica fragte sich, wie sie reagieren würde, wenn Alexander plötzlich mit einer Neuen auftauchte. Würde sie ihn einfach ziehen lassen oder nicht auch um ihn kämpfen?

»Sara, verrat mir was!« Monica kam plötzlich eine Idee, wo sie Alice finden könnte.

»Stör mich nicht, ich mache meine Hausaufgaben«, antwortete Sara immer noch schmollend.

»Hör zu, das ist wichtig«, drängte Monica. »Erinnerst du dich, wo du neulich mit Großvater den Jeep gefunden hast? Alex' Jeep?«

»Als er das verletzte Zebra fand?« fragte Sara zurück.

»Genau«, antwortete Monica. »Erinnerst du dich?«

»Ich habe das Zebra überhaupt nicht gesehen!« Sara zog eine Flappe.

»Sara, das ist im Moment nicht wichtig«, erklärte Monica. »Wichtig ist, wo du den Jeep gesehen hast.«

»Nimmst du mich mit dorthin?« In Sara keimte die Hoffnung auf, daß sie den Hausaufgaben doch noch entkommen könnte.

»Nicht jetzt gleich«, erwiderte Monica. »Aber ich verspreche dir, morgen nehme ich dich mit. Also, kannst du dich erinnern?«

»Es war in der Nähe des Wasserfalls«, berichtete sie.

»Gutes Mädchen.« Monica lächelte und fuhr Sara durchs Haar. »Ich sehe dich später – und vergiß nicht das wegen Alex. Und mach deine Hausaufgaben!«

Monica fuhr zum Wasserfall und suchte die Steilhänge ab. Von der anderen Uferseite drang das monotone Rauschen des herabstürzenden Wassers rüber. Während Monica die Büsche nach einem Lebenszeichen von Alice durchkämmte, schossen ihr unzählige Gedanken durch den Kopf, was sie sich angetan haben konnte.

Auf einer kleinen Anhöhe entdeckte sie Alices Auto. Alles war still. Auf den ersten Blick war nichts Ungewöhnliches zu sehen. Die Beifahrertür des Wagens stand offen. Alice lag auf dem Beifahrersitz. Ihre Augen waren geschlossen.

Monica trat zu ihr. Als erstes sah sie die leere Rumflasche. Daneben lag ein leeres Fläschchen Schlaftabletten. Wie viele hatte sie geschluckt? Zwanzig? Fünfzig?

»O nein!« Monica schlug Alice ins Gesicht, damit sie wieder zur Besinnung kam und schrie: »Alice! Alice, können Sie mich hören? Antworten Sie mir! Was haben Sie sonst noch genommen? Alice, wachen Sie auf. Komm schon, Mädchen! Wach auf!«

Aber Alice wachte nicht auf. Schließlich schnallte Monica Alice auf dem Beifahrersitz fest, klemmte sich hinter das Steuer und raste zur Klinik. Dort bereitete man sofort alles Nötige vor, was man im Falle einer Intoxikation brauchte.

Kurze Zeit später betrat Alexander die Klinik. Er hatte vergeblich versucht, Monica von der Farm aus anzurufen. Im Flur lief er Kate über den Weg.

»Wo ist Monica?« fragte er sie.

»Bei Alice im OP«, antwortete sie. »Ihr wird der Magen ausgepumpt!«

Paolo besuchte Chiara. Sie trafen sich im Foyer. Chiara saß im Rollstuhl und stellte sich die klassische Frage aller Geliebten: Hatte Paolo seine Frau wegen ihr verlassen?

Paolo nahm ihr gegenüber auf einem schweren Ledersofa Platz. Er fühlte sich sichtlich unwohl in seiner Haut. Nervös knetete er seine Hände, während er mit Chiara sprach. Er ließ nicht den geringsten Zweifel aufkommen, daß er Roberta wegen einer Affäre mit Chiara auf keinen Fall verlassen würde. Was er nicht sagte war, daß dies nicht sein erster Seitensprung gewesen war. Er hatte Roberta bei jeder sich bietenden Gelegenheit betrogen und dabei selbstverständlich weiterhin alle Vorteile ihres Reichtums und ihrer gesellschaftlichen Stellung genossen.

»Und alles, was du sagen kannst, ist, daß es dir leid tut, daß du eine Menge Probleme hast und daß du deine Frau nicht verlassen willst?« resümierte Chiara, nachdem er geendet hatte. »Aber das wußte ich bereits.«

»Ich habe nie gesagt, daß ich meine Frau nicht verlassen will«, verteidigte er sich. »Ich sagte, ich kann nicht. Du kennst die Umstände. Ich bin, bzw. meine Existenz ist von ihr abhängig. Wenn ich Sie verlasse, wovon sollten du und ich dann leben? Von Luft und Liebe? Versuch dich der Realität zu stellen.«

»Realität!« Chiara setzte sich aufrecht und legte eine Hand auf ihren Bauch. »Was ist mit dem Baby hier drinnen? Ist das keine Realität?«

»Was willst du von mir hören?« Paolo lächelte gequält. »Wir haben bereits einen Fehler gemacht, laß uns wenigsten versuchen, nicht noch einen zu machen.«

»Du wirst dieses Kind nicht einmal zu Gesicht bekommen«, entschied sie, während sie krampfhaft die Tränen zurückhielt.

»Du willst nicht verstehen!« giftete er sie an. »Warum willst du mein Leben ruinieren? Was für einen Sinn hätte das?«

»Für dich offensichtlich keinen.« Bei Chiara brachen jetzt alle Dämme. Ströme von Tränen liefen ihr über die Wangen. »Aber ich erkenne jetzt, was für ein Mensch du bist und daß wir völlig verschieden sind.«

»Gut, so ist es wohl«, meinte er ungerührt. »Das Allerwichtigste ist, daß du mir nicht noch mehr Probleme machst, okay?«

»Halt dich von mir fern!« fauchte sie ihn an.

Paolo zuckte gleichgültig mit den Achseln, stand auf und ging.

Die Schwärze drohte Alice zu ersticken. Sie konnte und wollte nicht mehr atmen und nur noch schlafen. Der Tod, der sie von all ihrem Kummer befreien würde, war greifbar nah. Sie konnte ihn fast spüren. Doch plötzlich wich die bleierne Schwere allmählich von ihr.

Die Medikamente taten ihre Wirkung. Die akute Lebensgefahr war gebannt. Dank ihrer zähen Natur öffnete sie früher als erwartet die Augen. Sie lag in einem Krankenbett. Das erste, was sie sah, war Monica, die neben ihr auf einem Schemel saß.

»Bin ich am Leben?« murmelte sie schwach.

»Ja, das sind Sie ganz bestimmt«, versicherte Monica und lächelte.

»Ich wollte Ihnen nur sagen ...!« Alice preßte jedes Wort heraus. Es kostete sie eine Menge Anstrengung.

»Pssst, später«, flüsterte Monica. »Jetzt versuchen Sie sich ein wenig auszuruhen.«

»Danke«, murmelte Alice und schloß wieder die Augen.

Auf Zehenspitzen verließ Monica das Zimmer. Draußen im Flur wartete Alexander.

»Jetzt braucht sie dich.« Monica hielt ihm die Tür zu Alices Zimmer auf. »Na los!«

»Alex ...«, wisperte sie im Halbschlaf.

»Ich bin hier, Alice.« Alexander trat an ihr Bett. »Es tut mir leid, ich wollte das alles eigentlich nicht. Ich war schrecklich. Verzeih mir.«

»Vielleicht mußte ich dem Tod ins Gesicht sehen, um zu verstehen, daß ich sogar ohne dich leben kann, Alex.« Alice öffnete die Augen und lächelte ihn an. Dann schlief sie ein. Ruhig und friedlich lag sie da und fühlte sich wieder im Einklang mit sich selbst. Die vergangenen Tage erschienen ihr jetzt wie ein reinigendes Gewitter, das für Klarheit gesorgt hatte. Liebe war etwas, was sich nicht erzwingen oder kaufen ließ. Es war ein Geschenk, dessen unwiederbringlichen Wert man oft erst erkannte, wenn man es leichtfertig weggeworfen hatte.

28. KAPITEL
Trennungen

Paolo fühlte sich großartig. Von Chiara waren keine Schwierigkeiten mehr zu erwarten, und Sandra hatte gelobt, Roberta nichts zu verraten. Kurzum: Paolo sah seiner Zukunft unbeschwert und voller Optimismus entgegen. Chiara war für ihn nichts als unnötiger Ballast gewesen, den er endlich über Bord geworfen hatte. Zimperlichkeiten führten nur zu irgendwelchen Schuldgefühlen. Ohne Skrupel kam man im Leben viel besser zurecht.

Er ging in den Bungalow zurück und zog sein Shirt über den Kopf. Roberta saß auf dem Bett und musterte ihn von oben bis unten. Paolo lächelte entspannt.

»Du sagtest, du wärst müde«, meinte er. »Wie kommt es, daß du immer noch wach bist?«

»Ich habe nachgedacht«, antwortete sie ruhig.

»Über mich, hoffe ich.« Paolo lachte, als hätte er gerade einen guten Witz gemacht.

»Genau«, bestätigte sie mit leicht amüsiertem Tonfall.

»Oh, du bist so ein Schatz«, freute er sich.

»Chiara hat vor einer kleinen Weile angerufen«, fuhr sie fort.

»Oh?« Paolo spürte, wie ihm das Blut in den Kopf schoß. »Was wollte sie?«

»Ich habe keine Ahnung«, entgegnete sie. »Sie hat nach dir gefragt.«

»Sie hat sich da mit Sicherheit in eine schöne Schweinerei bugsiert«, heuchelte er Empörung.

»Warum?« Roberta warf ihm einen überraschten Blick zu.

»Was meinst du mit warum?« ereiferte er sich gekünstelt. »Sie erwartet ein Baby, und sie weiß nicht einmal, wer der Vater ist!«

»Sie weiß es, aber sie will es nicht sagen«, korrigierte sie.

»Sie muß ernsthafte Probleme haben«, schauspielerte er weiter den Unwissenden.

»Nicht so ernsthafte wie du«, sagte sie bestimmt.

»Was meinst du?« Paolo stutzte.

»Ich meine, daß du morgen nach einem anderen Job und einer anderen Wohnung suchen mußt«, fuhr sie im ruhigen Plauderton fort. »Außerdem mußt du deine ganzen Schulden bezahlen und dir deine Socken selbst kaufen.«

»Aber Roberta, das ist nicht dein Ernst, nicht wahr?« Paolo mußte sich setzen, bevor die Beine unter ihm nachgaben. Er konnte und wollte nicht glauben, daß Roberta wirklich gesagt hatte, was sie gesagt hatte.

»Doch«, bestätigte sie. »Es ist vorbei zwischen uns. Und diesmal ist es endgültig. Ich habe seit langem darüber nachgedacht, wie es wäre, dich zu verlassen, aber ich brauchte erst Chiara, um mir selbst den Mut zu geben, es dir zu sagen.«

»Aber, Roberta, du glaubst doch nicht etwa, was dieses Mädchen gesagt hat?« Paolo wurde schwindlig. Er fühlte sich, als hätte er gerade einen Schlag in den Magen erhalten.

»Mein Anwalt wird es dir sagen«, erwiderte sie kühl. »Und jetzt möchte ich, daß du gehst. Denn ich bezahle für diese Wohnung und diesen Urlaub.«

»Aber Roberta, ich ...«, stotterte er hilflos. Zu seiner Überraschung spürte er Tränen in seinen Augen.

»Raus!« Robertas Augen funkelten drohend. »Verschwinde!«

Paolo erhob sich wie in Zeitlupe. Er stierte Roberta in der Hoffnung an, daß sie nur einen schlechten Scherz machte. Doch ihr versteinertes Gesicht verriet, daß sie es bitter ernst meinte. Und während Paolo wie ein geprügelter Hund aus dem Zimmer schlurfte, spürte er, wie seine Welt in Scherben fiel.

Alice erwachte kurz nach Mitternacht. Alexander saß neben ihrem Bett.

»Alexander«, flüsterte sie.

»Ich bin hier, Alice!« Alexander sammelte seinen ganzen Mut, um ihr schließlich direkt in die Augen zu sehen. »Wir hätten vernünftig miteinander reden sollen, Alice. Daß du wirklich leiden würdest, ist mir nie in den Sinn gekommen.«

»Du hast nur getan, was ich vorher gemacht habe«, antwortete sie mit einem Lächeln. »Mit dem Unterschied, daß du dein Glück gefunden hast und ich nicht.«

»Aber ...« Alexander war verlegen und wußte nicht, was er darauf sagen sollte.

»Jetzt, wo ich dem Tod so nahe war, kann ich auf

einmal akzeptieren, wie die Dinge liegen ... und ich gönne dir dein Glück mit Monica.«

»Alice, ich ...!« Alexander schluckte. Er war verwirrt über Alices plötzliche Wandlung. Aber sie meinte es ernst. Ihr Gesicht verriet es, und ihr Lächeln erwärmte ihn.

»Vergib mir«, bat sie ihn und drückte sanft seine Hand.

Sandra, Roberta und Marco besuchten Chiara am nächsten Tag in der Klinik. Sie saß auf der Bettkante und kicherte wie ein kleines Mädchen. Gespannt packte sie das Päckchen aus, das die drei ihr mitgebracht hatten.

»Danke«, sagte Chiara und betrachtete das Babyhemdchen darin von allen Seiten. »Oh, wie süß.«

»Es wird schön sein, wieder ein Baby im Haus zu haben«, meinte Marco.

»Ja, ich glaube auch«, stimmte ihm Sandra zu.

»Gute Neuigkeiten«, meldete Kate. »Zwei Tage noch, und wir sind dich los.«

»Sind Sie sicher?« fragte Roberta erfreut.

»Ja«, bestätigte Kate. »Das Schienbein verheilt gut, und was den Rest betrifft ..., ich fürchte, daß unsere Entbindungsstation im Moment voll ist.«

»Kate?« Chiara wurde ernst.

»Ja?« Kate drehte sich zu ihr um.

»Ich weiß nicht, wie ..., aber danke.« Chiara lächelte verlegen.

»Denk daran, daß ich ein Bild von dem Baby haben möchte«, forderte Kate streng und zwinkerte ihr zu.

»Und du denkst daran, daß du immer eine gute Freundin in Italien hast«, erwiderte Chiara im gleichen Tonfall.

»Keine Sorge, wenn Thompson mich rausschmeißt, stehe ich auf deiner Türschwelle«, versprach Kate.

»Rom, Neapel, Venedig, Palermo ...«, schwärmte Chiara. »Ich werde dich hinbringen, wo immer du möchtest.«

»Und du bringst ihn mit.« Kate deutete auf Chiaras Bauch und lachte.

In ausgelassener Laune verließen beide das Krankenzimmer. Chiara probierte zum ersten Mal die neuen Krükken aus und kam sich dabei wie ein neuer Mensch vor.

Alice wurde einige Tage später entlassen. Sie kehrte nur ins Hotel zurück, um ihr Gepäck zu holen. Monica und Alexander begleiteten sie zum Flughafen. Sie warteten mit ihr in der Abflughalle, bis Punkt elf Uhr dreißig der Flug nach Frankfurt aufgerufen wurde.

»Ich denke, ich gehe jetzt besser«, meinte Alice und wandte sich dann an Monica. »Sie sind wirklich eine großartige Frau. Schade, daß ich Sie nicht vorher kannte. Ich hätte das Geld für den Flug sparen können.«

»Sie sind selbst eine tolle Frau«, gab Monica das Kompliment zurück.

»Paß auf dich auf, Alice.« Alexander lächelte etwas wehmütig.

»Keine Sorge, Alex«, versprach sie. »Ich bin jetzt ein großes Mädchen.«

Alexander und Monica warteten, bis Alice durch den Zoll war. Dann verließen sie den Terminal und fuhren mit dem Jeep in die Savanne. Sie fuhren hinauf zu den Wasserfällen. Dort stiegen sie aus und sahen lange hinaus auf die sich endlos hinziehende Landschaft.

»Denkst du darüber nach, wie schön Afrika ist?« unterbrach Monica die Stille.

»Nein«, antwortete er versonnen.

»Denkst du darüber nach, wie groß dein Baum ist?« wollte sie wissen.

»Nein«, erwiderte er ernst.

»Nein?« wiederholte Monica überrascht. »Worüber denkst du denn nach?«

»Ich denke über uns nach«, entgegnete er und schaute sie an. Sie war das Kostbarste, was es auf der Welt für ihn gab.

29. KAPITEL
Flitterwochen

Es war ein ganz normaler Morgen in der Nyanga-Grundschule – bis plötzlich Flammen vor den Fenstern loderten. Gleichzeitig schlugen die Rauchmelder Alarm. Sirenengeheul zerriß die Stille. Wie unzählige Male geübt, sorgten die Lehrer dafür, daß ihre Schüler geordnet die Klassen verließen. Doch das Feuer hatte bereits das Treppenhaus erfaßt, so daß den Schülern in den oberen Stockwerken jeder Fluchtweg abgeschnitten war.

Vor der Schule tauchten schwere Löschzüge der Feuerwehr auf. In Windeseile wurden Schläuche ausgerollt und Feuerwehrleitern ausgefahren. Ein Betreten des brennenden Gebäudes war nur noch mit Sauerstoffmasken möglich. Mühsam arbeiteten sich die Feuerwehrmänner durch das brennende Inferno. Dicke schwarze Rauchschwaden quollen aus den Fenstern. Die Feuerwehrleute retteten viele Kinder aus den Flammen. Mit Rauchvergiftungen und Brandverletzungen wurden sie in die umliegenden Krankenhäuser transportiert. Die meisten Hospitäler waren auf eine solche Katastrophe nicht vorbereitet. Es gab viel zu wenig Betten ...

Für Monica hing an diesem Morgen der Himmel voller Geigen. Die afrikanische Sonne leuchtete von einem strahlendblauen Himmel auf die fröhliche Hochzeitsgesellschaft, die sich vor der Brandt-Farm versammelt hatte. Monica und Alexander traten vor einen Priester. Lisa und Walter hatten noch nie ein glücklicheres Brautpaar gesehen.

Der Geistliche stand würdevoll vor dem Brautpaar und beendete gerade die Trauungszeremonie. Nun war es an Monica und Alexander, die entscheidenden Worte zu sprechen.

»Ich bitte die anwesenden Personen, zu bezeugen, daß ich, Alexander Brandt, Monica Marini zu meiner rechtmäßig angetrauten Ehefrau nehme«, verkündete Alexander mit fester Stimme und schaute Monica zärtlich an.

Monica registrierte alles nur noch wie durch einen rosaroten Schleier und sagte sanft: »Ich bitte die anwesenden Personen, zu bezeugen, daß ich, Monica Marini, Alexander Brandt zu meinem rechtmäßig angetrauten Ehemann nehme!«

»Ich erkläre Sie hiermit zu Mann und Frau«, besiegelte der Geistliche den Bund. »Sie dürfen die Braut küssen!«

»Oh, das habe ich beinahe vergessen«, lachte Alexander und küßte Monica.

Gleichzeitig regnete es Reis und Glückwünsche von allen Seiten.

Nachdem Alexander die Braut geküßt hatte, bekam Sara ebenfalls einen Schmatz. Professor Kohlemann gratulierte dem Paar besonders herzlich. Farbenprächtig gekleidete Eingeborene musizierten und tanzten, daß die eigens dafür aufgebaute Bühne bedenklich wackelte.

Monicas Glück wäre an diesem Morgen völlig ungetrübt gewesen, wäre ihre beste Freundin auch unter den Hochzeitsgästen gewesen. Doch aus irgendeinem Grund war Kate nicht gekommen. Monica war beunruhigt – etwas Furchtbares mußte passiert sein.

Chaos – eine bessere Beschreibung für den momentanen Zustand in der Kohlemann-Klinik gab es nicht. Immer wieder lieferten Krankenwagen neue Opfer des Grundschulbrandes ein. Alle anderen Krankenhäuser waren bereits bis zum letzten Bett belegt. Die Kohlemann-Klinik bedeutete für die Kinder die letzte Hoffnung.

Kate stand im Foyer wie ein Fels in der Brandung und versuchte etwas Ordnung in das Durcheinander zu bekommen. Sie organisierte die Zimmerverteilung für die kleinen Patienten und gab den Hilfsschwestern entsprechende Anweisungen.

Vor der Kohlemann-Klinik drängten sich mittlerweile die besorgten Eltern der verletzten Schüler. Aufgeregt betraten sie das Foyer und vergrößerten das Chaos dadurch.

»Bitte, warten Sie draußen«, sprach Kate mit lauter Stimme die Eltern an.

»Wir wollen unsere Kinder sehen«, protestierte eine Mutter.

»Ich hab' in den Zimmern nicht genügend Platz für sie alle«, wandte sich Cindy an Kate.

»Benutz das Wartezimmer«, ordnete Kate an. »Cindy, hol sämtliche Sauerstoffflaschen und -masken, die du finden kannst, und bring sie dorthin. Und jede Menge Verbandszeug.«

»Okay.« Cindy verschwand im Laufschritt im Korridor.

Dr. Thompson betrat die Klinik und erstarrte. Ungläubig wanderten seine Augen von den durcheinander schreienden Eltern zu den Pflegern. Die drängten mit immer neuen Tragen, auf denen Kinder lagen, durch die Umstehenden. Mitten in dem ganzen Wirrwarr entdeckte Dr. Thompson Kate. Gereizt trat er zu ihr, packte ihren Arm und blaffte: »Was zum Teufel ist hier passiert?«

»Wenn Sie meinen Arm loslassen, werde ich es Ihnen erzählen«, antwortete sie nicht minder gereizt. »In einer Grundschule ganz in der Nähe ist ein Feuer ausgebrochen. Wir versuchen zu helfen.«

»Was ist mit dem St. Pauls Krankenhaus?« fuhr er sie an, während er zornig umherblickte. Das ganze Foyer war ein einziger Hexenkessel. Menschen schrien, fuchtelten mit den Armen, liefen durcheinander und trampelten rücksichtslos über den kostbaren italienischen Marmorboden – was Dr. Thompson am meisten ärgerte. Die Kinder auf den Tragen musterte er wie Aussätzige.

»Sie haben nicht genügend Betten«, erklärte Kate. »Es sind mindestens einhundert Kinder, die ärztlich versorgt werden müssen.«

»Aha, wir bügeln mal wieder die Unzulänglichkeiten der anderen aus, und niemand bezahlt uns dafür«, schnaufte er verächtlich.

»Ich muß zur Notaufnahme«, erwiderte Kate kühl. »Wenn Sie sich beschweren wollen, dann nicht bei mir. Gehen Sie zum St. Pauls.«

Monica und Alexander reihten sich in die Schar der Tänzer auf der Wiese ein. Nach den afrikanischen Musikern spielte eine Combo nun schottische und irische Volkslieder. Alexander drehte und wirbelte Monica herum, daß sie ihre Lockenpracht durcheinandergeriet. Sie lachte laut und unbeschwert. Mowanda und Professor

Kohlemann, die mit den Trauzeugen am Ehrentisch saßen, klatschten im Takt.

»Ich hätte nie gedacht, daß wir mal einen solchen Tag wie heute auf unserer alten Farm erleben würden«, meinte Walter.

»Schau dir nur mal deinen Sohn an«, lachte Lisa. »Ich habe ihn noch nie so glücklich gesehen. Es ist wundervoll.«

»Der Anlaß verdient es, mit einer guten Zigarre geehrt zu werden.« Walter nestelte eine Zigarre, die er natürlich rein zufällig bei sich trug, aus der Tasche.

»Walter, der Anlaß ist bereits ausreichend durch deine gute Gesundheit geehrt«, maßregelte ihn Lisa streng. »Ruiniere die Party bitte nicht!«

Im Haus klingelte das Telefon. George ging an den Apparat.

»Hallo«, sagte er. »Wie kann ich Ihnen helfen? Moment, ich werde sie sofort rufen.«

George bahnte sich einen Weg durch die Tanzenden und informierte Monica über den Anruf. Kate war am anderen Ende der Leitung. Im Telegrammstil berichtete sie Monica vom Chaos, das in der Klinik herrschte.

»Ich kann dir nicht sagen, wie leid es mir tut, daß ich nicht bei deiner Hochzeit sein kann«, sagte sie. »Ich hoffe, jemand hat alles auf Video aufgezeichnet und eine Menge Fotos gemacht.«

»Es ist alles für die Nachwelt aufgezeichnet«, versicherte Monica. »Trotzdem, es ist nicht dasselbe, ohne dich.«

»Ja, ich weiß«, seufzte Kate.

»Bist du sicher, daß die Schulkinder gut versorgt werden?« fragte Monica besorgt.

»Ja, ja, es gibt nichts, was mir Kopfzerbrechen bereitet«, log Kate.

»Kate, du würdest mir doch sagen, wenn du mich brauchst, nicht wahr?« hakte Monica mißtrauisch nach.

»Bist du jetzt völlig durchgeknallt?« antwortete Kate. »Genieß deine Party! Hier ist alles in Ordnung.«

»Ehrlich?« Monica traute Kate nicht so ganz.

»Ehrenwort«, entgegnete Kate. »Wann fahrt ihr in die Flitterwochen?«

»Heute am frühen Nachmittag«, erzählte Monica. »Alex hat eine phantastische Reise gebucht. Wir fahren mit einer Dampflok durch ganz Afrika bis zu den Victoria-Fällen. Und das Beste daran ist, wir kleiden uns alle in der Mode der Zwanziger Jahre.«

»Wie ich dich beneide«, seufzte Kate. »Was ist mit Sara?«

»Sie bleibt bei Alexanders Eltern«, entgegnete Monica.

»Ich muß mal wieder an die Arbeit«, beendete Kate das Gespräch. »Also, viel Vergnügen, und vergiß nicht, mir ein paar Postkarten zu schicken.«

»Klar«, gelobte Monica. »Und du rufst mich an, wenn ihr mich braucht, okay?«

»Okay«, beteuerte Kate. »Bye, Monica.«

Kate legte auf und kümmerte sich wieder um die Patienten.

Vor der Klinik hielt eine luxuriöse Limousine, die von einer Polizeieskorte flankiert wurde. Bürgermeister Osborne, ein schlanker, elegant gekleideter Mann Ende Vierzig, entstieg der Limousine. Besorgt erfragte er im Foyer des Krankenhauses eine Zimmernummer. Atemlos betrat er das Zimmer, in dem seine Tochter und ein fremdes Mädchen lagen. Kate saß am Bett der Zehnjährigen und hielt ihre Hand. Obwohl der Bürgermeister seine Tochter atmen hören konnte, schien sie eher leblos. Das Kind lag im Koma und war an ein Beatmungsgerät angeschlossen. Der Anblick trieb Mr. Osborne die Tränen in die Augen.

Gedankenversunken stand Monica neben dem Telefon. Sie ahnte, daß es im Krankenhaus schlimmer stand, als Kate ihr verraten wollte.

Alexander trat mit zwei gefüllten Sektgläsern zu ihr und riß sie aus den Gedanken.

»Darf ich einen Toast auf meine Frau aussprechen?« fragte er und reichte ihr ein Glas.

»Es hat in einer Grundschule gebrannt«, sagte Monica leise. »Darum war Kate nicht hier.«

»Wurde jemand verletzt?« erkundigte er sich.

»Ein paar Kinder haben kleinere Schnittwunden, andere leichte Rauchvergiftungen«, erwiderte sie. »Das sagt jedenfalls Kate.«

»Und du denkst, sie spielt es herunter, um dir nicht den Tag zu verderben?« meinte Alexander.

»Ich weiß nicht«, seufzte sie. »Aber keine Sorge, nichts auf der Welt bringt mich heute von dir weg.«

»Das hoffe ich!« Alexander streichelte ihr sanft über die Wange.

»Ich möchte nur einen winzig kleinen Telefonanruf tätigen«, bat sie ihn.

»Wen willst du denn anrufen?« Alexander hob mißtrauisch die Brauen.

»Den diensthabenden Arzt«, erklärte sie. »Er wird wissen, wie ernst die Lage wirklich ist und mich beruhigen.«

»Kommt überhaupt nicht in Frage!« erboste sich Alexander. »Du hast mir gerade ein Versprechen gegeben, Monica. Glaubst du nicht, du hast das Recht, einmal an dich selbst zu denken ... und an mich?«

Bürgermeister Osborne bat Kate, ihn zum Leiter der Klinik zu bringen. Solange Professor Kohlemann auf Monicas Hochzeit als Gast weilte, hatte Dr. Thompson die Position des Stellvertretenden Leiters inne.

Dr. Thompson schien wie ausgewechselt, als ihm der Bürgermeister am Schreibtisch gegenübersaß. Kate sah keinen Ärger mehr in seinem Gesicht, nur noch aufgesetzte Freundlichkeit.

»Sie sehen, Herr Bürgermeister, unsere Klinik war die erste, die sich um die Notfälle kümmerte«, brüstete er sich. »Ich selbst habe meinen Kollegen angeordnet, sofortige medizinische Hilfe bereitzustellen. Es stimmt zwar, daß dies eine private Einrichtung ist, aber in einer Situation wie dieser ...«

»Ich danke Ihnen im Namen unserer Stadt«, erwiderte der Bürgermeister. »Aber nun sagen Sie mir bitte, wie es um meine Tochter bestellt ist. Und zwar ohne irgendwas vor mir zu verbergen oder besonders freundlich zu sein.«

»Ich verberge nicht die Ernsthaftigkeit ihres Zustandes vor Ihnen«, stotterte Dr. Thompson, obwohl er nicht den blassesten Schimmer hatte, wie es um die Kinder bestellt war, weil es ihm völlig egal war. »Die Prognose ist noch nicht definitiv. Aber ich versichere Ihnen, Ihre Tochter wird die bestmögliche Pflege und medizinische Versorgung von allen erhalten.«

»Wer ist das andere kleine Mädchen?« wollte der Bürgermeister wissen.

»Das andere Kind?« Dr. Thompson blinzelte ratlos. »Äh ..., wir sind uns noch nicht ganz sicher. Aber wenn Sie Anstoß an ihrer Anwesenheit bei Ihrer Tochter nehmen, können wir sie jederzeit in ein anderes Zimmer verlegen.«

»Nein, auf keinen Fall«, widersprach Mr. Osborne. »Ich wollte nur wegen meiner Tochter Bescheid wissen.«

»Natürlich, Herr Bürgermeister, natürlich«, lenkte Dr. Thompson rasch ein.

»Ein Feuerwehrmann fand Ihre Tochter und das andere Kind am Ende des Klassenzimmers«, mischte sich Kate nun in das Gespräch. »Sie hielten sich eng umschlungen und waren bewußtlos. Die Mädchen hatten Angst vor dem Feuer und versteckten sich deshalb. Leider verzögerte das ihre Rettung, und sie inhalierten eine größere Dosis Rauch.«

»Danke, Schwester.« Dr. Thompson warf Kate einen verärgerten Blick zu. Wie konnte sie es wagen, ihn so bloßzustellen? »Sie dürfen gehen.«

»Danke, Miss«, sagte der Bürgermeister umso freundlicher.

»Mein Name ist Kate, Herr Bürgermeister«, stellte sie sich vor.

»Danke, Kate«, erwiderte er. »Ich würde gerne die Eltern des anderen Mädchens kennenlernen. Ich wäre Ihnen dankbar, wenn Sie mich informieren, sobald Sie sie ausfindig gemacht haben.«

»Das werde ich bestimmt«, versprach sie.

»Danke.« Der Bürgermeister lächelte erleichtert.

Kate verabschiedete sich und ging zur Tür.

»Äh, Kate«, rief ihr Dr. Thompson nach. »Ich habe Dr. Marini noch nicht gesehen.«

»Dr. Marini hat Urlaub.« Kate drehte sich an der Tür zu ihm um. »Erinnern Sie sich nicht? Sie hat geheiratet. Dr. Baker springt für sie ein.«

»Sie heiratet?« Dr. Thompson stieß verächtlich die Luft aus. »Na, wundervoll! Ausgerechnet wenn wir mitten in einer Notsituation stecken. Sie muß auf der Stelle hergerufen werden!«

»Dr. Marini hat mich vor wenigen Minuten angerufen«, erwiderte Kate und log: »Inzwischen sind sie bereits in die Flitterwochen abgefahren. Ich glaube nicht, daß man sie noch erreichen kann.«

Dr. Thompson warf Kate einen verärgerten Blick zu, der besagte: Darüber werden wir noch sprechen, wenn wir unter uns sind. Dann widmete er seine Aufmerksamkeit wieder dem Bürgermeister.

Sara suchte Monica und Alexander. Schließlich fand sie die beiden im Wohnzimmer.

»Mami, komm raus«, rief sie aufgeregt. »Mowanda macht einen lustigen Tanz. Den mußt du sehen!«

»Ich kann nicht, Schatz«, bedauerte Monica. »Du weißt, wir müssen packen. Unser Zug fährt in ein paar Stunden ab.«

»Wann kommt ihr zurück?« fragte sie ein wenig traurig.

»Bald«, versprach ihre Mutter. »Sehr bald. Du wirst kaum merken, daß wir überhaupt weg waren.«

»In Ordnung«, meinte Sara und fügte sich in das Unvermeidliche.

»Geh und tanze.« Monica gab ihr einen Klaps.

Sara verschwand wieder nach draußen. Alexander hob sein Glas und stieß mit seiner frischgebackenen Ehefrau an: »Auf uns!«

»Mr. Brandt!« Monica lächelte maliziös.

»Mrs. Brandt!« Alexander zwinkerte ihr zu. »Ich finde, das hört sich gut an.«

Einige Stunden später saßen Monica und Alexander im Victoria-Express, einer Nachbildung des Orient-Express, und fuhren in die Flitterwochen. Die Belle-Epoque-Architektur des Zuges vermittelte seinen Fahrgästen das Gefühl, in ein zurückliegendes Jahrhundert versetzt zu sein. Dieses Bild wurde noch durch die strenge Kleidervorschrift verstärkt.

Alexander trug einen Smoking mit silbergrauer Fliege im Stil der zwanziger Jahre. Monica hatte ein Chiffonkleid mit passendem Hut und Federboa aus der gleichen Epoche angezogen. Sie saßen an einem Zweiertisch im Gesellschaftsraum. Während sie auf das Essen warteten, tranken sie einen Aperitif.

»Cin, cin«, sagte sie.

»Cin, cin«, antwortete Alexander und stieß mit ihr an.

»Sag mir, daß ich nicht träume.« Monica ließ ihre Blikke durch den luxuriösen Salon schweifen.

»Nein, Liebling«, beteuerte Alexander. »Es ist alles wahr. Du siehst wunderbar aus in diesem Kleid.«

»Danke«, lächelte sie. »Du siehst selbst aber auch ziemlich elegant aus. Meine Großmutter hätte dir wohl kaum widerstehen können.«

»Sehr witzig.« Alexander schnitt eine Grimasse. »Das war das einzige Kostüm in meiner Größe. Ich mußte es nehmen.«

»Es sieht toll aus«, wiederholte sie ihr Kompliment. »Und jetzt hätte ich gern einen Kuß.« Monica beugte sich über den Tisch.

Als braver und gehorsamer Ehemann kam Alexander dem Wunsch natürlich umgehend mit dem gebotenen Eifer nach und drückte ihr einen Kuß auf die gespitzten Lippen.

Schweigend, in Gedanken versunken, stand Bürgermeister Osborne im Krankenzimmer seiner Tochter. Kate kümmerte sich um das Mädchen, das immer noch wie tot im Bett lag.

Plötzlich betrat eine Frau Mitte Vierzig das Zimmer.

Agnes McMullen hatte kurze, blonde Haare und trug ein unauffälliges Kleid. Ihr hübsches Gesicht war blaß, mit sorgenvollen, dunkel umschatteten Augen. Der Bürgermeister bemerkte aus dem Augenwinkel, wie die Frau neben ihm stehenblieb.

»Wie heißt sie?« fragte Agnes leise.

»Wie bitte?« Mr. Osborne blickte sie überrascht an.

»Ich denke mir, das ist Ihre Tochter.« Agnes schaute zur Patientin im Nachbarbett. »Deshalb habe ich gefragt, wie ihr Name ist.«

»Allison«, antwortete Mr. Osborne traurig. »Allison Osborne.«

»Allison, natürlich.« Agnes nickte bedächtig. »Grace spricht oft von ihr. Sie sitzen in derselben Bank.«

»Agnes McMullen«, stellte sich Grace' Mutter vor.

»Und ich bin David Osborne«, antwortete er und ergriff sanft ihre Hand.

Monica und Alexander widmeten sich ganz den Delikatessen, die der Steward ihnen serviert hatte.

Auf der Bank hinter Alexander saß ein junger Mann. Eddy Van der Oden war siebzehn Jahre alt. Ein schlanker, schlaksiger, hochgewachsener Junge. Er trug einen englischen Pulli mit passender Hose. Gedankenverloren starrte er aus dem Fenster, wo gelegentlich Elefanten, Giraffen und andere exotische Tiere an ihnen vorbeiglitten.

Ihm gegenüber saßen seine Eltern und widmeten sich ganz dem Essen.

»Schau!« rief Eddy begeistert, als er eine Elefantenherde erspähte. »Da drüben!«

»Jetzt hör mal deinem Vater zu, Eddy!« Sein Vater schüttelte ob der kindlichen Naivität seines Sohnes den Kopf.

Van der Oden war ein kräftiger, ernster Mann mit dichtem, weißem Haar und einem glatten, braungebrannten Gesicht. Er war ein strenger, äußerst disziplinierter Offizier, hart gegen sich selbst und gegen andere. Mit besonderem Stolz trug er die Khakiuniform, die ihm sein Vater vor vielen Jahren geschenkt hatte. »Um einen Elefanten zu töten, mußt du ihn nicht zwischen die Augen schießen, wie die meisten Leute denken, sondern genau eine Spanne darüber.«

»Es ist sinnlos, mir das zu erklären, Dad«, erwiderte Eddy. »Ich könnte nie ein Tier töten.«

»Und ob«, widersprach sein Vater ungewöhnlich streng. »Ich habe dich diesen ganzen weiten Weg hierher gebracht, weil es nichts Besseres gibt als eine afrikanische Safari. Das wird einen Mann aus dir machen!«

»Dad ...!« Eddy verdrehte die Augen und seufzte tief.

»Glaub mir, für mich war es dasselbe«, beteuerte Van der Oden. »Ich hatte auch Angst, bis mein Vater mich mit zur Jagd genommen hat. Und zwar haargenau an den selben Ort, zu dem ich dich bringen werde. Ich war damals erst zwölf Jahre alt, und er gab mir ein Gewehr, das doppelt so groß wie ich war.«

»Laß Eddy in Ruhe«, unterbrach ihn seine Frau, Waldine Van der Oden. Sie war eine attraktive Erscheinung in mittleren Jahren. Bekleidet war sie mit einem hocheleganten Seidenkleid mit Rüschen und einer großen Schleife auf dem Rücken. Ihre Haare, die ein Hut halb verdeckte, waren sorgfältig frisiert. »Er ist in Italien aufgewachsen. Was weiß er schon von Safaris?«

»Außerdem sind solche Safaris strikt verboten«, fügte Eddy hinzu.

»Für mich gibt es nichts Verbotenes in Afrika«, protzte Van der Oden.

»Ihr Sohn hat recht«, mischte sich Alexander in das Gespräch und drehte sich zu seinen Tischnachbarn um. »Er ist viel verantwortungsbewußter als Sie. Hier in Afrika gilt das Gesetz für jeden!«

»Und wer sind Sie, bitte?« fragte Van der Oden von oben herab. »Das geht Sie nichts an!«

»Doch, Sir«, widersprach Alexander energisch. »Das tut es! Es geht jeden etwas an, der dieses Land liebt.«

»Jetzt passen Sie mal auf«, verkündete Van der Oden großspurig und erhob sich drohend. »Wir haben dieses Land gemacht. Als mein Vater hierher kam, gab es nichts außer der riesigen Weite von wildem, unkultiviertem Lande. Und ich fordere Sie nun auf, sich von mir fernzuhalten, sonst rufe ich den Zugbegleiter.«

»Rufen Sie, wen Sie wollen«, erwiderte Alexander erhitzt und erhob sich ebenfalls. »Dann kann ich Sie wegen Wilderei anzeigen.«

Abrupt verstummte die Unterhaltung in dem Salon. Die Fahrgäste an den anderen Tischen starrten auf die beiden streitenden Männer.

»Gentlemen, bitte«, bat der Steward.

»Entschuldigen Sie«, lenkte Alexander ein und deutete auf einen Tisch am anderen Ende des Waggons. »Ist dieser Tisch dort drüben frei?«

»Sicherlich, Sir«, erwiderte der Steward.

»Entschuldige, Liebling«, wandte sich Alexander an Monica.

»Das ist okay«, meinte sie, stand auf und folgte dem Steward zu ihrem neuen Tisch.

Bürgermeister Osborne und Agnes verließen für ein paar Minuten die bedrückende Stille des Krankenzimmers, in dem ihre Töchter lagen. Sie schlenderten über die sonnenbeschienene Wiese hinter der Klinik und spendeten sich gegenseitig Trost.

Osborne sehnte sich danach, mit jemandem über Allison zu sprechen. Mit jemandem, dem sein Status als Bürgermeister egal war. Dr. Thompsons Anbiederei hatte er sofort durchschaut, genau wie Kates Aufrichtigkeit. Aber Kate war mit wichtigeren Dingen beschäftigt, als ihm Gesellschaft zu leisten. Umso dankbarer war Osborne, daß er Agnes kennengelernt hatte. Sie konnte nachempfinden, was er durchlitt, denn sie war in der gleichen Situation.

»Ich habe Allison nie von der Schule abgeholt«, berichtete Osborne. »Deshalb haben wir uns wohl nie gesehen. Ich habe immer viel zu tun, und jetzt fühle ich mich besonders schuldig.«

»Ich bin sicher, Sie sind ein liebevoller Vater«, meinte Agnes und schenkte ihm ein aufrichtiges Lächeln.

»Allison war nie ein glückliches Kind«, erzählte er weiter. »Ihre Mutter starb, als sie erst drei war.«

»Ja, davon habe ich gehört«, warf Agnes ein.

»Um über den Schmerz hinwegzukommen, habe ich mich mit Leib und Seele in die Karriere und Politik gestürzt«, gestand er, von Schuldgefühlen gepeinigt.

»Ich bin sicher, Allison ist sehr stolz auf ihren Vater«, versicherte sie.

Osborne bemerkte, daß er die ganze Zeit von sich selbst sprach, obwohl Agnes mindestens genauso litt wie er.

»Das ist absurd«, sagte er deshalb. »Ihre Tochter Grace ist in demselben Zustand wie Allison, und doch müssen Sie mich trösten. Entschuldigen Sie bitte.«

Monica und Alexander nahmen an ihrem neuen Tisch Platz.

»Es ist unglaublich«, ereiferte sich Alexander immer noch. »Hast du das mitbekommen? Er benutzte die fadenscheinige Entschuldigung, aus seinem Sohn einen ›richtigen Mann‹ zu machen dafür, eine verbotene Jagd-Safari auszurüsten.«

»Der arme Junge«, seufzte Monica. »Er tut mir leid.«

»Keine Sorge, er wird ihn dabei nicht begleiten«, versicherte Alexander. »An der nächsten Haltestelle informiere ich die Polizei.«

»Ach komm, Alex«, versuchte Monica ihn aufzuheitern. »Laß dir doch davon nicht die Reise vermiesen. Schau, da draußen. Es sieht aus wie im Paradies.«

Alexander warf einen Blick aus dem Fenster. Als er zu Monica zurückschaute, bemerkte er Tränen in ihren Augen.

»Schatz, was ist los?« fragte Alexander besorgt.

»Nichts«, antwortete sie mit melancholischem Lächeln. »Ich bin nur einfach wirklich glücklich. Das ist alles zu schön, um wahr zu sein. Ich weiß, manchmal hört es sich wirklich verrückt an, aber wenn ich so glücklich bin, bekomme ich Angst. Ich fürchte, es wird von einer Minute zur anderen vorbei sein.«

»Nichts wird vorbei sein«, beruhigte er sie. »Ich lasse nicht zu, daß dich irgendwer unglücklich macht.«

Alexander schaute verdutzt Richtung Van der Oden. Offensichtlich gab es wieder Ärger. Der Steward stand an seinem Tisch und sprach leise zu ihm.

»Ist Ihnen klar, daß die Schienen, auf denen dieser Zug fährt, von meinem Vater gelegt wurden?« fragte Van der Oden großspurig, während er genüßlich an seiner Zigarre paffte. »Es waren Männer wie er, die dieses Land errichtet haben. Davor gab es nichts außer Strohhütten.«

»Entschuldigen Sie bitte, Sir, aber ...«, unterbrach der Steward höflich den Monolog.

»Glauben Sie, Sie können einem Van der Oden sagen, wie er sich zu benehmen hat?« fuhr Van der Oden ihn an.

»Das liegt mir fern, Sir«, beteuerte der Steward. »Aber Rauchen ist in diesem Bereich nicht gestattet. Viele der anderen Gäste haben sich beschwert.«

»Gehen wir in unser Abteil zurück.« Van der Oden erhob sich wütend und klemmte seinen Majorstab unter den Arm. »Ich habe genug von diesem Laden. Eddy, komm schon!«

Van der Oden drehte sich um. Am Ende des Ganges erspähte er Alexander und Monica, die der Grund für seinen Ärger waren.

Im Vorbeigehen machte er eine Bewegung mit dem Ellbogen, so daß der Majorstab Monicas Hut streifte. Der Hut fiel zu Boden.

Alexander hatte gesehen, daß Van der Oden das mit voller Absicht getan hatte. Wütend wollte er aufspringen, doch da hob Eddy Monicas Hut rasch auf und reichte ihn ihr.

»Es tut mir so leid«, sagte er freundlich. »Ich versichere Ihnen, mein Vater hat das nicht mit Absicht getan.«

»Ich bin mir sicher, daß er das nicht hat«, antwortete Monica lächelnd und nahm den Hut.

Alexander setzte sich wieder hin und entspannte sich. Zumindest ein Mitglied dieser unmöglichen Familie besaß offensichtlich einen anständigen Charakter.

30. KAPITEL

Gefährlicher Leichtsinn

Osborne und Agnes saßen auf einer Bank im Korridor. Eine Weile starrten sie schweigend auf die immer vertrauter werdende Krankenhausumgebung. Osborne hatte Agnes alles, was es von sich zu berichten gab, erzählt. Damit die Zeit schneller verstrich, erzählte sie nun ihre Lebensgeschichte.

»Wir wurden letztes Jahr geschieden, aber er ist bereits vor langer Zeit nach Schottland zurückgekehrt«, endete sie schließlich. »Seine Familie hat dort einen Besitz.«

»Und?« fragte Osborne neugierig. »Verstehen Sie sich noch gut?«

»Unglücklicherweise nicht«, seufzte sie. »Er hat alles unternommen, um mir Grace wegzunehmen. Wenn er Erfolg gehabt hätte ... Zum Glück sprach der Richter mir meine Tochter zu.«

Agnes war Osborne vom ersten Moment an sympathisch gewesen. Zugegeben, sie war eine attraktive Frau, aber da war noch etwas anderes. Vielleicht war er so fasziniert von ihr, weil sie nicht wie die meisten anderen in Ehrfurcht erstarrte, bloß weil er der Bürgermeister war. Agnes fand den Mann, der ihr so offen von seinen Lebensumständen erzählt hatte, auch nicht unsympathisch. Ganz im Gegenteil. Sie mochte seine Sensibilität und seinen natürlichen Charme. Alles in allem wirkte er recht anziehend auf sie.

»Ist Ihnen kalt?« fragte er überrascht, als sie fröstelte und leicht schauderte.

»Würden Sie bitte den Arm um mich legen?« bat sie.

Osborne legte seinen Arm um ihre Schulter und spürte, wie sich sich entspannte.

Nach einer Weile standen sie auf und schlenderten zum Zimmer, in dem ihre Kinder lagen. Die Tür zum Korridor war weit offen. Um Grace' Bett standen Kate, Dr. Baker und Cindy. Eine gewisse Hektik war unverkennbar. Während Dr. Baker sein Stethoskop auf Grace' Herz hielt, kontrollierten Kate und Cindy das Beatmungsgerät und die Infusionen. Offensichtlich waren bei Grace Komplikationen eingetreten.

Agnes hatte das Gefühl, als ob ihr Körper in einem Schraubstock steckte. Alles zog sich in ihr zusammen. Sie konnte nicht mehr atmen, kalter Schweiß brach ihr aus. Cindy reichte Dr. Baker eine Spritze, die er sofort injizierte. Ihre Haut verfärbte sich immer dunkler.

»Defibrillator!« befahl er.

»Hier ist er!« Kate gab ihm die beiden Elektrokontakte.

»Bleibt zurück!« Dr. Baker preßte die Kontakte auf die Brust des Mädchens. »Laden!«

Ein Stromstoß durchzuckte Grace' Körper.

Kate bemerkte Osborne und Agnes und trat zu ihnen hinaus in den Flur.

»Was ist passiert?« fragte Osborne aufgeregt.

»Wir tun, was wir können«, antwortete Kate. »Versuchen Sie ruhig zu bleiben.«

»Aber was ist passiert?« wiederholte Osborne seine Frage.

»Eines der Kinder hatte einen Herzstillstand«, erwiderte Kate.

»Welches?« wollte Agnes wissen.

»Grace. Wir tun alles, was wir können. Ich muß jetzt wieder reingehen. Bitte bleiben Sie ruhig.«

»Es hat funktioniert«, meldete Dr. Baker.

»Großartig!« Kate atmete erleichtert auf.

Osbornes und Agnes' Gesichtszüge entspannten sich ebenfalls.

»Halten Sie sie vierundzwanzig Stunden lang am Monitor unter Beobachtung«, ordnete Dr. Baker an.

»Okay«, versprach Cindy.

Monicas und Alexanders Abteil war ebenso luxuriös ausgestattet wie der übrige Zug. Die Wände waren mit edelstem Teakholz getäfelt und reich mit poliertem Messing geschmückt. Es gab vergoldete Spiegel und kristallene Lüster. Auf dem Boden war kostbarer Teppich verlegt.

Obwohl es draußen noch hell war, lag das frischvermählte Paar im Bett. Alexander betrachtete Monica lange. Wie wunderschön sie war! Sie setzte sich auf und schlang das Bettlaken um sich. Alexanders Glück wäre an diesem Tag vollkommen gewesen, hätte Monica nicht dauernd versucht, die Klinik per Handy anzurufen – so wie jetzt schon wieder.

»Hallo, Susan?« schrie Monica in den Hörer und seufzte dann resignierend. »Die Verbindung wurde unterbrochen. Die Kapazität reicht nicht aus.«

»Ich dachte, du würdest es nur benutzen, um Sara anzurufen?« fragte Alexander genervt.

»Das habe ich«, beteuerte sie. »Sara geht es gut. Sie ist bei Sally und deiner Mutter.«

»Warum machst du dir dann Sorgen?« wollte er wissen.

Alexander lächelte nicht mehr. Seine Augen glühten vor Ärger. Monica spürte, wie ihr eigenes Lächeln schwand.

»Ich wollte nur Kate anrufen«, erwiderte sie. »Du weißt, um mich zu beruhigen.«

»Ich glaube es nicht!« widersprach Alexander verärgert. »Selbst in einem Moment wie diesem kannst du immer nur an die Arbeit denken?«

»Ja ..., also ..., nein ... ich meine, ich wollte nur wegen der Schulkinder fragen«, stotterte Monica.

»Es ist erstaunlich.« Alexanders Blick schien sie zu durchbohren.

»Was?« fragte sie irritiert.

»Du kannst nicht abschalten«, warf er ihr vor. »Nicht einmal in einem solchen Moment!«

»Alex, ich wollte nicht ... ich wollte nur sichergehen ...«, stammelte sie schuldbewußt.

»Was?« fauchte er sie an. »Daß du nicht gebraucht wirst? Glaubst du wirklich, daß du die einzige Ärztin auf der Welt bist?«

Monica saß vor Schreck über Alexanders heftige Reaktion wie gelähmt da. Empört sprang er aus dem Bett, schlüpfte in seine Hose und verschwand im Bad.

Dumbo liebte kandierte Mandeln. Davon konnte der kleine Elefant nicht genug bekommen.

»In Ordnung!« Sara stand vor Dumbos Gehege und steckt ihm widerwillig eine weitere Mandel in den ausgestreckten Rüssel. »Aber das ist die letzte. Du hast schon fünfzehn gegessen. Wenn du noch mehr ißt, bekommst du schlimme Bauchschmerzen, und das würde dir dann recht geschehen.«

Die Mandel verschwand genau so schnell in Dumbos Maul wie die vorigen. Gierig reckte er erneut den Rüssel nach Sara.

»Du bist sehr starrköpfig«, tadelte sie ihn, ließ sich dann

aber doch erweichen. »Na schön, aber weine nachher nicht, wenn du Schmerzen hast.«

Sara war so mit Dumbos Fütterung beschäftigt, daß sie den schwarzen Skorpion nicht bemerkte. Lautlos krabbelte das schwarzblau glänzende Tier auf ihre nackten Füße zu. Ein Stich mit dem Giftstachel genügte, um ein Kind in ihrem Alter zu töten.

»Ich weiß, daß du traurig bist, weil Mami und Alex weggegangen sind«, meinte Sara zu Dumbo. »Aber du brauchst dir keine Sorgen zu machen.«

Nur noch wenige Zentimeter trennten den Skorpion von Sara, als Lisa auf die Veranda trat und rief: »Sara? Würdest du mir gerne helfen? Ich möchte einen leckeren Früchtekuchen backen. Du könntest den Teig mischen.«

»In Ordnung!« rief Sara und rannte zum Haus. »Ich komme!«

»Was möchtest du?« erkundigte sich Lisa. »Äpfel oder Blaubeeren?«

»Blaubeeren«, entschied Sara.

»Gut, ich mag Blaub ...!« Lisa stutzte und schaute überrascht zu Dumbo.

»Was ist los, Großmutter?« fragte Sara besorgt.

Dumbo benahm sich ziemlich merkwürdig. Er trompetete aufgeregt und schlug mit dem Rüssel durch die Luft.

»Ich weiß nicht, Schatz«, antwortete sie. »Dumbo scheint vor irgend etwas Angst zu haben.«

»Laß uns nachsehen!« Sara drehte sich um und wollte zum Gehege laufen.

»Warte einen Moment!« Lisa hielt sie am Arm fest.

In diesem Augenblick stach der Skorpion Dumbo in den Rüssel. Der kleine Elefant trompetete ohrenbetäubend. Blind vor Schmerz durchbrach er das Gatter und galoppierte in die Savanne hinaus.

»Dumbo!« rief Sara hinter ihm her. »Dumbo!«

Doch Dumbo war bereits außer Hör- und Sichtweite verschwunden.

»Ich sehe nach, Liebling«, versprach Lisa. »Such Walter, und sag ihm, daß ich ihn brauche.«

Sara rannte zu den Bungalows fort. Lisa verschwand im Haus und kehrte mit einem entsicherten Jagdgewehr zurück. Vorsichtig näherte sie sich dem Pferch. Ihr Verdacht bestätigte sich. Der Skorpion, der Dumbo gestochen hatte, huschte aggressiv auf sie zu.

Lisa legte das Gewehr an und zielte sorgfältig. Dann drückte sie ab. Die Kugel traf den Skorpion. Das Spinnentier explodierte wie eine aufplatzende Tomate.

Sara entdeckte Walter vor einem der Bungalows.

»Großvater, komm«, schrie sie aufgeregt. »Bitte, schnell!«

Walter hatte den Schuß gehört und eilte mit Sara rasch zu Dumbos Pferch.

»Was war los?« fragte er atemlos. »Auf was hast du geschossen?«

»Auf einen Skorpion«, antwortete Lisa. »Einen ziemlich großen sogar.«

»Einen giftigen Skorpion?« fragte Walter ungläubig.

»Absolut sicher«, meinte Lisa.

»Hm.« Walter betrachtete den leeren Pferch und das aufgebrochene Gatter. »Das erklärt alles.«

»Was erklärt das?« wollte Sara wissen. »Hat er Dumbo gestochen?«

»Ich fürchte schon, Sara«, erwiderte Walter.

»Großvater, ich will nicht, daß Dumbo stirbt«, schluchzte Sara.

»Keine Sorge, Liebes«, tröstete Walter sie. »Dieses Tier

hat nicht genügend Gift, um Dumbo zu töten. Aber er hat ihm sicherlich sehr weh getan.«

»Armes Baby«, seufzte Lisa. »Er muß große Schmerzen haben. Oh, Sara! Nicht auszudenken, wenn es dich gestochen hätte.«

»Bitte, Großvater«, flehte Sara. »Laß uns Dumbo suchen gehen.«

»In Ordnung«, versprach er. »Aber wir müssen uns beeilen. Es wird bald dunkel.«

Der Victoria-Express bremste völlig überraschend auf offener Strecke. Genau wie die meisten anderen Fahrgäste wurden Monica und Alexander von dem heftigen Ruck überrascht. Monica kullerte halb aus dem Bett. Alexander knallte im Bad mit dem Kopf gegen einen Hängeschrank. Benommen, mit schmerzverzerrtem Gesicht, wankte er ins Schlafabteil zurück. Dort riß er das Fenster auf und spähte Richtung Lok. Eine Elefantenherde blockierte die Schienen. Deshalb hatte der Lokführer die Notbremsung eingeleitet.

Alexander stöhnte vor Schmerz und hielt sich den Kopf.

»Hast du dich verletzt«, fragte Monica besorgt.

»Ja«, stöhnte er.

»Laß mich mal sehen.« Monica sprang aus dem Bett und schlüpfte in ihren Morgenmantel, um ihm zu helfen.

Alexander ging in die Hocke, damit sie die Wunde besser sehen konnte. Es war jedoch kaum mehr als eine Beule.

»Du meine Güte, das ist ja ein riesiger Schnitt«, frotzelte Monica. »Ob es im Zug einen Arzt gibt, der sich um dich kümmern wird?«

»Ich werde dich lehren, mich zu veralbern«, drohte er

und stürzte sich auf sie. Im nächsten Moment wälzten sich die beiden glucksend und lachend über das Bett. Sie küßten sich leidenschaftlich. Monica durchrieselte ein sanfter Schauer, daß ihr Körper wie ein Feuer aufglühte und sie sich ganz ihrer Leidenschaft hingab.

Morse war von Natur aus ein Gemütsmensch. Den fünfundsechzigjährigen dunkelhäutigen Schaffner brachte so schnell nichts aus der Fassung. Wenn es sich nicht gerade um ein Elefantenrudel handelte, das keinerlei Respekt vor seiner schmucken Uniform zeigte.

»Aus dem Weg!« Morse kletterte aus dem Zug, trat furchtlos vor die Dickhäuter und ruderte wild mit den Armen.

Doch die Elefanten ignorierten ihn beharrlich.

»Was ist passiert?« rief eine ältere Dame aus ihrem Abteilfenster.

»Was geht hier vor?« wollte ihre mondäne Begleiterin wissen.

»Warum halten wir?« fragte ein anderer Fahrgast.

Nach und nach lugten alle Passagiere aus den Fenstern heraus.

»Machen Sie sich keine Sorgen, meine Damen und Herren!« rief Morse ihnen zu. »Wir haben nur ein kleines Problem. Ein Rudel Elefanten ist entschlossen, sich ein wenig auf den Gleisen auszuruhen.«

»Um Gottes willen«, erschrak die ältere Dame. »Meinen Sie nicht, daß vielleicht Räuber dahinterstecken?«

»Genau«, pflichtete ihre Begleiterin bei. »Sie haben die Elefanten hergebracht und auf die Schienen gescheucht, um den Zug zu blockieren ... und uns dann alle auszurauben.«

»Es gibt keine Zugräuber, meine Damen«, versicherte Morse und deutete zu einem hundert Meter entfernten See. »Nur große Krokodile. Und solange niemand den Zug verläßt, besteht keine Gefahr.«

»Oooooh ...«, stöhnte ein anderer Tourist auf. »Jetzt erinnere ich mich. Ich habe gehört, daß die Krokodile in dieser Gegend durchschnittlich acht Menschen pro Tag fressen!«

»Oh mein Gott ...!« kreischten die beiden Damen im Chor. »Wie fürchterlich!«

Nach und nach legte sich die erste Bestürzung unter den Passagieren. Die meisten nutzten die Gelegenheit und vertraten sich neben dem Bahndamm etwas die Füße.

Monica und Alexander hatten sich inzwischen angezogen und mischten sich draußen unter die Touristen. Neugierig wurden sie von den Elefanten beäugt.

»Mich interessiert wirklich, wie sie damit klarkommen werden«, grinste Alexander, während er mehrere Zugbedienste beobachtete, die hilflos vor den Elefanten standen.

»Schau nur, wie schön sie sind«, schwärmte Monica. »Sie sehen wie Statuen aus.«

»Wer?« fragte Alexander irritiert. »Die Schaffner?«

»Nein«, kicherte Monica. »Die Elefanten, du Dummkopf!«

Während die Aufmerksamkeit der Passagiere ganz den Elefanten galt, hatten Van der Oden und sein Sohn den Zug unbemerkt durch die hintere Waggontür verlassen.

»Eddy«, drängte Van der Oden und entsicherte seinen schweren Karabiner. »Eddy komm schon! Es wird Zeit!«

»Aber Dad«, stöhnte Eddy widerwillig. »Der Zug könnte wieder abfahren.«

»Wir haben genügend Zeit, ein paar Krokodile abzuknallen«, meinte sein Vater.

»Aber wenn Ma aufwacht ...«, gab Eddy zu bedenken.

»Sie wird denken, wir sind für ein paar Drinks weg«, antwortete er verärgert. »Zeig endlich mal etwas Mumm, Junge! Du wirst später sehen, was es heißt, ein Jäger zu sein ..., und du wirst es nie wieder anders haben wollen.«

Ein Elefantenbulle trompetete ohrenbetäubend. Erschrocken zuckten die Touristen zusammen.

»Es ist unglaublich«, schwärmte ein Mann. »Das beste Abenteuer, das ich in meinem Leben erlebt habe.«

»Das ist so aufregend«, stimmte eine andere Reisende zu.

Waldine Van der Oden beobachtete das Treiben von ihrem Abteilfenster aus. Als sie zufällig zur Seite schaute, erhaschte sie gerade noch einen Blick auf Eddy und ihren Mann. Vor Schreck krampfte sich ihr Herz zusammen. Als sie sich von dem Schock erholt hatte, hatte das hohe Buschgras die beiden bereits verschluckt.

Geduckt und lautlos pirschten Van der Oden und Eddy an den See. Je näher sie dem Wasser kamen, desto schwammiger und sumpfiger wurde der Boden. Am Ufer wimmelte es vor Krokodilen. Die meisten dösten regungslos in der Sonne. Andere glitten geräuschlos durch das Wasser. Einige Krokodile hatten sich auch im hohen Gras versteckt. Eddy vernahm ihr angriffslustiges, böses Zischen. Manchmal sah er die Krokodile auch mit aggressiv geöffneten Mäulern.

Van der Oden kauerte nahe dem Ufer und lauschte. Ein leichter Dunst lag über dem See. Eddy kniete dicht hinter seinem Vater. Er zwang sich, nicht wegzulaufen.

Sein Herz hämmerte vor Angst. Er wünschte sich nichts Sehnlicheres, als bei den Menschen beim Zug zu sein.

Nach und nach kehrten die Touristen wieder in die Waggons zurück. Der anfänglichen Sensationslust folgte Langeweile.

»Hoffentlich stecken wir hier nicht den ganzen Tag fest«, meinte ein Tourist.

»Wohl kaum«, antwortete Morse. »Das würde den Elefanten auch kaum gefallen.«

»Wie meinen Sie das?« wunderte sich der Tourist.

»Bevor die Sonne versinkt, gehen sie zu dem Ort, an dem sie normalerweise die Nacht verbringen«, verriet Morse.

Van der Oden suchte weiter nach seiner Jagdtrophäe.

»Komm mit, Eddy«, flüsterte er und pirschte noch näher ans Ufer. »Sei vorsichtig!«

Van der Oden ging wieder in die Hocke und wartete.

»Jetzt, Eddy«, raunte er. »Ein richtiger Jäger weiß, wie man stundenlang wartet, ohne seine Konzentration zu verlieren ... Er muß auf den richtigen Moment warten.«

»Aber Dad«, maulte Eddy. »Wir können nicht stundenlang warten. Der Zug fährt vielleicht bald ab.«

»Du hast recht.« Van der Oden runzelte die Stirn und pirschte weiter. »Wir sollten keine Zeit verschwenden. Folge mir!«

Das Gestrüpp wurde noch dichter. Eddy konnte kaum noch erkennen, wohin er seinen Fuß setzte. Er fürchtete, jeden Moment auf ein Krokodil zu treten. Plötzlich hörte er direkt hinter sich ein Knurren. Eddy erstarrte und drehte sich um. Doch er sah nur hohes Gras. Eddy lauschte angestrengt, aber das Geräusch wiederholte sich nicht. Vorsichtig ging er weiter.

Knapp hundert Meter entfernt kam Bewegung in die

Elefantenherde. Nach und nach machten die Dickhäuter die Gleise frei und trotteten davon.

»Meine Damen und Herren!« rief Morse. »Der Victoria-Express ist erfreut, Ihnen bekanntzugeben, daß sich die Elefanten nun von den Schienen entfernt haben. Wir setzen die Fahrt bald wieder fort.«

Van der Oden und Eddy hörten den Ruf des Schaffners nicht. Sie kauerten jetzt direkt am Wasser und beobachteten vier riesige Krokodile, die wie leblose Baumstämme durch die sanften Wellen trieben. Ihre elliptisch geformten Augen befanden sich knapp über der Wasserlinie.

Eddy schaute nervös zum Zug. Der Lokführer betätigte die Dampfsirene. Das Zeichen zur Weiterfahrt.

»Dad, hörst du nicht?« erschrak er. »Der Zug fährt ab!«

»Warte noch!« Van der Oden war im Jagdrausch. Er legte das Gewehr an und zielte sorgfältig. »Ich hab' ihn! Vor diesen Kugeln wird ihn niemand bewahren.«

Der Victoria-Express setzte sich ohne Eddy und seinen Vater in Bewegung. Waldine Van der Oden geriet in Panik. Eddy und ihr Mann waren immer noch nicht zurück. Sie zögerte einen Moment, dann zog sie die Notbremse.

Der Zug blieb mit einem Ruck stehen. Kurz darauf erschien Morse im Salonwagen.

»Wer hat die Notbremse gezogen?« fragte er streng die Passagiere, die an den Tischen saßen.

Waldine trat vor.

»Was ist passiert, Madam?« erkundigte sich Morse verärgert. »Warum haben Sie den Zug angehalten?«

»Mein Mann und mein Sohn ...«, schluchzte sie.

»Was ist mit ihnen, Madam?« drängte Morse ungeduldig. »Ich kann den Zug nicht ewig anhalten. Ein Schnellzug passiert in einigen Stunden diese Strecke. Es ist wichtig, daß wir hinter die Weichen bei Bugali kommen.«

Waldine wurde von einem Weinkrampf geschüttelt und bekam keinen Ton heraus. Sie sackte auf den freien Platz an Alexanders und Monicas Tisch.

»Entschuldigen Sie«, wandte sich Monica sanft an die weinende Frau. »Was ist mit Ihrem Mann und Ihrem Sohn passiert?«

»Sie sind ausgestiegen«, brachte sie in abgehackten Worten heraus. »Sie sind aus dem Zug ausgestiegen ... und nicht mehr zurückgekommen ...«

Ein Schuß zerriß die plötzlich eintretende Stille.

Im See peitschte ein Krokodil aus dem brodelnden Wasser und versank dann wie ein Stein darin.

»Dort ist er!« Van der Oden deutete stolz auf den leblosen Körper des Krokodils, der ans Ufer geschwemmt wurde.

Eddy blickte mit einer Mischung aus Ekel und Entsetzen auf das Tier.

»Komm, du brauchst keine Furcht zu haben«, blaffte Van der Oden seinen Sohn an. »Wenn du Angst vor einem toten Krokodil hast, wie willst du dann ein lebendiges jagen? Wirst du jetzt wohl endlich etwas Mut zeigen, Junge? Geh und hol es!«

Zögernd trat Eddy an das leblose Krokodil.

»Es ist ein ziemlicher Brocken«, prahlte Van der Oden. »Siehst du, ich hab's dir ja gesagt. Dein Vater kann immer noch sehr gut zielen.«

Eddy ging in die Hocke, um das Krokodil aus dem Wasser zu ziehen. Doch da erwachte das angeschossene Reptil zum Leben. Es schnappte nach Eddy. Seine Kiefer schlossen sich um den Oberkörper des Jungen.

»Ahhhh!« schrie Eddy in Todesangst.

Das Tageslicht schwand immer rascher und machte der Dämmerung Platz. Rings um den Zug schwärmten die Schaffner aus und suchten nach Eddy und seinem Vater.

Zitternd tauchte Van der Oden aus dem Buschgras auf und wischte sich den kalten Schweiß vom Gesicht. Vor Panik konnte er kaum noch einen klaren Gedanken fassen. Dieses Bild, wie das Krokodil über seinen Sohn hergefallen war, ging ihm nicht mehr aus dem Kopf. Keuchend taumelte er auf den Victoria-Express zu und schrie: »Schnell, kommen Sie! Mein Sohn ist schwer verletzt!«

Unterdessen suchte Walter mit dem Jeep nach Dumbo. Zusammen mit Sara und Lisa fuhr er die Savanne ab.

»Wo ist der arme Dumbo bloß hingelaufen?« fragte Sara besorgt.

»Nicht sehr weit weg, hoffe ich«, antwortete Lisa.

»Es kommt darauf an, wie lange die Wirkung des Gifts anhält«, meinte Walter. »Der Schmerz wird ihn eine Weile verrückt machen.«

»Der arme Kerl«, seufzte Sara. »Es muß ihm so weh tun.«

»Hey, seht mal, da drüben!« Walter hielt an und stieg aus. Sara und Lisa folgten ihm zu einem Baum. Ein niedrig hängender Ast war abgebrochen. Die Bruchstelle war noch frisch.

»Er ist hier langgekommen«, sagte Walter.

»Er ist weitergelaufen, immer weiter.« Sara blickte sich suchend um. Doch nirgendwo, weder im Buschgras noch bei den kleinen Baumgruppen, sah sie ein Lebenszeichen von Dumbo. Alles war so unheimlich still.

»Ich hatte gehofft, er hätte das Grundstück nicht verlassen.« Walter drehte sich um und machte sich auf den Weg zum Jeep.

»Was sollen wir jetzt tun?« wollte Lisa wissen.

»Es ist zu spät zum Weitersuchen«, entschied Walter, worauf Sara in Tränen ausbrach. »Nicht weinen, Schatz. Morgen früh, sobald es hell ist, setzen wir die Suche fort. Versprochen!«

Eddys Zustand war denkbar schlecht. Sein Hemd war blutdurchtränkt. Mehrere Schaffner trugen ihn in den Zug und betteten ihn auf eine Sitzbank im Salon. Benommen starrte Waldine auf das Blut. Zitternd lehnte sie sich gegen die Wand und schluchzte.

»Ma, es war nicht Dads Schuld«, stöhnte Eddy. »Ich war es ..., ich ...«

Eddy sackte bewußtlos zusammen.

»Eddy!« kreischte Waldine, einem Nervenzusammenbruch nahe.

»Er wurde von einem Krokodil gebissen und verliert eine Menge Blut«, stellte Alexander fest. »Ich bringe ihn in sein Abteil.«

»Nein, nein«, widersprach Monica. »Ich brauche mehr Platz. Ich bin Ärztin und brauche einen Platz, an dem ich arbeiten kann. Am besten direkt hier drüben. Ich brauche einen Tisch, auf den wir ihn legen können.«

Die Zugbegleiter betteten Eddy auf einen Tisch und besorgten Monica einige saubere Decken und Tücher.

»Ich brauche auch noch einen Erste-Hilfe-Kasten und sämtliches Eis, das Sie haben«, wandte sich Monica an Morse.

»In Ordnung.« Morse rannte sofort los.

»Wird er sterben?« fragte Van der Oden.

»Daran hätten Sie vorher denken sollen«, fuhr Monica ihn an. »Er hat starke Blutungen, und ich glaube nicht, daß ich sie stoppen kann.«

Genervt warf Monica einen Blick auf die Schaulustigen im Waggon.

»Können Sie bitte einen Vorhang aufhängen?« bat sie einen Schaffner.

Morse kehrte mit dem Erste-Hilfe-Kasten zurück: »Hier, bitte sehr, Frau Doktor.«

»Großartig.« Monica öffnete den Kasten und durchsuchte ihn.

»Ist da irgendwas dabei, was du gebrauchen kannst?« fragte Alexander.

»Da sind Desinfektionsmittel und haemostatische Mullbinden«, zählte sie auf. »Aber wenn die Blutung nicht aufhört, ist es, als ob ich eine Lungenentzündung mit Aspirin heilen wollte.«

»Ahhhh!« Eddy phantasierte bereits. Er fror und glühte gleichzeitig. »Ich bin nicht ... Dad, sieh mal! Nein, nein, nein. Er beißt mich! Er beißt mich, Dad! Sieh dort draußen, Dad!«

»Bleib ruhig, es wird alles wieder gut«, flüsterte Monica beruhigend und hoffte, daß das keine Lüge war.

Über der Landstraße nach Nyanga wölbte sich ein schwarzblauer, mit funkelnden, kleinen Sternen übersäter Himmel. Die Abendluft war warm und durchzogen vom Duft unzähliger exotischer Blumen. Nur das Brummen eines Autos störte die tiefe Stille.

Kate saß in Dr. Thompsons Wagen und bereute, daß sie überhaupt eingestiegen war.

»Während wir hier bis an die Grenzen unserer Kapazität ausgelastet sind, konnte ... oder wollte Ihre Freundin, Doktor Marini, ihre Flitterwochen nicht unterbrechen, um uns zu helfen«, hielt er ihr während der Fahrt vor.

»Ich glaube nicht, daß ihre Anwesenheit etwas geändert hätte«, konterte sie.

»Das ist nicht der Punkt«, meinte er. »Glauben Sie wirklich, daß Sie mir Sand in die Augen streuen können?«

»Ich weiß nicht, wovon Sie reden«, erwiderte sie nervös.

»Als Sie mir erzählten, daß Monica bereits abgefahren sei, war das eine Lüge.« Dr. Thompsons Augen verengten sich und funkelten tückisch. »Professor Kohlemann gehörte zu den Gästen, die in genau diesem Moment auf die Frischvermählten anstießen. Sie sind erst am Nachmittag abgefahren.«

»Woher sollte ich das wissen?« fragte sie gereizt.

»Es tut mir leid, Kate.« Dr. Thompson lächelte kühl. »Aber Sie sind ständig so unkooperativ. Dabei könnten Sie eine überaus wertvolle Mitarbeiterin sein. Ich bin enttäuscht von Ihrer tiefgründigen ...«

»Darum haben Sie mich also mitgenommen«, fiel Kate ihm ins Wort. »Sie haben mal wieder irgendein hintergründiges Motiv. Ich steige aus!«

»Oh, kommen Sie schon«, lachte er hämisch. »Das ist nicht nötig, Schwester. Ich würde niemals eine Frau so weit von zu Hause allein und mitten in der Nacht stehenlassen. Schließlich bin ich ein Ehrenmann. Also regen Sie sich nicht unnötig wegen nichts auf.«

»Hören Sie auf, mit mir zu streiten ...«, bat Kate. »Bitte!«

»In Ordnung«, antwortete er und weidete sich innerlich an Kates qualvollem Blick.

Monica versuchte mit einem Kompressionsverband die Blutung einer der zahlreichen Wunden von Eddy zu stoppen. Der hintere Teil des Waggons war nun mit Tüchern vor den neugierigen Blicken der Mitreisenden geschützt. Außer Monica befand sich nur Alexander in dem provisorisch hergerichteten Lazarett.

»Es hört einfach nicht auf«, stöhnte Monica. »Er blutet immer weiter.«

»Gibt es nichts, was du tun kannst?« fragte Alexander.

»Doch«, antwortete sie. »Ich würde gern ein paar Schnittwunden nähen. Aber ich habe nichts, womit ich das tun kann. Oh, warte einen Moment. Kannst du mir Nadel und Faden besorgen?«

»Ja, sicher«, antwortete Alexander und verschwand hinter dem Vorhang.

Die Passagiere im Salonwagen diskutierten den Unfallhergang.

»Armer Junge«, meinte die ältere Dame. »Haben Sie gesehen, wie blaß er war?«

»Wenn der Mann nicht so rücksichtslos seinem Jagdtrieb nachgegangen wäre, wäre sein Sohn nicht in dem jetzigen Zustand«, meinte ein anderer Passagier.

Alexander trat an den Tisch, an dem die beiden älteren Damen saßen.

»Haben Sie eine Nähnadel?« fragte er sie.

»Sie meinen eine normale Nadel?« erkundigte sich eine von ihnen.

»Ja«, bestätigte Alexander. »Eine Nadel und einen Faden.«

»In meiner Strick-Schachtel«, antwortete sie. »Ich reise nie ohne sie.«

»Könnten Sie mir eine leihen?« bat er.

»Natürlich«, sagte sie und stand auf. »Ich hole sie sofort.«

Sara schlief bei Walter und Lisa im Haus. Sie war bereits vor einer Stunde ins Bett gegangen. Als Lisa jetzt noch einmal in Alexanders Zimmer nach ihr sah, wälzte sie sich im Schlaf hin und her und stöhnte: »Nein ..., neiiiin!«

»Sara, Liebling!« Lisa rüttelte sie sanft. »Wach auf!«

Sara öffnete die Augen und blinzelte Lisa verwirrt an.

»Wovon hast du geträumt?« wollte sie wissen. »Was ist los, Schatz?«

»Wo ist Mami?« schluchzte Sara. »Ich will zu meiner Mami.«

»Ma ist fort, auf einer Reise, Schatz.« Lisa nahm die Kleine in die Arme. »Aber ich bin bei dir. Und Sally und George und Großvater Walter auch.«

»Ich hatte einen bösen Traum«, gestand Sara.

»Das dachte ich mir schon«, meinte Lisa. »Deshalb bin ich auch gekommen. Erinnerst du dich, wovon du geträumt hast?«

»Da waren eine Menge schrecklicher Skorpione«, erzählte sie. »Und sie stachen Dumbo, und ... und ... er starb.«

»Das war ja ein Alptraum, mein armer Schatz«, tröstete Lisa. »Du warst sehr aufgeregt wegen dem, was heute passiert ist. Aber keine Angst, Dumbo wird nicht sterben. Er ist nur weggelaufen.«

»Der arme Kerl«, sagte Sara traurig. »Jetzt ist er ganz alleine.«

»Mach dir keine Sorgen«, tröstete Lisa sie. »Tiere sind nicht wie wir. Sie wissen, wie sie auf sich aufpassen müssen, wenn sie Probleme haben.«

»Bist du sicher?« fragte Sara zweifelnd.

»Natürlich bin ich das«, erwiderte sie. »Du wirst sehen, morgen wird Walter ihn finden. Dumbo steht dann bestimmt unter irgendeinem Affenbrotbaum und mampft.«

31. KAPITEL
Wettlauf gegen die Zeit

Monica desinfizierte ihre Hände, bevor sie Eddys klaffende Wunden mit einer simplen Nähnadel und Zwirn vernähte. Alexander assistierte ihr bei der Arbeit. Da Monica ohne Venenklemme arbeiten mußte, bestand seine Aufgabe darin, mit einem desinfizierten Tuch das Blut abzutupfen. Alexander war noch nie bei einer Operation dabeigewesen. Jedesmal, wenn er die klaffenden Wunden sah, stieg Übelkeit in ihm auf. Schließlich zwang er sich, nicht mehr hinzusehen. Wie schaffte Monica das nur? Ihr machte das viele Blut scheinbar nichts aus. Jedenfalls verriet ihr Gesicht nichts als innere Anspannung.

Die Notoperation fand ohne Betäubung statt. Im Erste-Hilfe-Koffer waren lediglich einige Schmerzmittel und Ampullen mit Tetanusserum. Monica verabreichte Eddy die Schmerztabletten und injizierte ihm das Serum.

Nach einer halben Stunde trat Monica erschöpft hinter dem Sichtschutz hervor.

»Die Blutung hat sich verlangsamt«, sagte Monica dem wartenden Schaffner. »Aber die Krokodilzähne sind tief eingedrungen und haben größere Gefäße verletzt und eventuell Verletzungen innerer Organe verursacht. Um zu wissen, welche Organe in Mitleidenschaft gezogen wurden, muß er sobald wie möglich operiert werden. Wie weit sind wir von der nächsten Station entfernt?«

»Mindestens vier Stunden«, antwortete Morse.

»Das ist zu weit weg«, entschied sie. »Er hat eine Menge Blut verloren und braucht dringend eine Bluttransfusion, oder er stirbt.«

»Können wir kein SOS senden?« erkundigte sich Alexander. »Sie haben doch ein Funkgerät, oder?«

»Ja, natürlich«, bestätigte Morse. »Aber es könnte sein, daß wir außer Reichweite der Station sind.«

»Wir haben nichts zu verlieren«, meinte Alexander. »Versuchen wir es.«

»Wenn wir keinen Hubschrauber bekommen können, wird er es bis zum nächsten Krankenhaus nicht durchstehen«, beschwor Monica den Mann.

»In Ordnung.« Morse erhob sich von seinem Platz. »Aber ich warne Sie, wir können nicht ewig warten. Der Trans-Südafrika-Express kommt bald über diese Strecke. Und wenn wir ihn nicht aufhalten können, dann stellt sich die Frage: Gefährden wir das Leben dieses Jungen oder das Dutzender unschuldiger Menschen?«

Alexander folgte Morse zu den vorderen Waggons, wo sich das Funkgerät befand.

Etwa zur gleichen Zeit beendete Mowanda seine Nachtschicht. Bevor er ging, schaute er noch einmal bei den Wildhütern vorbei, die im Büro den Rest der Nachtschicht verbrachten. Zu seiner Überraschung war Sanders allein. Er saß am Funkgerät und drehte am Frequenzregler. In seinem Kopfhörer knisterte und rauschte es. Von statischen Entladungen unterbrochen, erhielt er ein schwaches Notrufsignal.

»Also dann«, verabschiedete sich Mowanda. »Wir sehen uns morgen.«

»Moment, Lieutenant«, meinte Sanders und reichte ihm den Kopfhörer. »Hören Sie sich das an!«

»Was ist da los?« fragte Mowanda überrascht und preßte eine Muschel des Kopfhörers an sein Ohr.

»Es ist ein SOS«, erwiderte Sanders. »Aber wir können nicht lokalisieren, wo es herkommt.«

»Schalten Sie die Lautsprecher ein«, forderte Mowanda ihn auf.

Sanders legte einen Schalter um. Aus dem Lautsprecher drang schwach Alexanders Stimme:

»Mayday, Mayday! Hier ist der Victoria-Express! Bitte antworten Sie! Over!«

»Nyanga Wildlife-Service-Station hier«, sagte Mowanda ins Mikro. »Kommen Sie, Victoria-Express. Wir hören Sie! Hier spricht Lieutenant Mowanda.«

»John, hier ist Alex Brandt«, kam es leise aus dem Lautsprecher. »Kannst du mich hören?«

»Alex?!« Mowanda stutzte überrascht. »Von wo zum Teufel funkt ihr?«

»Wir sind im Victoria-Express und haben einen ernstlich verletzten Jungen hier«, antwortete Alexander. »Ihr müßt einen Hubschrauber schicken.«

»Wo seid ihr?« wollte Mowanda wissen.

»Hier, sagen Sie es ihm.« Alexander gab Morse das Walkie-Talkie.

»Hier ist der Schaffner des Victoria-Express«, meldete sich Morse. »Wir stehen ungefähr vierzig Meilen südlich von Lowendale. Over.«

»Ich kontaktiere sofort den Notfall-Hubschrauber in Nyanga«, versprach Mowanda.

»John, warte«, meldete sich noch einmal Alexander zu

Wort. »Wir benötigen sofort Plasmaexpander. Der Junge hat eine Menge Blut verloren.«

»Roger«, bestätigte Mowanda. Er beendete das Gespräch und wandte sich an Sanders: »Kümmern Sie sich darum.«

Monica und Alexander beschäftigten sich wieder mit Eddy. Das Fieber war gestiegen. Der Junge war schweißgebadet und phantasierte.

»Nein! Nein, ich habe Angst!« schrie er und warf sich hin und her.

»Du mußt stillhalten, oder die Nähte platzen wieder auf«, sagte Monica leise und hielt ihn an den Schultern fest.

Alexander betrat den provisorischen OP.

»Und?« fragte sie ihn.

»Ich habe mit John gesprochen«, antwortete Alexander. »Er schickt einen Hubschrauber.«

»John Mowanda?« Monica starrte ihn ungläubig an. »Machst du Scherze?«

»Nein, mach' ich nicht«, erwiderte er.

»Oh, mein Gott!« Monica konnte es nicht fassen. »Er empfing unser SOS? Was für eine Erleichterung!«

»Nicht unbedingt ein Wunder, aber ziemlich nah dran«, meinte Alexander und seufzte. »Ich hatte gehofft, dir aufregende Flitterwochen zu bescheren, Schatz, aber das geht ein wenig zu weit. Glaubst du, er wird es schaffen?«

»Ich hoffe schon«, meinte sie. »Aber ich habe mich noch nie im Leben so hilflos gefühlt.«

»Du warst wunderbar.« Alexander ging mit Monica in den Salonwagen hinaus und schloß seine Arme um sie. »Wirklich wunderbar.«

»Übertreib nicht, Alex«, lachte sie.

»Übertreiben?« wiederholte er entrüstet. »Du hättest dich selbst sehen sollen.«

»Es macht mich wütend, daß so etwas passieren mußte«, sagte sie gereizt und löste sich aus seiner Umarmung. »Nur wegen der Dummheit dieses Mannes!«

Am Ende des Waggons stand Van der Oden am Fenster und starrte in die Nacht hinaus. Der Mann war nur noch ein Schatten seiner selbst. Die Selbstvorwürfe wegen seines Sohnes brachten soviel Schmerz mit sich, wie er es nicht für möglich gehalten hätte. Gleichzeitig drang ein merkwürdiger Ton an sein Ohr, den er seit seiner Kindheit nicht mehr gehört hatte. Es war ein Schluchzen. Und als Van der Oden genauer hinhörte, merkte er zu seiner Verwunderung, daß es aus seinem Mund kam.

»Das Lächerliche daran ist, daß ich Mitleid mit ihm habe«, meinte Alexander.

»Das habe ich auch«, gestand Monica.

»Er ist einer dieser Menschen, die nicht verstehen, daß sich die Welt verändert hat ...«, fuhr Alexander verbittert fort. »Und er sich ebenfalls.«

»Mr. Brandt?« Morse blieb aufgeregt neben ihm stehen. »Nur eine Sekunde.«

»Stimmt was nicht?« wunderte sich Alexander.

»Wir bekommen keinen Kontakt mit dem Südafrika-Express«, antwortete Morse nervös. »Offenbar durchfahren sie ein Gebiet ohne Funkerfassung. Der Funkkontakt über die gesamte Zone ist kompliziert.«

»Ich weiß, unser Mobiltelefon ist auch tot«, bestätigte Alexander. »Was sollen wir also tun?«

»Mr. Brandt, ich gehe in sechs Monaten in Rente.« Morse holte tief Luft und atmete durch. »Und sehen Sie, was mit mir passieren wird? In weniger als einer Stunde wird dieser Zug mit hundertzwanzig Meilen pro Stunde hier auftauchen. Und ich weiß nicht, was ich tun soll.«

»Der Hubschrauber braucht nicht mehr lange«, versprach Alexander.

»Hören Sie, Mr. Brandt!« Morses Stimme wurde schrill. »Wenn dieser verdammte Hubschrauber nicht innerhalb der nächsten vierzig Minuten hier ist, tut es mir leid. Dann tut es mir wirklich leid um diesen Jungen. Aber dann habe ich keine andere Wahl, als diesen Zug weiterzubewegen. Entschuldigen Sie mich.«

Morse machte auf dem Absatz kehrt und stapfte davon. Monica und Alexander schauten nach Eddy. Waldine saß neben ihrem Sohn und hielt seine Hand.

»Sein Puls ist wirklich sehr schwach«, stellte Monica besorgt fest.

»Was können wir tun?« stöhnte Alexander.

»Beten, daß der Hubschrauber rechtzeitig hier ankommt«, antwortete sie.

Van der Oden schob den Vorhang beiseite und trat zu Eddy. Der Offizier war so blaß, daß seine Haut beinahe durchscheinend wirkte.

Kaum sah Waldine ihren Mann, stieg unbeschreibliche Wut in ihr auf. Sie stieß einen Schrei aus und sprang auf. Monica versuchte sie zurückzuhalten. Aber sie schrie hysterisch und schlug mit den Fäusten auf ihren Mann ein. Van der Oden stand regungslos da und ließ es geschehen.

»Du Mörder!« kreischte Waldine. »Du Mörder!«

»Hören Sie auf, Mrs. Van der Oden.« Alexander zog sie von ihrem Mann weg. »Reißen Sie sich zusammen!«

»Mrs. Van der Oden, kommen Sie nach draußen, und schnappen Sie etwas Luft.« Monica legte den Arm um die schluchzende Frau und führte sie nach draußen.

Van der Oden stand neben dem Bett seines Sohnes und senkte den Kopf.

»Es tut mir leid, Eddy«, flüsterte er.

Monica trat mit Waldine auf den kleinen Balkon, der sich am Ende des letzten Waggons befand. Kein Lüftchen regte sich. Die Stille wurde nur unterbrochen vom fernen Geheul eines Rudels Schakale. Ihre langgezogenen Schreie verhallten in der Savanne. Im Osten ging die Sonne auf. Die Dämmerung brachte eine angenehme Kühle mit sich. Der Himmel über ihnen war noch tiefblau, beinahe schwarz.

Eine Zeitlang standen Monica und Waldine schweigend da.

»Er läßt ihn nie in Frieden«, sagte sie schließlich leise. »Alles, woran er denken kann, ist Eddy. So war er vorher nicht.«

»Vor was?« fragte Monica.

»Vor diesem furchtbaren Tag«, antwortete sie. »Es war ein Unfall. Unsere Tochter ..., sie war immer ein wenig verträumt, mit ihrem Kopf in den Wolken. Sie hat das Auto nicht kommen sehen. Sie war so jung. Er fühlte sich schuldig, sie nicht wachsam, aufmerksam und sich der Gefahren bewußt erzogen zu haben. Er konnte einfach nicht aufhören, darüber nachzudenken. Er begann Eddy zu drangsalieren. ›Ihn werden sie mir nicht töten‹, sagte er immer wieder. ›Ich werde einen Mann aus ihm machen, reaktionsschnell und aufmerksam wie ich. Immer gut drauf, wie ein Großwildjäger. Mit seinen Augen und Ohren überall.‹ Und das ist das Ergebnis. Ich bin sicher, daß er jetzt sehr stolz ist.«

»Das können Sie doch nicht wirklich annehmen, Mrs.

Van der Oden«, widersprach Monica. »Eddy wird durchkommen, da bin ich mir sicher.«

»Glauben Sie wirklich?« Waldine schaute sie zweifelnd an.

»Das tue ich, ja«, versicherte Monica. »Definitiv! Dieser Junge hat eine innere Stärke. Die meisten Menschen in seiner Verfassung hätten es nicht so weit geschafft.«

»Gott hat Sie in diesen Zug geschickt.« Waldine lächelte schwach. »Wenn Sie nicht hier gewesen wären ...«

»Gott möchte nur nicht, daß Eddy stirbt«, erklärte Monica. »Das ist alles.«

Van der Oden trat zu den beiden Frauen hinaus.

»Retten Sie ihn, bitte, retten Sie meinen Jungen. Ich werde keine Minute länger mehr leben, wenn er stirbt«, flehte er Monica verzweifelt an. Dann wandte er sich seiner Frau zu und nahm sie in die Arme. »Ich ... ich bin der elendste, jämmerlichste Mann auf Erden. Der dümmste ...«

Van der Odens Worte erstarben in einem Schluchzen. Waldine erwiderte die Umarmung ihres Mannes und verzieh ihm.

Im Tiefflug dröhnte der Rettungshubschrauber über die Savanne. Der Pilot folgte dem Schienenstrang. Unter ihnen brauste der Südafrika-Express mit über hundertzwanzig Meilen pro Stunde dahin. Nur noch wenige Meilen trennten ihn von dem Victoria-Express und dem drohenden Zusammenstoß.

Der Pilot änderte den Kurs. Er flog querfeldein, kürzte dadurch ab und gewann kostbare Minuten.

»Dort ist er!« rief der Co-Pilot schließlich. »Das ist der Victoria-Express!«

Monica war gerade zu Eddy zurückgekehrt, als sie den Helikopter hörte.

»Der Hubschrauber ist da!« meldete Alexander. »Sie sind hier! Sie haben uns gesehen!«

Der Anflug des Hubschraubers war komplikationslos. Er kam schnell herunter und landete direkt neben dem Gleiskörper. Die Rettungspiloten stiegen aus und trugen eine Trage zu Eddy. Vorsichtig betteten sie den Jungen darauf und brachten ihn zum Hubschrauber zurück.

Morse schaute besorgt auf seine Uhr und dann auf die Schienen hinter ihnen.

»Wir lange noch?« drängte er. »Die Zeit rennt uns davon.«

»Keine Sorge, sie sind jetzt fertig«, beruhigte Alexander ihn.

Der Co-Pilot kehrte zurück und fragte: »Wer von Ihnen kommt mit uns?«

»Sie!« Monica deutete auf Waldine und ihren Mann. »Sie sind seine Eltern. Und ich, natürlich.«

»Monica!« Alexander starrte sie fassungslos an.

»Alex, ich kann nicht weiterfahren, als wäre nichts passiert«, erklärte sie ihm sachlich.

»Aber in Kürze wird sich ein ganzes Ärzteteam um das Kind kümmern«, ereiferte er sich.

»Ja, aber nicht im Hubschrauber«, meinte sie. »Es tut mir leid, wirklich. Aber ich kann nicht ..., ich könnte es mir nie verzeihen, wenn diesem Jungen auf dem Flug zur Klinik irgend etwas passieren würde.«

»Ich verstehe«, erwiderte er verbittert. »Da kann man nichts machen. Unsere Flitterwochen sind vorbei. Es wird immer dasselbe sein.«

»Nein, das wird es nicht«, widersprach sie sanft. »Es wird nicht immer dasselbe sein! Wir haben unser ganzes Leben vor uns, aber dieser Junge vielleicht nicht. Ich könnte nicht mit dieser Last auf dem Gewissen leben.«

»Ich verstehe dich, Monica«, sagte er leise und senkte beschämt den Kopf. »Ich verstehe dich so gut, daß ... ich mich in dem Moment gemein fühle.«

»Du bist nicht gemein«, versicherte sie ihm. »Ich könnte dich nicht lieben, wenn du gemein wärst.«

»Ich weiß nicht.« Alexander sah sie sehr ernst an. »Aber ich bin absolut sicher, daß es bei uns immer einen Notfall geben wird, der Vorrang hat. Irgend jemand, um den man sich kümmern muß. Irgend jemand anderes, der zu retten ist. Und jedesmal sehe ich dich weggehen.«

»Was heißt das?« fragte sie verstört und schaute ihn durch die Tränen hindurch an.

»Ich weiß nicht, ob ich so leben kann«, erwiderte er.

»Alex, ich kann ohne dich nicht leben, und das weißt du.« Monica war tief verletzt und starrte ihn aus großen Augen an.

»Jetzt geh«, forderte er sie auf. »Ich will diesen Jungen auch nicht auf dem Gewissen haben. Ich sehe dich auf der Farm.«

»Mr. Brandt, bitte«, drängte Morse nervös. »Wir müssen los!«

Monica stieg aus dem Zug und lief zum Hubschrauber. Alexander schaute ihr vom Fenster aus zu, wie sie einstieg.

»Haben Sie das Plasma mitgebracht?« fragte sie den Piloten.

»Sicher«, antwortete er. »Diese Notfälle sind nichts Neues. Unglücklicherweise. Das einzige, was wir hier oben nicht tun können, ist operieren.«

Als der Hubschrauber abhob und sie in Alexanders Richtung schaute, winkte er ihr kurz zu.

Dann ruckte der Zug an und setzte seine Fahrt fort.

Als Kate ihre Frühschicht begann, traute sie ihren Augen nicht. Auf der Wiese vor der Klinik stieg Monica aus dem Hubschrauber. Sie gab bereitstehenden Krankenpflegern Anweisungen. Dann wurde Eddy auf seiner Trage in die Klinik gebracht.

»Monica, was machst du denn hier?« fragte Kate perplex. »Ich dachte, du wärst in deinen Flitterwochen mit Alex? Was ist passiert?«

»Ich erzähle es dir später«, antwortete Monica knapp. »Alarmiere den Operationssaal!«

»Schon gemacht«, erwiderte sie auf dem Weg zum Krankenhaus.

»Braves Mädchen«, lächelte Monica und zwinkerte ihr zu.

Alexander verließ den Victoria-Express an der nächsten Bahnstation. Auf dem Bahnsteig verabschiedete sich Morse von ihm.

»Okay, Mr. Brandt«, sagte der Schaffner. »Ihr Bus nach Bugali sollte bereits hier sein. Sind Sie sicher, daß Sie dort jemand abholt?«

»Kein Problem«, meinte Alexander und schüttelte ihm die Hand. »Lieutenant Mowanda versicherte mir, daß er dort ist. Es war mir eine Freude, Sie kennenzulernen.«

»Danke gleichfalls.« Morse lächelte bitter. »Schade nur wegen der Umstände.«

»Ja, wirklich schade«, bedauerte auch Alexander.

»Ich bezweifle, daß sich unsere Wege wieder kreuzen werden«, grinste Morse und deutete mit dem Daumen auf den Zug hinter sich. »Aber wenn sie es tun, werden Sie mich mit Sicherheit nicht in diesem alten Kasten finden. Nach diesen ganzen Aufregungen werde ich darum ersuchen, mich ein paar Monate früher in Rente zu schicken.«

»Ich wünsche Ihnen viel Glück«, gab Alexander ihm mit auf den Weg.

»Danke.« Morse tippte sich an die Schirmmütze. »Und grüßen Sie Ihre liebe Frau von mir. Sie ist eine phantastische Lady.«

Als David Osborne nach seiner Tochter schaute, war Agnes bereits da. Durch die Glastür beobachtete er, wie sie neben dem Bett ihrer Tochter stand und dem Kind eine Plüschgiraffe in die Arme drückte. Dann ging sie hinüber zu Allison und küßte sie auf die Stirn.

Als Osborne eintrat, drehte sich Agnes zu ihm um. Sie war wirklich eine bezaubernde Frau. Osborne schenkte ihr sein strahlendstes Lächeln. Eine seltsame Stille legte sich über das Zimmer. Außer ihnen vier schien es niemanden sonst mehr auf der Welt zu geben.

Im OP bereiteten Monica und Dr. Baker die Notoperation für Eddy vor. Bis vor wenigen Sekunden hatte Monica immer wieder an Alexander denken müssen. Der Abschied am Zug schien ein Abschied für immer zu sein. Vielleicht hatte er recht. Vielleicht litt sie wirklich an dem Komplex, daß nichts ohne sie funktionierte. Doch in Eddys speziellem Fall mußte sie einfach mitkommen. Und wenn Alexander sie verließ? Nun, das Leben würde weitergehen. Mit dieser albernen Phrase versuchte sie alle Gedanken an Alexander aus dem Kopf zu drängen. Das Leben ging weiter, aber auch das Sterben. Und Eddy würde sterben, wenn sie sich jetzt nicht auf seine Rettung konzentrierte.

Monica wirkte übermüdet. Ihre Augen waren rotgerändert. In dieser Verfassung traute sie sich keine Operation zu. Deshalb verließ sie den OP und leistete im Wartezimmer Van der Oden Gesellschaft. Waldine schlief in der Notaufnahme. Monica hatte ihr ein Beruhigungsmittel gegeben.

Eine Stunde lang kämpften Dr. Baker und sein Ärzteteam um Eddys Leben. Schon nach wenigen Minuten war klar, Eddys Milz war nicht mehr zu retten. Sie mußte entfernt werden. Daß Eddys Wirbelsäule nichts abbekommen hatte, war ein Wunder. Er blutete während der Operation weiterhin stark. Mittlerweile hatte er schon die sechste Transfusion erhalten. Das Herz eines älteren Patienten hätte diese Tortur wahrscheinlich nicht überstanden.

Baker entfernte die zerfetzte Milz. Der Mensch konnte auch ohne dieses Organ leben.

Erschöpft verließ Dr. Baker den OP und betrat das Wartezimmer.

»Dr. Baker!« Monica musterte ihren Kollegen besorgt.

»Die Operation verlief gut«, verkündete Baker ihr und Van der Oden. »Aber die Prognose ist immer noch unsicher.«

Van der Odens blutleeres Gesicht sprach Bände.

»Sie beide gehen und ruhen sich ein wenig aus«, wandte sich Monica an ihn. »Eddy ist wirklich in guten Händen. Ich stelle zwei Betten in das Nachbarzimmer, für Sie und Ihre Frau.«

Van der Oden nickte erschöpft und ging in das Zimmer, in dem seine Frau lag.

»Wir haben ihn gerade noch rechtzeitig operiert«, berichtete Baker, während er mit Monica durch den

Korridor schlenderte. »Ohne dich hätte dieser Junge es niemals geschafft. Jetzt geh nach Hause, nimm eine Dusche und eine große Mütze voll Schlaf, hm?«

»Okay, okay«, versprach sie. »Aber sag mir erst, wie du die Situation einschätzt.«

»Wir mußten die Milz entfernen«, berichtete der Chirurg. »Die Krokodilszähne hatten sie in Stücke gerissen. Aber viel ernsthafter ist, daß er so viel Blut verloren hat. Trotz der Transfusionen kämpfen wir noch immer gegen die Symptome des Volumenmangelschocks.«

»Wieviele Konserven hatte er bereits?« wollte Monica wissen.

»Sechs, aber er hat eine seltene Blutgruppe, und wir haben davon nicht genügend Konserven vorrätig«, erklärte er. »Wir versuchen Nachschub zu finden.«

»Könntet ihr mich auf dem laufenden halten?« bat Monica.

»Du bist die erste, die wir informieren«, versprach Baker. »Aber jetzt geh erst mal nach Hause und schlaf dich aus.«

»Danke«, seufzte sie und lächelte erleichtert.

Auf dem Weg zum Ausgang bemerkte Monica Dr. Thompson. Er steuerte zielstrebig auf sie zu.

»Was tun Sie hier?« fragte er sie barsch. »Ich dachte, Sie wären in Ihren Flitterwochen?«

»Das war ich, aber es gab einen Notfall, und ich entschied mich, zurückzukommen«, antwortete sie ihm.

»Haben wir hier nicht permanent einen Notfall?« meinte er von oben herab im belehrenden Ton. »Aber vielleicht sind einige Notfälle wichtiger als andere ..., in Ihren Augen.«

»Dr. Thompson, ich bin wirklich müde, und ich weiß nicht, wovon Sie sprechen«, erwiderte sie genervt.

»Ach, nein?« Dr. Thompson hob die Brauen und lächelte zynisch. »Na, ist nicht so wichtig. Orangen blühen vor allen anderen. Lassen Sie Ihre Idylle durch nichts stören, selbst wenn eine Schule mit all den Kindern niederbrennt.«

»Aber ich dachte, es wäre alles unter Kontrolle«, wunderte sie sich.

»Haben Sie das wirklich?« fragte er vorwurfsvoll.

»Ja!« Monica holte tief Luft und bemühte sich um Gelassenheit.

»Und wer verriet Ihnen das?« fragte er streng.

Monica schwieg. Sie merkte, daß Thompson auf eine bestimmte Aussage von ihr hoffte, um wieder eine seiner gemeinen Intrigen zu spinnen.

»Ja, es ist besser, wenn Sie nichts sagen«, schnaubte er verächtlich. »Denn alles, was Sie sich ausdenken, wäre zu Ihren Ungunsten. Wir können halt nicht alle ein starkes Verantwortungsbewußtsein haben.«

Monicas Gesicht verriet keine Überraschung oder sonstige Regung. Das ärgerte Thompson ungemein. Schlagartig schwand das überlegene Grinsen aus seinem Gesicht. Abrupt drehte er sich um und marschierte davon.

Monica war zu müde und zerschlagen, um sich über Dr. Thompson aufzuregen. Doch bevor sie nach Hause fuhr, wollte sie mit Kate darüber reden.

Sie fand die Oberschwester bei Allison und Grace im Zimmer.

»Kate, ich habe überall nach dir gesucht«, sagte Monica und trat ein.

Kate sah ihr vorwurfsvolles Gesicht und ahnte, weshalb Monica hier war.

»Es tut mir leid, Monica«, gestand Kate. »Aber du hättest nicht mehr tun können, als wir für sie getan haben. Wirklich! Und die Zeichen stehen beinahe schon wieder auf normal. Das Blut der Kinder ist fast vollständig von den Toxinen gereinigt. Nur einige haben das Bewußtsein noch nicht wiedererlangt.«

»Nun, dann müssen wir uns darum kümmern«, entschied Monica entschlossen und wandte sich den beiden Kindern zu.

»Professor Kohlemann denkt, daß dieser Koma-Zustand eine Art Selbstschutz-Reaktion ist, verursacht von dem Trauma, verbrannt zu werden«, berichtete Kate.

»Du hast mit Sicherheit alles getan, um mich da rauszuhalten, nicht wahr?« vermutete Monica.

»Ich wollte deine Flitterwochen nicht ruinieren«, erwiderte Kate und senkte den Blick.

»Ich habe sie ruiniert«, seufzte Monica. »Sie sollten einfach nicht sein. Ich habe Alexander ganz alleine da oben zurückgelassen.«

»Alex ist zu clever und einfühlsam, als daß er dir auf Dauer darüber böse sein könnte«, versicherte Kate. »Die Sache wird euch nur noch fester zusammenschweißen. Und außerdem, wenn du nicht in diesem Zug gewesen wärst, wer hätte dann dem Jungen geholfen?«

»Ich weiß es nicht.« Monica schüttelte zweifelnd den Kopf. »Aber vielleicht hat er recht. Es wird immer einen Notfall geben, der mich von ihm wegreißt, bis eines Tages der Notfall meine eigene Ehe sein wird.«

»Ach, komm!« Kate umarmte ihre Freundin. »Das ist doch absoluter Unsinn. Ihr beiden seid verrückt aufeinander. Das sieht man doch auf anderthalb Kilometer Entfernung.«

»Ich weiß!« Monica drückte Kate sanft an sich. »Danke.«

»Allison!« murmelte eine zarte Stimme neben ihnen. »Allison!«

»Oh mein Gott!« Kate starrte ungläubig auf das kleine Mädchen in dem Bett. »Sie ist aufgewacht. Ich sage es sofort ihrer Mutter.«

Kate verschwand aus dem Zimmer. Monica beugte sich über das Bett und lächelte: »Hi, Grace. Ich bin Monica.«

»Wo ist Allison?« fragte Grace schläfrig.

»Sie ist dort drüben, in dem anderen Bett.« Monica nahm Grace die Sauerstoffmaske ab und deutete zum Nachbarbett.

Grace drehte den Kopf in die Richtung und runzelte die Stirn.

»Warum wacht sie nicht auf?« fragte sie.

»Weil sie schläft, genau wie du es getan hast«, antwortete Monica. »Du hast sehr lange geschlafen, wußtest du das?«

»Wo ist Mami?« wollte Grace wissen und wirkte beunruhigt.

»Sie wird bald hier sein und kann es gar nicht mehr erwarten, dir einen sehr dicken Kuß zu geben«, versprach Monica.

Grace strahlte Monica an und drückte die Plüschgiraffe ganz fest an sich.

Mowanda hatte Wort gehalten. Er holte Alexander an der Bushaltestelle ab und fuhr ihn mit dem Jeep nach Hause.

»Danke, John.« Alexander stieg vor dem Farmhaus aus.

»Es war mir ein Vergnügen!« Mowanda lud Alexanders Gepäck aus und stieg wieder in den Jeep. »Jetzt geh und schlaf ein wenig. Du hast es nötig.«

»Bis dann!« Alexander winkte dem wegfahrenden Jeep hinterher.

Als Alexander das Gepäck in sein Zimmer trug, bemerkte er Sara. Sie lag im Bett und schlief.

Lisa betrat den Raum und flüsterte: »Sie war die ganze Nacht unruhig. Das arme Ding. Dumbo wurde von einem Skorpion gestochen und rannte fort.«

»Und er ist nicht zurückgekommen?« fragte er leise.

»Dein Vater zog los, als es noch dunkel war«, antwortete sie. »Ich glaube nicht, daß er eher zurückkommen wird, bis er ihn gefunden hat. Komm mit, mein Junge, es warten schon eine gute Tasse Kaffee und ein Stück Kuchen auf dich. Und während du frühstückst, kannst du mir alles erzählen ...«

Agnes und Osborne betraten mit Kate das Krankenzimmer ihrer Töchter. Die gemeinsame Not hatte eine freundschaftliche Beziehung zwischen ihnen entstehen lassen. Doch im Moment hatte Agnes nur Augen für ihre Tochter.

»Grace«, lachte und schluchzte sie gleichzeitig, während sie ihre Tochter an sich drückte.

Osborne ging wie betäubt zu seiner Tochter. Wieso erwachte sie nicht aus dem Koma?

»Sie müssen David Osborne sein«, sagte Monica zu ihm. »Ich bin Dr. Marini.«

»Was?« Osborne schreckte aus seinen Gedanken. »O ja, wie geht es Ihnen?«

»Ich habe mich gerade der Gruppe angeschlossen, die mit den Mädchen arbeitet«, erklärte Monica. »Nun, da Grace aus dem Koma erwacht ist, sind wir sehr optimistisch, daß das ein sehr gutes Zeichen für Allison ist.«

»Denken Sie?« Osborne schaute sie zweifelnd an.

»Ja, das tue ich in der Tat«, bestätigte Monica. »Vom

klinischen Standpunkt aus gibt es keine Probleme. Es ist nur noch eine Frage der Zeit und Liebe, schätze ich.«

»Wie meinen Sie das?« wunderte er sich.

»Es besteht eine sehr starke Bindung zwischen diesen beiden Mädchen«, erläuterte sie. »Ich glaube, die beste Therapie für Allison wäre, wenn Grace hier bei ihr bleiben würde. Auch wenn Grace die Intensivstation sofort verlassen könnte. Das heißt natürlich nur, wenn es Ihnen nichts ausmacht, Mrs. McMullen.«

»Nein, natürlich nicht«, erwiderte sie.

»Ja, Mami«, rief Grace. »Ich möchte nicht ohne Allison von hier weggehen.«

32. KAPITEL
Späte Einsicht

Alexander ging mit seiner Mutter in die Küche. Lisa setzte Kaffee auf und sagte kein Wort. Sie spürte, irgend etwas lag in der Luft. Alexanders bedrücktes Gesicht sprach Bände.

Während sie den Frühstückstisch deckte, erzählte ihr Alexander die ganze Geschichte, die sich im Zug abgespielt hatte. Als er von dem Ultimatum berichtete, das er Monica gestellt hatte, seufzte Lisa leise. Schon als Kind konnte Alexander furchtbar stur sein und dünnhäutig außerdem. Lisa hatte heimlich befürchtet, daß ihr Sohn einer selbstbewußten Frau wie Monica nicht gewachsen sein könnte. Während sie ihre festen Prinzipien hatte, war er in seinen Gefühlen einfach zu sprunghaft.

»Und das ist die Art, wie ihr euren ersten Schwierigkeiten gegenübertretet?« fragte Lisa spitz und schüttelte ungläubig den Kopf. Sie fand einfach keine Worte. »Wo ist dein Verständnis?«

»Es gibt nicht viel zu verstehen.« Alexander lächelte freudlos. »Sie ist mit ihrem Beruf verheiratet. Alles andere ist zweitrangig, inklusive mir. Ich war ein Idiot, mir vorzumachen, daß die Heirat etwas daran ändern würde.«

»Ich glaube es einfach nicht!« Lisa schüttelte wieder fassungslos den Kopf und lachte. »Es ist verblüffend, was Liebe mit Menschen machen kann. Hörst du dich eigentlich selbst? Du sprichst wie ein Halbwüchsiger mitten in seinem ersten Verknalltsein. Tja, das Leben ist wirklich voller Überraschungen.«

»Das ist nicht zum Lachen«, sagte Alexander gereizt. »Und wir sind auch keine Kinder ... unglücklicherweise!«

»Du machst mich rasend«, seufzte sie. »Wenn du so bist, könnte ich ... dich ohrfeigen. Etwas, was ich nie getan habe, selbst als du noch klein warst.«

»Ma«, meinte er halb im Scherz, halb ernst. »Du wirst doch wohl jetzt nicht damit anfangen, oder?«

»Ich würde gerne«, erwiderte sie. »Ich kann dich so nicht ausstehn. Monica braucht einen Mann, der ihr Sicherheit geben kann, emotionale Sicherheit. Der versteht, daß ihre Arbeit ein Hauptbestandteil ihres Lebens ist. Sie ist Ärztin, und eine Ärztin hat Verpflichtungen. Während der meisten Zeit hat sie nicht mal eine Minute für sich selbst. Es ist ein hartes Leben, und es erfordert eine Menge Kraft. Sie braucht niemanden um sich, der ihr sagt, daß er sie liebt und dann schmollt, wenn irgendwas nicht in seine Pläne paßt.«

Walter kehrte von seiner Suche nach Dumbo zurück und betrat die Küche.

»Es ist unglaublich«, meinte er. »Ich bin meilenweit gefahren. Dieser Elefant scheint sich in Luft aufgelöst zu haben. Was tust du denn hier, Alex? Wo ist Monica?«

Walter starrte seinen Sohn wie eine Fata Morgana an.

»Das ist eine lange und komplizierte Geschichte«, antwortete Lisa, ehe Alexander etwas sagen konnte, was Walter vermutlich sehr aufgeregt hätte. »Alex ist müde. Ich erzähle sie dir später.«

»Willst du, daß ich nochmal mit dir nach ihm suche?« erkundigte sich Alexander.

»Keine schlechte Idee«, meinte Walter. »Nachdem du dich ausgeruht hast.«

»Ich möchte auch mit nach Dumbo suchen.« Sara stand im Schlafanzug in der Tür.

»Du bist aufgewacht, Mäuschen?« Alex ging in die Hocke und breitete die Arme aus.

»Alex!« Sara fiel ihm freudestrahlend um den Hals. »Wo ist Mami?«

»Direkt hier, Schatz.« Monica trat zur Verandatür ein.

»Mami«, jubelte Sara und lief zu ihr hin.

»Früher oder später wird mir irgend jemand erzählen müssen, was das alles soll«, seufzte Walter. »Hi, Monica.«

»Hi, Walter.« Monica nahm Sara auf den Arm und trat an den Tisch.

»Willkommen daheim«, meinte Lisa und nahm die Kaffeekanne von der Maschine. »Also, die Familie ist scheinbar vollständig. Kann ich dir einen Kaffee anbieten?«

»O ja«, antwortete Monica und setzte sich an den Tisch. »Ich könnte wirklich einen gebrauchen.«

»Mami, weißt du was?« fragte Sara bekümmert. »Dumbo ist verschwunden.«

»Wirklich?« erwiderte sie erschrocken.

»Ja«, bestätigte ihre Tochter. »Und ich habe ganz viel geweint.«

»Hast du das?« Monica streichelte ihr durchs Haar. »Es tut mir leid, Schatz.«

»Keine Sorge, Sara«, beruhigte Alexander sie. »Es ist nicht leicht, einen Elefanten zu verlieren. Selbst wenn es so ein kleiner ist. Ich bin sicher, wir finden ihn. Du wirst sehen.«

»Sara!« meldete sich Lisa zu Wort. »Weißt du, was wir tun werden? Also, erst ziehen wir uns an, dann nimmt uns Walter mit, und wir suchen Dumbo zusammen.«

»Aber ich bin doch gerade erst ...«, wollte er protestieren, doch Lisas strenger Blick ließ ihn rasch einlenken: »Oh ... äh, ja. Das klingt nach einer guten Idee.«

»Darf ich mitkommen, Mami?« erkundigte sich Sara.

»Natürlich, Schatz«, lächelte sie.

»In Ordnung!« Sara sprang auf und hüpfte zur Tür. »Los geht's. Komm, Walter.«

Walter und Lisa folgten Sara nach draußen. Monica und Alexander blieben allein in der Küche zurück. Sie saßen sich am Tisch gegenüber, und keiner sagte ein Wort. Alexander blickte verstohlen nach ihr. Sie hatte den Blick gesenkt und nippte am Kaffee. Mein Gott, dachte er, wie schön sie an diesem Morgen war. Und noch ein anderer Gedanke beschäftigte ihn. Nichts auf der Welt – weder Raubtiere noch drohende Katastrophen – hatte ihm je im Leben solche Angst eingejagt wie der Gedanke, Monica zu verlieren. Was für ein Narr wäre er, wenn er sie gehen lassen würde ...

»Wie geht es dir?« fragte er schließlich, um Freundlichkeit bemüht.

»Ich bin wirklich müde«, antwortete sie, ohne ihn anzublicken.

»Und wie geht es Eddy?« hakte er nach.

»Die Operation verlief gut«, erwiderte sie reserviert. »Aber er hat eine Menge Blut verloren, und das Krankenhaus hat nicht genug Konserven seiner seltenen Blutgruppe.«

»Um welche Blutgruppe handelt es sich?« wollte er wissen.

»Null«, entgegnete sie. »Rhesus negativ, glaube ich.«

Wieder Schweigen. Alexander knetete seine Finger. Monica kannte die Geste an ihm. Wenn er nervös war, benahm er sich so.

Alexander überlegte, wie er sich mit Monica wieder versöhnen konnte. Doch die kleine Flamme Hoffnung, die er hegte, drohte in dieser erstickenden Stille zu verlöschen. Wie so oft in seinem Leben verschanzte er sich hinter Schweigen.

»Monica ...«, sagte er schließlich.

Sie hob den Blick und sah ihn an. Sie hatte ihn noch nie so angesehen. Nie mit diesem Blick, dieser Mischung aus Verzweiflung, Ratlosigkeit, aber auch Entschlossenheit.

»Ich möchte, daß du weitermachst«, sagte er und fühlte sich richtig elend.

»Du?« Monica hob überrascht die Brauen. »Nein, ich bin diejenige, die egoistisch ist. Ich gebe dir keine Schuld, weil du verärgert bist. Ich möchte, daß du weißt, es gibt keinen Ort auf der Welt, an dem ich lieber gewesen wäre als bei dir. Aber ich konnte nicht. Und so wird es oft sein. Du mußt das akzeptieren, andernfalls ...«

Ein ohrenbetäubendes Trompeten übertönte ihre letzten Worte.

»Dumbo!« schrien Monica und Alexander wie aus einem Mund.

Tatsächlich stand der kleine Elefant am offenen Fenster und wedelte vergnügt mit seinem Rüssel.

Monica und Alexander liefen nach draußen. Dort stand Sara mit Walter und Lisa bei dem Babyelefanten.

»Dumbo!« Sara umarmte seinen Kopf. »Du bist von allein zurückgekommen. Wie hast du den Weg gefunden?«

»Weißt du, Sara, Elefanten haben ein gutes Gedächtnis, wie ...«, meinte Walter und suchte nach einem passenden Vergleich. »Wie Elefanten eben!«

»Oh, du bist so schlau«, bewunderte Sara den kleinen Dickhäuter.

Lisa ging in die Hocke und suchte nach der Stelle, wo Dumbo verletzt worden war.

»Sieh mal, die Stelle, wo ihn der Skorpion gestochen hat«, sagte sie und deutete auf den Rüssel. »Sie ist immer noch geschwollen.«

»Der Skorpion hat ihn in die Nase gebissen?« Sara schmolz dahin vor Mitleid. »Oh, mein armes Baby, es muß furchtbar weh getan haben.«

»Das ist die einzige mögliche Stelle«, erklärte Lisa. »Elefantenhaut ist zu dick für einen Skorpionstachel. Der Skorpion muß ihn erwischt haben, als er den Boden mit dem Rüssel absuchte.«

»Aha«, meinte Sara streng. »Du hast auf dem Boden nach gezuckerten Mandeln gesucht, eh? Du bist gieriger, als dir guttut, Dumbo. Du wirst auf Diät gesetzt!«

Van der Oden wich nicht vom Krankenbett seines Sohnes. Im Lauf des Vormittags erwachte Eddy aus der Narkose.

»Dad«, flüsterte er schwach.

»Ja, Eddy.« Van der Oden nahm seine Hand. »Ich sitze hier. Wie fühlst du dich, mein Junge?«

»Hast du gesehen, wie groß das Krokodil war?« erkundigte sich Eddy stolz.

»Ja, Eddy«, bestätigte Van der Oden und lächelte, obwohl ihm die Tränen in den Augen standen. »Ich habe gesehen, wie groß es war.«

»Dad?« Eddys Stimme wurde schwächer.

»Ermüde dich nicht«, bat er seinen Sohn. »Ruh dich ein wenig aus.«

»Okay.« Eddy schloß seine Augen und schlief sofort wieder ein.

»Es tut mir leid, Eddy«, schluchzte Van der Oden leise. »Vergib mir.«

Waldine betrat leise das Krankenzimmer und legte tröstend die Hände auf die Schultern ihres Mannes. Der Kummer und die Selbstvorwürfe hatten ihn gebrochen. Sein Leben war ein Trümmerhaufen. Doch waren Trümmer nicht auch immer ein Zeichen neuer Hoffnung? Manchmal mußte man etwas zerstören, damit etwas Neues und Besseres daraus erwuchs.

Gegen Mittag fuhr Alexander zur Klinik. Susan saß an der Rezeption. Überrascht blinzelte sie ihn über den Rand ihrer Brille an und bedauerte: »Mr. Brandt, Dr. Marini ist noch nicht hier.«

»Nein, nein, das ist nicht die Person, nach der ich suche«, antwortete er. »Sagen Sie mir, Susan, wer kümmert sich um den holländischen Jungen, der von dem Krokodil gebissen wurde?«

»Junge?« wiederholte Susan nachdenklich. »Van der Oden?«

»Ja, richtig«, bestätigte er.

»Abgesehen von Ihrer Frau Dr. Baker glaube ich«, erwiderte sie.

»Wo finde ich ihn?« wollte Alexander wissen.

»Er ist in seinem Büro. Dritter Flur rechts am Ende des Korridors.« Susan deutete in die betreffende Richtung.

»Danke.« Alexander lächelte kurz, dann eilte er den Korridor hinunter.

Kurz nach Mittag trat Monica ihren Dienst an. Als erstes besuchte sie Grace und Allison. Allisons Zustand war unverändert. Sie lag immer noch im Koma.

Grace saß da und teilte ihr Bett mit einer Unmenge Puppen und Plüschtieren.

»Schau mal, wie viele Spielzeuge sie mir gebracht haben«, meinte sie zu Monica.

»Sie sind wunderbar«, antwortete sie und lächelte.

»Es ist traurig, daß Allison noch schläft«, seufzte Grace. »Ich möchte mit ihr spielen.«

»Ich weiß, Liebling«, versicherte Monica traurig. »Vielleicht solltest du ihr sagen, daß sie aufwachen soll. Vielleicht hört sie dich. Versuch's mal.«

Grace begleitete Monica an Allisons Bett.

»Hey, Allison!« Grace reichte ihr eine Puppe. »Du hast lang genug geschlafen. Guck dir die ganzen Spielzeuge an. Wenn du nicht aufwachst, gehe ich ohne dich!«

Keine Reaktion.

»Hab' ein bißchen Geduld«, appellierte Monica. »Sie wird von alleine aufwachen, genau wie du.«

»Aber sie wird nicht wach«, schluchzte Grace und brach in Tränen aus.

Monica umarmte das Mädchen und drückte es tröstend an sich.

»Ich möchte nach Hause gehen«, weinte sie. »Ich möchte zu meiner Mami.«

»Okay«, erwiderte Monica. »Wir bringen dich zu deiner Mami.«

Monicas Blick verharrte auf Allison. Hatte das Mädchen gerade geblinzelt, oder bildete sie sich das nur ein? Tatsächlich. Allison öffnete ihre Augen und starrte verwirrt zur Decke.

»Komm doch mal her, Kate!« rief Monica aufgeregt. »Kate!«

Das Schlimmste befürchtend, stürmte Kate zur Tür rein.

»Was ist passiert?« fragte sie atemlos.

Monica stand neben Allisons Bett und weinte vor Freude. Das Mädchen war aus dem Koma erwacht.

»Hi, Grace.« Allison drehte den Kopf zu ihrer Freundin. »Warum weinst du? Und wo sind wir hier?«

»In der Schule hat es gebrannt«, erzählte Grace. »Erinnerst du dich nicht? Und wir sind beinahe gestorben, aber sie haben uns gerettet.«

Monica und Grace blieben so lange an Allisons Bett, bis Agnes und Osborne kamen. Vom Anblick seiner gesunden Tochter überwältigt, versagte ihm die Stimme. Er trat an ihr Bett und umarmte sie, als wollte er sie nie wieder loslassen.

»Daddy, warum weinst du?« fragte Allison irritiert.

»Oh, es ist nichts, Liebling«, antwortete er mit erstickter Stimme. »Ich bin nur so glücklich, dich zu sehen.«

Monica und Kate ließen die glücklichen Eltern mit ihren Kindern allein. Kate wollte ihr etwas zeigen und tat sehr geheimnisvoll.

»Kate, könntest du mir nicht einfach sagen, wo wir hingehen?« fragte Monica unterwegs.

»Nein«, erwiderte Kate streng. »Wo bliebe denn dann die Überraschung?«

»In Ordnung«, keuchte Monica, die Mühe hatte, Kates Stechschritt zu folgen. »Aber müssen wir unbedingt laufen?«

Auf halbem Weg zur Intensivstation kamen ihnen Eddys Eltern entgegen. Beide hatten Tränen in den Augen – aber sie lachten auch.

»Doktor. Doktor, wir wissen nicht, wie wir Ihnen danken können«, sagte Van der Oden überschwenglich.

»Wir werden niemals in der Lage sein, das wieder gutzumachen«, schloß sich ihm Waldine an.

»Wenn Sie damit die Ereignisse im Victoria-Express meinen«, mißverstand Monica. »Ich tat nur meine Pflicht. Ich bin Ärztin. Das ist mein Beruf.«

»Sie und Ihr Mann sind zwei Engel, die der Herr schickte«, lachte und weinte Waldine gleichzeitig.

»Es ist meine Schuld«, mischte sich Kate ein, um das Mißverständnis zu klären. »Verzeihen Sie mir. Ich hatte noch keine Zeit, Dr. Marini die Neuigkeiten mitzuteilen.«

»Eddy hat einen Blutspender gefunden?« kapierte Monica endlich.

»Gott sei Dank«, meinte Waldine. »Aber wer hätte gedacht, es wäre ...«

Kate stand hinter Monica und gab Waldine Zeichen, keinen Namen zu verraten.

»... es wäre jemand von hier«, bekam Waldine gerade noch die Kurve.

Monica verabschiedete sich von dem Ehepaar und folgte Kate in ein Behandlungszimmer, wo normalerweise Blutspender untergebracht waren.

Auf dem Bett lag Alexander. Er sah leicht mitgenommen aus, und sein Gesicht wirkte etwas blaß.

Kate ging zu ihm hin und klemmte den Infusionsschlauch ab, durch den Alexanders Blut in einen sterilen Behälter floß.

»Gruppe Null Rh negativ«, lächelte Alexander schwach. »Es tut mir leid, ich habe nie daran gedacht, es zu erwähnen, Mrs. Brandt.«

»Überhaupt kein Problem, Mr. Brandt«, antwortete sie gerührt. »Bist du okay?«

»Ich bin okay«, meinte er, bevor Monica ihm den Mund mit einem langen Kuß verschloß.

Einige Tage später waren auch die letzten kleinen Patienten des Schulhausbrandes aus der Kohlemann-Klinik entlassen. Im Krankenhaus herrschte wieder die übliche Routine.

Freitags bat Professor Kohlemann Dr. Thompson, Monica und Kate in sein Büro. Als sie eintraten, erwarteten sie dort bereits Agnes McMullen und der Bürgermeister.

»Ich habe Sie auf die Bitte unseres Bürgermeisters hergerufen«, erklärte Professor Kohlemann. »Er möchte unsere Klinik mit der Nyanga-Ehrenmedaille auszeichnen, in Anerkennung des beispielhaften Verhaltens unserer Mitarbeiter. Wegen ihrer Unterstützung, die sie den Kindern zukommen ließen, die unter dem Feuer in der Grundschule gelitten haben. Und ich möchte meinen persönlichen Dank dem seinen hinzufügen.«

Monica und Kate applaudierten. Selbst Dr. Thompson rang sich ein Lächeln ab.

»Ich würde gerne etwas Persönliches sagen und nicht in meiner offiziellen Eigenschaft als Bürgermeister, sondern als Mann und Vater«, fügte Osborne hinzu. »Ich denke, ich kann ebenfalls für Mrs. McMullen sprechen. Als Eltern haben wir eine schreckliche Zeit durchlebt, in der unsere Töchter mit dem Tod kämpften. Unsere Dankbarkeit geht an das ganze Personal und ganz besonders an Kate und Monica, für ihr professionelles Verhalten und vor allem für ihre Einfühlsamkeit und Menschlichkeit. Und nun erlauben Sie mir eine weitere persönliche Ankündigung, welche Sie als erste hören. Mrs. McMullen und ich möchten einer Beinahe-Tragödie ein glückliches Ende bescheren. Wir werden heiraten.«

»Herzlichen Glückwunsch«, gratulierte Kate.

»Das ist großartig«, meinte Monica. »Ich hoffe, daß sie sehr glücklich werden.«

»Dr. Thompson«, wandte sich Osborne an den Personalchef. »Würden Sie bitte den Champagner ausschenken?«

Dr. Thompson lächelte säuerlich und holte den Champagner aus dem Eiskübel. In ausgelassener Stimmung stießen sie an und ließen das zukünftige Brautpaar hochleben.

Eddys Genesung verlief ohne weitere Komplikationen. Nach einigen Wochen konnte er auf Krücken laufen und die Klinik verlassen. Bevor sie nach Hause fuhren, besuchten Van der Oden und seine Familie Monica und Alexander auf der Farm.

»Doktor, wir ...!« Waldine fehlten die Worte.

»Sagen Sie nichts«, bat Monica. »Ich möchte Sie wissen lassen, daß es eine sehr lange Genesungszeit für Eddy geben wird. Er wird Sie in seiner Nähe brauchen. Entschuldigen Sie mich bitte nun, ich möchte Eddy auf Wiedersehen sagen.«

Monica ging zu dem Jeep, in dem Eddy saß.

»Hey, du«, meinte sie kumpelhaft und lächelte. »Paß auf dich auf, hm?«

»Okay, Monica«, versprach er und lächelte ebenfalls. »Danke für alles.«

»Gern geschehen«, antwortete sie.

»Darf ich Sie etwas fragen?« meinte er schüchtern.

»Natürlich«, munterte Monica ihn auf.

»Ich möchte Sie fragen ..., ob Alexander böse sein würde, wenn ich Ihnen einen Kuß gebe?« Eddy lief puterrot an.

»Nein, Eddy«, versicherte Monica. »Das wäre er nicht.«

»Wer sagt das?« protestierte Alexander scherzhaft.

Eddy gab ihr einen sanften Kuß auf die Wange.

»Paß auf dich auf«, gab sie ihm mit auf den Weg.

»Darf ich Ihnen schreiben?« wollte er wissen.

»Natürlich«, antwortete sie. »Ich würde mich darüber freuen.«

»Hört mal, Leute«, meinte Alexander und tippte auf seine Armbanduhr. »Ihr macht euch besser auf den Weg, denn es ist ganz schön weit bis zum Flughafen.«

Waldine und Van der Oden stiegen in den Jeep und fuhren los. Auf dem Weg zum Airport entdeckte Eddy ein Rudel Elefanten in der Savanne.

»Schaut mal, da drüben!« rief er begeistert.

»Sind sie nicht wunderbar?« meinte Van der Oden. »Das sind ganz außergewöhnliche Kreaturen, mein Junge ..., die sollten geschützt werden.«

Zwei Wochen später holten Monica und Alexander ihre Flitterwochen im Victoria-Express nach. Sie saßen im Salonwagen am gleichen Tisch wie bei ihrer ersten Reise.

»Kennst du auch dieses merkwürdige Gefühl, als hätte man einen bestimmten Moment schon einmal vorher haargenau so erlebt?« ulkte Monica.

»Aber ja«, antwortete Alexander bedeutungsvoll. »Aber in diesem Fall gibt es garantiert ein anderes Ende. Ich stelle mir jedenfalls ein vollkommen anderes vor.«

»Wirklich?« staunte sie. »Welches?«

»Mittagessen für zwei, serviert in unserem alten Abteil«, verriet er ihr. »Wie hört sich das für dich an?«

»Hm ...!« Monica nahm ihr Champagnerglas und stieß mit Alexander an. »Einfach wundervoll.«

Die Geschichte der Zwillingsschwestern Meg und Miranda – zwei Frauen auf der Suche nach Glück

England 1944. Im vom Krieg heimgesuchten Plymouth werden Zwillinge geboren: zwei kleine Mädchen, deren Eltern sie gar nicht wollten und deren ungewöhnliche Kindheit sie unzertrennlich macht. Sie brauchen niemand anderen, sie haben einander. Miranda, die lebhafte, strahlende, die sich niemals anpassen will und Meg, die stille zurückhaltende, die jedes ihrer Schwester drohende Unheil vorausahnt.
Als Meg sich verliebt, treiben die Ereignisse einen Keil zwischen beide. Ihre Lebenswege trennen sich, Miranda wird zur Gefangenen ihrer häuslichen und familiären Pflichten, während die sich hintergangen fühlende Meg den Weg zum Erfolg findet.
Aber die engen Bande zwischen den Schwestern zerreißen nicht und helfen ihnen, das Glück zu finden, als sie es schon nicht mehr erhoffen.

ISBN 3-404-12979-2

BASTEI
LÜBBE

Jackie O'Shea und Michael O'Sullivan sind in heller Aufregung: Irgend jemand aus Tullymore, dem verschlafenen kleinen Nest an der irischen Küste, hat den Lotto-Jackpot geknackt. Die beiden alten Freunde sind entschlossen, den Glückspilz zu ermitteln, um vielleicht ein Stück vom großen Kuchen abzuzwacken.

Zuerst schlagen alle Bemühungen fehl, doch dann wissen sie, wer der Gewinner ist: Ned Devine. Eilig macht Jackie sich auf, seinen »besten Freund« endlich einmal wieder zu besuchen. Doch Ned ist tot. Den Lottoschein in der Hand, sitzt er vor dem noch laufenden Fernseher. Das Glück war zu groß für sein Herz. Für Jackie und Michael aber noch lange kein Grund, den Lottogewinn verloren zu geben ...

ISBN 3-404-12874-5

BASTEI LÜBBE

Schon von klein an wußten Annie und Mickey, daß sie füreinander bestimmt sind. Sie heiraten und bekommen zwei wundervolle Kinder. Für sie gibt Annie ihre hoffnungsvolle Karriere auf und folgt ihrem Mann nach Kalifornien. Mickey wird der Star einer TV-Serie. Zwanzig Jahre lang scheinen die Wilders eine Bilderbuchfamilie zu sein.

Dann kommt das Jahr, das alles verändert. Mickey hat eine Geliebte. Annie ist zutiefst verletzt, als sie von der Affäre ihres Mannes erfährt. Doch noch mehr erschüttert sie, daß sie selbst einem Fremden begegnet, der eine nie gekannte Leidenschaft in ihr weckt. Annie und Mickey sind erfüllt von Liebe – aber nicht füreinander. Können sie unter solchen Bedingungen eine Ehe aufrechterhalten? Was ist Liebe überhaupt? Als Annie unvermittelt schwer erkrankt, öffnet ihr dies die Augen für die Erkenntnis, daß wahre Liebe auch immer sehr viel mit Schmerz gemein hat…

ISBN 3-404-12958-X

BASTEI LÜBBE